品味奢華：
晚明的消費社會與士大夫

巫仁恕　著

中央研究院
聯經出版公司

目次

導論
從生產的研究到消費的研究

何謂「消費」？現代人常將之視爲有別於生產與投資的相對物，然而若要爲「消費」一詞下定義的話，因爲牽涉甚廣，往往無法一言以蔽之。一般人的觀念中，消費通常接近「購買」的意義，也會想到「使用」與「服務」；除此之外，消費還可以分爲維生的基本需求，以及享樂的其它花費，後者更常成爲我們觀念中的消費定義。

20世紀以來當代生活的現代性(modernity)特徵之一，就是大眾消費的興起。正由於消費在當代社會經濟與文化生活中日益重要，並且具有顯著的影響作用，故而近二十年來，對消費文化的研究，乃逐漸從學術研究的邊緣進入到核心地位，受到歷史學與其它不同學科的關注，於是「消費文化」(consumer culture)成了眾學科中的重要名詞。

不過，「消費文化」和「消費」一詞同樣都有許多不同的面向與定義。經濟學的觀點認爲消費即是因爲人的欲望，有需要而購物。然而，消費並不只是滿足需求而已，文化人類學觀點下的消費文化，強調人類的欲望是受到文化的影響，物品消費的本身就是一種人際關係、社會義務。社會學者認爲研究消費文化，與社會競爭、社會階級或社會階層、社會化以及身分地位等等因素息息相關。政治學的觀點主張高度市場化的消費文化，係爲文化帝國主義或是具有文化霸權的統治階級所服務，作爲宰制或操縱大眾文化的工具[1]。由此可知，消費文化的研究是一門非常複雜的領

1　有關消費文化的不同觀點，參考陳坤宏，《消費文化理論》（台北：揚智文化事業股分有限公司，1998）一書。

域，牽涉的因素與面向很廣。

　　對歷史家而言，消費文化與消費社會絕非只是20世紀晚期資本主義的產物，而應該從更長遠的歷史發展脈絡去找尋其源頭。西方史學界關於近代早期(early modern)的研究中，消費文化已成爲一重要的研究領域；同樣地，明清史學界對消費的研究也正方興未艾。在進入本書主題之前，有必要釐清中、西史學界關於消費研究取向轉變的脈絡。

第一節　明清消費文化研究的興起

　　中國大陸的明清史學界從1950年代開始流行「資本主義萌芽」的討論，但是在「資本主義」的概念和理論並不清晰的狀況之下，出現五花八門的「萌芽論」。在研究上有幾個大方向，一是側重在明清商業擴展與商品化的現象，藉以證明國內市場的形成，標誌著封建主義向資本主義過渡；另一方面側重「封建」生產關係的鬆弛和衰落，而有新的資本主義生產關係的發展，尤其是雇傭勞動關係的出現；還有學者研究明末清初「啓蒙思想」的出現，認爲這是資本主義萌芽；也有學者研究明清江南城鎮中「市民階級」的形成，當作資本主義萌芽等等。這些研究在本質上是把生產關係當作資本主義形成的要件，無意識地成爲了「唯生產關係」論者。在這類研究中，生產力實際上並沒有太大的地位。隨著80年代改革開放的影響，學界才開始轉而重視生產力[2]。西方學界在1980年代有一批研究「近代早期」（early modern）的學者，也開始強調明清經濟的大規模商品化[3]。然而以上的這些研究模式，無論是側重交換的市場與商品化，或是生產關係與生產力，仍然都是站在供給的一方面，而忽略了需求面的研

2　石錦，〈中國資本主義萌芽──研究理論的評介〉，收在氏著《中國近代社會研究》（台北：李敖出版社，1990），頁101-137；仲偉民，〈資本主義萌芽問題研究的學術史回顧與反思〉，《學術界》，2003年第4期，頁223-240。

3　黃宗智，《中國研究的規範認識危機：論社會經濟史中的悖論現象》（香港：牛津大學出版社，1994），頁2-6。

究，也就是消費方面的研究。

　　值得一提的是，在此時期研究明清社會經濟史的學者，有兩位專家已意識到消費面的重要性；他們就是在大陸的傅衣凌和在美國的楊聯陞，兩位先生幾乎是在同時都注意到明人陸楫(1515-1552)有關奢侈的言論。前者認為陸楫的言論主張奢侈可以助長社會經濟的發達，反映出「啟蒙思想的特點」，「和當時資本主義生產萌芽的歷史條件相適應」。後者認為陸楫的言論提出鼓勵奢侈消費的主張，可以說是最接近「經濟分析」的思想內容[4]。

　　從1980年代開始，兩岸明清史學界不約而同地都開始關注到奢侈消費的問題。台灣在1980年代以來經濟空前繁榮，對政治民主化造成相當程度的影響，引起歷史學者探索明清消費文化的興趣。大陸自從改革開放之後，也因為消費經濟抬頭，推動了消費文化的探索。於是近十年來，興起一股明清奢侈風氣的研究風潮，過去所作的討論與關注的議題，包括明清奢侈風氣的時空變化、奢侈風氣風行與普及的程度、奢侈風氣興起的原因、奢侈風氣的帶動者，以及奢侈風氣的歷史作用[5]。這類的研究把消費視為一種「社會風氣」或「社會風尚」，因為是在既有的社會經濟史研究範疇下所衍生出來的新方向，故在方法論方面與原有社會經濟史的研究取向，不致有太大的斷裂；然而所得出的結論，彼此之間卻呈現很大的歧異。

　　有關明清奢侈風氣的研究討論中，有些議題在觀點和立場上是頗有爭議的，特別是關於奢侈風氣的普及問題及其歷史作用，呈現了非常兩極化的看法。有些學者持較保守的態度，例如劉志琴認為奢侈消費在城鄉之間呈現兩極分化，奢侈風氣主要集中在商業繁榮、消費人口集中的江南及沿

4　傅衣凌，《明代江南市民經濟試探》(上海：上海人民出版社，1957)，頁106-108； Lien-sheng Yang, "Economic Justification for Spending—An Uncommon Idea in Traditional China," *Harvard Journal of Asiatic Studies* 20.1/2 (June 1957), pp. 48, 50-52. 楊聯陞該文後來又收入他的 *Studies in Chinese Institutional History* (Cambridge, MA: Harvard University Press, 1961), pp. 70, 72-74.

5　有關明清奢侈風氣研究成果的介紹，參見林麗月，〈世變與秩序——明代社會風尚相關研究評述〉，《明代研究通訊》，期4(2001年12月)，頁9-19；鈔曉鴻，〈近二十年來有關明清「奢靡」之風研究評述〉，《中國史研究動態》，2001年第10號，頁9-20。

海的城市與市鎮，而廣大的農村則仍沿襲著故有的生活方式[6]。即使是在這些城市中，謀食的眾多下層人民仍是生活在最低水平線上，他們用繁重勞動換取的是僅供維持生存的消費品[7]。王家範就主張明清江南的高消費，「仍具有傳統的貴族奢侈消費的性質，它與宮廷消費相互激蕩，形成病狀的畸形消費，只能導致商品經濟的虛假繁榮，無益於社會經濟的健康發展」[8]。雖然有學者批評上述的觀點是因為還沒有從傳統農本思想的框框跳出來的緣故，但是仍認為由於社會條件的限制，使得奢侈風氣朝向負面的惡性膨脹，尤其是加劇了統治者的腐化[9]。不過，另有學者對奢侈消費風氣的探討，顯示這類現象不該如此簡單地化約。如徐泓根據明末江浙地區的地方志記載，指出當時的奢侈風氣其實不限於城市，也不局限在富商大賈與豪家巨室，城郊市鎮與一般小民即便是「僕隸賣傭」、「娼優賤婢」亦是如此；進而影響既有的社會秩序之安定，且對傳統社會的等級制度也造成衝擊[10]。也有學者強調這波風氣的散播形式是由城市為中心，再往鄉村傳布，所以鄉村亦受影響[11]。

　　對奢侈的歷史作用也出現對立的看法，有些學者的評價是負面的，認

6　劉志琴，〈晚明時尚與社會變革的曙光〉，《文史知識》，1987年第1期，頁55；劉志琴，〈晚明城市風尚初探〉，《中國文化研究集刊》（上海：復旦大學出版社，1984），輯1，頁205。

7　劉志琴，〈商業資本與晚明社會〉，《中國史研究》，1983年第2期，頁81。

8　王家範，〈明清江南消費風氣與消費結構描述——明清江南消費經濟探測之一〉，《華東師範大學學報(哲學社會科學版)》，1988年第2期，頁41。

9　劉和惠，〈論晚明社會風尚〉，《安徽史學》，1990年第3期，頁25。

10　徐泓，〈明代社會風氣的變遷——以江、浙地區為例〉，《第二屆國際漢學會議論文集：明清近代史組》（台北：中央研究院歷史語言研究所，1989），頁144-159；徐泓，〈明代後期華北商品經濟的發展與社會風氣的變遷〉，《第二次中國近代經濟史研討會論文集》（台北：中央研究院經濟研究所，1989），頁152-154。相似的看法如邱仲麟，〈明代北京社會風氣變遷——禮制與價值觀的改變〉，《大陸雜誌》卷88期3(1994)，頁28-42；陳學文，〈明代中葉民情風尚習俗及一些社會意識的變化〉，《中國封建晚期的商品經濟》（長沙：湖南人民出版社，1989），頁290。

11　牛建強，《明代中後期社會變遷研究》（台北：文津出版社，1997），頁77-82。拙作，〈明清湖南市鎮的社會與文化結構之變遷〉，《九州學刊》，4卷3期(1991)，頁66-67。

爲奢侈消費只限於流通領域而未轉化到生產領域，對社會經濟並沒有幫
助；或是認爲這種奢侈性消費把更多的人吸引到奢侈品的生產和奢侈服務
業上來，而對小農經濟是嚴重的衝擊，也對國家賦稅財政造成極負面的影
響[12]。近年對明清奢侈風氣的研究，則有不少是提出正面的評價，例如有
學者認爲奢侈風氣的盛行，增加了人們對社會產品的需求，擴大了商品市
場，從而刺激了商品的生產和流通。奢侈風氣還刺激了手工藝業的進步與
特色產品的產生，所以出現了一批能工巧匠，以及經營特產品的著名店
號；其結果是使手工業和商業內部分工越來越細，也加劇了產品之間的競
爭。大陸學者遂將此現象與「資本主義萌芽」的發展聯上關係[13]。陳國棟
的研究則進一步地指出了奢侈消費的發達所造成的影響，不僅僅是經濟層
面，還包括制度與社會層面的影響。諸如手工業或手工藝製品的需求快速
增長，促進工藝技術的改良，造就工匠從業人數的增長，加快官手工業與
匠籍制度的解體，提升手工業與手工藝者的社會地位等等[14]。

　　歐美學者開始致力於明清消費文化的研究，相較中文學界稍晚，約自
1990年代起開啓的研究。然而，無論是在方法論與研究取向，甚至關心的
議題都與中文學界有很大的不同。他們把社會學與人類學的消費文化理論
帶進了中國史的研究，如柯律格（Craig Clunas）的《長物志研究：近代早
期中國的物質文化與社會地位》（*Superfluous Things: Material Culture and
Social Status in Early Modern China*）[1991]及卜正明（Timothy Brook）的

12　這種説法最早見何炳棣有關揚州鹽商的研究，參見Ho, Ping-ti, "The Salt Merchant
　　of Yang-chou: A Study of Commercial Capitalism in Eighteenth-Century China,"
　　Harvard Journal of Asiatic Studies 17(1954).後收入于宗先等編，《中國經濟發展
　　史論文選集》（台北：聯經，1980），頁1389-1449。中譯文見巫仁恕譯，〈揚州鹽
　　商：十八世紀中國商業資本的研究〉，《中國社會經濟史研究》，1999年第2
　　期，頁59-76。後來有不少大陸學者亦提出類似的説法。
13　王衛平，〈明清時期太湖地區的奢侈風氣及其評價——吳地民風嬗變研究之
　　四〉，《學術月刊》，1994年第2期，頁61。
14　陳國棟，〈經濟發展、奢侈風氣與傳統手工藝的發展〉，收入曹添旺等主編，
　　《經濟成長、所得分配與制度演化》（台北：中央研究院中山人文社會科學研究
　　所，1999），頁57-69。

《縱樂的困惑：明代的商業與文化》（*The Confusions of Pleasure: Commerce and Culture in Ming China*）[1998]這兩本著作，爲明清社會文化史開闢了另一條路。

柯律格指出在晚明隨著商品經濟的發展，原先象徵身分地位的土地財富，轉變成奢侈品的收藏。特別是文化消費方面，古物經商品化後成了「優雅的裝飾」，只要有錢即可購買得到，也造成一種求過於供的社會競賽。當購買古董成了流行風吹到富人階層時，他們也紛紛搶購以附庸風雅。原來是士人獨有的特殊消費活動，卻被商人甚至平民所模仿，於是他們面臨了社會競爭的極大壓力，焦慮感由然而生。他又指出像《長物志》這類品味鑑賞手冊，體現出文人眼中的精品分類，書中用「雅／俗」（狹／精、用／玩、奇／巧）等對立字眼，有意地將物質文化的消費作普遍性化約。這類以古物的有無來區分雅、俗的文化，形成一種流行的炫耀性消費，造成流行時尚與社會傲傚之風，漸漸從精英士紳普及擴大到富人（尤其是徽商）。概言之，「時尚」觀念的出現，反映的是明代士人對物品的一種焦慮，於是用其特殊的「雅」品味，來區分與其他「俗」人之不同，而《長物志》這些書籍的作者，其實也就是時尚品味的創造者。所以柯律格認爲商品化的文物，應該從社會的角度來理解[15]。該書從社會的角度，重新解釋晚明時期的文化消費現象，堪稱經典之作。然而，他所指出的現象，不只是出現在文物與藝術品這類文化消費，就是一般日常生活的物質消費方面，也可以看到類似的現象。本書將在其理論基礎上，作進一步多面向地探析。

卜正明的專書表面上看似一本描述明代社會文化史的通論書籍，但內容則是深入淺出地探析明朝各個時期重要的變化與特徵。該書第三章中關於晚明的部分有許多涉及消費，首先作者指出因爲晚明糧食市場的穩定，人們可依賴市場取得糧食，於是促使其它物品的商品生產成爲可能，特別

15　Craig Clunas, *Superfluous Things: Material Culture and Social Status in Early Modern China* (Urbana, Ill.: University of Illinois Press, 1991), pp. 116-165.

是紡織品的生產。其次，作者在談到貿易方面時，特別注意白銀流通的問題，因爲「在明代後期，白銀是所有消費和生產的潤滑劑」。作者最重要的貢獻是舉出晚明的「時尚」現象，他強調晚明多變的時尚舞台，是社會階層追逐與競爭名分地位的場所。時尚是上層社會既得地位者所創造與裁定的，爲的是阻止與排擠上流社會的追隨者，於是兩者之間會發生永無止境的衝突。卜正明並以時尚服裝業爲例，指出百姓仿效士紳，而士紳同時扮演了時尚變化的代言人和反對者的雙重角色。接著又引用上述柯律格的研究，指出鑑賞知識在身分區別的重要性[16]。可能因爲篇幅的限制，作者對於物品消費的時尚所討論的僅止於此。本書第三章中將以實例討論晚明的流行時尚對生產面的影響、流行時尚與商人的的關係，以及士大夫的「雙重角色」。

　　另一類著作是嘗試將中國與西歐比較，或把明清的消費現象放入世界史，以重新檢視西歐的歷史發展是否眞得如此「特別」。雖然從某種角度來說，他們的研究取向與企圖仍然難逃「西方中心論」，不過，已不再是過去看到的「西方衝擊／中國回應」說或「現代化」這類理論，不再將西方文明視爲世界歷史發展的唯一動力。具代表性的作品包括有S. A. M. Adshead所撰之《15至18世紀間歐洲與中國的物質文化：消費主義的興起》(*Material Culture in Europe and China, 1400-1800: The Rise of Consumerism*)[1997]與彭慕蘭(Kenneth Pomeranz)的《大分流：中國、歐洲與現代世界經濟的形成》(*The Great Divergence: China, Europe, and the Making of the Modern World Economy*)[2000]二書。

　　S. A. M. Adshead全書的假設是在於：在15世紀以降世界經濟走向「全球化」的發展，某些地區對食、衣、住、能源等物質的消費，不僅發生性質上的重要改變，也在產量上巨幅增加，從而在對本國經濟帶來「進口替代」的效應，刺激並提昇了本國的經濟成長。15世紀以後促使物質文

16　Timothy Brook, *The Confusions of Pleasure: Commerce and Culture in Ming China* (Berkeley: University of California Press, 1998), pp. 190-194; 204-210; 218-229.

化產生鉅變的主要動力，是一種心態上的鉅變，即是他所謂的「消費主義」（consumerism）的形成和發展。作者強調「消費主義」不只是經濟行為，而是一種面對物質世界的特殊心態，這種心態不僅要的是消費享受得更多，也要消費享受得更好[17]。他將物質文化區分為飲食、服飾、居室、能源、訊息、象徵符號等六個不同範疇（fields），藉以考察15至18世紀間歐洲與中國消費者，如何在六個不同範疇做出選擇、如何在各自選擇過程中表達出不同程度的價值觀。他的結論指出：中國由南宋時一般消費能力領先的局面，轉變為15世紀以後反由西北歐超前，特別在服飾時尚、能源使用這兩方面趨勢最為明顯。歐洲與中國在消費心態的發展方向以及消費能力的優劣消長，決定了雙方近代經濟成長的先後順序與速率的快慢。他的比較策略非常地新穎，但是關於中國在消費主義的心態方面所作的評估，仍有需要重新檢視的空間，本書第三章中將有進一步地討論[18]。

彭慕蘭的新書嘗試扭轉過去西方學界流行的觀點，也就是認為近代早期的西方優勢勝過東方，此論一出果然引起中西學界熱烈地討論[19]。書中有專章從三個角度來比較中、西的消費情況。首先是從奢侈品大眾化、普及化的角度，以日用奢侈品的茶、糖為例作比較，結果顯示：在15至18世紀的歐洲，糖、茶還不算普及的大眾消費，直到1850年以後才真正普及；而同時期的中國在糖、茶的消費量與普及程度要更高過歐洲。其次，他從

17　S. A. M. Adshead, *Material Culture in Europe and China, 1400-1800: The Rise of Consumerism* (Houndmills, Basingstoke: Macmillan Press, 1997), pp. 23-30, 207, 244.

18　此外，該書解釋西方消費主義源自基督教的物質主義（Christian materalism），以及認為中國婦女在促進消費主義的角色上不如西方婦女之說，也都值得懷疑。有關該書之評論，參見彭慕蘭（Kenneth Pomeranz）的書評，刊於*The Journal of Asian Studies* 58.1（Feb. 1999）, pp. 151-153. 關於明清婦女的消費情況，參見拙作，《奢侈的女人：明清時期江南婦女的消費文化》（台北：三民書局，2005），頁31-87。

19　他和黃宗智有過多次的筆戰，參見黃宗智，〈發展還是內捲？十八世紀英國與中國——評彭慕蘭《大分岔：歐洲，中國及現代世界經濟的發展》〉，《歷史研究》，2002年4期，頁3-48；彭慕蘭〈世界經濟史中的近世江南：比較與綜合觀察——回應黃宗智先生〉，《歷史研究》，2003年4期，頁149-176；黃宗智，〈再論十八世紀的英國與中國——答彭慕蘭之反駁〉，《中國經濟史研究》，2004年2期，頁13-21。

耐久品與奢侈品消費的角度出發，探討奢侈品的擁有取代扈從制度，成為
身分地位的代表，在中、西都有如此相同的變化。當奢侈物品的消費成為
身分地位的競爭，是否會推動消費「量」的增長？他比較中、西方非菁英
階層在棉織品方面的消費量，估計結果是中國不比西方少。再就其他庶民
消費率而言，如廟會節慶、進香、買書、建築與娛樂、家具的消費等等，
彼此相似的地方頗多。第三，他比較中、西方對舶來品的需求與時尚的變
化速度，他認為中國對西方輸入的舶來品，除了白銀之外，其它的商品興
趣不大；而進口中國的舶來品大多是東南亞的燕窩、魚翅，這些屬於採集
而來的稀有奢侈品，對中國國內產業的刺激毫無幫助。相對地，同時期的
歐洲用殖民地白銀換取東南亞商品，造就快速運轉與淘汰的時尚體系。故
而中、西方在18世紀中葉以後消費速度出現西快而中慢的差異[20]。該書和
前書有相類似的企圖心，但在比較策略上更清楚地接近歐洲史的研究取
向，而在結論上前書強調此時期中、西兩方的差異性，而後者較傾向凸顯
此時期兩方的相似處。筆者基本上贊同該書作者的看法，惟書中在統計數
量作比較時，常會受到史料的限制。本書第五章的附錄中，將利用新的史
料，修正該書對中、西方家庭擁有家具數量的比較結果。

　　在西方無論是歐美史學、文化人類學和社會學等學門，開始盛行消費
文化的研究都比中文學界來得更早，所以在歷史實證與理論層次方面都有
更豐富的研究成果。所謂「他山之石，可以攻錯」，研究明清消費文化的
西方學者，也是從這些實證與理論中吸取了許多養分，進而豐富了明清消
費文化的解釋。下一節將嘗試整理西方消費文化研究的脈絡。

第二節　西方消費文化研究的脈絡

　　西方史學界關於消費文化的研究，大約是在1970年代末至80年代初逐

20　Kenneth Pomeranz, *The Great Divergence: China, Europe, and the Making of the Modern World Economy* (Princeton: Princeton University Press, 2000), pp. 114-165.

漸壯大，尤其是集中在近代早期的研究。其所以興起涉及到許多背景脈
絡，但總歸一句話，就是對西方史學的反思[21]。首先要指出的是，過去政
治史、經濟史、文化史與社會史的研究，都將消費模式與消費過程邊緣
化。過去政治史一向是史學的主流，而許多史家也將政治和宗教視爲文化
史的核心，於是在了解社會變遷下，消費成爲只具有邊緣意義的副產品，
而不被重視。

其次，消費文化原本屬於經濟史研究的範疇，過去經濟史關於工業革
命的討論，有兩大議題的辯論是涉及到消費的，一是探討生活水準的長期
趨勢，主要檢視眞實收入、財富分配以及廣義的生活品質，包括生命預期
與環境惡化等方面；一是考量工業革命是否依賴之前在需求結構與規模上
的擴大。然而，這些經濟史的辯論在考量到消費時，主要還是聯繫到生產
的變化；從他們注視報酬率(wage-rate)，而非家庭的總收入和花費，可知
經濟史關心的核心問題仍是在生產面[22]。

再次，消費文化的研究在西方史學界成爲一門重要的領域，是在社會
史的範疇內經歷許多方法論的發展之後而形成的[23]。西方第一代社會史家
重視的是社會底層(the bottom up)的歷史，所以焦點幾乎都集中在生產領
域下的工人與農民的經驗。無論是馬克思主義論者或是年鑑學派布勞岱爾

21　相關的研究回顧，參見以下諸文：Paul Glennie, "Consumption within Historical
　　Studies," in Daniel Miller ed., *Acknowledging Consumption: A Review of New Studies*
　　(London and New York: Routledge, 1995), pp. 164-203; Lisa Tiersten, "Redefining
　　Consumer Culture: Recent Literature on Consumption and the Bourgeoisie in Western
　　Europe," *Radical History Review* 57(1993), pp. 116-159; Jonathan Friedman,
　　"Introduction," in Jonathan Friedman ed., *Consumption and Identity* (Chur,
　　Switzerland: Harwood Academic Publishers, 1994), pp. 1-22; Jean-Christophe Agnew,
　　"Coming up for Air: Consumer Culture in Historical Perspective," in John Brewer and
　　Roy Porter eds., *Consumption and the World of Goods* (London and New York:
　　Routledge, 1993), pp. 19-39; Daniel Miller, *Material Culture and Mass Consumption*
　　(Oxford: Basil Blackwell, 1987), pp. 137-157.

22　Paul Glennie, "Consumption within Historical Studies," p. 166.

23　Lis Tiersten, "Redefining Consumer Culture: Recent Literature on Consumption and the
　　Bourgeoisie in Western Europe," pp. 118-119.

(Fernand Braudel)的社會分析模式，背後都清楚地反映了一個共同的中心假設：把文化的地位與重要性視爲次於經濟或社會的動力。然而，到了1970年代後期和1980年代初期，第二代的社會史家開始擴展他們的視野，研究的對象廣及了其它的社會群體，並且採用與接受其它學科的方法，來挑戰馬克思主義論者或結構論者。他們放棄經濟決定論的因果模式，重新認知文化的重要性，也使得消費文化成爲一門成熟的研究課題，而不再只是生產領域下的附屬品。

消費文化的研究能夠勃興，和新史料的發掘與利用關係甚密。包括日記、書信、帳木、預算、宮廷記錄、政府檔案、時尚雜誌與廣告等等，漸漸地被廣泛利用在消費的研究，尤其是遺產清冊與拍賣報告書，更是被充分地用來分析與重構近代早期歐洲消費者的物質文化。

在史學著作中具有先趨與典範作用的，是布勞岱爾所撰的《15世紀至18世紀的物質文明》（ *Capitalism and Material Life, 1400-1800* ）[1974]一書。雖然他早期的歷史分析模式遭到不少學者的批評，但是這套晚年的作品卻爲日後歷史學研究消費文化奠定了基礎。特別是第一卷中，他以西方爲中心，再比較其他文明的物質生活，主張西方資本主義並非一朝一夕出現的，其基礎只能在人們千百年來長時段的日常物質生活中，找尋變化的軌跡。正因爲物質生活是成千上萬的瑣事，然後構成了現實的系列，在他所謂的歷史「長時段」中慢慢地演變。

布勞岱爾之後的另外一部經典之作，是英國史家Neil McKendrick, John Brewer和J. H. Plumb等人深具啓發性的著作《消費社會的誕生：18世紀英國的商業化》（ *The Birth of a Consumer Society: The Commercialization of Eighteenth-Century England* ）[1982]一書，他們研究英國18世紀中產階級的消費文化，並提出「消費革命」論。他們指出當時英國消費文化的變遷，包括家庭收入與需求、市場的擴大、城市人口的成長、奢侈品的普及、流行時尚的大興、社會仿效的作用、奢侈觀念的變遷等等面向；他們聲稱第一個「消費社會」（consumer society）在英國誕生，而需求將帶動大量生產，這也爲工業革命的到來舖好了路。幾乎接下來的歷史研究都是在

McKendrick等人的基礎上，作更進一步地的驗證，或是反駁前者部分之說法[24]。

之後的研究大致上可以分為兩類的研究取向，一類走實證路線，利用當時如遺產清冊這類記載人們實際擁有與花費的社會史料，來重構當時消費社會的現象。最先的研究當然是從英國的消費現象開始，接著法國、德國與美國的研究陸續出版，這些研究成果顯示在西歐其它的國家以及美國，都出現類似英國所謂消費社會的現象，似乎這樣的變化是朝向同樣的軌跡演進，只是在不同地區的速度有差異。

上述的這類研究中，有許多是延續McKendrick等人的想法，從家庭需求面出發作探討[25]。此外，也有學者從市場面出發，主張18世紀西歐經歷和體驗了「商品世界」的巨大擴張；由於地理大發現和隨之而來的殖民掠奪，許多新的商品源源不絕地流入西方社會，使得西方人的消費規模擴大，而且改變了他們的消費內容和消費習慣，這是導致工業資本主義發生

---

24 美國UCLA近來進行有關於17、18世紀文化與消費的3年研究計畫(1989-1991)，並分別出版了3本新書：John Brewer and Roy Porter eds., *Consumption and the World of Goods* (London and New York: Routledge, 1993); John Brewer and Susan Staves eds., *Early Modern Conceptions of Property* (London and New York: Routledge, 1995); Ann Bermingham and John Brewer eds., *The Consumption of Culture, 1600-1800: Image, Object, Text* (London and New York: Routledge, 1995). 特別是前後這兩本書中的許多論文，都是針對McKendrick等人的說法提出批評或補充。

25 Joan Thirsk, *Economic Policy and Projects: The Development of a Consumer Society in Early Modern England* (Oxford: Clarendon Press, 1978); D. E. C. Eversley, "The Home Market and Home Demand, 1750-1780," in E. J. Jones and E. E. Mingay eds., *Land, Labour and Population in the Industrial Revolution* (London: Edward Arnold, 1967), pp. 206-259; Jan de Vries, "Peasant Demand Patterns and Economic Development: Friesland 1550-1750," in William N. Parker and Eric L. Jones, *European Peasants and Their Markets: Essays in Agrarian Economic History* (Princeton, N.J.: Princeton University Press, 1975), pp. 205-238; Neil McKendrick, "Home Demand and Economic Growth: A New View of the Role of Women and Children in the Industrial Revolution," in Neil McKendrick, ed., *Historical Perspectives: Studies in English Thought and Society, in Honour of J. H. Plumb* (London: Europa Publications, 1974), pp. 199-200.

技術革命的必要條件。又如Chandra Mukerji挑戰消費革命說法，把消費社會出現的時間，提早到15與16世紀。他跟隨著某些經濟史家的後塵[26]，指出當時國際貿易與全國貿易網絡的興起，使得農民和一般市民的個人擁有物品更普及、更多樣化，又隨著啓蒙運動拋棄舊傳統的理論，更使得物質文化扮演著促進需求的重要角色[27]。

另一類是較傾向探究文化的面向，注意消費物品的象徵與文化意義，以及消費論述之類。這類學者一方面是受到新文化史家的影響，同時也受到人類學與社會學的洗禮。研究大眾文化的新文化史家，諸如Natalie Davis和Carlo Ginzburg等人，他們藉用人類學的方法來分析大眾文化與精英文化的關係，不但複雜化了兩者之間的關係，而且也豐富了史家的「文化」概念。他們反對經濟決定論，強調文化與觀念的角色，而不再將文化視爲只是經濟與社會構成的反映，主張文化更會主動的決定與型構經濟與社會。這樣的觀點刺激了研究消費史的學者，開始關注消費社會中的文化面向，也挑戰了舊有強調權力宰制的消費文化理論[28]。

消費文化的研究不只是在西方的歷史學界引起波瀾，在社會科學界方

26　如上述Joan Thrisk 和Jan de Vries的作品其實也注意到了市場的擴大對消費的影響。

27　他主張生產的發展不能不考慮消費，而18世紀英國的消費造成需求的轉變，早於機械科技的發展。他也挑戰韋伯(Max Weber)之說，主張這時期可以看到禁慾主義與享樂主義並起，如同對於物的具體或抽象的態度也愈加明顯。Chandra Mukerji, *From Graven Images: Patterns of Modern Materialism* (New York: Columbia University Press, 1983), pp. 1-16. 還有別的學者主張現代西方物質文化的興起可以溯源到文藝復興時期，如Richard A. Goldthwaite, *Wealth and the Demand for Art in Italy, 1300-1600* (Baltimore: Johns Hopkins University Press, 1993); Lisa Jardine, *Worldly Goods: A New History of the Renaissance* (New York: Nan A. Talese, 1996).

28　大眾文化史家的研究，可以說對1940年代消費文化理論的經典大師，即法蘭克福學派的M. Horkheimer 與T. Adorno「文化工業」(cultural industry)說提出一種挑戰。Horkheimer與Adorno二氏主張當代私人的消費領域，已經被併入資本家的生產領域；資本主義製造規格化與標準化的文化商品來宰制社會大眾，所以消費文化成了社會控制的工具。其理論將「消費」擺在退居於生產領域下的次級領域。但是人文學的研究包括了大眾文化與婦女史家們的研究，有力地指出這種強調社會與政治控制的工具意義，只能算是大眾文化觀的一個面向，而非全部。

面也逐漸抬頭，特別是文化人類學與社會學。西方史學界關於消費文化研究的興起，就受到人類學與社會學理論很大的影響。至於經濟學對消費的態度，可以「實用理論」（utility theory）來形容，也就是說他們認為：「人們買他們需求的東西。」經濟學家注意的是消費與收入、儲蓄的關聯性，對消費者的「動機」並無興趣。雖然也有部分經濟學家提出「理性抉擇」說，但仍然忽略了人們消費的動機，相當可能是受到社會關係與文化脈絡的影響，也就是消費需求的起源可能是非經濟因素。再者，為了解近現代西方資本主義的發展，過去馬克思及馬克思主義論者只對生產關係作探討，似乎仍有不足之處。於是人類學與社會學界開始注意到消費的社會文化變遷，應該也是討論近代西方資本主義發展不可或缺的面向。他們在理論上的共同特徵，可以說是企圖提供一種消費的「動機結構」（motivational structure）[29]。

　　人類學與社會學在消費文化研究的方法上各有其特色，如人類學關於「物質文化」（material culture）的研究取向，關注商品對使用者個人或群體的意義，強調不只有實用的功能，也有表達象徵的功能[30]。而且人類學對消費品的定義更為廣泛，他們著眼的消費還包括了物的交換。如Arjun Appadurai主張物因交換而有價值，且認為物本身是有生命的，商品只是物生命中的一個階段，物可以進出其間。Igor Kopytoff也指出物的生命有商品化過程，但也有被刻意地特殊化的過程，使之局限於狹隘的交換領域，故而其象徵意義更大於商品性質。D. Miller強調消費者的主動性，即消費者可以透過「創造性的再脈絡化」（creative recontextualization），使原

29　Jonathan Friedman, "Introduction," pp. 4-6.

30　「物質文化」（material culture）的研究起源甚早，1870年代美國的人類學與考古學界即以此為名，研究美國印地安人的文化。而歷史學和社會科學界從事這方面文化分析的研究則是較近的事情。1970年代中期以後物質文化的研究蓬勃發展，歷史學方面的已從藝術史擴大到社會史的研究，且各種不同的學科也加入了研究的行列，如考古學、人類學到文化地理學、民俗學等學科的加入，使得研究的範圍更為廣泛。也因此各學科間對「物質文化」的定義頗為分歧，但是共通的觀點是要探討物質與人類行為之間的互動，即人類製作的「物」其背後的文化意涵。

本可分離(alienable)的商品轉化成不可分離(inalienable)的文化物；也因此，消費活動是一種「工作」，是一種轉化商品價值的過程。

而社會學的研究偏向探討消費如何影響社會階級的概念與實踐，或是消費如何受到社會結構的影響。如早期的學者凡勃倫(Thorstein Veblen)關於炫耀式消費(conspicuous consumption)的說法，對後來學界的影響甚鉅；布赫迪厄(Pierre Bourdieu)提出消費理論作為一種社會階層區分他我的研究途徑；Mary Douglas和Baron Isherwood試圖探索物品如何作為一種定義社會關係的工具。當然這兩大領域在消費文化方面有許多概念是重疊的，而且在方法上也是互相影響。

第三節　本書的主旨、方法與結構

回顧過去中、西史學界有關近代早期的消費文化研究，無疑地受到歷史發展的「結果」所影響，正因為西方發生了工業革命，同時期的中國相對地顯得落後，以致於會有「以成敗論英雄」的推論，於是西方學者傾向將工業革命的起源往前推進，而中國學者則易貶抑明清消費文化的歷史地位。本書無法解決過去歷史的爭端，也無意涉入歷史的論爭，只是想透過更具體而細緻的實證研究，探討晚明的消費社會與士大夫的消費文化，希冀打開晚明消費史的多元面向，豐富這段歷史。

本書有兩大主軸，其一是嘗試把近代早期中國的消費史，放在世界史的脈絡下，觀察晚明時期的重要性。關於這方面，前述西方歷史學的著作，有助於我們重新思考晚明消費史上的許多重要課題。布勞岱爾有關近代早期物質文化的研究，提出了一套物質文化發展的世界史架構。雖然仍是一種歐洲中心論，對其他文明的觀察與敘述多少會有失公允，但是也因為他所奠定的基礎與留下來的空白，可以讓後人盡情的發揮，補白他的不足之處，或修正他的觀點。本書探討許多議題的靈感，即得自閱讀他的經典著作後的心得。而英國學者Neil McKendrick等人所提出的消費革命說，主張消費社會在英國誕生的現象與背景，不但可以提供研究晚明消費文化

一個對照組，同時也為我們開拓一條重新檢視晚明奢侈風氣的新視角，本書的第一章即朝此方向探索。

此外，Neil McKendrick等人所提出的消費革命說，其中一項論點即主張18世紀的英國，出現了流行時尚的快速地變遷與追逐時尚的潮流；有更多人傚倣上階層社會的消費行為與消費品味，形成一種社會競賽，也帶動了瞬息萬變的流行時尚以及追逐時尚的潮流，學者們稱此類現象為「社會傚倣」（social emulation）[31]。甚至還出現介紹時尚的廣告與出版品引導大眾消費，促進了商品快速替換的消費需求，因而可以帶動後來的工業革命[32]。有的學者反對這樣的解釋模式，因為這樣的概念已然預設文化的影響力必然是由上而下的發展，彷彿只有精英階級有能力創造與帶動流行文化，而下層的庶民大眾只有接受的分。有許多反向運作的歷史事例，足以推翻這種固定由上而下的解釋模型[33]。暫且不論上述消費革命促成工業革命的說法是否成立，然而英國的歷史經驗點出了流行時尚在歷史上的地位，也提供我們思考晚明消費史的新視野。本書第三章的主旨，即由此角度出發，探討晚明的流行時尚。

就像本書的開頭所言，消費文化的研究是一門非常複雜的領域，牽涉的因素與面向很廣，所以非常需要借用跨學科的方法。本書第二條探討的

31　最早提出社會傚倣帶動工業革命的說法者乃Harold Perkin，參見H. J. Perkin, "The Social Causes of the British Industrial Revolution," *Transactions of the Royal Historical Society* 5.18 (1968), p. 140.

32　Neil McKendrick, John Brewer and J. H. Plumb, eds., *The Birth of a Consumer Society: The Commercialization of Eighteenth-Century England*, pp. 11-13, 43, 98.

33　如18世紀農村勞動者工作時所穿的長罩衫（frock coat），後來卻成為皇家成員的流行服飾。又如18世紀英國的綢布商（mercer）與布商（draper）要比專業人士及低階的士紳消費更多的精緻物品，而且工匠的在外消費又超過貴族的侍從。參見Ann Bermingham, "Introduction. The Consumption of Culture: Image, Object, Text," in Ann Bermingham and John Brewer eds., *The Consumption of Culture, 1600-1800: Image, Object, Text*, pp. 12-13; Ben Fine and Ellen Leopold, "Consumerism and the Industrial Revolution," *Social History* 15.2(1990), p.172; Lorna Weatherill, *Consumer Behaviour and Material Culture in Britain, 1660-1760* (London and New York: Routledge, 1988), pp. 194-196.

主軸，就是士大夫的消費文化，即需要新的研究取向與解釋模式，才能深入理解許多複雜的理路。於是本書嘗試採用許多文化人類學與社會學的理論與方法，來重新觀察晚明士大夫的消費文化。

文化人類學有關物質文化的研究以及物的消費理論，在方法上都有助於歷史學的研究與解釋。人類學在這方面的貢獻之一，在於強調研究物自身的特性時，應與社會文化結合，來探討物性如何被塑造或凸顯社會文化。亦即物性有其象徵意義，不只是交換價值的商品而已，還銘刻了某種文化意義與文化價值[34]。這樣的觀點提醒我們在探討歷史上重要的消費品時，不要忽略了其背後所具有的某種象徵意義。Arjun Appadurai進一步地認為消費的慾望與需求，是臣屬於社會控制與政治再定義（political redefinition）。在前現代或近代早期社會常見的「禁奢令」，就是政治操縱與控制消費者需求的特殊產物，藉此可以有效地限制社會流動與區分社會階層。最後他強調在社會性的商品中聯接價值與交易之間的是政治，也就是說某些商品被賦予象徵意義，其實是壟斷權力者將之政治化（politicized）[35]。明代某些物的消費成為象徵，背後就是統治者有意將之政治化，本書第二章即嘗試由此角度來探討乘轎文化。

還有學者視物的一生為傳記，有純商品化的過程，也有非商品的象徵化過程。Igor Kopytoff指出物的商品化過程也會遭遇文化力量的對抗，亦即使物品特殊化（singularization），來抵制其他物品的商品化，或把商品化的物品再特殊化，限制於狹隘的交換領域。社會內部群體對某物品的特殊化，使該物具有集體共識的烙印，引導個體對特殊化的欲望，並背負文化

34　Arjun Appadurai, "Introduction: Commodities and the Politics of Value," in *The Social Life of Things: Commodities in Cultural Perspective* (Cambridge: Cambridge University Press, 1986), pp. 4-5.有關人類學「物質文化」的研究討論，參見黃應貴，〈導論：物與物質文化〉，收入黃應貴編，《物與物質文化》（台北：中央研究院民族學研究所，2004），頁1-26。

35　Arjun Appadurai, "Introduction: Commodities and the Politics of Value," pp. 29-34; 56-58.

神聖化的重擔[36]。晚明最適合由此角度作分析的是文物藝術品的消費，又本書第五章所討論的文人書房家具也是另一個類似的例證。

在分析晚明社會結構與消費文化的關係時，社會學的理論對歷史學頗有助益。自韋伯(Max Weber)以來的社會學傳統，認爲「經濟階級」(economic class)並不只是社會分層化(social stratification)的唯一衡量標準；而通過教育或文化建立起威望的「地位群體」(status group)，他們的特權具體化在法律與經濟上，在近代早期的社會裏，這類群體比經濟階級來得更爲重要[37]。地位群體往往有其自己特殊的消費行爲與模式，他們利用消費的品味與格調來區分社會地位，故而消費成了社會分層化與階級區分的象徵。如果從這種角度來觀察晚明的社會結構，士大夫可以說是當時最重要的地位群體。

在研究士大夫的消費文化時，社會學的理論提供許多解釋的可能性。例如有些看似毫無實際用處卻所費不貲的消費，社會學家凡勃倫歸類爲所謂的「炫耀式消費」(conspicuous consumption)。其所具備的功能並不只是官能性或生理性的享受而已，而是在阻止社會的流動，把之前上升到社會上層的少數地位群體加以制度化[38]。晚明士大夫特殊的消費活動，如文化消費的旅遊、購買文物與藝術品，以及物質消費如乘轎，都可以由此角度觀之。布赫迪厄則針對文化消費與品味這方面而言，指出文化消費如同破譯、解碼的活動，擁有編碼的人才能鑑賞。所以藝術與文化消費的品味鑑賞能力，天生就傾向具有實現使社會區分合法化的社會功能[39]。晚明士

36　Igor Kopytoff, "The Cultural Biography of Things: Commoditization as Process," in Arjun Appadurai ed., *The Social Life of Things: Commodities in Cultural Perspective,* pp. 64-91.中譯文〈物的文化傳記：商品化過程〉，收入羅鋼、王中忱主編《消費文化讀本》，頁397-427。

37　參見布賴恩‧特納(Bryan Stanley Turner)著，慧民、王星譯，《地位》(台北：桂冠圖書公司，1991)，頁1-11。

38　Thorstein Veblen, *The Theory of the Leisure Class: An Economic Study of Institutions* (London: George Allen & Unwin, 1970), pp. 60-80. 中譯文〈誇示性消費〉，收入羅鋼、王中忱主編《消費文化讀本》，頁3-24。

39　Pierre Bourdieu, *Distinction: A Social Critique of the Judgement of Taste*, translated by

大夫的消費文化中，特別重視鑑賞的「品味」，也可以說具有社會區分的作用。而流行時尚的消費，亦難脫社會階級的背景，就如同社會學家齊美爾（George Simmel）所言，時尚是階級的產物，也是社會需要的產物。較高的社會階級創造的最新時尚，會逐漸為下層階級挪用與模仿，此種現象在貨幣經濟時代必定加快進程，所以流行時尚也與社會結構有關[40]。當我們在第三章觀察晚明服飾的流行時尚時，會發現晚明士大夫自己也是服飾風尚的創造者。以上這些社會科學的理論與方法，將融合在本書各個部分。

　　本書的史料最基本的是地方志、筆記小說、實錄與明人文集。有兩類史料值得一提，首先是晚明有不少士大夫撰寫關於鑑賞品味的作品，如屠隆（1542-1605）《考槃餘事》、高濂（1573-1620）《遵生八箋》與文震亨（1585-1645）《長物志》等等。這類書籍充分反映了士大夫的消費文化。至於社會大眾的消費，除了上述筆記小說與方志中有記載之外，拜近年來徽州文書的發現所賜，使我們在探討社會大眾的物品消費與蒐藏時，露出一線曙光。在現今所見之明代徽州文書之中，有一類是父親將家產分給子輩的分家單，另一類是家內協議均分家產的「闔書」史料，這兩類史料所記載的內容很類似西歐近代的遺產清冊（inventory）。這類文書的首頁，通常都有篇序言記載該家族分家的過程，其次記分家的財產內容，除了田土、住宅與店面等不動產，以及現金貨幣之外，還記有許多像是金銀器皿與家具之類的動產。利用這批文書史料，可以一窺當時徽州一般社會大眾的消費情況。雖然這類材料在數量上蒐集還不夠充分，僅能在本書第五章中藉以探討一般大眾的家具消費，但未來這類史料陸續發掘之後，必定還能提供更細緻地探討消費問題的可能性。

　　以下是本書各章的主題：首章中，第一部分是將晚明的奢侈風氣視為

（續）

　　　Richard Nice (London: Routledge & Kegan Paul, 1984), pp. 1-7. 中譯文〈《區分》導
　　　言〉，收入羅鋼、王中忱主編《消費文化讀本》，頁41-50。
40　Georg Simmel著，〈時尚心理的社會學研究〉，收入劉小楓選編、顧仁明譯之
　　　《金錢、性別、現代生活風格》（台北：聯經，2001），頁101-110。

一種消費的現象，並從中找出與前代不同的特徵，如從市場購物的頻率增高、奢侈品成為日常用品、奢侈消費的普及化、流行時尚的形成、身分等級制度的崩解與奢侈觀念的新思惟等等，再對照英國學者所論的18世紀消費革命說，由此進一步地論證晚明已進入「消費社會」的形成時期。其次，擬從晚明的經濟、社會與思想等方面，探析消費社會形成的諸多背景因素，包括了商品經濟與市場、都市化、家庭收入與浪漫情欲觀等等。最後的部分，探討晚明士大夫面對科舉制度的制約，再加上商品經濟之衝擊，他們的地位與生計所發生的變化；並且嘗試從社會學家韋伯的理論來分析晚明的社會結構，將士大夫視為一類地位群體，指出他們在身分地位這方面，所面臨新的挑戰與刺激。

第二章從物質文化研究的角度，以乘轎文化為例，說明政治權力的操縱與控制，會引導社會大眾對物品消費的需求。明初朝廷將乘轎納入禮制，具體地規定了品級身分所能乘轎的等級差異，乃刻意利用乘轎之特權，來塑造少數官僚階層的優越性，以彰顯其身分地位。但是明中葉以後流行起來的乘轎之風，不但武職勳臣乘轎、幕屬小官乘轎、舉人生員乘轎，連胥吏、商人與娼優等皆僭乘轎子。即使官方重申禁令與處罰來維持既定的制度，然而其效果有限。此現象的背後，反映了社會變動與社會結構的變遷。最後，擬深入地解析轎子本身與乘轎的行為，在明代已發展成為一種具有社會、政治與文化的象徵，其實也就是權力的象徵。

第三章以服飾的消費為例，說明了明中期以後平民服飾已發生變革，開始出現流行時尚，和前一章的乘轎風尚一樣，都反映了相對高度且快速的社會變動與社會結構的變遷，正可以修正過去西方史家對中國服飾消費的既有觀點。其次，分析明代中期以後流行時尚形成的「社會傲傚」現象，以及時尚的領導者、時尚傳播的媒介、流行時尚的速度與時尚中心等面向，由此進一步地探討流行時尚對社會經濟所起的作用。而在服飾風尚的流行與變化的風潮中，受到最大影響的當是士大夫階層，尤其是下層的士人階層。士人面對如此身分受威脅之現象，產生了相當強烈的危機意識。為此士大夫採取兩方面的應對，一是採取實際行動，要求中央與地方

官重申禁令，另一方面則是採用口誅筆伐。當這些方法都無法發揮時，士大夫只有更積極地自創新風格、新形式的服飾衣冠，以重新塑造自己的身分與地位。於是流行服飾又成了社會競爭下的產物。

晚明的士大夫塑造自己的消費文化，並不僅僅反映在服飾風尚方面，第四章就以旅遊文化作爲探討對象。晚明的士大夫文化興起了旅遊的風氣，約當同時，大眾旅遊也開始盛行。從消費的角度來看晚明大眾旅遊活動的普及與娛樂性，正好衝擊了士大夫的旅遊文化，於是旅遊消費成了另一種社會競爭的場域，促使士大夫塑造各種形式的消費「品味」，以作爲身分區隔的工具。而且品味的塑造還昇華到理論層次與具體的實踐面。晚明有一些士大夫極力想發展一套「遊道」的旅遊理論，並藉著推陳出新的「遊具」（或是展示方法），來區分自己與一般人在身分地位上的不同。

消費社會的誕生，與商品化密切相關。第五章就以家具爲例，觀察晚明的家具如何進入商品化的過程，以及販製家具如何發展爲獨立專門的行業。接著，嘗試透過三類文本，並從社會學的角度，來探析當時存在的三種家具消費型態，與其背後所反映的三種不同社會階層的消費文化。由此說明了近代早期的中國，正處在商品化發達的消費社會，已經可以看到不同社會階層藉著消費文化，形成身分區分和市場區隔的作用。除此之外，士人與文人還建立了特殊品味的「文人化家具」，而且他們特別喜歡在書房家具上銘刻文字，套句人類學家的說法，這是一種將物品「特殊化」的方式，用以抵制商品化。

晚明士大夫所建構的鑑賞品味之消費文化，到了清代是否延續呢？還是就此停止發展呢？在第六章中，擬從飲食文化的角度出發，就飲膳書籍與食譜的這條脈絡，來看士大夫品味文化的延續或斷裂的問題。在士大夫群體中有部分士人或文人透過創作食譜，宣揚自己特殊的味覺觀，形成一種特殊風格的「文人化食譜」。其實就是以選擇性的攝食來表達自己的「品味」，以利於和其他社會群體作區分。而明清士大夫筆記高度的贊同這些文人食譜的理論，也反映了他們社群的自我認同。如果從塑造品味以作爲區分身分認同的角度而言，晚明「文人化食譜」所提出的飲食理論，

還只是發展的初期，到清代才更加細緻而完備。由此顯示，士大夫的消費文化歷經明清兩代，不但沒有斷裂，而且還有相當緊密的延續性。

　　結論中將討論本書兩大主軸中的幾個大議題，首先是關於晚明的消費社會在世界史的地位。從晚明出現消費社會的現象，可以修正英國史學家關於「消費革命」的歷史解釋。而消費社會中促進產業變革的關鍵要素就是流行時尚，接著將探討晚明流行時尚的快速變遷，如何帶動消費的需求；在消費需求的刺激下，又如何促進產業的發展。本書另一個主軸是士大夫的消費文化。從本書所得到的研究成果，一方面可以看到晚明社會結構的變動，特別是士、商關係的變化；另一方面也說明了晚明士大夫透過消費文化，來重新建構他們的身分地位。從晚明至清代，士大夫在流行時尚扮演的角色，又發生了什麼樣的變化？在此也一併作討論。最後，嘗試從史學史與觀念史的角度，重新來檢討「消費」在中國史上，為何長期被忽略？

第一章
消費社會的形成

> 邸第從御之美，服飾珍羞之盛，古或無之。甚至儲
> 隸賣傭，亦泰然以侈靡相雄長，往往有僭禮踰分
> 焉。
>
> ——萬曆《重修崑山縣志・疆域・風俗》

　　在導論中曾提到過去的學者將晚明的奢侈視爲一種「社會風氣」，對這種現象的評價在學界有不同的看法，有部分學者延續著歷史傳統的觀點，在評論時總是帶著道德判斷，當然奢侈的意義也受到正面的質疑。如果將晚明奢侈風氣視爲一種消費的現象，從之找出與前代不同的特徵，再對照英國學者所論的18世紀消費革命說，將會發現兩者有許多相似之處。本章除了敘述晚明奢侈消費的現象之外，也將分析晚明消費現象的特徵，由此再進一步地論證，晚明已進入「消費社會」(consumer society)的形成時期。

　　消費社會所以在晚明時期誕生，並非單一因素所造成，而是當時許多方面的特殊背景所致。本章的第二部分擬從晚明的經濟、社會與思想等方面，探析消費社會形成的諸多背景因素。

　　本書的另一個主軸，就是晚明士大夫的消費文化。在直接進入主題之前，有必要交待晚明在社會經濟與制度上的變遷，對士大夫群體所造成的影響。因此本章的最後部分，將探討士大夫處在科舉制度的制約，再加上商品經濟的衝擊，以及社會結構的變化，都將使他們面臨到新的挑戰與刺激，特別是在身分地位這方面。

第一節　奢侈消費的風氣

　　既有的研究已經顯示了明清奢侈消費風氣的形成，在時間與空間的發展上最早是在明正統至正德年間(1436-1521)，由經濟最進步的江南地區開始出現變化；嘉靖(1522-1566)以後奢侈風氣漸漸明顯化，而其它的地區則是要到萬曆(1573-1619)以後才開始變化。在經濟較落後的地區，則是只在大城市中才出現類似的現象。城市可以說是奢侈風氣的起始地，尤其是在江南地區，歸有光(1506-1571)就指出江南社會風氣的變化是：「大抵始於城市，而後及於郊外；始於衣冠之家，而後及於城市。」[1]

　　過去的研究已經指出晚明文獻中所見的奢侈消費行為，表現在食、衣、住、行等日常生活方面。在晚明的筆記與地方志中的〈風俗志〉，尤其是江南地區的史料，經常提到這類日常消費活動的變化[2]。以下概述晚明奢侈消費的現象。

　　飲食的奢侈情形表現在宴會方面最為明顯。明前期在宴會場合下，食材不太講究，菜餚種類不多、數量也不大，而到明中葉以後則是漸趨華侈。嘉靖時人何良俊(1506-1576？)形容明前期松江府宴會時，「只是果五色、肴五品而已。惟大賓或新親過門，則添蝦蟹蜆蛤三四物，亦歲中不一二次也」。但是到晚明就不同了，「今尋常燕會，動輒必用十肴，且水陸畢陳，或覓遠方珍品，求以相勝」[3]。上層階級宴會的奢侈消費更顯突出，明人謝肇淛(1567-1624)指出：「今之富家巨室，窮山之珍，竭水之錯，南方之蠣房，北方之熊掌，東海之鰒炙，西域之馬媚（按：馬奶），真

1　[明]歸有光，《震川先生集》（台北：源流文化事業有限公司，1983），卷3，〈論議說〉，頁84-85。

2　本書所謂的「江南」地區，指的是包括明代的蘇州、松江、常州、鎮江、應天（即南京）、杭州、嘉興、湖州等八府。

3　[明]何良俊，《四友齋叢說》（北京：中華書局，1959），卷34，〈正俗一〉，頁314。

昔人所謂富有小四海者，一筵之費，竭中家之產，不能辦也。」[4]官員與
士大夫之間的宴會，從固定形式的一次宴會變得愈加頻繁，而且宴客費用
非常昂貴，食材也不只是肉類而已，就連稀有珍貴的燕窩都出現了。如徐
階(1503-1583)曾提到晚明知府與推官宴請巡按的事例：「乃今太府而
下，各伸款，四節推又各伸答。凡爲盛筵者十，以一倍十，所費不貲。每
送下程，用燕窩菜二斤一盤。郡中此菜甚少，至賒節推門子市，出而成禮
焉。」[5]不但是吃而已，對飲食器皿也很講究，還有優伶演劇作爲娛興節
目，如同《名山藏》記嘉靖年間前後五十年來，士大夫家宴會的變化：
「賓客往來，粗蔬四五品，加一肉，大烹矣；木席團坐，酌一陶，呼曰：
『陶同知。』……今士大夫家賓饗踰百物，金玉美器，舞姬駿兒，喧雜絃
管矣。」[6]

　　再者，住宅方面在江南也逐漸走向奢華。明初官民居住的房子頗爲樸
素，到明中葉以後則出現變化。如常州府江陰縣，「國初時，民居尙儉
樸，三間五架制，甚狹小。……成化以後，富者之居，僭侔公室」[7]。
《名山藏》記嘉靖年間的變化：「當時人家房舍，富者不過工字八間，或
窘圈四圍十室而已。今重堂窈寢，迴廊層臺，園亭池館，金暈碧相，不可
名狀矣。」[8]江南的縉紳士大夫是這波風氣的帶動者，人云：「縉紳喜治
第宅，亦是一蔽。……及其官罷年衰，囊橐滿盈，然後窮極土木，廣侈華
麗，以明得志。」[9]一般縉紳士大夫在宅弟營治的花費，少者約數十兩白
銀，多者至數百兩。最奢華的莫過於營建園林了。一園之設，少則白銀千

4　[明]謝肇淛，《五雜俎》(台北：偉文圖書出版社，1977)，卷11，〈物部三〉，
　　頁275。
5　[明]李樂，《見聞雜記》(上海：上海古籍出版社，1986)，卷8，頁690-691。
6　[明]何喬遠，《名山藏》，收入明清史料叢編委員會編纂，《明清史料叢編》
　　(北京：北京大學據明崇禎刻本影印，1993)，卷102，〈貨殖記〉，頁8b。
7　[明]趙錦修，張袞纂，嘉靖《江陰縣志》，收入《天一閣藏明代方志選刊》(上
　　海：上海古籍書店據嘉靖26年刻本重印，1963)，冊13，卷4，〈風俗記〉，頁
　　2b。
8　[明]何喬遠，《名山藏》，卷102，〈貨殖記〉，頁11b。
9　[明]謝肇淛，《五雜俎》，卷3，〈地部一〉，頁75。

兩，多則至有萬金之譽。何良俊就形容：「凡家累千金，垣屋稍治，必欲營治一園。若士大夫之家，其力稍贏，尤以此相勝。大略三吳城中，園苑棋置，侵市肆民居大半。」[10]

服飾方面，明中葉以後逐漸走向奢華，如乾隆《吳江縣志》指出明代服飾風尚的變化：「邑在明初，風尚誠樸」，「若小民咸以茅為屋，裙布荊釵而已」，「其嫁娶止以銀為飾，外衣亦只用絹」。但是，「至嘉靖中，庶人之妻多用命婦，富民之室亦綴獸頭」[11]。嘉靖《太平縣志》也說當地在明初時，「衣不過細布土縑，仕非宦達官員，領不得輒用紵絲；女子勤紡績蠶桑，衣服視丈夫子；士人之妻，非受封，不得長衫束帶」。但是至成化、弘治年間的風氣大變，開始流行穿著高級品，「丈夫衣文繡，襲以青絹青紬，謂之『襯衣』；履絲策肥，女子服五綵，衣金珠、石山、虎魄、翠翟冠，嫁娶用長衫束帶，貲裝緹帷竟道」[12]。

車輿方面，本來明清官方明訂只有三品以上的高級官員才准乘坐轎子，但是明中葉以後乘轎愈加普遍。像是何良俊記其聞見舉人乘轎子的情形：「轎邊隨從約有二十餘人，皆穿新青布衣，甚是赫奕。」還有南京武職乘轎者，「凡道上見轎子之帷幔鮮整、儀從赫奕者，問之必兵馬也」[13]。此外，別的交通工具上也是務求華麗舒適，尤其是隨著旅遊風氣的盛行，遊船也出現各種新的形式，崇禎《松江府志》就提到當地舟楫的變化：「初有航船、游山船、座船、長路船，今為浪船、樓船、朱欄、翠幕、淨

10　[明]何良俊，《何翰林集》（台北：國立中央圖書館據明嘉靖44年何氏香巖精舍刊本影印，1971），卷12，〈西園雅會集序〉，頁9a。

11　[清]丁元正等修，倪師孟等纂，乾隆《吳江縣志》，收入《中國方志叢書・華中地方・江蘇省》（台北：成文出版社據清乾隆12年修石印重印本，1975），號163，卷38，〈崇尚〉，頁1b。

12　[明]曾才漢修，葉良佩纂，嘉靖《太平縣志》，收入《天一閣藏明代方志選刊》（台北：新文豐出版社據明嘉靖19年刻本影印，1985），冊6，卷2，〈輿地志下・風俗〉，頁20b。

13　[明]何良俊，《四友齋叢說》，卷35，〈正俗二〉，頁321；卷12，〈史八〉，頁103。

如、精廬，游人往往召客，張燕其中，遠近通行。」[14] 可見當地原本舟楫
種類不多，後來漸漸多樣化，而且多是為旅遊之用。游船最常見的稱呼是
所謂的「畫舫」，泛指「一載優伶簫鼓、一載酒筵」的游船[15]，在江南常
成為商人誇富的展示工具，最好的例子就是南京秦淮河上雲集的畫舫景
觀，人們稱之為「燈船」：「小舫可四五十隻，周以雕檻，覆以翠幙。每舫
載二十許人，人習鼓吹，皆少年場中人也。懸羊角燈於兩傍，略如舫中人
數，流蘇綴之。用繩聯舟，令其啣尾，有若一舫。」[16] 在第四章中我們將
會看到，凡是稍有資財的晚明士大夫，也莫不以自購游船或畫舫為能事。

第二節　消費社會的形成

「奢侈」不但是一種社會風氣，也是一種消費行為。如果從消費文化
的角度來看奢侈風氣，晚明時期奢侈消費呈現了幾個重要的特徵，這些特
徵說明了此時期的發展，超越前代的地方，也反映了晚明正是「消費社
會」的形成時期。

(一)從市場購物的頻率增高

從晚明的奢侈消費現象中可以看到，人們從市場上購物的頻率愈來愈
高。這當然與生產力的提升，以及市場機能愈趨成熟有關，就像謝肇淛
(1567-1624)對北京市場的回憶：

14　[明]方岳貢修，陳繼儒纂，崇禎《松江府志》，收入《日本藏中國罕見地方志叢
　　刊》(北京：書目文獻出版社據崇禎3年刻本影印，1991)，卷7，〈風俗〉，頁
　　34a。

15　據明人錢希言的考證，兩舟相並曰「舫」，當時人一概混淆，凡船皆稱舫。見
　　[明]錢希言，《戲瑕》，收入《松樞十九山》(據日本內閣文庫藏明萬曆28年序
　　刊本影印)，卷3，〈舫〉，頁22a-b。

16　[明]鍾惺，〈秦淮燈船賦〉，收入[明]陸雲龍等選評，蔣金德點校，《明人小品
　　十六家》(杭州：浙江古籍出版社，1995)，頁278。

余弱冠至燕市上，百無所有，雞、鵝、羊、豕之外，得一魚，以爲稀品矣。越二十年，魚、蟹反賤於江南，蛤蜊、銀魚、蟶蚶（按：一種海產軟體帶殼動物）、黃甲，纍纍滿市。此亦風氣自南而北之證也。[17]

不只是家禽、家畜與海產這類食品，即使許多過去是在家庭內自己製造的日用品，如今都成了市場上的商品，人們也可以輕易地在市場中購得消費。明人顧起元（1565-1628）在《客座贅語》中指出晚明南京城內市場變化的情形：「邇來則又衣絲躡縞者多，布服菲屨（按：應爲扉屨，指粗陋的草鞋）者少，以是薪粲而下，百物皆仰給於貿居。」[18] 所以他說商人特別容易以此致富。清人陳祖范（1676-1754）《陳司業集》中，曾描述他「聞諸故老」，有關蘇州府常熟縣在明末清初風俗變化的情形：

往時履襪之屬出女紅，今率買諸市肆矣。往時茶坊酒肆無多，家販脂胃脯者，恒慮不售；今則遍滿街巷，旦旦陳列，暮輒罄盡矣。……至於衣履有舖，茶酒有肆，日增於舊。懶惰者可以不紉針，不舉火，而服食鮮華，亦風俗之靡也。[19]

上引文指出了該地消費行爲的變化，一是過去家庭自製的鞋襪，漸漸在市場店舖中都可以買到；其次，作爲飲食消費的茶坊、酒肆過去不太多，又擔心沒有顧客光臨，如今不僅如雨後春筍地紛紛成立，而且時常高朋滿座。

　　就以服飾與飲食這兩方面而言，萬曆《揚州府志》形容當地市場與商店所賣的各類「巾」式，也就是多種式樣的帽子：「郡城五方都會，所裹

17　［明］謝肇淛，《五雜組》，卷9，〈物部一〉，頁234。
18　［明］顧起元，《客座贅語》（北京：中華書局，1987），卷2，〈民利〉，頁67。
19　［清］陳祖范，《陳司業文集》（清乾隆29年刊本，中研院傅斯年圖書館藏善本書），卷2，〈召文縣志未刻諸序・風俗〉，頁38b-39a。

巾幘意製相詭，市肆所鬻，有晉巾、唐巾、紫薇巾、逍遙巾、東坡巾，種種不一。」[20] 明人范濂在《雲間據目抄》指出松江府內，各式鞋襪店的興起：

> 郡中絕無鞋店與蒲鞋店，萬曆以來，始有男人製鞋，後漸輕俏精美，遂廣設諸肆於郡東；……自宜興史姓者客於松，以黃草結宕口鞋甚精，貴公子爭以重假購之，謂之「史大蒲鞋」；此後宜興業履者，率以五六人為群，列肆郡中，幾百餘家。……松江舊無暑襪店，暑月間穿氈襪者甚眾，萬曆以來，用尤墩布為單暑襪，極輕美，遠方爭來購之，故郡治西郊，廣開暑襪店百餘家。[21]

崇禎《太倉州志》則記：「州治前及兵備道西，遍開列酒肆，嘗日徵歌選優，酒肉繁溷，凡銜役豪僕所破人家，強半耗此。」[22] 可見帽襪鞋店與酒肆之類，在晚明的江南大城市中已經很發達。總之，商店市肆的發達，讓消費者有許多便利性。

(二)奢侈品成為日常用品

第二個特徵就是過去被視為奢侈品的東西，逐漸成為一般庶民的日常用品。如浙江紹興府到了萬曆時期的府志，形容當地風氣：「絲布不服，魚給蔬菜不食，而務窮四方綺麗，極水陸珍味。」[23] 這種現象在服飾的消費方面最為明顯，在晚明以後的蘇州府常熟縣的方志中，就記載當地衣服

20　[明]楊洵修，陸君弼纂，萬曆《揚州府志》（北京：書目文獻出版社據萬曆刻本影印，1988），卷20，〈風俗·冠服〉，頁1a。

21　[明]范濂，《雲間據目抄》，收入筆記小說大觀編纂委員會編，《筆記小說大觀》（台北：新興書局，1978），22編5冊，卷2，〈記風俗〉，頁2a-b。

22　[明]錢肅樂修，張采纂，崇禎《太倉州志》（明崇禎15年刊本，國立故宮博物院藏原北平圖書館善本書），卷5，〈風俗志·流習〉，頁10b-11a。

23　[明]蕭良幹修，張元忭纂，萬曆《紹興府志》，收入四庫全書存目叢書編纂委員會編，《四庫全書存目叢書》（台南：莊嚴文化事業有限公司據北京師範大學圖書館藏明萬曆刻本影印，1996），史部，地理類，冊200-201，卷12，頁3a。

的料子，「往時閭井間衣服強半布褐」，「今則夏多紗縠，冬或重裘」[24]。
又如明代的家具市場中高級的「細木傢火」，到晚明時成了一般人皆可購
置的家具，就像明人范濂所云：「細木家伙，如書棹禪椅之類，余少年曾
不一見，民間止用銀杏金漆方棹。」但是到隆慶、萬曆以後，細木家伙成
爲普及品而不足爲奇，於是「紈袴豪奢，又以椐木不足貴，凡床廚几棹，
皆用花梨、癭木、烏木、相思木與黃楊木，極其貴巧，動費萬錢，亦俗之
一靡也」[25]。

　　原屬於奢侈性的衣服飾品，之所以會轉變成日常用品，最大的原因就
是價格上由昂貴逐漸下降成一般商品的價格。例如在嘉靖以前松江府地區
盛行的「瓦楞騌帽」，在嘉靖初年只有生員開始戴，至二十年後則富民用
之，不過有能力購買者仍是非常少見，因爲價格騰貴；直到萬曆年間以
後，不論是貧富，都戴瓦楞騌帽，因爲價格大跌[26]。同樣的情形在浙江杭
州府地區也曾出現，當地在嘉靖中期時瓦楞帽價值四、五兩，非富室不能
戴，至萬曆38年(1610)後所值不過一二錢而已，所以即使是乞丐也都用[27]。

(三)奢侈消費的普及化

　　晚明的奢侈消費風氣與前代比較的話，最大的差別就是過去的奢侈行
爲，大多只限於上層社會的極少數人，如高官貴族或少數的大富豪；然而
晚明的奢侈風氣，卻是普及到社會的中下層。就像萬曆《重修崑山縣志》
所說的，該地往昔人有恒產，多奢少儉；「而今又非昔比矣」，「邸第從
御之美，服飾珍羞之盛，古或無之。甚至儲隸賣傭，亦泰然以侈靡相雄
長，往往有僭禮踰分焉」[28]。松江府上海縣的情形也是：「市井輕佻，十

24　[清]鄭鐘祥等重修，龐鴻文等纂，光緒《常昭合志稿》（南京：江蘇古籍出版社
　　據清光緒30年活字本影印，1991），卷6，〈風俗志〉，頁4a。引陶正靖之〈志〉。

25　[明]范濂，《雲間據目鈔》，卷2，〈記風俗〉，頁3b。

26　[明]范濂，《雲間據目鈔》，卷2，〈記風俗〉，頁1a-2b。

27　[明]許敦球，《敬所筆記》〈紀世變〉，收在陳學文，《中國封建晚期的商品經
　　濟》（長沙：湖南人民出版社，1989），〈附錄〉，頁318-319。

28　[明]周世昌，萬曆《重修崑山縣志》，收入中國史學叢書編纂委員會編，《中國

五爲群，家無擔石，華衣鮮履。」[29] 杭州府情形：「毋論富豪貴介，紈綺
相望，即貧乏者，強飾華麗，揚揚矜詡，爲富貴容。」[30] 由此可見，就算
是一般的奴僕商販或是市井小民，都有經濟能力效法上層社會的奢侈消
費。李漁(1611-1679)《閒情偶寄》就說：

> 乃近世貧賤之家，往往效顰於富貴。見富貴者偶尚綺羅，則恥布帛
> 爲賤，必覓綺羅以肖之；見富貴者單崇珠翠，則鄙金玉爲常，而假
> 珠翠以代之。事事皆然，習以成性，故因其崇舊而黜新，亦不覺生
> 今而反古。[31]

清人葉夢珠回憶到明末清初時，松江府爭逐服飾內裝奢華的原因：

> 原其始，大約起于縉紳之家，而婢妾效之，寖假而及于親戚，以逮
> 鄰里。富豪始以創起爲奇，後以過前爲麗，得之者不以爲僭而以爲
> 榮，不得者不以爲安而以爲恥。或中人之產，營一飾而不足，或卒
> 歲之資，製一裳而無餘，遂成流風，殆不可復，斯亦主持世道者所
> 深憂也。余幼所聞，內飾猶樸。崇禎之際，漸即于侈，至今日而濫
> 觴極矣。[32]

這段引文說明了當時服飾風尚受到富貴縉紳家的影響，再由其家的妻妾、
婢女將此風傳播到親戚、鄰里，就連一般百姓也紛紛效法他們，在服飾裝

(續)————————————
　　史學叢書・華中地方・江蘇省》（台北：臺灣學生書局據明萬曆4年刊本影印，
　　1987），3編4輯，冊42，卷2，〈疆域・風俗〉，頁6a。
29　[清]李文耀修，談起行、葉承纂，乾隆《上海縣志》（北京：中國書店據清乾隆
　　15年刻本影印，1992），卷1，〈風俗〉，頁18b。引《舊志》。
30　[明]張瀚，《松窗夢語》（北京：中華書局，1985），卷7，〈風俗紀〉，頁139。
31　[明]李漁，《閒情偶寄》（台北：長安出版社，1990），卷10 ，〈器玩・制度第
　　一上〉，頁231。
32　[清]葉夢珠，《閱世編》（台北：木鐸出版社，1982），卷8，〈內裝〉，頁178。

扮上務求奢華。

又例如宴會的奢侈風氣，不但吹到了有錢人之家，使得富室請客宴會群起效尤，甚至中產之家也仿效之。如萬曆《嘉定縣志》就說：「若夫富室召客，頗以飲饌相高。水陸之珍，常至方丈。至于中人亦慕效之，一會之費，常耗數月之食。」[33]

再如住宅方面，就連一般百姓中產之家，只要稍有資財也會花錢營治第宅，如明人顧起元《客座贅語》中描寫正德以前的南京，房屋矮小，廳堂多在後面；「或有好事者，畫以羅木，皆朴素渾堅不淫」。但是到了嘉靖末年，「士大夫家不必言，至於百姓有三間客廳費千金者，金碧輝煌，高聳過倍，往往重簷獸脊如官衙然，園囿僭擬公侯。下至勾闌之中，亦多畫屋矣」[34]。營建園林也不再是士大夫的專利，明人何喬遠（1557-1633）就說：「凡家累千金，垣屋稍治，必欲營治一園。」[35]前述所謂「細木傢火」的高級家具，到晚明時也是逐漸普及，「隆萬以來，雖奴隸快甲之家，皆用細器」[36]。

關於乘騎的交通工具方面，我們也可以看到明代中期以後，武官效法文官乘轎，庶官也乘轎，監生與生員群起仿效，以至其他商人、豪奴、胥吏、優伶之流相繼效尤。至明末清初有士大夫感歎乘轎已至「僭濫之極」，甚至還有優伶僭用轎子，如龔煒（1704-1769?）在《巢林筆談》中就說：「肩輿之作，古人有以人代畜之感，然卿大夫居鄉，位望既尊，固當崇以體統，不謂僭濫之極。至優伶之賤，竟有乘軒赴演者。」[37]

33　[明]韓浚，萬曆《嘉定縣志》，收入《中國史學叢書‧華中地方‧江蘇省》（台北：臺灣學生書局據明萬曆三十三年刊本影印，1987），3編4輯，卷2，〈疆域‧風俗〉，頁7b。

34　[明]顧起元，《客座贅語》，卷5，〈化俗未易〉，頁170。

35　[明]何良俊，《何翰林集》，卷12，〈西園集會序〉，頁9a。

36　[明]范濂，《雲間據目鈔》，卷2，〈記風俗〉，頁3b。

37　[清]龔煒，《巢林筆談》（北京：中華書局，1981），卷4，頁104。

（四）流行時尚的形成

　　晚明的奢侈消費已脫離了維生消費的層次，且不只是固定於喜好某類消費形式而已，而是不斷地追求變化。如南直隸應天府屬六合縣，據嘉靖《縣志》稱其地服飾的風尚是：「除士夫法服外，民間衣帽長短高卑，隨時異制。」[38]《客座贅語》中論及南京婦女服飾變化的速度，「在三十年前，猶十餘年一變矣」；但是，「邇年以來，不及二三歲，而首髻之大小高低，衣袂（按：衣袖）之寬狹修短，花鈿之樣式，渲染之顏色，鬢髮之飾，履綦（按：指鞋帶）之工，無不變易」。亦即凡是首飾、衣袖、花樣與顏色等等無不變易[39]。可見庶民的服飾愈到後來，消費者喜好的轉變愈來愈快速，這就是一種流行時尚。

　　晚明服飾有各種流行形式，就以一般士人所戴的帽子為例，當時人稱之為「巾」，葉夢珠談到明末清初，上自職官大僚，下至于生員，俱戴四角方巾，「其後巾式時改，或高或低，或方或扁，或仿晉、唐，或從時製，總非士林，莫敢服矣」[40]。明代後期帽子流行的樣式非常多，除了葉夢珠提到的晉巾、唐巾以外，還有漢巾、諸葛巾、純陽巾、東坡巾等，這些巾式是前代已經有的，到晚明因為「復古」或「好古」風而大為流行。有的巾式則是明代新創的，如陽明巾、九華巾、玉臺巾、逍遙巾、紗帽巾、華陽巾、四開巾、勇巾、凌雲巾、方山巾、和靖巾等。鞋履方面也有追求時髦、快速變化的流行款式，如《客座贅語》描寫晚明南京的流行鞋款：「足之所履，昔惟雲履、素履，無它異式。今則又有方頭、短臉、毬鞋、羅漢……。」[41]

　　明代後期服飾上的變化，出現了相當現在所謂的「時裝」，當時稱：

38　[明]董邦正修，黃紹文纂，嘉靖《六合縣志》，收入天一閣藏明代方志選刊續編委員會編，《天一閣藏明代方志選刊續編》（上海：上海書店據明嘉靖年間刊本影印，1990），冊7，卷2，〈風俗〉，頁4a。

39　[明]顧起元，《客座贅語》，卷9，〈服飾〉，頁293。

40　[清]葉夢珠，《閱世編》，卷8，〈冠服〉，頁174。

41　[明]顧起元，《客座贅語》，卷1，〈巾履〉，頁24。

「儇薄子衣帽悉更古制，謂之時樣。」[42] 據萬曆《通州志》記揚州府屬通
州的服飾變化如下：

> 今者里中子弟，謂羅綺不足珍，及求遠方吳紬宋錦雲縑駝褐，價高
> 而美麗者以爲衣，下逮褲襪亦皆純采，其所製衣，長裙闊領，寬腰
> 細摺，倏忽變易，號爲「時樣」，此所謂「服妖」也。[43]

「里中子弟」追求遠方「價高而美麗」的稀有衣料，再做成「倏忽變易」
的新奇流行式樣，號稱爲「時樣」，也就是在創造時尚、帶動時尚，這同
時也是帶動大量消費的動力。（參見本書第三章）

（五）身分等級制度的崩解

　　這波的奢侈消費風潮，使得明代政府規定的身分等級制度，逐漸走向
瓦解。自漢代以來，傳統中國的政府爲了穩定社會的秩序，乃透過禮制的
架構，以遂行儒家上下貴賤需加以區別的主張。這套「明尊卑、別貴賤」
的禮制架構與規範，涉及了人們的生活、行爲及人際關係等層面。在歷代
的正史中，幾乎每部都有〈輿服志〉，專門記載歷代統治階級依據一套禮
制，來實行對社會各階層消費行爲的管理。無論是明朝或清朝，在法律上
都明文規定了一種身分制度，也就是依官員品級以及功名身分來區分身分
等級，並配合某些消費方面的特許權利，形成一種用來「明尊卑、別貴
賤」的制度。明初太祖即規劃出一套禮制體系，對官民冠服、房屋、車
輿、鞍轡、帳器用等，希望能有效地達到「望其服而知貴賤，睹其用而明
等威」的理想社會。

42　[明]俞弁，《山樵暇語》，收入《四庫全書存目叢書》（台南：莊嚴文化事業有
　　限公司據商務印書館影印明朱象玄鈔本影印，1995年），子部，雜家類，冊152，
　　卷8，頁7b。

43　[明]林雲程修，沈明臣纂，萬曆《通州志》，收入天一閣明代方志選刊委員會
　　編，《天一閣藏明代方志選刊》（上海：上海古籍書店據明萬曆6年刻本重印，
　　1963），冊10，卷2，〈風俗〉，頁47a-b。

　　這種制度在社會變遷緩慢或停滯的時期，較能維持一定的作用，如在明初一方面是法令較爲嚴格，另一方面因爲仍是處在復興生產力的「休養生息」時期，故而呈現「地廣人稀」、「人尙儉樸」的情形，人們只能努力耕稼、紡織以輸徭役，並沒有太大的消費能力，所以此制度得以遂行[44]。我們可以看到明初普遍地遵循官定的身分等級制度，幾無踰制僭越的情形。可是到明中葉以後因爲民間經濟力量的崛起，逐漸形成的奢侈風氣打破了這種身分制度。如嘉靖《涇縣志》形容該地在明初新離兵革，地廣人稀，人尙儉樸，丈夫力耕稼，女子勤紡績蠶桑；「衣不過土布，非達宦不得輒用紵絲。居室無大廳，爭高廣惟式」。但是成化弘治以後開始變化，因爲「生養日久，輕役省費，民彌滋殖，此後漸侈」[45]。由此可見這時休養生息已久，人民積蓄已豐，故而庶民的購買力與購買欲，已經超越官方原來所規範的消費形式。

　　正因爲如此，我們可以看到許多士大夫的文獻，對奢侈消費的現象常用「僭越」或「僭擬不可言」一詞，來形容當時一般百姓的奢侈消費，違越了原來政府規定的身分等級制度，如張瀚(1511-1593)在《松窗夢語》中也指出：「國朝士女服飾，皆有定制。洪武時律令嚴明，人遵畫一之法。代變風移，人皆志於尊崇富侈，不復知有明禁，群相蹈之。……今男子服錦綺，女子飾金珠，是皆僭擬無涯，踰國家之禁者也。」[46]嘉靖《吳江縣志》也云：「習俗奢靡，故多僭越。庶人之妻多用命服，富民之室亦綴獸頭，不能頓革也。」[47]可見晚明的庶民服飾，無論男子服錦綺，或女子飾金珠，都已不再遵行原有規範的定制，甚至平民婦女流行模仿高官命

44　[明]曾才漢修，葉良佩纂，嘉靖《太平縣志》，卷2，〈輿地志下・風俗〉，頁20a。

45　[明]丘時庸修，王廷翰編纂，嘉靖《涇縣志》，收入《天一閣藏明代方志選刊續編》（上海：上海書店據明嘉靖刊本影印，1990），冊36，卷2，〈風俗〉，頁16b。

46　[明]張瀚，《松窗夢語》，卷7，〈風俗紀〉，頁140。

47　[明]曹一麟，嘉靖《吳江縣志》（明嘉靖40年刊本，中研院傅斯年圖書館藏善本書），卷13，〈典禮志三・風俗〉，頁31b-32a。

婦的服飾爲風尚。至此我們看到平民服飾流行風尚的形式變化，已到了一片「僭擬無涯」的程度。

這種種僭越的消費現象，衝擊原有的身分等級制度，於是有所謂的「禁奢令」發布。明代的政府曾不斷地重申禁令，據估計有119次申明禁奢令，其中憲宗成化(1465-1487)年間以前只有11次，其它都是之後發布的。可見愈到後來社會奢侈的風氣愈盛，而這些禁令也是愈成具文而已[48]。

(六)奢侈觀念的新思惟

晚明士大夫在討論風俗時，奢靡觀念成了重要的爭議焦點。傳統「崇儉黜奢」的觀念，在晚明時出現了新的思惟。在知識階層中出現的一些「崇奢」言論，就是在晚明商品經濟的發展下所刺激出來的新型消費觀念[49]。因爲奢靡觀的爭論常以江南城市中的大眾旅遊活動，如廟會、燈市、春遊等等所謂的「游觀」活動爲例，所以在此也以遊觀活動爲中心，來看奢侈觀念的轉變。

有些官員與士大夫採取負面的看法，他們從傳統經濟觀念中的「本末論」出發，認爲這類旅遊活動並非善良之俗。如張瀚(1510-1593)在《松窗夢語》中形容：「吾浙之俗，燈市綺靡，甲於天下，人情習爲固然。」接著就批評浙江燈市活動太過奢靡的可能後果，他認爲燈會這種旅遊娛樂活動是「末業之趨」，江南城市內如此過於奢華熱鬧的舉行，反而會影響農業生產的「本」業，所以地方官應該加以禁止。如果地方官不加以禁

---

48 邱仲麟，〈從禁例屢申看明代北京社會風氣的變遷過程〉，《淡江史學》，期4(1992)，頁67-88。

49 關於晚明的侈靡論述，史學界已有豐富的研究成果，參見林麗月，〈晚明「崇奢」思想隅論〉，《台灣師大歷史學報》，期19(1991)，頁215-234；陳國棟，〈有關陸楫「禁奢辨」之研究所涉及的學理問題——跨學門的意見〉，《新史學》，卷5期2(1994)，頁159-179；余英時，〈士商互動與儒學轉向——明清社會史與思想史之一面相〉，收入郝延平、魏秀梅主編，《近世中國之傳統與蛻變：劉廣京院士七十五歲祝壽論文集》(台北：中央研究院近代史研究所，1998)，頁28-34；林麗月，〈《蒹葭堂稿》與陸楫「反禁奢」思想之傳衍〉，《明人文集與明代研究》(台北：中國明代研究學會，2001)，頁121-134。

止，「且有悅其侈麗，以耳目之觀，縱宴遊之樂」，是有損國家與民生，即所謂「今之世風，上下俱損矣！」[50] 還有官員是從財政稅收的角度來批評，如曾任內閣首輔的申時行(1535-1614)在〈吳山行〉一文中，曾談到蘇州在九月流行登高之遊，無論士庶都會踴躍參與；可是申時行在文中藉老叟之語：「若狂舉國空豪奢，比歲倉箱多匱乏；縣官賦斂轉增加，閭閻凋瘵(按：此指受災之苦)誰能恤，杼軸空虛更可嗟。」[51] 批評這種旅遊活動太過奢侈浪費，使得官、民積蓄不多，一旦地方政府增加稅賦，必會導致人們無力負擔，國家基礎也因而動搖。

　　但是也有士大大並不以為然，他們並不認為這樣的旅遊活動的興盛是不好的，如江盈科(1553-1605)的〈游虎丘記〉，記其與任實驗同遊虎丘時，見到「畫船鱗次，管弦如沸，都人士女，靚妝麗服，各持酒餚，彈棋博陸」的景象，任君感觸良多地對江盈科說道，蘇州在五、六年前曾發生大災荒，「比歲不登，秔米若珠，白晝大都持糒過市，健兒從之，紾臂奪食；丁男鬻人，才得斗粟，老羸稚弱，橫死相屬」；可是不過幾年的時間已恢復繁榮景象，「今之畫船簫鼓，首尾銜接者」、「今之黍苗芃芃，嫩綠被畝，三農舞踏而慶豐稔者」，於是歎道：「昔何以苦，今何以樂？」「維予與子追昔日之苦，幸今日之樂。」[52] 他從遊觀風氣由漸而盛，對照出昔日之苦與今日之樂，可見在他的觀念中游觀風氣的興盛，是一種太平景象。又如田汝成(嘉靖5年[1584]進士)在其所著的《西湖遊覽志》一書中的〈序〉，談到他寫該部旅遊書時被批評為助長奢侈之風：「客有病予此書多述遊冶之事、歌舞之談，導欲宣奢，非以長化也。」但是他不以為然，認為杭州西湖旅遊活動之盛本是事實，「而欲諱遊冶之事、歌舞之

50　[明]張瀚，《松窗夢語》，卷4，〈百工紀二〉，頁79-80。

51　[明]牛若麟修，王煥如纂，崇禎《吳縣志》，收入《天一閣藏明代方志選刊續編》(上海：上海書店據明崇禎刊本影印，1990)，冊15-19，卷10，〈風俗〉，頁4b-5a。

52　[明]江盈科，〈游虎丘記〉，收入江盈科著，黃仁生輯校，《江盈科集》(長沙：岳麓書社，1997)，卷7，〈記文〉，頁345。

談，假借雄觀，只益浮僞爾，史家不爲也」[53]，他並不認爲遊觀活動有何不當。

　　知識階層中提出「崇奢」言論最爲著名的代表性人物，就是江南具有士商背景的陸楫。雖然陸楫的說法有部分其實是傳統觀念的延續，如他反對禁奢乃延續北宋范仲淹(989-1052)領浙西時縱容「嬉遊」的「工賑」政策，又其「損富益貧」說並未超過《孟子》「通功易事，以羨補不足」之論；但是，不可否認的是他的許多主張在當時都是新的觀念，如他認爲個體應與整體國家經濟分開而論，他對包含酒肆、娼優與機坊等「末業」之肯定，以及「奢易治生」說與其衍伸出來的「保富」觀念等等。在《蒹葭堂稿》中，他提到遊觀活動的正面作用：

> 只以蘇杭之湖山言之，其居人按時而遊，遊必畫舫、珍饈、良醞、歌舞而行，可謂奢矣。而不知輿夫、舟子、歌童、舞妓仰湖山而待爨者，不知其幾！……彼以梁肉奢，則耕者、庖者分其利；彼以紈綺奢，則鬻者、織者分其利，正《孟子》所謂「通工易事，羨補不足」者也。[54]

他認爲蘇杭旅遊活動表面上看似奢侈，但是這樣的奢侈消費卻提供眾多的就業機會。

　　之後不斷有人提出類似的論點，如萬曆年間王士性(1547-1598)在《廣志繹》書中，對於杭州的「遊觀」也提出類似的看法：「游觀雖非樸俗，然西湖業已爲游地，則細民所藉爲利，日不止千金，有司時禁之，固以易俗，但漁者、舟者、戲者、市者、酤者咸失其本業，反不便於此輩

53　[明]田汝成，《西湖遊覽志》(上海：上海古籍出版社，1998)，〈序〉，頁2。
54　[明]陸楫，《蒹葭堂稿》，收入續修四庫全書編纂委員會編，《續修四庫全書》(上海：上海古籍出版社據清華大學圖書館藏明嘉靖45年陸郯刻本影印，1995)，集部，別集類，冊1354，卷6，頁3b-4a。

也。」[55] 他認爲「遊觀」這種被視爲奢侈浪費的習尚，卻帶給當地人很多就業機會，所以根本不必強加禁止。又如葉權(1522-1578)在《賢博編》一書中，也是以杭州西湖爲例說：「杭州之奢侈，錢氏時已然，南宋更靡，有自來矣。城中人不事耕種，小民仰給經紀，一春之計全賴西湖。大家墳墓俱在兩山，四方賓旅渴想湖景，若禁其遊玩，則小民生意絕矣。」在他的觀察中，杭州及其附近住民即倚靠觀光旅遊的消費爲生，若一旦禁止遊觀活動反而使百姓生業無著。過去每遭兵燹時，西湖的旅遊業衰退，百姓生計即遭損，此萬萬非太平景象。所以他又說：「余少時則見其逾遊逾盛，小民逾安樂耳，何煩禁之？」[56] 也就是認爲旅遊業愈盛、愈奢華才是好現象，和王士性一樣都不主張政府應禁止這類活動。

(七)小結

無可諱言，上述的諸現象有些在宋代，特別是南宋杭州一帶已出現類似的情況，不過細觀宋代的情形和晚明仍有很大的差異[57]。日本學者斯波義信的研究指出宋代庶民大眾的消費，圍繞著米、柴、油、鹽、茶、酒、魚和少數大眾衣料等基本的日常必需品而擴大，和呈現出「多樣化」，顯示人們在市場的購買力也擴大了。但是相對於晚明在市場提供的消費品，不只限於飲食與衣料類的日常必需品，還有許多如鞋襪衣帽等等製成品，論多樣化是遠超過宋代。再者，斯波教授又指出宋代的奢侈消費有「大眾化」的趨勢，也就是奢侈的風潮從宮廷、士大夫階層向庶民，從中央向地方漸漸滲透。不過，所謂滲透的程度若與晚明相比，在宋代實際談到奢侈風氣蔓延到「中產之家」，或「齊民稍稍有力者」的史料非常少，而且論地域也幾乎都集中在北宋開封與南宋杭州這類首都城市。所以論奢侈消費在社會階層的普及程度與地域方面的擴大，晚明遠非宋代所能及。的確，

55　[明]王士性，《廣志繹》(北京：中華書局，1981)，卷4，〈江南諸省〉，頁69。

56　[明]葉權，《賢博編》(北京：中華書局，1987)，頁9。

57　宋代的奢侈消費研究，參見斯波義信，《宋代商業史研究》(東京：風間書房，1979)，頁467-482。

宋代和明代一樣可以看到許多次的禁奢令發布，但這些禁令主要是禁用金
銀眞珠的使用與裝飾，談到庶民有踰制「僭用」者並不多，統治者從財政
經濟所作的考量，要遠大過爲了身分等級制的維持；而且禁令提到「禁士
庶奢侈」之類的官方話語，並不能證明庶民或一般百姓已有能力從事奢侈
消費[58]。至於奢侈品普及成爲日常用品的例子，在宋代幾乎沒有，而流行
時尚的形成以及像陸楫所主張的「奢易治生」說，更是在宋代不曾有過的
新變化與新觀念。整體而言，上述晚明的變遷特徵中部分是前代所未見，
要不就是前代所望塵莫及。

　　英國史學 Neil McKendrick 等人所提出的「消費革命」（consumer
revolution）說，主張在18世紀英國出現了獨特的所謂「消費革命」。他們
提到18世紀英國人購買與擁有的物品數量達到空前的地步，人們在市場購
物頻率增高，而且奢侈品也成了日常用品；過去歷史上只有富人才能擁有
的東西，在18世紀時短短幾代之間不再是一般人遙不可及的夢想，即使是
下層社會也開始有能力享受過去上層社會才能消費的物品；有更多人仿效
上階層社會的消費行爲與消費品味，形成一種社會競爭，也帶動了流行時
尚的快速變遷與追逐時尚的潮流。上述的特徵又伴隨著當時人消費力量的
擴大，以致於造就了前所未有地消費傾向深入滲透到下層社會，以及造成
對經濟空前的影響，這就是所謂的「消費社會」。因之號稱世界上第一個消
費社會已然在英國崛起，也爲工業革命的到來作好準備。此外，英國18世
紀的消費革命也與17世紀起源的知識界論戰有關，在1690年代已有知識界
對奢侈觀念提出討論，到18世紀下半葉革命性的消費觀念廣泛地被接受[59]。

58　也有學者指出宋代的禁奢令的發布都是集中在特定的某些時期，主要的目的並非
　　是爲了維持身分等級制度，而是以財政經濟爲優先考量，認爲貴重金屬用作裝
　　飾，將會影響流通的貨幣量減少。參見勝山稔，〈北宋代に於ける奢侈禁令實施
　　とその構造について：仁宗代の各種禁令施行の要素とその變化〉，《社會文化
　　史學》，號36(1996)，頁90-104。即使在宋代的大城市中，能夠從事奢侈消費的
　　仍是少數的官僚貴族、地主豪紳與大商富工等，參見陳國燦，〈宋代江南城鎮的
　　物資供應與消費〉，《中國社會經濟史研究》，2003年1期，頁36-43。

59　Neil McKendrick, John Brewer and J. H. Plumb, eds., *The Birth of a Consumer Society:
　　The Commercialization of Eighteenth-Century England* (London: Europa Publications,

　　但是上述之現象在晚明時期亦可見到，從本章論述中提到晚明消費現象的特徵，舉凡從市場購物的頻率增高、奢侈品成為日常用品、奢侈消費的普及化、流行時尚的形成、身分等級制度的崩解與奢侈觀念的新思惟等等，都說明了過去被視為奢侈的社會風氣，在晚明時期的出現反映了更重要的歷史意義。在此之前中國歷代雖然都出現過奢侈的現象，但卻多只是局限在統治階層或是富民階層，只有到了晚明的奢侈風氣才是首次波及到社會下階層。晚明時期在一片奢侈風氣的盛行下，知識界也出現了關於奢靡的新論述。過去已有不少學者將陸楫之說類比為英國18世紀曼德維爾（Bernard de Mandeville, 1670-1733）的《蜜蜂寓言：私人的罪惡或公眾的利益》（*Fable of the Bees: Or Private Vices, Publick Benefits*），可見中西在這段時期的消費思想，內容上有高度的相似性。由此，將晚明時期視為中國第一個「消費社會」形成的時期，應不為過。

第三節　消費社會興起的背景

　　為何在晚明時期會形成消費社會的現象呢？過去的研究並沒有深入探討此問題。如果從當時的社會、經濟與思想背景來探析的話，至少有以下四個方面的發展，是足以帶動消費風氣與消費大眾的形成。

(一)商品經濟與國內外市場的擴展

　　元明之際戰爭的破壞，使得明朝前期經歷一段「修養生息」的過程；至明中葉以後，除了經濟生產力恢復之外，足以催生消費社會形成的最大推動力，就是商品經濟的發展，而商品經濟的發展可以從市場的擴展看出端倪。

　　過去在研究中國經濟史學界關注的焦點之一，就是在中國因鴉片戰爭中戰敗而被迫向西方開放以前，中國是否已形成全國市場？無論中外學界

（續）──────────────
　　1982), pp. 1-2; 9-13; 13-19.

間，對此議題都出現爭論[60]。回首過去的爭論，有許多的不同看法往往是立基在不同的時代，無論是大陸學者所提出的「從萬曆到乾隆」時期，或是西方學者常用的「帝國晚期」（Late Imperial China），對晚明與盛清這兩個時代的畫分都不夠精確。細觀晚明與盛清之間發展程度的差異，我們將會發現事實上許多傾向「全國市場」形成的要素，是在盛清時期才明顯出現[61]。

不過，晚明國內市場的發展，雖有其局限，但仍有許多超越前代的特點。明代自嘉靖、萬曆以後，可以看到許多商品已經邁入跨區域的市場，從晚明的方志中可以看到各地一些較著名的集市場地，如嘉靖《河間府志》所記載的北直隸河間府的市場，與萬曆《鉛書》對江西廣信府屬鉛山縣的描寫，其所集散的商品不但名目眾多，而且大半來自全國各地。再以長程貿易方面而言，明代的長程貿易中的商品，已逐步由少數富貴人家所能消費的奢侈品以及特產品，轉向以民生用品為主，而且工業品陸續加入市場流通，這些商品包括糧食、鹽、棉花、棉布、絲、絲織品等等。國內的貿易已經發展到具有區域分工的特點。東南沿海的江蘇、浙江、福建、廣東等省，以生產手工業製品與經濟作物著稱；其產品運往內地各省，而內地的湖廣、江西等省則是提供糧食作交換。許多農村的農民因為商品經

---

60 中國大陸學界較保守的看法，認為在1840年以前中國尚處在「封建社會」，雖然當時存在著商品經濟，但都是地方性的或是地區性的市場，商品也只局限於本地的農副產品之交換。國外學者如施堅雅（G. William Skinner）也認為中國九大經濟巨區（marco-region）之間，各自的整合性較高，但彼此之間卻未整合成一全國性的市場體系。較樂觀的大陸學者則看法迥異，主張在明清時期已形成了全國市場，是中國「資本主義萌芽」賴以發展的前提之一。另有學者的研究，透過長程貿易的發展，以及區域市場之間在價格變動指數的高度一致性，顯示中國已形成全國市場的可能。相關的討論參見黃宗智，《中國研究的規範認識危機：論社會經濟史中的悖論現象》，頁20-22；李伯重，〈中國全國市場的形成，1500-1840年〉，《清華大學學報(哲學社會科學版)》，卷14期4(1999)，頁48-54。後者主張當時已形成全國市場。

61 李伯重從商品、勞動、資金及訊息等四方面的流動，來論斷1500-1840年之間的中國，已形成整合良好的全國市場。然而，其所指出的這四方面的流動，除商品流動以外，其它方面的流動是要到18世紀才成型。

濟的發展，在市場利潤的誘因之下，將其所生產的糧食、經濟作物與手工藝品賣入市場供銷，於是直接捲入了市場[62]。

　　上述晚明時期的發展並不意味著當時已完全達到市場經濟，也不能肯定中國已形成全國市場，或判定已經出現資本主義。學者們都已指出長程貿易與其商品，在整個市場交易的比重還是有限。而且當時的市場仍有許多局限性，就像布勞岱爾所說的市場經濟與次經濟（自給自足，小範圍交換）同時存在而互相依存[63]。即使如此，並不能否定晚明國內市場的發展，已超越前代，所以才會出現消費者在市場購物的頻率增高之情形。

　　當我們探討消費需求的增長時，還需要考慮到國際貿易這方面。有關明代中期以後對外貿易的研究成果，已經修正了過去認為明朝政府是「閉關自守」的刻板印象[64]。嘉靖、萬曆時期，東南沿海地區的對外貿易活動已經突破官方朝貢貿易的限制，民間的私人海上貿易得到迅速的發展。中國沿海商人與東亞國家貿易的商品中，中國輸出的是紡織品、生絲、茶、瓷器以及其它製成品，輸入的商品包括食品（魚翅與燕窩等）、香料（蘇木與胡椒等）、木材、犀角與象牙等等。

　　特別是西方人包括葡萄牙、西班牙、荷蘭人等，在16世紀先後來到東

62　藤井宏，〈新安商人の研究（一）〉，《東洋學報》，卷36期1(1953)，頁1-44；傅衣凌主編，楊國楨、陳支平著，《明史新編》（北京：人民出版社，1993），頁299-305；韓大成，《明代社會經濟初探》（北京：人民出版社，1986），頁238-272；吳承明，《中國的現代化：市場與社會》（北京：三聯書店，2001），頁111-166。

63　如明清市場的發展還是以糧食為基軸，以布（及鹽）為主要對象的小生產者之間交換的市場結構；進入市場的商品量占總生產的比重只有15%-20%。再者，生產方面如棉布仍是鄉村農民家庭的副業生產，並沒太大、太新的生產關係或生產組織的變化。雖然晚明已出現牙行商人控制生產環節，但只是由外部壟斷地方市場，不像西方包買商(putting-out system)制度透過提供原料、確定生產速度、購買勞動力等控制內部生產的過程。參見吳承明，《中國的現代化：市場與社會》，頁111-166；Timothy Brook, *The Confusions of Pleasure: Commerce and Culture in Ming China*, pp. 198-201.

64　張彬村，〈明清兩朝的海外貿易政策：閉關自守？〉，收在吳健雄主編，《中國海洋發展史論文集》（台北：中央研究院中山人文社會科學研究所，1991），輯4，頁45-59。

亞與中國商人從事貿易，其實他們也是來競爭東南亞貿易主導權。中國這時可以說是已捲入了世界經濟（world economy）的體系中。過去西方的幾個重要的學者，如布勞岱爾的研究將其他文明視爲不變的「傳統」文明，而華勒斯坦（Immanuel Wallerstein）的「世界體系」理論（world system theory）也都以歐洲爲中心論。近年來已有學者批評以上二說都忽視了早期國際貿易體系中，歐洲才是處在邊陲，中國則是處在中心位置。從中國對外貿易的順差，顯示中國具有最大的生產力、競爭力及中心地位。明清中國的對外貿易，向以東南亞香料貿易爲主，對於與歐洲人貿易並無太大的興趣，歐洲人只是介入了這個早已發達與建立的貿易網在交易[65]。雖然西方人對中國的產品需求很大，但是中國對西方產品的興趣只集中在白銀上，於是美洲白銀大量地流入到中國，再加上日本對華貿易時所流入的白銀，相當程度影響了晚明時期經濟的發展[66]。

　　對外貿易影響晚明經濟有幾個面向，首先是對外貿易的擴展，使得國內的手工業工匠與生產經濟作物的農民有利可圖，尤其是促進了當時手工業與絲棉生產的中心——江南地區的專業化與商品經濟的發展；而且也促進商品的生產，並有利該物價的降低[67]。其次，白銀的持續流入，大大增加了中國的貨幣供應量。貨幣供應量的增加對貨幣經濟的發展，具有重要的作用。因爲貨幣幫助商品流通，晚明商品經濟的發達、長程貿易與國內

65　Andre Gunder Frank, *Reorient: Global Economy in the Asian Age* (Berkeley, Calif.: University of California Press, 1998), pp. 108-117; 126-128.

66　全漢昇，〈明清間美洲白銀的輸入中國〉，《中國文化研究所學報》，2卷1期（1996），頁59-80；〈再論明清間美洲白銀的輸入中國〉，《陶希聖先生八秩榮慶論文集》（台北：食貨月刊社，1979），頁164-173；〈明清間美洲白銀輸入中國的估計〉，《中央研究院歷史語言研究所集刊》，第66本第3分（1995），頁679-693；〈美洲白銀與明清間中國海外貿易的關係〉，《新亞學報》，期16（1991），上冊，頁1-22。William S. Atwel, "International Bullion Flows and the Chinese Economy circa 1530-1650," *Past and Present* 95 (May 1982), pp. 68-79.

67　William S. Atwell, "Note on Silver, Foreign Trade, and the Late Ming Economy," *Ch'ing-shih Wen-t'i* 3.8 (December 1977), pp. 4-8; "International Bullion Flows and the Chinese Economy circa 1530-1650," pp. 80-86.

市場的發展，莫不受惠於此[68]。正如同史家艾維爾（William S. Atwell）所云：「（晚明）因為礦業被壓抑，而且因為銅錢鑄造的問題持續困擾著中國，以致於貨幣經濟有相當大的程度得依賴進口的白銀，來增加貨幣的供給，如此才能維持交易和消費者的信心。」[69]此外，對國內的消費者而言，大量的東南亞與日本的貨品輸入到中國，使得中國人消費的物品更多樣化，改變中國人的消費品味，例如晚明文人士大夫就對日本製造的家具與香品情有獨衷[70]。也因為商品數量之大，同樣地有利於過去被視為奢侈品的東西，在價格上有降低的可能性。過去視為稀有食材如燕窩與魚翅，

68　有學者指出明季崇禎末年，約1640年代时，因為西班牙、葡萄牙、荷蘭與日本，在對貿易上都發生阻礙，以致白銀不再大量流入中國，遂影響明季的經濟，使通貨膨脹，糧價上漲，工匠失業，稅收短缺，進而造成明朝的滅亡。此說即所謂「17世紀的危機」論，參見Atwell, "International Bullion Flows and the Chinese Economy circa 1530-1650," pp. 86-89; "Some Observations on the 'Seventeenth-Century Crisis' in China and Japan," *The Journal of Asian Studies* 45.2 (Feb. 1986), p. 229; Frederic Wakeman, "China and the Seventeenth-Century Crisis," *Late Imperial China* 7.1（1986）, pp. 3-4。不過，此說也引起不少爭論，有學者認為明季的經濟蕭條與白銀流入中國的衰退無關，如Jack A. Goldstone, "East and West in the Seventeenth Century: Political Crisis in Stuart England, Ottoman Turkey, and Ming China," *Comparative Studies in Society and History* 30.1 (Jan. 1988), pp. 108-109. 對此批評，Atwell有過辯駁，參見William S. Atwell, "A Seventeenth-Century 'General Crisis' in East Asia?" *Modern Asian Studies* 24.4 (Oct. 1990), pp. 661-682. 也有學者統計後認為17世紀流入中國的白銀數量並未減少，參見倪來恩與夏維中，〈外白銀與明帝國的崩潰——關於明末外來白銀的輸入及其作用的重新檢討〉，《中國社會經濟史研究》，1990年第3期，頁46-56。萬志英（Richard Von Glahn）則從理論基礎、統計資料、物價波動以及銀錢比價等諸方面，反駁此說之謬誤。參見Richard Von Glahn, "Myth and Reality of China's Seventeenth-century Monetary Crisis," *The Journal of Economic History* 56.2（June 1996）, pp. 439-440, 445-451. 把流入中國的白銀短缺解釋成明朝滅亡的說法也許過於誇大，但是即使反對「17世紀的危機」論的學者，也都承認晚明外來輸入的白銀對經濟發展影響甚鉅。

69　William S. Atwell, "Relations with Maritime Europeans, 1514-1662," *The Cambridge history of China, Volume 8, The Ming Dynasty, 1368-1644, Part 2*（Cambridge: Cambridge University Press, 1998）edited by Denis Twitchett and Frederick W. Mote, p. 407.

70　參見本書第五章，以及張維屏，〈滿室生香：東南亞輸入之香品與明代士人的生活文化〉，《政大史粹》，期5(2003)，頁69-93。

到了晚明成爲宴會上常見的佳肴，與上述的背景脫離不了關係。

　　當我們由消費需求的角度重新檢視過去的研究成果，可以確定晚明市場與商品化的發展，與消費需求的擴大有密不可分的關係。如果需求與供給沒有達到一定程度的發展與平衡，市場是不可能擴大的。所以晚明市場的擴展，背後反映的是需求與供給雙重地增長與發展。

(二)城市化的增長

　　有學者批評對明清經濟的研究，如果只是重視供應面的話，似乎暗示中國有一個需求無限大的市場，只要有商人提供一定會有相應的市場需求，這是研究方法上的嚴重缺點[71]。若要再追問晚明市場的需求面與消費面擴大的原因，則脫離不了消費群眾的擴大；那麼，晚明消費群眾的擴大，又是如何形成的呢？城市史的研究也許可以提供一個重要的背景。

　　過去曾有學者主張南宋之後至19世紀之間，中國城市人口數量增加緩慢至極點(10%以下)，城市人口占總人口數長期下降，城市人口不集中向大都市而在小市鎮[72]。但近年來的研究已經顯示，這個時期的城市化是持續上升的，尤其是江南的城市化持續發展，學者重新估計江南城市人口比重，在17世紀約15%，到18、19世紀成長到19%至20%。如李伯重估計明後期1620年時江南城市人口比重爲15%，清代時則達20%；曹樹基估計明代後期江蘇江南地區城市人口比重爲15%，推算清代則爲16.3%；兩者對明代後期江南城市化的估計都是15%，對清代的估計略有差異，前者估計較後者爲高。之後，有龍登高修正清中葉江蘇江南的城市人口比例爲19.2%；又劉石吉曾據乾隆《吳江縣志》中市鎮的戶口記載，估計江南蘇州一府內的市鎮人口數占總人口數35%。他們的估計都顯示江南城市化程

71　石錦，〈中國資本主義萌芽——研究理論的評介〉，收在氏著《中國近代社會研究》(台北：李敖出版社，1990)，頁133。

72　趙岡、陳鍾毅，〈中國歷史上的城市人口〉，《食貨復刊》，卷13期3~4(1983)，頁9-31；趙岡，〈論中國歷史上的市鎮〉，《中國社會經濟史》，1992年2期，頁5-18。

度較過去外國學者饒濟凡(Gilbert Rozman)與施堅雅(G. William Skinner)
估計的7%要高出很多[73]。江南地區城市化的現象，除了城市人口與市鎮人
口的急速增長外，還包括城市內建築密度加大而有侵街、河道堵塞之現
象，而人口由城內擴展到城外的關廂；其下郊區市鎮規模也變大，常有
「居民萬家」之說。學者稱之爲「蘇杭型城市」，發展的原因主要是工商
業的發展[74]。

　　江南的城市化原因既然是工商業的發展，那麼城市內的社會結構也應
隨之變化。當時城市化所增加的人口很大比重是外來的工匠與外來商人；
另一方面城市內也成了紳商富民移仕的地點，如松江府地區以前「鄉士大
夫多有居城外者」，「今縉紳必城居」[75]；這也是過去日本學者所謂的
「鄉紳論」討論的內容之一[76]。這種鄉紳城居化的現象由明入清之後更爲

73　參見龍登高，《江南市場史：十一至十九世紀的變遷》(北京：清華大學出版
　　社，2003)，頁56-58；曹樹基，《中國移民史：第五卷明時期》(福州：福建人民
　　出版社，1997)，頁424-425；《中國人口史：第五卷清時期》(上海：復旦大學出
　　版社，2001)，頁757；李伯重，《江南的早期工業化(1550-1850年)》(北京：社
　　會科學文獻出版社，2000)，頁409-417；劉石吉，〈明清時代江南市鎮之數量分
　　析〉，《思與言》，卷16期2(1978)，頁26-47。

74　又其下之市鎮成了「衛星城市化」，因工業部分受大城市的帶動影響，而形成合
　　理的工業布局。參見李伯重，〈工業發展与城市變化：明中葉至清中葉的蘇
　　州〉，《多視角看江南經濟史(1250-1850)》(北京：三聯書店，2003)，頁377-
　　446。

75　[明]方岳貢修，陳繼儒纂，崇禎《松江府志》，卷7，頁28a-b。

76　日本學界在1950年代開始了關於中國紳士層的研究後，「鄉紳土地所有論」成爲
　　其討論的重要焦點之一。首先是北村敬直提出明初的「鄉居地主」，到了明末清
　　初開始轉變成「城居地主」。接著安野省三又修改了北村氏之說，他認爲明末清
　　初出現的城居化、不在地化傾向的大土地所有者，是和紳士屬於同一階層的社會
　　階級，所以「城居地主」應改稱爲「鄉紳地主」。小山正明則進一步提出了一種
　　假設，他認爲自明代後期到清初，國家對土地所有面的支配體制已發生了歷史性
　　的變化，過去握有社會支配身分的形勢戶、糧長層，已由鄉紳層取代。參見北村
　　敬直，〈明末・清初における地主について〉，《歷史學研究》，號
　　140(1949)，頁13-25；安野省三，〈明末清初・揚子江中流域の大土地所有に關
　　すの一考察〉，《東洋學報》，卷44期3(1961)，頁61-88；小山正明，〈中國社
　　會の變容とその展開〉，《東洋史入門》(東京：有斐閣，1967)，頁50-55。其它
　　相關的研究回顧，另可參考吳金成，〈日本における中國明清時代紳士階層研究
　　について〉，《明代史研究》，號7(1979)，頁21-45；檀上寬，〈明清鄉紳

明顯，即使在市鎮都可以看到社會結構出現變化[77]。總之，城市出現這樣的社會結構變遷後，帶來的是一批消費大軍，他們以所得的貨幣換取維生物品與奢侈商品。同時，城市的消費力也提供了許多就業機會，就像《名山藏》描述應天府溧陽縣在正德、嘉靖年間的變化：「當時人皆食力，市廛之民，布在田野，……今人皆食人，田野之民，聚在市廛。奔競無賴，張拳鼓舌，詭遇博貨，誚胼胝爲愚矣。」[78] 也就是在這樣的背景之下，才會引起陸楫等人的注意，發明「奢易治生」的觀念。

　　城市化會對消費產生什麼樣的影響，18世紀的英國提供了一個典型的例子。主張英國發生「消費革命」的學者，就提出城市化是造就消費革命重要的動力之一。18世紀英國城市化的程度已經相當高了，1700年有16%的人口住在5000人以上的城市裡，7%人口住在小市鎮。這顯示英國已有1／4到1／5的人住城市，而城居人口中又有1／3到1／2聚居在倫敦；到了1750年已有超過1／4的人口住城市了。Lorna Weatherill的研究發現，城鄉的消費在日常必需品上只有些許差異，但在奢侈品方面（如平底深鍋、陶器、鐘與書籍等）城鄉差異很大，而擁有裝飾品和新式物品（如鏡子、窗簾、玻璃等）者在城市較鄉村更爲普及。當時許多製造品和進口舶來品都集中在大城市，因爲城市通常是市場網和運輸網的集中站，也是貨品的分銷集中點，有利城市居民消費的便利性，這也會影響人們擁有物品的行爲[79]。

　　如前所述江南城市化的程度，在晚明已經相當高了，到了清代又持續發展，甚且並不遜色於18世紀的英國，那麼明清江南的城市化應該也同樣

（續）

　　　論〉，收入《日本學者研究中國史論著選譯》「第二卷 明清」（北京：中華書局，1993），頁453-483；于志嘉，〈日本明清史學界對「士大夫與民眾」問題之研究〉，《新史學》，卷4期4(1993)，頁141-175。

77　石錦，〈明清時代桐鄉縣社會精華分子的社會組成和變化稿〉，《漢學研究》，卷3期20(1985)，頁739-767。

78　[明]何喬遠，《名山藏》，卷102，〈貨殖記〉，頁9a。

79　Lorna Weatherill, *Consumer Behaviour and Material Culture in Britain, 1660-1760*, pp. 70-90.

具有促進消費需求擴大的功能。雖然過去研究中國城市史的學者牟復禮
(Frederick. W. Mote)主張傳統中國的城市與鄉村間是連續的,無論是在建
築形式上、生活方式上、衣著款式上等方面城鄉之間並無不同,甚至菁英
分子對城鄉的態度、經濟活動的市場區與商業集中地、以及文化活動之結
構與特性都不只限於城市內。不過,他也承認城市裡的人較鄉下人能夠享
受到更多彩多姿與更具刺激性的生活,能夠知道與獲取更多的遠地產品,
能買到更高級的手工業製品,也能與政府行政部門作較直接的接觸;因此
「城市態度」(city attitude)的確在中國存在[80]。最近王正華有關晚明城市
風俗圖的研究指出,從城市風俗圖中充滿許多市場、娛樂、商店、購物等
活動,反映了當時人對城市印象的特徵之一,就是它的消費性格[81]。從消
費角度來看城市的特殊性格(urbanity),正好可以補充與修正過去城市史
研究有關城鄉連續或斷裂之討論,同時也提供了消費大眾擴大與增加的重
要背景因素。毫無疑問地,除了工商業的發展之外,消費性格是明清江南
城市的特徵之一,這是明清奢侈風氣之所以最先是在城市興起的原因,也
是流行時尚為何以江南大城市唯馬首是瞻的原因。

(三)家庭收入的提高

　　為何有更多的人們可以從事奢侈消費,最重要的條件就是當時人們收
入有相當程度的提高,否則在生產力有限、所得成長未提高的情況下,又
如何能從事奢侈消費呢?Neil McKendrick等人就指出18世紀英國對工人工
資的態度改變,主張合理提高工資有助生產動力,遂使工人生活水準與消

80　F. W. Mote, "A Millenium of Chinese Urban History: Form, Time and Space Concepts in Soochow," *Rice University Studies* 58.4(Winter 1973), pp.101-154; "The Transformation of Nanking, 1350-1400," in G. William Skinner ed., *The City in Late Imperial China* (Stanford: Stanford University Press, 1977), pp. 103-116; 117-119.

81　王正華,〈過眼繁華:晚明城市圖、城市觀與文化消費的研究〉,收在《中國的城市生活》(台北:聯經出版文化事業有限公司,2005),頁1-57;〈乾隆朝蘇州城市圖像:政治權力、文化消費與地景塑造〉,《中央研究院近代史研究所集刊》,期50(2005年12月),頁115-184。

費提高。再加上婦女兒童加入工作使家庭收入提高，故而工人階級家庭不只消費必需品，也開始消費奢侈品。不過，18世紀英國的工資並未有明顯地提升，又如何有大量消費的能力？經濟史學Jan de Vries則提出了「勤勞革命」(industrious revolution)的假設，以彌補前人在解釋上的漏洞。他認為在18世紀英國的農村家庭努力將其生產投入市場，並利用婦女與兒童的勞動力擴大農業與工業的生產。於是婦女與兒童以較低的平均工資參與生產，這種家庭勞動力的重新配置卻增加了家庭總收入，進而使一般家庭對城市商品有了更大的消費需求[82]。

回頭再探晚明為何會形成消費社會，最核心的問題就是：消費者的消費能力之所以提高，和其收入的多寡是直接相關的。晚明的奢侈消費又能普及到下階層，顯示下階層社會的收入勢必有相當程度的上升。上述英國的歷史經驗，說明了奢侈消費的普及，和當時家庭收入的提高有關；而家庭收入的提升，又與婦女投入生產有密不可分的關係。近年來關於明清婦女史與經濟史的研究成果，顯示婦女的直接收入，或她們在家庭內的經濟地位，有逐漸提升的趨勢。不少學者的研究已指出：在商品化與市場化的趨勢下，明清婦女的勞動力漸漸在生產方面占有一席之地。在明清這段時期因為人口過剩，導致社會面臨了人地比例失調，以及農業生產力的局限，卻有愈來愈多的婦女從事農副業或家庭手工業，藉此彌補家計。例如在松江府無論是在城市或鄉村，都有許多婦女從事紡織，所謂：「里媼晨抱紗入市，易木棉以歸，明旦復抱紗以出。無頃刻間，織者率日成一匹，有通宵不寐者。田家收穫，輸官償息外，未卒歲，室廬已空，其衣食全賴此。」[83] 因為農耕的收穫畢竟有限，而家庭婦女從事紡織所得，不但可以

82　Jan de Vries, "The Industrial Revolution and the Industrious Revolution," *The Journal of Economic History* 54.2（June 1994）, pp. 251-252; Jan de Vries, "Between Purchasing Power and the World of Goods: Understanding the Household Economy in Early Modern Europe," in John Brewer and Roy Porter, eds., *Consumption and the World of Goods*（London and New York: Routledge, 1993）, pp. 85-132。

83　[明]陳威、顧清纂修，正德《松江府志》，收入《四庫全書存目叢書》（台南：莊嚴文化事業有限公司據天一閣藏明代方志選刊續編影印明正德刻本影印，

補充家計，維持基本維生的消費，而且還可能有剩餘可供其它的消費[84]。

　　李伯重有關「男耕女織」的一系列研究，就以江南地區爲例，指出明代前中期盛行的生產模式是「夫婦並作」的方式，亦即男女皆參與農作與紡織；迨自明代後期起所謂「男耕女織」的分工生產模式逐漸確立。之所以出現這樣的變化，一則是因爲人口的膨脹，使得人均耕地面積縮小，由丈夫一人耕種即可，婦女不需下田，可以有更多時間待在家內從事紡織，培養熟練的技術，將更有利其織品於市場上的競爭力。這可以說是家庭勞動力最合理的分配，不但生產率高，報酬率也高[85]。所以自晚明以來的婦女從事紡織業所得，較過去提高許多，對家庭的生計來說是很重要的經濟來源。彭慕蘭就指出了江南婦女從事家庭紡織副業，也是一種家庭勞動力重新配置的模式，與英國的「勤勞革命」可以說是非常類似，同樣地達到了增加收入與促進消費的效果[86]。

　　再者，從江南地區的一些地方志所記載婦女消費的現象，也直接證實了從事紡織或成衣業的婦女們，在服飾上的消費異常奢華。首先就以江南的紡織業重鎮蘇州府爲例，隆慶《長洲縣志》就形容蘇州城內以織造爲業

（續）────────────────────────────
　　　1996），史部，地理類，冊181，卷4，〈風俗〉，頁11b。

84　雖然也有學者指出手工業方面從宋代到了明清時期，無論是棉織業或絲織業因爲專業化與市場化，導致男性勞動力有逐漸取代女性的趨勢，婦女在家庭的經濟地位遂出現「邊緣化」的情形。參見Francesca Bray, *Technology and Gender: Fabrics of Power in Late Imperial China* (Berkeley: University of California Press, 1997), pp. 225, 233-236. 但是整體而言明清婦女在從事紡織業的所得並不算低，對家庭收入是很重要的經濟來源，所以明清時期農村婦女在家庭收入方面的貢獻，應當仍具有相當的重要性，也因此才可以從事奢侈消費。參見Ming-te Pan(潘敏德), "Rural Credit Market and the Peasant Economy (1600-1949)—The State, Elite, Peasant, and 'Usury'," Ph.D. dissertation (University of California, Irvine, 1994), pp. 97-101; Hanchao Lu(盧漢超), "Arrested Development: Cotton and Cotton Market in Shanghai, 1350-1843," *Modern China* 18.4 (Oct. 1992), pp. 482-483。

85　李伯重，〈從「夫婦並作」到「男耕女織」──明清江南農家婦女勞動問題探討之一〉，《中國經濟史研究》，1996年3期，頁99-107；〈「男耕女織」到「半邊天」──明清江南農家婦女勞動問題探討之二〉，《中國經濟史研究》，1997年3期，頁17。

86　Kenneth Pomeranz, *The Great Divergence: China, Europe, and the Making of the Modern World Economy,* pp. 121-128.

的「機房婦女」，在服飾上特別「好爲豔妝炫服」[87]。晚明的蘇州從事紡織業的人口中，有相當大的比例是婦女，而且這些善於操作織紝刺繡的婦女，在精巧方面是其它地區所不能及的。她們所製的織品市場上勢必售得高價，無怪乎她們在服飾與妝扮的花費異常奢華。我們還可以看到晚明特別是江南的婦女，無論是在日用消費、空間消費與時尚消費等方面，都令人印象深刻，而這些花費可能就是由在家從事紡織的婦女所得支出的[88]。

（四）浪漫情欲觀的蔓延

晚明所以會形成普遍地奢侈消費現象，除了經濟因素之外，思想的變遷也很重要。我們也應當思考的是，還有什麼思想是可能推動消費社會的誕生？在晚明又有什麼思想風潮，是有利於消費欲望的合理化、鼓動消費的正當性呢？

西方學者如Colin Campbell就從「倫理」的角度，來解釋英國消費革命之所以發生，他循著韋伯研究新教倫理與資本主義關聯的這條途徑，嘗試探討浪漫主義的倫理與消費革命的關係。他認爲在17世紀末到18世紀初，自從新教理論提升了感覺（feeling）的重要性之後，接著又有情感主義（Sentimentalism），再到浪漫主義，最後成了玩世主義（Bohemianism）運動。這些運動加強了享樂主義、自我表現、不安定、情感的強調，以鞏固消費革命。18世紀浪漫主義的特徵中，自我意識的發展強調感覺的價值，特別是注重歡愉的價值，可以說是從知識上合理化消費模式。當18世紀英國中產階級讀到浪漫主義的文學小說時，加深了他們對浪漫愉悅的感覺，而且發展了現代消費的主要特徵——「自我想像的享樂主義」（autonomous imaginative hedonism）[89]。

---

87 ［明］張德夫修，皇甫汸、張鳳翼等纂，隆慶《長洲縣志》，收入《天一閣藏明代方志選刊續編》（上海：上海書店據明隆慶5年刊本影印，1990），冊23，卷1，〈風俗志〉，頁8b。

88 參見拙作，《奢侈的女人：明清時期江南婦女的消費文化》，頁31-51。

89 他強調追求欲望的「白日夢」，可以說是一種精神的享樂主義（mentalistic hedonism），它會促進人們的消費，待幻想破滅之後又會繼續下一個白日夢，這也

　　上述的觀點刺激我們思考一個有趣的問題：晚明時期恰巧也出現情欲與禮教對立的論爭，近年來成爲明清社會文化史討論的重要課題之一，而情欲觀的盛行在時間上正好與奢侈消費的風行重疊，可見情欲觀和晚明社會的消費風氣，可能有極微妙的關聯性。早在明中葉文學界有李夢陽(1475-1531)將「聲色」作了新的詮釋，其云：「天地間惟聲色，人安能不溺之？聲色者，五行精華之氣以之爲神者也。凡物有竅則聲，無色則敝，超乎此而不乎此，謂之不溺。」[90] 他將宇宙觀與價值觀聯繫起來，合天人之際，來觀察聲色問題，肯定聲色對人生的意義，並提出不離而能超的適度原則。

　　到了晚明的袁宏道(1568-1610)更高舉「五快活」的口號：

> 目極世間之色，耳極世間之聲，身極世間之鮮，口極世間之談，一
> 快活也。堂前列鼎，堂後度曲，賓客滿席，男女交舄，燭氣燻天，
> 珠翠委地，金錢不足，繼以田上，二快活也。篋中藏萬卷書，書皆
> 珍異；宅畔置一館，館中約直正同心友十餘人，人中立一識見，極
> 高，如司馬遷、羅貫中、關漢卿者爲主，分曹部署，各成一書，遠
> 文唐宋酸儒之陋，近完一代未竟之篇，三快活也。千金買一舟，舟
> 中置鼓吹一部，妓妾數人，游閒數人，浮家泛宅，不知老之將至，
> 四快活也。然人生受用至此，不及十年，家資田地蕩盡矣；然後一
> 身野狼狽，朝不謀夕，托缽歌妓之院，分餐孤老之盤，往來鄉親，
> 恬不知恥，五快活也。[91]

（續）────────────

　　是形成對新消費品的需求，衍出出時尚的出現。正是這個浪漫主義的自我，促成
　　消費倫理的發展。參見Colin Campbell, *The Romantic Ethic and the Spirit of Modern
　　Consumerism* (Oxford: B. Blackwell, 1987), pp. 1-35; 202-227.

90　[明]李夢陽，《空同集》(蘭州：蘭州古籍書店據刻本影印，1990)，卷65，〈外
　　篇‧化理上篇〉，頁2b。

91　[明]袁宏道著、錢伯城箋校，《袁宏道集箋校》(上海：上海古籍出版社，
　　1981)，卷5，〈錦帆集之三──尺牘〉，「龔惟長先生」條，頁205-206。

他認為花大錢在著華服、嘗美食、耽聲色、游狹邪等消費行為是人之常情。這種想法將感官的享樂視為當然，以為符合人的天性，是實現人生價值的一面。此外，晚明的思想界在泰州學派與李贄(1527-1602)等人的推波助瀾下，出現了影響社會大眾極深刻的情欲觀念，震撼過去的程朱之學、存天理與滅人欲之說，以及禮教之風。宗教界如佛教禪門以及道教的房中術與內丹的修練，也都對情感與感官快樂的合理化有積極的作用[92]。由此可知，晚明在士大夫文化中明顯地出現重視情欲、正視感官享樂的思潮。這樣的論述出現，正好提供人們追求感官慾望的合理化基礎與動力。欲望合理化之後，人們自然會因為需求而走向消費與購物，而不再以節儉為出發點。

　　如果情欲觀確實影響到人們的消費行為的話，上層社會受到新的情欲觀影響而走向奢侈消費，但是晚明的奢侈風氣是波及社會大眾，那麼情欲觀又是如何滲透到社會大眾？或是透過什麼途徑來傳播情欲觀呢？又是什麼機制媒介了情欲觀與奢侈消費呢？關於此問題，張瀚曾有一段有趣的觀察：

> 夫古稱吳歌，所從來久遠。至今遊惰之人，樂為優俳。二三十年間，富貴家出金帛，制服飾器具，列笙歌鼓吹，招至十餘人為隊，搬演傳奇；好事者競為淫麗之詞，轉相唱和；一郡城之內，衣食於此者，不知幾千人矣。人情以放蕩為快，世風以侈靡相高，雖踰制犯禁，不知忌也。[93]

引文中張瀚的主旨是批評當時流行的戲曲之風，但是文末他特別指出戲曲會使「人情以放蕩為快，世風以侈靡相高」，也就是戲曲的內容都是放蕩情欲與享樂，遂造成人們奢侈消費的風氣。這段話指引我們一條觀察的途徑，也就是通俗文學促進奢侈消費的作用。

92　王崗，《浪漫情感與宗教精神——晚明文學與文化思潮》（香港：天地圖書有限公司，1999），頁5-46。

93　[明]張瀚，《松窗夢語》，卷7，〈風俗紀〉，頁139。

　　過去雖然已經有不少關於通俗文學與情色出版品的研究，但是並未將焦點放在這類文本是否刺激消費行爲的角度。晚明的通俗文學作品如民間的山歌、盛行的傳奇戲曲，以及大量出版的情色小說，在內容上共同的特點就是描繪情愛的歡娛與享樂。不僅如此，還有的直接挾帶了大量的消費訊息，例如《金瓶梅詞話》。有學者指出《金瓶梅詞話》與日用類書類似，有異曲同工之妙。兩者都顯示了晚明文化以生活爲重，以「日常生活」爲知識的內涵[94]。《金瓶梅詞話》所描述的日常生活知識，消費訊息占有很大的比重。書中對西門慶一家的消費，舉凡食、衣、住、行與娛樂，都有詳盡的描繪，而且可以清楚地看到消費物品的等級與價格，例如從他們家中的家具形式與價格，可以和嚴嵩被抄家的清單《天水冰山錄》相對照，非常符合高級家具的形制等級。（詳見第五章）

　　由上述的討論我們可以推測出，晚明的通俗文學不但是情欲觀的傳播管道，也是情欲觀與奢侈消費兩者之間的重要媒介，進而使社會大眾不但傾向感官享樂的合理化，而且也進一步地帶動奢侈消費的風潮。當人心思變之後，過去官方訂下那套身分等級的「禮制」規範，能夠約束人們消費行爲的可能性就愈來愈低，甚至形同具文。

（五）小結

　　消費社會所以在晚明誕生，導因於明中葉以後在經濟、社會與思想文

94　近年來有關《金瓶梅》的研究成果，可說已到汗牛充棟的地步，其中已有不少學者提到《金瓶梅》書引用許多日用類書的知識，最具代表性的著作如小川陽一《日用類書による明清小說の研究》（東京：研文，1995）與蔡國梁《金瓶梅考證與研究》（西安：陝西人民出版社，1984）二書。商偉更進一步地深入晚明出版文化與《金瓶梅》之關係作論述，除了詳細敘述小說作者如何將複雜且多樣化的日用類書的日常生活知識，融入該小說中；同時也討論晚明出版文化的流行形式對《金瓶梅》一書之影響。從新的版面設計形式出發，談到閱讀習慣的改變，最後將《金瓶梅》之所以也使用類似之形式，歸因於商業市場的機制下，爲擴大讀者群的考量。參見Shang Wei, "The Making of the Everyday World: Jin Ping Mei cihua and Encyclopedias for Daily Use," in *Dynastic Crisis and Cultural Innovation: From the Late Ming to the Late Qing and Beyond* (Cambridge, Mass.: Harvard University Asia Center, 2005), edited by David Der-wei Wang and Shang Wei, pp. 63-92.

化等方面的變遷。明中葉以後，不但生產力逐漸復甦，更重要的是商品經濟的發展，這可以從市場的擴張看出端倪。國內市場的擴展與市場機能的成熟，使得人們在市場購物的頻率逐漸增高。國際貿易與國外市場的擴大，不但促進國內外銷商品的生產，降低產品的價格以外，豐富與多樣的舶來品輸入中國，也帶起晚明社會新的消費品味與風尚。特別是大量的白銀流入中國，促進國內貨幣經濟與商品經濟的發展，增加消費購物的信心。消費社會的形成必需有大批的消費大眾，才能構成龐大的消費需求。晚明城市化的發展，顯示大批的工商業者與鄉紳聚集在城鎮，構成消費潛力驚人的消費大眾，特別是在江南的大城市。所以晚明的奢侈風氣是由城市發跡，再往鄉村傳播，而晚明的流行時尚也是以大城市為中心發展出來的。晚明的消費社會已見奢侈消費波及社會下階層，顯示下層社會的消費能力大增。這種現象形成的先決條件，是一般人們的收入要有提升，才有能力消費。晚明的婦女紛紛投入紡織的家庭副業，其所得帶來家庭收入的提升，是有利於消費的，特別是在江南地區最為明顯。在思想方面，晚明的士大夫文化中出現的情欲觀，正視人類的感官享樂，而從俗文學中也可以看到下層民眾類似的情欲觀，甚至在情色小說中還挾帶著大量的消費資訊。這樣思想文化的轉變，合理化人們對物質享樂的需求欲望，也帶動了奢侈消費的風氣，甚至衝擊了過去官方訂立的身分等級的「禮制」，即使官方不斷重申「禁奢例」，最後亦形同具文。

第四節　士大夫身分地位的變化

所謂的「士大夫」，在此採用日本學者宮崎市定的看法，泛指官職經歷者（包括在職官員與退休鄉紳）與未入仕而持有功名身分者（包括舉人、監生、生員等）[95]，除非在特定的論述中才會作嚴格區分。「士大夫」一

95　參見宮崎市定，〈明清蘇松地方の士大夫と民眾〉，收入氏著之《アジア史研究》（東京：岩波書店，1964），輯4，頁321-360。

詞在明代較常是指涉上述的第一類人，但在文獻上也常見包括第二類人的
定義，如萬曆《通州志》談到該地在弘治正德年間的風俗：「吾鄉之俗，
遠者不可睹已。弘、德之間，猶有淳本務實之風，士大夫家居多素練，衣
緇布冠；即諸生以文學名者，亦白袍青履，游行市中。」[96] 顯然該方志作
者的概念中，諸生亦屬於「士大夫」群體的一員。

　　晚明奢侈風氣的盛行與消費社會的形成，勢必會衝擊到士大夫。傳統
社會中向來居「四民」之首的士大夫，對此衝擊也相當地敏感，萬曆《上
海縣志》的作者描寫當地在嘉靖以後的社會變化時就歎道：「右族以侈靡
爭雄長，燕窮水陸，宇盡雕鏤，臧獲多至千指，廝養輿服至陵轢士類。」
[97] 可見士大夫已深切地體認到，富家豪門透過奢侈消費的形式，抬高他們
的身分地位，甚至就連他們的僕隸隨從之眾多、車輿服飾之精美，已經到
達所謂「陵轢士類」的程度，也就是感受到威脅士大夫的身分地位。然
而，晚明士大夫對消費現象會有如此的反應，也和其身分地位的遭遇有
關，這又涉及到當時的政治制度與經濟環境的變遷，以及其所帶來的社會
結構變化。

(一)科舉制度的壅塞

　　士大夫在晚明要面對與必經的一大考驗，當然就是科舉考試，尤其是
對士大夫群體中人數最多的生員，也就是士人而言，更是人生的一大關
卡。根據明儒顧炎武(1613-1682)的估計，明代全國生員約50萬人，進士
三年一試也只錄取二、三百人，即使在30年後也只有二、三千名的進士[98]，
在當時中國總人口一億數千萬人中實在是少數中的少數。科考的錄取率又
以考舉人的鄉試錄取率最低，也是競爭最激烈的階段。根據宮崎市定的估

96　[明]沈明臣纂修，萬曆《通州志》，卷2，〈風俗〉，頁47a。
97　[明]顧洪範修，張之象、黃炎纂，萬曆《上海縣志》(明萬曆16年刻本)，卷1，
　　〈地理志·風俗〉，頁8a。
98　[明]顧炎武，《顧亭林詩文集》(北京：中華書局，1959)，卷1，〈生員論
　　上〉，頁21-22。

計，明清由生員到舉人的鄉試錄取率，約是1%左右；舉人考上進士的比率，約是三十取一。由生員要成爲進士的可能性是三千分之一，其中鄉試的錄取率最低[99]。下表是筆者根據現今所收集到明代各地鄉試錄序，所製成的鄉試錄取率表。雖然資料不夠完全，有的年分找不到記錄，有的參加考試的人數過多或過少，去除掉這些較可疑的數字後，仍然可以看到一般的趨勢。很明顯地明代鄉試舉人的錄取率，從明初到中期以後（約在嘉靖年間以後），由5%以上降到4%以下，由此可見競爭之激烈[100]。

表1　明代各地鄉試錄取率略表

地區	鄉試年代	應試人數	錄取舉人數*	錄取率%	資料來源
應天府	明弘治5年（1492）	2300	135	5.9	（1）
	明嘉靖元年（1522）	不詳	135	--	（1）
	明嘉靖19年（1540）	4400	135	3.0	（1）
	明嘉靖28年（1549）	4500	135	3.0	（1）
	明萬曆25年（1597）	不詳	145	--	（2）
	明萬曆31年（1603）	6000	145	2.4	（2）
	明崇禎3年（1630）	7500	150	2.0	（2）
順天府	明景泰元年（1450）	1400	225	16	（2）
	明天順3年（1457）	3000	135	4.5	（2）
	明成化22年（1486）	2300	135	5.8	（2）
	明嘉靖7年（1527）	3517	135	3.8	（2）
	明嘉靖10年（1531）	1900	135	7.1	（1）
	明嘉靖37年（1558）	3500	135	3.9	（2）
	明萬曆37年（1609）	4600	135	2.9	（1）

99　宮崎市定，〈科舉—中國の試驗地獄〉，收入氏著之《宮崎市定全集》（東京：岩波書局，1993），輯15，頁424。

100　參見拙作，〈明清城市民變研究——傳統中國城市群眾集體行動之分析〉（台灣大學歷史學研究所博士論文，1996），頁194；林麗月，〈科場競爭與天下之「公」：明代科舉區域配額問題的一些考察〉，《國立台灣師範大學歷史學報》，期20（1992），頁8-18。余英時也曾以實例證明16世紀以後科舉名額已應付不了士人數量的不斷成長。見氏著，〈士商互動與儒學轉向〉，收在郝延平、魏秀梅主編，《近世中國之傳統與蛻變：劉廣京院士七十五歲祝壽論文集》（台北：中央研究院近代史研究所，1998），頁5-7。

浙 江	明正德11年(1516)	2200	90	4.1	(1)
	明嘉靖7年(1528)	2800	90	3.2	(1)
	明嘉靖25年(1546)	3000	90	3.0	(2)
	明嘉靖37年(1558)	4000	90	2.3	(2)
	明隆慶2年(1568)	6000	95	1.6	(2)
	明萬曆10年(1582)	2700	90	3.3	(1)
	明萬曆34年(1606)	3800	90	2.4	(1)
	明天啓元年(1621)	4790	100	2.1	(2)
河 南	明嘉靖10年(1531)	不詳	80	--	(2)
	明萬曆7年(1579)	2400	80	3.3	(1)
	明萬曆34年(1606)	不詳	80	--	(1)
山 東	明成化元年(1465)	未詳	75	--	(1)
	明成化19年(1483)	1200	75	6.3	(2)
	明弘治2年(1489)	1200	75	6.3	(1)
	明弘治17年(1504)	1400	75	5.4	(2)
	明嘉靖23年(1544)	2000	75	3.8	(2)
	明嘉靖31年(1552)	未詳	75	--	(1)
	明萬曆13年(1585)	2000	75	3.8	(1)
	明萬曆22年(1594)	未詳	75	--	(1)
山 西	明嘉靖10年(1531)	1400	65	4.6	(1)
	明嘉靖16年(1537)	不詳	65	--	(2)
	清康熙32年(1693)	數千人	40	2.0(以2千人計)	(2)
	清康熙47年(1708)	3600	53	1.4	(2)
江 西	明景泰6年(1456)	2000	100	5.0	(2)
	明天啓7年(1627)	5300	102	1.9	(2)
福 建	明嘉靖37年(1609)	3700	90	2.4	(2)
貴 州	明嘉靖16年(1537)	800	25	3.1	(1)
	明崇禎12年(1639)	1400	37	2.6	(2)
湖 廣	明弘治2年(1489)	1600	85	5.3	(1)
	明萬曆元年(1573)	2800	90	3.2	(2)

資料來源：

(1)林麗月，〈科場競爭與天下之「公」：明代科舉區域配額問題的一些考察〉，

《國立台灣師範大學歷史學報》第20期(1992年6月)，頁54,56, 57, 58, 59。

(2)拙作，〈明清城市民變研究──傳統中國城市群眾集體行動之分析〉（台灣大學歷史學研究所博士論文，1996），頁194。

　　明代生員的名額隨著全國人口總數的激增，而不易控制於早期的數字。生員在明初雖有定額，可是不久即下令增廣名額，不拘定數。至宣德（1425-1434）年間才定「增廣生員」之名額，而初設食廩者謂之「廩膳生員」；後來又於額外增取，附於諸生之末，稱爲「附學生員」[101]。隨著時間的推移，形成大量的生員，遂造成科舉下層惡性壅塞的現象，對於一個生員的上升機會來說，反是有弊無益[102]。吳金城估計在明初只有3萬至6萬左右的生員（全人口的0.1%弱），到16世紀增至31萬餘，明末則至50餘萬（全人口的0.33%強）。結果，明中葉以後使生員的貢生競爭率，從明初的40：1增至300：1或至400：1。在同一期間，鄉試的競爭率也從59：1激增至300：1。結果是生員原本可以任官的途徑卻呈現大量滯留的現象，即使是舉人都難補到官職。爲此60%到70%的生員只能以生員的身分終結其生涯。

　　但是，在士子人數開始膨脹的同時，卻有另一條入仕的途徑大開，那就是捐納制度。英宗自土木堡之變後，國子監生可以捐納得之，士子舉途又多一競爭者，科場仕途壅塞之景漸顯[103]。《蓬軒類記》云：

> 吳中惡濫不售之貨，謂之店底，故庠生久治不中者，亦以此目之。……然宣德、正統間，監生惟科、貢、官生三種而已，故此輩得以次進用。景泰以來，監生有納成芻粟及馬助邊者，有納粟賑荒者，雖科貢之士，亦爲阻塞。中間有自度不能需次者，多就教職，餘至選期，老死殆半矣。[104]

101 《新校本明史》，卷19，〈選舉志一〉，頁1686-1687。

102 Ping-ti Ho, *The Ladder of Success in Imperial China: Aspects of Social Mobility, 1368-1911* (New York: Columbia Univ. Press, 1962), pp. 181-183.

103 關於土木堡之變以後監生捐納的情形，見Ping-ti Ho, *The Ladder of Success in Imperial China*, pp. 32-33.

104 不著撰人，《蓬軒類記》，收在[明]鄧士龍輯，《國朝典故》（北京：北京大學

屬於科舉功名下層的附學生員，也可以用買的，如《型世言》第23回描寫只要130兩就可以買到一個生員，只要有了600兩，也可以從地方官手上得來一個貢生[105]。

　　而許多捐納得官之富室大戶，在享有政治地位後，其身分也威脅了士人階層。王錡(1433-1499)的《寓圃雜記》就記載一個典型的例子：

> 朝廷所重者名爵，庶民所畏者縣官。近年富兒入銀得買指揮者，三
> 品官也，縣官豈能抑之？余偶入城，忽遇驅呵(按：舊時職官出行，有小
> 卒引馬喝道)屬路，金紫煌赫，與府僚分道而行。士夫見之，斂避不
> 暇。因詢於人，始知其為納銀指揮。虎而翼之，無甚於此。[106]

從此例中可以看到明中葉以後捐納盛行，而引文中更體現出士大夫酸葡萄的心理。王錡又說：「近年補官之價甚廉，不分良賤，納銀四十兩，即得冠帶，稱義官。」「故皂隸、奴僕、乞丐、無賴之徒，皆輕資假貸以納，凡僭擬豪橫之事，皆其所為。」[107]他將當地「僭擬豪橫之事」，都歸因於皂隸、奴僕、乞丐、無賴之徒等捐納之「義官」，雖有言過其實之嫌，但由其文中也可見當時士大夫，非常不滿奴僕之輩捐納即得冠帶一事。

　　隨著士人的人滿為患，僧多粥少，科舉仕途為之壅塞。生員因為在科舉競爭愈來愈激烈下，出路受限；絕大多數生員雖具有功名的身分，擁有法律上優免徭役的特權，又掌握了文化力量，卻只有少數人可以晉身高官。此外，他們的身分和其經濟力亦無絕對的關聯；除去仕途以外，能夠致富的方法還有什麼呢？有些人就利用國家所保障的特權來追逐私利，於

(續)————————————————————
　　　據北大善本書室藏明鄧氏刊本影印，1993)，卷68，頁1526，按此書即陸容《菽
　　　圃雜記》之部分，然所載內容略多。
105　[明]陸人龍編，《型世言》(台北：中央研究所中國文哲研究所，1992)，冊中，
　　　頁1027。
106　[明]王錡，《寓圃雜記》(北京：中華書局，1984)，卷10，〈納粟指揮〉，頁
　　　79。
107　[明]王錡，《寓圃雜記》，卷5，〈義官之濫〉，頁40。

是出現許多生員包攬錢糧訴訟之事[108]。

(二)商品經濟的新出路

　　另外一方面，晚明的士大夫也不見得註定是滿盤皆輸，因為商品經濟的繁榮，提供了士大夫另一條維生的路徑。明太祖朱元璋非常注意整頓吏治，有明文嚴禁：「官員之家，不得於所部內買賣。」「凡公侯內外文武官員四品以上官，不得放債。」[109]在明初還少見士大夫從事工商業，可是到明中葉以後，就有不少士大夫家經營工商業。較著名的例子如嘉靖時家居湖州的禮部尚書董分（1510-1595），除了擁有大量田產之外，「有質舍百餘處，各以大商主之，歲得子錢數百萬」。萬曆時任巡撫湖廣都察院右副都御史的秦燿，以家奴開設典當，「在無錫、蘇、常各處者十餘舖，每舖不啻二三萬金」。首輔徐階（1503-1583）在位時，於其家鄉華亭縣內，「多蓄織婦，歲計所積，與市為賈」[110]。尤其是在商品經濟與手工業發達的江南地區，不只是像董分、徐階這類高官，即使是一般的士大夫之家，亦多從事工商業者，俗稱：「吳中縉紳士大夫多以貨殖為急。」「其術倍剋於齊民。」「吳人以織作為業，即士大夫家，多以紡績求利，其俗勤嗇好殖，以故富庶。」[111]

---

108 有關明代生員包攬錢糧與訴訟，可參見吳晗，〈明代新仕宦階級，社會的政治的文化的關係及其生活〉，《明史研究論叢》第5輯（南京：江蘇古籍出版社，1991），頁26-27；鈴末博之，〈明末包攬之一考察〉，《集刊東洋學》，號41(1979)，頁67-81。

109 《明仁宗實錄》，卷5，永樂22年12月癸丑條，頁179；《明英宗實錄》，卷66，正統5年4月己未條，頁1277。

110 ［明］范守己，《曲洧新聞》，收在《御龍子集》（台南：莊嚴圖書公司據重慶市圖書館藏明萬曆18年侯廷珮刻本印，1997），卷2，頁14a；［明］沈鐵，〈劾貪婪撫臣疏〉，收在［清］張奇勛、周士儀纂修，譚弘憲、周士儀續修，康熙《衢州府志》（北京：書目文獻出版社據清康熙10年刻、21年續修本影印，1988），卷19，〈藝文志‧疏〉，頁48b；［明］于慎行，《穀山筆麈》（北京：中華書局，1984），卷4，〈相鑒〉，頁39。

111 ［明］黃省曾，《吳風錄》，收入《筆記小說大觀》（台北：新興書局，1985），6編5冊，頁165b；［明］于慎行，《穀山筆麈》，卷4，〈相鑒〉，頁39。

下層的士人即使沒有像上述這類仕紳，擁有大量資本可以投資於工商業，但仍可以在商品經濟的環境下謀得生計。因為士大夫所具有的文化資本之一，就是對文字的操作，於是有為人作文收取費用的「潤筆」。潤筆的出現，和商品經濟的發達有關。在明前期潤筆還不普遍流行，到15世紀中葉以後，潤筆逐漸興盛，而且費用大幅提高。至16世紀之後，晚明的詩文書畫都已正式成為文化市場上的商品。許多名士都以不同的方式表現出對潤筆的重視，最著名的例子莫過於唐寅（1470-1523），他有一巨本賬冊，錄記其所為人之作，簿面上還題有「利市」二字[112]。

又因為江南大城市中商品經濟發達，造就了出版業的興盛，使得下層士人有了另一條新的出路。《儒林外史》中有許多關於這類士人的描繪，特別有趣的是書中描寫匡超人與馬二先生在杭州文瀚樓書店編纂科舉參考書的活動相當詳細，包括書店提供的住宿、飲食、燈油等，以及書成之後的謝禮，甚至還有山東、河南的客商前來訂書。由此反映了當時科考書籍銷路之廣、價格之好、利潤之高，為當時的士人提供另一個謀生，甚至致富的出路[113]。

（三）士商地位的消長

在導論中曾提到，從社會學的角度來分析社會結構，至少有兩種衡量社會階層高低的標準，一種是以財富與資本來區分的「經濟階級」（economic class），另一種是通過教育或文化建立起威望的「地位群體」（status group）。如果從這種角度來觀察明代的社會結構，士大夫可以說是當時最重要的地位群體，而商人則是一批經濟階級中的新貴。晚明威脅士人的社會階層中，最值得注意的就是商人地位的提高。誠如余英時所云：「明清社會結構的最大變化便發生在這兩大階層的升降分合上面。」[114]晚

---

112 ［明］李詡，《戒庵老人漫筆》（北京：中華書局，1982），卷1，頁16。
113 大木康，《明末江南の出版文化》（東京：研文出版社，2004），頁189-213。
114 余英時，《中國近世宗教倫理與商人精神》（台北：聯經出版公司，1987），頁108。

　　明因爲商品經濟的發達，造就了一批資本與財富雄厚的經濟階級，也就是商人階層。有許多商人子弟經由上述捐納的途徑得到實缺，例如汪道昆（1525-1593）的《太函集》就描寫不少「以貲得官」的徽商傳記。

　　近來已有不少學者指出16世紀以後的商業發展，逼使了儒家士大夫重新估價商人的社會地位。商人地位開始提升，士商關係也出現變化。從社會史的角度看，商人取得了部分屬於士大夫的功能，商人社會功能的角色日益重要。就思想史的角度而言，明清商人也出現自我意識，甚至商人自己也意識到他們的社會地位已足以與士人相抗衡了，遂有「士商異術而同心」、「良賈何負閎儒」之「士商相混」說[115]。實際上明代中葉以後，士與商之間確實已不易清楚地劃界線了；因爲商人可以透過捐納以入仕，士人亦多有經商致富者，尤其是在明清之際，更有許多「棄儒就賈」的例子[116]。

（四）小結

　　在晚明的士大夫，少數士人透過科舉高升至高級官員，當然在經濟方面的壓力還可以獲得一部分的紓緩。但是大部分的士人卻因爲科舉管道的壅塞，終其一身只是個生員身分。雖然商品經濟的興起，提供他們另一條生財之道，但也不保證人人皆可致富。於是功名身分與其實際的經濟實力，會出現一段落差。而商品經濟與捐納制度，造就了富人——尤其是商人，可以藉由經濟力量，取得政治地位與社會地位。晚明士大夫這類地位群體正面臨了新興的經濟階層——商人的挑戰，尤其是經濟實力較弱的下層士人，面對透過財富捐納獲得身分地位的商人階層，所受到的威脅更大。如此社會結構的變化，將會反映在士大夫的消費文化上。當我們嘗試分析晚明士大夫的消費文化時，必須考慮到上述的這些社會經濟背景。

　　社會學者認爲近代早期的地位群體往往有其自己特殊的消費行爲與模式，他們利用消費的品味與格調來分類社會地位，故而消費成了社會身分

---

115 余英時，《中國近世宗教倫理與商人精神》，頁95-166。
116 同上，頁104-21。余英時，〈士商互動與儒學轉向〉，頁10-14。

分化與市場區分的象徵。從消費的角度來看晚明的商人，最明顯的特徵就是他們的奢侈消費行為，所以有學者認為帶動明清奢侈消費應歸因於商人的奢侈，特別是在江南地區致富的大鹽商。至於士大夫又是如何透過消費行為，發展出自己的消費文化與象徵，來建構我群的身分認同，以及與別的社會階層作區隔呢？以下將從多個不同的面向來探析。

第二章
消費與權力象徵——以乘轎文化為例

車行歷碌騎行徐，早晚誰來問起居？聖旨分明優老
大，特教三品用肩輿。
——陸深，《儼山集·奉旨三品乘轎》

　　器物除了具有實用的價值外，從消費的角度來看，亦代表著身分地
位、權力與財富的象徵，同時也在一定程度上反映了社會結構。而器物的
消費與使用的變化，除了說明技術的改進之外，也反映了社會變動與社會
結構的變遷。交通工具也是器物的一種，也具有這樣的意義。在中國古代
自從封建制度崩潰以後，象徵身分地位的器物如鼎彝等逐漸失去其重要
性，而由車服、宮室、印綬等取而代之，尤其是車服制最為重要，後漢以
下史書中〈輿服制〉的出現即其明徵；等級分明的車制用意即在「列等
威」、「別士庶」與「抑僭奢」。漢隋之間車制的一大變化是牛車興起取
代馬車，此乃受漢末清流士風之影響。待到唐代又一大變，原漢代士大夫
基於禮制，出必乘車不騎馬的風氣，至南北朝間因戰爭頻仍，戎服常用，
士大夫習於騎者漸多，以致於到了唐代除特殊場合，士庶已少有用車，而
是騎馬[1]。宋代出現轎子以後，漸漸地又取代了騎馬的地位。
　　中國古代的轎子，其前身為肩輿或步輦，在中國歷史上起源甚早，但
仍只是少部分貴戚大臣與南方士大夫的乘具。直到宋代把肩輿和步輦上的

1　劉增貴，〈漢隋之間的車駕制度〉，《中央研究院歷史語言研究所集刊》，第63
　　本第2分(1993)，頁371-449。

乘椅、躺椅改製成廂式，「轎子」於焉出現，其獨特性是在於西方未曾發現過類似的東西[2]。轎子在南宋曾流行一時，上層階級常以之為代步的工具。至明初此風似有衰退，甚至京官都是騎馬或騎驢代步，直到明代中期正德、嘉靖年間以後，乘轎之風又再度在社會上流行，並且持續到清代。由此可見，轎子作為一種交通工具，在明代人的日常生活中占有很重要的地位。不僅如此，轎子本身與乘轎的行為已發展成為具有社會、政治與文化的象徵意義。

有關轎子的重要性早在許多傳統史家的著述中已注意到並有過考證[3]，然而之後有關的二手研究，大多仍是介紹性與通論性的著作，其焦點多集中在考證轎子的起源與形制[4]。此外，近年來有關明代社會風氣變遷的研究中，也有不少學者注意到乘轎風氣的重要性[5]，然而至今尚未見到從物質文化的角度，來深入探討「轎子」象徵意義的專論，因之此課題仍有待進一步地開發，本章遂嘗試由此角度來重新探討明代「行」的物質

2　雖然在古代埃及、波斯與古羅馬也都曾見到類似肩輿或步輦的圖象或記載，但是轎子則未出現。

3　例如南宋佚名所著之《愛日齋叢抄》、明人李濂的〈乘轎說〉、何孟春的《餘冬序錄》、朱國禎的《湧幢小品》、清人趙翼的《陔餘叢考》、俞正燮的《癸巳類稿》、嚴有禧的《漱華筆記》，以及近人尚秉和與陳登原等人都有過研究。

4　王子今，《交通與古代社會》（長安：陝西人民教育出版社，1993）；馬洪路，《行路難》（台北：臺灣中華書局，1993）；王崇煥，《中國古代交通》（天津：天津教育出版社，1991）；孫順霖，〈從「車」到「轎」〉，《尋根》，1998年第3期，頁27-29；吳美鳳，〈十世紀初期以前的人舁乘具略考〉，《歷史文物》，號82（2000年5月），頁60-71。近年來大陸各地編寫的交通史與道路史等專書，對轎子在日常生活的使用也只略而提及，篇幅有限。參見張立主編，《鎮江交通史》（北京：人民交通出版社，1989）；江蘇省南京市公路管理處史志編審委員會編，《南京古代道路史》（南京：江蘇科學技術出版社，1989）。

5　常建華，〈論明代社會生活性消費風俗的變遷〉，《南開學報》，1999年第4期，頁56；邱仲麟，〈明代北京的社會風氣變遷——禮制與價值觀的改變〉，頁3-5；陳大康，《明代商賈與世風》（上海：上海文藝出版社，1996），頁203-210；陳寶良，《飄搖的傳統：明代城市生活長卷》（長沙：湖南出版社，1996），頁115-119；岸本美緒，〈明清時の身分感覺〉，收入森正夫等編，《明清時代史の基本問題》（東京：汲古書院，1997），頁408-411。又相關研究的介紹與討論參見林麗月，〈世變與秩序：明代社會風尚相關研究評述〉，頁9-20。

文化代表——「轎子」的消費所反映的象徵意義。

　　本章首先溯及明以前轎子的出現，以及探討乘轎流行的外部原因，接著描述明初官方乘轎的制度化。明初官方將乘轎的制度化過程，涉及了政治權力操縱消費，有其特殊的功能。然而隨著時間的推衍，乘轎逐漸成了社會流行的風尚。於是過去的乘轎規定也陸陸續續遭到挑戰而被打破，官方也開始有一些因應的對策。從消費史的角度來看，乘轎成為一種社會流行的風尚時，也代表了社會變動與結構的變遷，而其歷史的意義是值得探討的。再者轎子對中國人而言，並不只是作為單純的交通工具，本章最後的部分即試圖探討乘轎所具有的許多文化意義，在此將揭櫫轎子在政治權力、社會身分或政治文化方面所具有的特殊象徵意義。

第一節　明代前中期的乘轎

(一)明代以前的乘轎

　　過去一般人以為乘轎是始自南宋高宗建炎年間(1127-1130)，實則北宋初年的文獻已出現「轎」字[6]，但形制上可能仍是無頂蓋帷幕的肩輿，還不是後來所謂的轎子。嚴格地說直到北宋末的「轎」才是有帷幕與頂蓋的[7]，也是至此宋代官員才開始流行乘「轎」[8]。據南宋佚名所著之《愛日齋叢抄》一書中，曾考證出在北宋時郡縣地方官已有乘轎者[9]。京師官員

<hr>

6　[宋]王銍，《默記》(北京：中華書局，1981)，卷上，頁3。

7　《新校本宋史》，卷153，〈輿服五・士庶人服〉，頁3576。

8　從一些零星的記載看來，早在北宋中期就有官員乘肩輿張蓋出巡的例子。參見[宋]李燾，《續資治通鑑長編》(北京：中華書局，1979-1995)，卷317，起神宗元豐4年10月乙卯盡是月乙丑，頁7658。[宋]司馬光，《涑水記聞》(北京：中華書局，1989)，卷15，〈富弼為人溫良寬厚〉，頁295。

9　[宋]佚名撰，《愛日齋叢抄》，收入[清]紀昀等總纂，《文淵閣四庫全書》(台北：臺灣商務印書館，1983-1986)，冊854，卷1，頁626-627。其所引二書前者已收入汪藻的《浮溪集》(《文淵閣四庫全書》，冊1128)，卷6，頁6b-7b；後者今已失佚未見。

乘轎之制，始自徽宗政和3年(1113)時，因為「大雨雪，連十餘日不止，平地八尺餘。冰滑，人馬不能行，詔百官乘轎入朝」[10]。但此乃權宜之計，而非定制，只是一時氣候的變化，所以暫時准予官員乘轎。

至北宋後期乘轎的風氣開始盛行起來，首先可見的是神宗時宗室乘垂簾肩輿出入成風，而且隨從聲勢過於誇張[11]。到北宋末年京城開封出現士人與豪右大姓乘轎出入的情形[12]。甚至在京師開封的庶民也開始有乘轎之舉，徽宗政和7年(1117)有臣僚上言：「今京城內暖轎，非命官至富民、娼優、下賤，遂以為常。」[13] 但這條孤證尚無法說明在汴京以外庶民乘轎普及的程度。相對於以後的南宋，北宋騎馬的情形仍要比乘轎多；而且北宋庶民乘轎的風氣仍限於北宋末年的京師城內。

至宋室南渡以後，因為南方城市環境與氣候與北方迥異，尤其是潮濕的氣候，使得城市道路泥濘，騎馬易滑且衣褲易髒，所以除了騎馬乘輿之外，乘轎就成了另一個絕佳的選擇。南宋以後允許官員乘轎已漸漸成定制，據《建炎以來朝野雜記》云：「故事百官出入皆乘馬，建炎初，上以維揚磚滑，謂大臣曰：『君臣一體，朕不忍使群臣奔走危地，可特許乘轎。』……今行在百官，非入朝無乘馬者。」[14] 至此准予乘轎的範圍漸寬，但仍不能入皇城，只有優禮之重臣，才允其乘轎入皇城至宮門[15]。南

10　《新校本宋史》，卷62，〈五行一下・水下〉，頁1342。

11　[宋]李燾，《續資治通鑑長編》，卷322，起神宗元豐5年正月盡其月，頁7760。

12　《新校本宋史》，卷153，〈志一〇六・輿服五・士庶人服〉，頁3576。

13　《新校本宋史》，卷153，〈志一〇六・輿服五・士庶人服〉，頁3577；[宋]周煇，劉永翔校注，《清波雜志》(北京：中華書局，1994)，卷2，〈涼傘〉，頁46。

14　[宋]李心傳，《建炎以來朝野雜記》(石家莊市：河北教育出版社，1995)，甲集卷3，〈百官肩輿蓋〉，頁53。[元]馬端臨，《文獻通考》(台北：臺灣商務印書館，1987)，卷119，〈王禮十四・皇太子皇子公卿以下車輦鹵簿〉，頁1078-1081。

15　[元]馬端臨，《文獻通考》，卷119，〈王禮十四・皇太子皇子公卿以下車輦鹵簿〉，頁1078-1081。《文獻通考》中記錄南宋時曾授有如此待遇，特許乘轎或肩輿入皇城宮門或殿門的大臣，如張嘉受詔朝謁而許乘轎出入皇城門至宮門內上下馬處、參知政事周葵因墜馬所傷而暫令乘轎入內赴朝參。《宋史》中的記載還包括有秦檜(1480-1569)、陳康伯(1097-1165)以及宗室趙伯圭等。見《新校本宋

宋允許官員乘轎之後，乘轎的風氣取代騎馬，如朱熹的《朱子語類》記：
「南渡以前，士大夫皆不甚用轎。」「自南渡後至今，則無人不乘轎
矣。」[16] 在《朱子語類》一書中有許多的記載都可以看到南宋官員慣以轎
子作爲城市內的交通工具，可見至南宋士大夫乘轎已成爲平常之事[17]。甚
至不只是文官與士夫夫乘轎而已，如《朱子語類》就歎道：「今卻百官
不問大小，盡乘轎，而宦者將命之類皆乘轎。」[18] 從張擇端所繪的「清
明上河圖」中也可見宋人在城市中乘轎的情形。（參看圖2-1）

　　當然在北宋末由肩輿演變成轎子後，在技術方面的改良，的確使轎子
作爲交通工具時有其優點。轎子經加頂蓋與帷幕，改成廂形的式樣後，較
過去的乘肩輿與騎馬更加舒適，如在北宋時人孔武仲就曾比較了乘轎與騎
馬兩者的優缺點，認爲當天氣嚴寒時乘轎子因爲溫暖而舒適，但是缺點是
空間狹小使乘者難過[19]。到南宋時轎子的形式又有改良，各種安全舒適的
轎子亦趨齊備，如秦檜入朝，「施全刺之氈，裹厚不得入，則帷轎矣」[20]。
可見轎子禦寒功能更好；又如《水心集》〈劉建翁墓誌銘〉云劉公居室尤
陋不改，且自嘲云：「自二父在，而四方之過莆者無不造於庭，蓋今之轎
大於舊矣，乃世變也。」[21] 這說明轎子內的空間已有改良而加大，同時也

（續）
　　　史》，卷30，〈本紀三十・高宗趙構七〉，頁572；卷473，〈列傳二三二・姦臣
　　　三・秦檜〉，頁13761-13762；卷33，〈本紀三十三・孝宗趙眘一〉，頁629；卷
　　　384，〈列傳一四三・陳康伯〉，頁11810-11811；卷244，〈列傳三・宗室一・秦
　　　王德芳・秀于子偁〉，頁8688-8689。

16　[宋]朱熹，《朱子語類》（台北：華世出版社，1987），卷128，〈本朝二・法
　　　制〉，頁3067。

17　同上書，卷91，〈禮八・雜儀〉，頁2326；卷41，〈論語二十三・顏淵篇上・顏
　　　淵問仁章〉，頁1069；卷103，〈羅氏門人胡氏門人・胡氏門人・張敬夫〉，頁
　　　2610；卷49，〈論語三十一・子張篇・仕而優則學章〉，頁1211。

18　同上書，卷127，〈本朝一・高宗朝〉，頁3058。

19　[宋]孔武仲等，《清江三孔集》，收入《文淵閣四庫全書》，冊1345，卷4，
　　　〈舍轎馬而步〉，頁209-210。

20　[清]王棠，《燕在閣知新錄》，收入《四庫全書存目叢書》（台南：莊嚴出版社
　　　據清華大學圖書館藏清康熙56年刻本影印，1995），子部，雜家類，冊100，頁
　　　610。

21　[宋]葉適，《水心集》，收入四庫備要編輯委員會，《四庫備要》（台北：臺灣

顯示南宋士大夫乘轎之流行。

概言之，北宋末年以來因爲地理環境、氣候變異、政策的轉變，以及轎子技術的改進，已經爲轎子被利用成爲一種舒適的交通工具奠定了基礎。

(二)明代乘轎形成趨勢的外部原因

宋代以來，乘轎成爲趨勢的一些客觀因素，至明代以後依然存在，如南方地形與氣候的限制，更適合乘轎勝過騎馬，明朝人對此有更深的了解，陸容(1436-1494)的《菽園雜記》便指出作爲一種交通工具的轎子所具有的優點：「南中亦有無驢馬雇覓處，縱有之，山嶺陡峻局促處，非馬驢所能行。兩人肩一轎，便捷之甚，此文當從民便，不可以執一論也。」[22]《皇明泳化類編》也記一則故事，描述隆慶年間江都御史吳時來到南京任官，他要求四品以下各衙門官員依例皆應騎馬，結果反而造成不便，因爲「人謂南京俱青石砌，馬善倒，每每告苦者，又無馬可覓，買馬又值甚高，人稱自備銀，覓兩人小轎，出入頗爲便云」[23]。可見在南方城市中的道路多是舖石路面，再加上氣候潮濕，很容易造成人仰馬翻的意外。而且南方馬少，無論是買馬或雇馬都是所費不貲，所以雇轎子反而方便。

再就技術方面而言，轎子到了明代又有進一步地改良。從明人王圻纂輯之《三才圖會》中的肩輿圖與轎子圖(參見圖2-2)，可以發現到明代人把宋人的轎子稱作「肩輿」，而且在宋代轎子的基礎上又作了改良，不僅空間加大，而且舖設豪華，裝飾精美，轎桿固定在轎身中間之後，轎夫不直接肩扛轎桿，而是在兩根轎桿間繫一繩襻，中穿另一抬槓，轎夫肩抬扛，手把轎桿，合步行走。由於物理的作用，繩襻的均衡力緩衝了轎子因行走或道路不平之顛簸，使其異常平穩。

(續)
　　　　中華書局，1965)，集部，冊210，卷18，〈劉建翁墓誌銘〉，頁10b-11a。
22　[明]陸容，《菽園雜記》(北京：中華書局，1985)，卷11，頁132。
23　[明]鄧球編，《皇明泳化類編》(北京：書目文獻出版社據明隆慶刻本影印，1988)，卷134，〈兩京轎襷〉，頁1383。

　　除此之外，謝肇淛(1567-1624)在《五雜俎》中還談到另一個重要的客觀因素，即成本的問題。他指出因爲比較雇轎與雇馬，前者的價格顯然較後者便宜：「蓋乘馬不惟雇馬，且雇控馬持杌者，反費於肩輿，不但勞逸之殊已也。」[24] 關於雇轎的價格，在明代後期的小說中多有雇轎價格的記載。若以《金瓶梅》中乘轎與馬匹的價格作比較[25]，一般馬匹價格約在35兩至80兩之間，與乘轎只要5、6分銀相比，實在太昂貴了。又如萬曆年間(1573-1619)浙江張應俞編寫的《江湖奇聞杜騙新書》中，就記載抬轎與其它貨品的物價如下：

　　紙價：蘇州市場上一簍紙售八兩銀子。(〈狡牙脫紙以女償〉)

　　馬價：一匹好馬價四十兩銀子。(〈假馬脫緞〉)

　　絲綢價：絲綢三匹，價銀四兩四錢，平均每匹一兩四錢多。(〈京城店中響馬賊〉)

　　抬轎價：福建陸路一百二十里，抬轎價一錢六分，有時還可降至一錢二分或一錢四分。(〈詐以帶柄耍轎夫〉)

　　中藥材：江西樟樹鎮當歸一擔十兩，川芎一擔六兩，價低時當歸一擔僅三兩七錢。(〈高抬重價反失利〉)[26]

由上面的物價表比較起來，雇人抬轎要比其它物價低廉許多。

　　明代雇轎夫如此方便，而且價格如此低廉，與明代後期的勞動力市場有密切的關係，謝肇淛的親身經歷透露出這樣的訊息：

24　[明]謝肇淛，《五雜俎》，卷14，〈事部二〉，頁362。

25　第78回中記琴童向潘金蓮要6分銀子轎子錢，而第43回中西門慶向雲離守買兩匹馬，值70兩；第38回中西門慶換了一匹高頭青馬，夏提刑稱讚此馬甚是會行，也值70、80兩銀子。有關《金瓶梅》中的物價史料參見蔡國梁，《金瓶梅考證研究》，頁259-260。

26　陳學文，《明清時期商業書及商人書之研究》(台北：洪葉文化公司，1997)，頁229。

國初進士皆步行，後稍騎驢。至弘、正間，有二三人共雇一馬者，其後遂皆乘馬。余以萬曆壬辰（萬曆20年，1592）登第，其時郎署及諸進士皆騎也，遇大風雨時，間有乘輿者，迄今僅二十年，而乘馬者遂絕跡矣，亦人情之所趨。且京師衣食於此者殆萬餘人，非惟不能禁，亦不必禁也。[27]

上文中記錄了明代進士由步行至乘驢、騎馬，最後演變至以乘轎爲常。之所以難以嚴禁，因爲「京師衣食者殆萬餘人」，可見如北京之大城市中有許多轎夫以此爲生。據耶穌會士利瑪竇（1552-1610）所目睹，萬曆年間北京已有多處是出租轎子或馬的店市，而且還提供街道地名的指南[28]。再從明代後期出版的商業路程書中，可以看到作爲服務業的轎夫在江南陸路中頗爲常見，不但雇用方便且價格低廉[29]。

　　本書第一章曾提到明代中期以後的商品經濟發展，帶動城市化的趨勢，也使得城市成了潛力雄厚的消費市場。因爲一方面人口壓力的出現，使得農村過剩的勞動力轉移到城市，提供城市大量的勞動力市場。而另一方面城市內也成了紳商富民移住的地點，再加上商人的推動，使城市內的消費呈現所謂「奢靡」的社會風氣。城市化後不但有勞動力市場可以提供勞力，而鄉紳商人與富戶的奢侈消費也帶來移入人口的就業機會，所以在城市內可以見到各類人，上從鄉紳、生員、商人，下至浮游階層的轎夫腳夫、衙役胥吏、訟師、打行無賴、奴僕、幫閒等各式各樣的人，他們都是依附於城市經濟求生存。

　　除此之外，明代還有其它主觀的因素是宋代未見，所以能帶動乘轎的

27　[明]謝肇淛，《五雜組》，卷14，〈事部二〉，頁362。

28　何高濟等譯，《利瑪竇中國札記》（北京：中華書局，1983），頁330。

29　如《一統路程圖記》中記杭州府至休寧縣齊雲山路，「杭州轎，在觀音橋雇。歙縣轎，在餘杭雇」。徽州府至崇安縣路，「嶺多路小，每轎一乘，駕行李五、六十斤，轎夫甚苦，兩人代一人勞，仁厚客商，險處恕饒一肩」。蕪湖至徽州府路之間，「轎馬並有」。參見[明]黃汴，《一統路程圖記》，收入楊正泰，《明代驛站考》（上海：上海古籍出版社，1994），頁222-223, 225。

流行趨勢。尤其是晚明旅遊風氣大盛，轎子成為遊山玩水的重要交通工具。從明人小說中的描述就可以看到明人動輒旅遊，而且明代的詩作中「轎」字多出現在旅遊之類的詩作。除了詩詞以外，許多遊記類文章中也常提到乘轎賞景的情形（參見本書第四章）。若比較明初與晚明山水畫的作品，也可以發現畫中人物所乘坐的交通工具有很大的變化，從明初騎馬、騎驢甚至騎牛，到晚明的畫中人物則都是乘轎。在許多風景名勝的山腳下還可見成群的轎夫在休息等待客人。（參見圖2-3）

　　雖然有南方地形氣候的限制、轎子技術的再改進、明末勞動力過剩使乘轎價格低廉、城市化與商業化帶來的消費潛力以及旅遊風氣的興盛等等因素，都帶動了明代中期以後流行乘轎的風尚；然而單從外部原因並不足以完全解釋，因為乘轎不只是滿足肉體生理性的需求而已，還是一種文化性的消費，與頭腦和心理有關，且涉及當時的政治、社會與文化脈絡。

（三）明代乘轎的制度化

　　到明代乘轎之所以逐漸成為流行，不能擺脫官方政策的影響。明代官方對乘轎規定之嚴謹，非前代所能及。北宋初官員只許騎馬，並且沿襲五代的制度，只有特殊情形可以看到皇帝恩賜某些官員乘肩輿或轎子上朝，表示對其禮遇[30]。至南宋以後大小百官皆可乘轎，在《慶元條法事類》中還有規定庶民乘轎時不得「令人持扇圍蔽」，以禁止過度排場[31]。但無論北宋或南宋，在乘轎政策的規定上尚未形成一整套制度化的體系，也未有嚴密分明的等級劃分，到了明代政府對乘轎則有一套完整而制度化的規

30　北宋當時人常認為此優禮重臣年老或有病而允許乘肩輿入殿及治事之始，乃神宗熙寧年間（1068-1077）的左僕射富弼（1004-1083）。不過，據南宋李燾編之《續資治通鑑長編》與《宋史》都記載真宗大中祥符8年（1015）時的宰相王旦（957-1017）嘗得疾久不愈，上命肩輿入禁中，使其子雍與直省吏扶之，見於便殿。由此可見至遲在真宗時已有此禮遇的先例。而另外兩個北宋較著名的例子，一是哲宗時任尚書左僕射的司馬光（1019-1086），一是文彥博。

31　[宋]謝深甫等纂修，《慶元條法事類》（北京：中國書店，1990），卷3，〈失門名·服飾器物敕令格〉，「儀制令」，頁9。

定[32]。這套制度建立在明代前期，其中對身分等級的劃分、文武之別、下轎避道都有明確的規定。同時也和宋代一樣有一些破格例外，以表示優禮寵信的情況。以下分別從上述諸方面論述之。

1. 身分等級之別

明代轎子有官轎與民轎之分，官轎是四人抬的「大轎」，民轎則除了婚儀用的花轎以外，都是二人抬的「小轎」。據《大明會典》有關轎子的制度如下：

> 洪武元年(1368)，定不得雕飾龍鳳紋。職官一品至三品，許用間金妝飾銀螭，繡帶青幔。四品五品素獅子頭，繡帶青幔。六品至九品用素雲頭，素帶青幔。轎子比車製。庶民車用黑油齊頭平頂皂幔。轎子比同車製，並不許用雲頭。
>
> 六年(1373)，令凡舟車坐轎，除紅漆外，許雜色漆飾。五品以上車用青幔，餘並不許。其坐轎止許婦人及官民老疾者乘之。[33]

明洪武元年規定車轎制度分別官轎與民轎，官轎方面限定官員品級及身分的差異，先是在裝飾、顏色與質材上需配合官員品級，而庶民的車轎的顏色只能用黑油，形制上只能用齊頭平頂以及素色的「皂縵」，禁止用雲頭裝飾。接著在洪武6年又規定車轎禁止用紅色漆，五品以上官才可以用青幔，而庶民中只有婦女與老疾者才允許乘轎。有趣的是，最初劃分身分等級的標準是依照乘坐交通工具的裝飾、形制與顏色，而並未嚴格限定庶民不得乘轎，後來又嚴格地把庶民乘轎的範圍規定的更狹隘。

32　明人何孟春(1474-1536)曾比較歷代對乘轎的規定後指出，明代較前代法令規制更為詳細。見[明]何孟春，《餘冬序錄》，收入《四庫全書存目叢書》（台南：莊嚴文化事業有限公司據明嘉靖7年郴州家塾刻本影印，1995），子部，冊101-102，卷58，頁12a。

33　[明]李東陽等奉敕撰，申時行等奉敕重修，《大明會典》（台北：東華書報社據萬曆15年司禮監刊本印行，1964），卷62，〈房屋器用等第〉，頁3a-b；《新校本明史》，卷65，〈志四十一‧輿服一‧公卿以下車輿〉，頁1611。

　　到了景帝時期又有了更新的制度，更明顯地以官品作爲乘轎的標準，來劃分官員的身分等級，據《大明會典》云：「景泰四年(1453)令在京三品以上許乘轎，其餘不許違例。在外各衙門，俱不許乘轎。」[34] 如此一來，原來南宋以來至明初百官可乘轎的情形，至此演變成只有三品以上的高級官員才准乘轎，其他官員皆不得乘轎，只能騎馬。

2. 武官與勳戚之別

　　明孝宗弘治7年(1491)有道詔令，不但規定乘轎的官員依例只許四人扛抬，而且還規定勳臣任武職者皆不准乘轎：

> 申明兩京及在外文武官員，除奉有旨及文武例應乘轎者，只許四人扛抬。其兩京五府管事，并內外鎮守、守備等項，公、侯、伯、都督等官，不分老少，皆不許乘轎。違例乘轎及擅用八人者，指實奏聞。[35]

明代分封功臣及外戚以公、侯、伯三等，其後世襲者中有才而賢者，多充五軍都督府、南京守備、或出充鎮守總兵官等武職[36]，所以上述引文中之重大武職皆爲勳臣之後。而以上這項規定其實應早於弘治7年已有，因爲從其它史籍如《槎菴小乘》與《春明夢餘錄》都指稱此制始於明初[37]，又據《明史》指出：「蓋自太祖不欲勳臣廢騎射，雖上公，出必乘馬。」看來這種規定雖查不到最早的起源，但與明初太祖的想法有關，弘治7年的詔令應該只是重申太祖的規定。總而言之，只有文職大臣可以乘轎，小官

34　《大明會典》，卷62，〈房屋器用等第〉，頁3b；《新校本明史》，卷65，〈志四十一・輿服一・公卿以下車輿〉，頁1611-1612。

35　《大明會典》，卷62，〈房屋器用等第〉，頁3b

36　《新校本明史》，卷76，〈志五十二・職官五〉，頁855-856。

37　[明]來斯行，《槎菴小乘》，收入四庫禁燬書叢書編纂委員會編，《四庫禁燬書叢書》(北京：北京出版社據明崇禎4年刻本刊印，2000)，子部，冊10，卷15，〈肩輿〉，頁13b-15a；[清]孫承澤，《春明夢餘錄》(北京：北京古籍出版社，1992)，卷40，〈肩輿〉，頁784。

只得騎馬，即《明史》所謂：「惟文職大臣乘轎，庶官亦乘馬。」[38]

3. 官員相遇迴避有等

　　明初還設計一套官員相遇於途避道以示禮敬的規則，據《會典》記載係洪武20年（1387）所定，原則上凡小官於途中遇見高官，若是高三品以上者需引馬迴避；遇高二品需引馬側立；遇高一品則趨右讓道而行。文臣對公侯駙馬也要特別禮遇，凡一、二品官遇見公侯駙馬，需引馬側立；三品以下官遇見公侯駙馬，則需引馬迴避。庶民於道遇見官員也有禮儀的規定：「凡街市軍民人等，買賣及乘坐驢馬出入者，遙見公侯駙馬一品官以下，至四品官過往，即便下馬讓道。」[39] 以後官員漸漸由騎馬改乘轎子之後，這套禮儀也適用，故小官道遇大官也需下轎避道。

　　另外，各地官員經過宗室王府之大門前，也須下轎以表敬意。16世紀到過中國的葡萄牙人加里奧特・佩雷拉（Galiote Pereira）就曾描寫位於桂林的一座王府：「這個王府人的家四周圍著墙，墙並不很高，外的一面塗著紅色。……四扇門中最主要的一扇門位於一條主要大街上，哪怕是再大的老爺從那經過時，都必須下轎或下馬。」[40]

　　明代皇帝與官員相當重視乘轎相遇時要下轎避道之禮。如天順2年（1458）有福建都司進慶賀表，道經鹽運司時遇運使劉璣乘肩輿不下，軍士誚其不敬，劉璣怒而杖之，事聞於朝庭，皇帝下令按察司執劉璣鞫之[41]。又如直隸人宋傑（？-1474）於景泰年間任左副都御史，參贊甘肅軍務，有某巡按御史見之於途而不下轎，傑略不介意，遂有「不失為君子云」的美名[42]，由此可見不介意這種禮儀者畢竟是少數。尤其是在南北兩京因為眾宦雲集，乘轎於途中相遇的機會相當頻繁，嘉靖15年（1533）在南京就曾因

38　《新校本明史》，卷65，〈志四十一・輿服一・公卿以下車輿〉，頁1611-1612。

39　《大明會典》，卷59，〈官員禮〉，頁4a-5a。

40　加里奧特・佩雷拉（Galiote Pereira），《關於中國的一些情形》，收入王鎖英譯，《葡萄牙人在華見聞錄——十六世紀手稿》（澳門：澳門文化司署等，1998），頁77。

41　《明英宗實錄》，卷292，天順2年6月己卯條，頁6245。

42　《明憲宗實錄》，卷127，成化10年夏4月壬申條，頁2424-2425。

爲有給事中遇尙書轎不迴避，因而引起一場震驚朝野的政治風波。（詳見
第四節）

4.破格例外

　　除了以上這些規定以外，明代和宋代一樣也有「破格殊典」的例子，
亦即優禮與寵信某些重臣，而特准其乘肩輿與轎子出入禁中，或賜武職勳
臣得以乘肩輿與轎子。《明史》中提到的例子如宣德中少保黃淮（1367-
1449）肩輿入禁中陪遊西苑、嘉靖間嚴嵩（1480-1569）以年及八旬奉詔苑直
出入得乘肩輿。武臣的例子則有郭勛（？-1541）與朱希忠（1516-1572）特命
乘肩輿扈南巡蹕，後遂賜常乘焉[43]。

　　除了重臣、老臣與武職勳臣這類因恩寵與優禮，而不受上述制度約束
的例子之外，皇帝對科道言官（即監察御史與六科給事中）[44] 也有特別禮
遇的例子，如憲宗成化年間（1465-1487）身爲南京吏科給事中七品官的王
讓（天順8年進士），因「朝廷以言官優容之，讓益肆，每會議，必與六卿
並坐，遇大臣于道不爲禮，或兩人肩輿行，讓必策馬從中左右顧而過之，
縉紳側目，無敢與抗者」[45]。又如武宗時有右參議魏訥陞爲右僉都御史，
雖爲四品但皇帝以欽差而特許其乘轎[46]。此例也爲日後科道官與六部臣子
之間的衝突，埋下了種子。

　　最重要的是，這套制度的建立反映了官方賦予乘轎特殊的意涵。從明
代乘轎制度中，可以看出官方有意將文臣的高級官員（三品以上）列入特權

43　《新校本明史》，卷65，〈志四十一・輿服一・公卿以下車輿〉，頁1612。能獲
　　此殊典的畢竟是少數，次等者有賜禁中騎馬，如嘉靖時的夏言與翟鑾。但是二人
　　因私用腰輿，嘉靖帝聞之以爲僭越而心銜之，據說兩人日後一被禍、一被逐，即
　　導因於此。事見[明]沈德符，《萬曆野獲編》（北京：中華書局，1997），卷8，
　　〈內閣・禁苑用輿〉，頁207。

44　在明朝廣義的言路是指四方臣民的陳情建言，狹義上的言路是指「科道官」言
　　事。「科官」指六科給事中；「道官」是指都察院十三道御史。科道官也稱台省
　　官、台瑣清班。參見王天有，《明代國家機構研究》（北京：北京大學出版社，
　　1992），頁59。

45　《明憲宗實錄》，卷74，成化5年12月壬申條，頁1430。

46　《明武宗實錄》，卷56，正德4年冬10月己酉條，頁1260。

的地位群體。其身分地位的來源，不只是在政治上擁有權利，而且在生活方式也享有乘轎的特權，乘轎因而成了這些人的特權消費領域。官訂乘轎制度的形成過程，也是這類地位群體的特權具體化爲法律制度的過程。

第二節　晚明乘轎的流行與普及

明代政府相較宋代政府，雖然在乘轎相關的規定方面更加嚴格詳盡、更加制度化，但是明中葉以後違制乘轎的情形，較宋代有過之而無不及。宋代的乘轎風氣只局限於特定的地區（如南北宋京師開封、臨安及其它大城市），而且多集中在士大夫階層；相對地，在明代乘轎的風氣至明中葉以後已經普及於全國各大城市及其它的社會階層。

（一）明前期騎馬或騎驢

明初的官員出入大多騎驢，所以明初太祖曾賜六部尚書與地方官員騎馬，並諭兵部曰：「布、按二司官，方面重臣，府、州、縣官，民之師帥，跨驢出入，非所以示民。」[47] 在明代初期即使是在朝的京官，所乘坐的交通工具不是馬就是驢，甚至可能騎驢的場合更多過騎馬者。如胡侍（1492-1553）所著之《眞珠船》一書中，曾引《草木子》之記載指出洪武間有李公紀，以薦爲應天府治中，作詩云：「五品京官亦美哉，腰間銀帶象牙牌；有時街上騎驢過，人道遊春去不回。」又云兵部尚書錦州金獻民（成化20年進士）曾道：「成化末，爲御史時，常騎驢朝參，同列多有然者。」可見明代前期兩京京官騎驢者不少[48]。

（二）武職勳臣乘轎

南京的武職勳臣是最早，也是最積極欲打破朝廷規定的一群人，雖然

47　[明]鄭曉，《今言》（北京：中華書局，1997），卷1，頁44。

48　[明]胡侍，《眞珠船》（蘭州：蘭州古籍書店，1990），卷8，〈京官騎驢〉，頁90。

在明初曾規定武職勳臣不得乘轎，可是在英宗正統5年（1440）就可以看到南京守備等武職擅自乘轎的情形[49]。到了憲宗成化年間（1465-1487）又有南京給事中王讓（天順8年進士）上奏，指出南京皇城守備衛卒頹廢的情形，甚且有武職的都督等官，「多不乘馬，私役京操軍士，肩輿出入，呵從實繁，將驕卒惰」。憲宗覽奏後怒叱兵部，指責南京祖宗根本重地，居然法度廢弛至此，要求移文內外守備官整肅軍紀，並下令武職不備鞍馬而乘轎者，立刻令其退任。不過這種情形並未因此而完全扭轉，孝宗弘治9年（1496）兵科都給事中楊溓（成化23年進士）等言：「舊例將臣在病，得請方許乘轎，止可于暫時行之。今京營將官，多有久離鞍馬，以坐轎為常者，非惟不能制禦急變，恐亦無以表率六軍。」[50] 可見多有武臣仍是以「坐轎為常」。

　　到嘉靖以後武職勳臣因為郭勛的前例，而開始有人不斷上奏藉各種名義乞乘肩輿，而且也大多得准[51]；雖然表面上世宗下令「不為常例」，但是實際上已打破原有的制度。之後的神宗、熹宗時，這類現象仍然依舊[52]。另外，嘉靖朝以後凡在特殊節慶，也曾賜乘肩輿與武職勳臣，如嘉靖43年（1564）8月萬壽聖節加恩直贊諸臣，其中朱希忠之弟都督朱希孝（1518-1574）便被賜予乘肩輿[53]。光宗與熹宗登基及熹宗之皇子誕辰時，都曾加

49　《明英宗實錄》，卷74，正統5年12月庚寅條，頁1442-1443。

50　《明孝宗實錄》，卷119，弘治9年11月甲辰條，頁2141。

51　如嘉靖18年（1539）都護副將軍朱希忠（1516-1572）、嘉靖18年的宣城伯衛錞、遂安伯陳鏸（?-1572）、嘉靖33年（1554）的英國公張溶（?-1581）、安平伯方承裕（?-1572）、左都督陸炳（1510-1560）等皆曾請賜乘肩輿得准，參見《明世宗實錄》，卷223，嘉靖18年4月庚戌條，頁4630；卷227，嘉靖18年閏7月丙申朔條，頁4705；卷417，嘉靖33年12月甲午條，頁7248。

52　如萬曆46年（1617）都指揮使允萬煒請賜肩輿得准；萬曆46年（1618）有中府帶俸武清侯李誠銘母太夫人吳氏，為子奏討肩輿而許之；光宗泰昌元年（1620）賜戚臣左都督郭振明肩輿；熹宗天啓元年（1621）有成國公朱純臣請給肩輿而許之。參見《明神宗實錄》，卷554，萬曆45年2月壬子條，頁10462；《明神宗實錄》，卷576，萬曆46年11月丁酉條，頁10902；《明熹宗實錄》，卷3，泰昌元年11月庚寅條，頁149；《明熹宗實錄》，卷13，天啓元年8月辛巳條，頁660。

53　《明神宗實錄》，卷537，嘉靖43年8月丙子，頁8709-8710。

恩勳臣，凡任五軍都督府及宗人府之武職著有勤勞者，俱加官銜一級或賜
肩輿[54]。這些武職勳臣雖然名義上為乞乘或賜乘「肩輿」，不過實際上所
乘的都是轎子。至此武職勳臣公然乘轎已非奇聞，甚至有以此相誇耀競賽
的情形，如嘉靖5年（1526）兵科給事中黎良上言：

> 舊制京朝文職四品以下，及公、侯、伯、都督等官，不得乘轎。軍
> 職不得用馬杌，出入不得乘小轎。夫何邇年以來，勳臣厭馬弗乘，
> 以轎相競，是果出於朝廷之賜與？抑知其不可而為之者與？

嘉靖13年（1534）禮科都給事中潘大賓也說：「武職官不習騎射，至有占用
軍士，交牀上馬，出入乘轎者。」[55] 可見乘轎已成了武職炫耀身分的象
徵。

(三)庶官乘轎

雖然景泰年間規定官三品以下是不能乘轎的，但是到了明中葉以後有
了很大的變化。這樣的變化發生在江南地區最為明顯。據松江府華亭縣人
何良俊（1506-1576?）所撰的《四友齋叢說》，曾談到江南鄉官回家由步行
到騎馬、乘轎之過程：

> 嘗聞長老言：「祖宗朝，鄉官雖見任回家，只是步行。憲廟時，士
> 夫始騎馬。至弘治正德間，皆乘轎矣。」[56]

這段文字反映了明中葉弘治、正德年間，在江南官員乘轎已成風氣。顧起
元在《客座贅語》中也有一段深刻的描述：

---

54 《明熹宗實錄》，卷1，泰昌元年秋9月乙亥朔卯，頁23；卷6，天啟元年2月辛未
春分條，頁318；卷40，天啟3年閏10月壬寅條，頁2076。
55 《明世宗實錄》，卷166，嘉靖13年8八月庚戌，頁3650-3651。
56 ［明］何良俊，《四友齋叢說》，卷35，〈正俗二〉，頁320。

《四友齋叢説》中記前輩服官乘驢者，在正、嘉前乃常事，不爲異
也。頃孫冢宰丕揚嘗對人言：「其嘉靖丙辰登第日，與同部進士騎
驢拜客，步行入都。」先伯祖亦言：「隆慶初，見南監廳堂官，多
步入衙門，至有便衣步行入市買物者。今則新甲科輿從焉奕長安
中，首薦冷官，非鞍籠、肩輿、腰扇固不出矣。」又景前溪中允爲
南司業時，家畜一牝羸，乘之以升監，旁觀者笑之亦不顧。今即幕
屬小官，絕無策騎者；有之，必且爲道傍所揶揄。憶戊戌、己亥間
（萬曆26-27年，1598-1599），余在京師猶騎馬，後壬寅（萬曆30年，
1602）入都，則人人皆小輿，無一騎馬者矣。事隨時變，此亦其
也。[57]

顧氏雖部分同意何良俊的看法，但是他記憶中乘轎的風氣是晚至隆慶末至
萬曆初年以後才盛行的，又據《露書》亦云：「朝制：南、北官俱騎
馬，隆慶間因南人不慣，始乘小轎；不數年，北亦如南矣。」可見顧氏
所言較爲正確[58]。此外，據顧氏在北京親身經歷的回憶，北京流行乘轎的
風氣更是要晚到萬曆後期才開始興盛，這也再次說明江南乘轎的風氣要比
北京更早。最後作者描述當時的風氣已經演變成大官騎馬會被人嘲笑，甚
至連新科進士以及「幕屬小官」也都乘轎而不再騎馬，以免「爲道傍所揶
揄」。

　　至萬曆以後連北京也和南京一樣，人人乘肩輿而不再騎馬，就如《萬
曆野獲編》所云：「舊制，文臣三品以上，始得乘輿。今凡在京大小官
員，俱肩輿出入，初猶女轎蔽帷，不用呵殿。今則襄幨前驅，與南京相似
矣。」[59]《湧幢小品》也說：「今南中無大小，皆乘轎，惟有四人兩人之

57　[明]顧起元，《客座贅語》，卷7，〈輿馬〉，頁231。

58　[明]姚旅，《露書》，收入《四庫全書存目叢書》（台南：莊嚴文化事業有限公
　　司據北京圖書館藏明天啓刻本影印，1996），子部，雜家類，冊111，卷8，〈風
　　篇上〉，頁679。

59　[明]沈德符，《萬曆野獲編》，卷13，〈禮部・舊制一廢難復〉，頁353。

分，猶曰留都稍自便；北京亦用肩輿出入，即兵馬指揮若衛經歷皆然，雇直甚賤，在外惟典史乘馬，恐不久亦當變矣。」[60] 無怪乎萬曆21年（1593）時皇帝要下詔云：

> 近來士庶奢靡成風，僭分違制，依擬嚴行內外衙門，訪挐究治。法
> 之不行，自上犯之。近聞在京庶官，概住大房，肩輿出入，晝夜會
> 飲，輦轂之下，奢縱無忌如此，廠衛部院一併訪緝參究。[61]

詔書中嚴批北京小官「概住大房，肩輿出入」之風氣，呼應了上述顧起元的回憶。看來這種「僭禮違制」的情形至此已甚普遍。

（四）舉人生員乘轎

明中葉以後舉人也開始乘轎了。何良俊在《四友齋叢說》也談道舉人乘轎風氣的起源：

> 董子元云：「舉人乘轎，蓋自張德瑜始也。方其初中回，因病不能
> 看人，遂乘轎以行，眾人因之，盡乘轎矣。」然蘇州袁吳門尊尼與
> 余交，其未中進士時，數來下顧。見其只是帶羅帽二童子跟隨，徒
> 步而來。某以壬辰年應歲貢出學，至壬子午謁選到京，中間歷二十
> 年，未嘗一日乘轎。今監生無不乘轎矣。[62]

原來張德瑜因病而改乘轎，乃一時權宜之計，但在未遭非議與處罰下，卻讓以後的舉人以乘轎爲常。范濂在《雲間據目抄》也指出：「春元（舉人）用布圍轎，自嘉靖乙卯（1555）張德瑜起，此何元朗所致慨也。自後率

60　[明]朱國楨，《湧幢小品》（台北：廣文書局，1991），卷15，〈人輿〉，頁18。
61　《明神宗實錄》，卷263，萬曆21年8月庚戌，頁4893。
62　[明]何良俊，《四友齋叢說》，卷35，〈正俗二〉，頁320。

以爲常。」[63] 到明代後期還可以看到舉人乘轎排場盛大的例子，甚至超過鄉宦。如何良俊就說起一則經歷：

> 一日偶出去，見一舉人轎邊隨從約有二十餘人，皆穿新青布衣，甚是赫奕。余惟帶村僕三四人，豈敢與之爭道，只得避在路旁以俟其過。徐老先生轎邊多不過十人。[64]

這個舉人乘轎聲勢排場之大，連已身爲鄉宦的何良俊都要讓道，對他而言可眞是「士風日下，人心不古」。

何良俊認爲舉人乘轎尚不爲過，因爲「上子曁登鄉科，與眾迥別，則以肩輿加布圍，亦不爲過」。但是到了他的時代就連生員、監生也乘轎子，對此現象他頗不以爲然地說：「獨近來監生、生員通用，似覺太早耳。」[65] 秀才生員何時開始乘轎又何以能乘轎，據何良俊的說法：「大率秀才以十分言之，有三分乘轎者矣。其新進學秀才乘轎，則自隆慶4年（1570）始也。蓋因諸人皆士夫子弟或有力之家故也。」[66] 看來有能力乘轎的生員多是官宦子弟或富戶巨賈之家。不只如此，像松江府地區連尚未考上秀才的童生也乘轎子，范濂就說：

> 尤可笑者，紈褲子弟爲童生，即乘此轎，帶領僕從，招搖街市，與春元一體，此微獨覘父兄無教，即子弟自己爲地，原不宜如此，蓋童生人品未定，不知終身作何狀？正宜習服勤老，勿使惰慢，況處松江澆薄之俗，朝華夕零，變態立見。[67]

63　[明]范濂，《雲間據目抄》，卷2，〈記風俗〉，頁7b。
64　[明]何良俊，《四友齋叢說》，卷35，〈正俗二〉，頁321。
65　同上註。
66　同上書，頁320。
67　[明]范濂著，《雲間據目鈔》，卷2，〈記風俗〉，頁7b。

顯見後來童生也開始襲用乘轎，多少也是學自舉人，他們希冀藉乘轎一舉，能與舉人輩平起平坐。

（五）僭濫乘轎之極

明代自從明英宗土木堡之變後首開捐納之門，至明後期許多富戶商人等都可以透過捐納得官，其大部分雖無實職，但是有了官爵之後即可大搖大擺地模仿官員坐轎子。在董含（1624-1697）的《三岡識略》中指出：「近開捐納之例，于是紈袴之子，村市之夫，輦貲而往，歸以搢紳自命，張蓋乘輿，僕從如雲，持大字刺，充斥衢巷，揚揚自得。」[68] 王應奎（1683-1760）在追述明末這類現象時也議論道：「富人入錢得秩，不過公士簪裏之流，亦復出入輦，自同蹳痿。風氣澆薄，有識掩口。」[69] 這些議論都顯示士大夫階層，對商賈富人乘轎的現象頗為不滿。

有時還有豪奴之輩也趁捐納而張蓋乘轎，所以沈德符在《萬曆野獲編》中也歎道：「近日事例濫開，一切徒隸輩，俱得以白鏹授勇爵，披金紫，戴黃蓋，充塞道路，而無如之何。」[70] 他曾在杭州親眼目睹錦衣衛緹帥史繼書之家奴蔣文興，因冒功得官百戶，當差至浙江拏人時，「俱坐八人轎，覆褐蓋」，可見氣燄之盛[71]。士大夫更難忍受此現象，所以在萬曆年間蘇州地區流傳一則故事，內容是傳說該地一位叫吳一郎的，曾當過人家奴僕，後來因為經商致富，並且花錢捐了官。一日乘四人大轎去姻家赴宴，卻遭到當地著名的舉人張鳳翼公然地諷刺挖苦，逼得他不得終席就狼狽離去[72]。

不只是小官，晚明胥吏或書役擅乘轎子與肩輿者亦有之，如萬曆28年

68　[清]董含，《三岡識略》（瀋陽：遼寧教育出版社，2000），卷10，〈三吳風俗十六則〉，頁225。

69　[清]王應奎，《柳南隨筆》（北京：中華書局，1983），卷4，頁75。

70　[明]沈德符，《萬曆野獲編》，卷13，〈禮部・褐蓋〉，頁355-356。

71　同上註。

72　[明]馮夢龍著，劉德權校點，《古今譚概》（福州：海峽文藝出版社，1985），〈微詞部第三十〉，「張伯起」，頁973-974。

（1600）通灣宣大稅監張燁參奏書役毛鳳騰，擅坐肩輿，假丈田地，恐嚇民財，輕斃民命，及侵盜子粒銀兩，紛擾緊峙地方諸奸欺狀[73]。又如吳玄在一篇公文中所云：「胡掾吏並駕為軒之鶴，輒敢群然命駕，相將侈爾；……胥徒盡從超乘，循名既稱亡等，物利亦復虛麼。」所以他嚴飭其下之府官吏通行各屬驛站，「如縣驛有給轎命坐者，給與受給者一體提究連坐」[74]。由這個例子可以看到至明中葉以後，地方府縣的胥吏書吏等，皆趁機勒索民夫抬轎，完全不理會身分等第的規定。

　　至明末清初有士大夫感歎乘轎已至「僭濫之極」，甚至還有優伶僭用轎子，如龔煒在《巢林筆談》中就說：「肩輿之作，古人有以人代畜之感，然卿大夫居鄉，位望既尊，固當崇以體統，不謂僭濫之極。至優伶之賤，竟有乘軒赴演者。」[75] 乘轎普及的例子，在明代小說史料中俯拾皆是。再從明代留下來的市井風俗圖中，也可見明人乘轎之頻繁與普及。（參見圖2-4）

　　從本節中看到明代中期以後，武官效法文官乘轎，庶官僭越乘轎，監生與生員群起仿效，以至其他商人、豪奴、胥吏、優伶之流相繼效尤。這說明了因為少數高級官員才可以乘轎，所以轎子代表身分地位的表徵已成為普遍被接受的價值觀。當明初生產力尚未恢復，經濟發展尚未繁榮之時，保障少數地位群體特權的乘轎制度還可以維持。但一旦到明代中葉經濟復甦與繁榮之後，人們的慾望也被激起，特別是在江南與南北京的大城市中，出現了擁有雄厚經濟資本（economic capital）者，上述之武職勳臣、舉人與士大夫，或有力之家，如監生、生員、商人、胥吏等，即起而爭相效尤，欲將經濟資本投入這種象徵社會身分的消費模式，因而助長乘轎之風氣，使乘轎成為流行趨勢[76]。

73　《明神宗實錄》，卷351，萬曆28年9月癸卯，頁6569, 6573。

74　[明]吳玄，《眾妙齋集》（據日本內閣文庫藏明天啟間序刊本影印），卷7，〈飭革驛給吏書以省物力以辨等威事〉，頁30-31。

75　[清]龔煒，《巢林筆談》，卷4，頁104。

76　明初的地主階層也透過科舉，走向士紳化（gentility），將其既有的財富轉化成社會地位，參見Timothy Brook, *The Confusions of Pleasure: Commerce and Culture in*

第三節　官方因應的對策

　　明代中期以後，因為乘轎風氣的流行，官方也有了反應。一方面可以看到官方對於僭越乘轎的處罰以及重申禁令，但是另一方面也看到為了因應官員的需索而在地方上有新的乘轎制度，即驛遞轎夫的出現。接著再以實例來看官方對策的實際效果，以及驛遞轎夫遭濫用的情形。

（一）違制處罰

　　明代前期官員乘轎的等級規定在當時也曾一度徹底地執行著，如成祖永樂元年（1403）時有駙馬都尉胡觀僭乘晉王的轎子，為給事中周景等人所劾；成祖下詔宥胡觀之罪，但賜書切責晉王[77]。這樣處罰還算是輕的，因為之後類似的例子懲處就不只是如此而已，如景泰2年（1451）有巡按御史甘澤因為過永興王府不下轎，而遭以不遵禮法問罪[78]。英宗天順6年（1600）有監察御史李傑巡按直隸時，因「乘八人轎，擅操歇班，官舍違法甚多」等理由而遭彈劾，遂下錦衣衛獄，送刑部論當贖徒還職，但英宗以李傑乖憲體不可復而降為典史[79]。

　　這類違制處罰的例子在明代前期畢竟是少數，但是到明中葉以後，官方原訂的這些規定不斷地受到挑戰，有愈來愈多違制乘轎被舉發彈劾遭致懲處的例子。文臣遭懲處的例子如正德13年（1518）有陝西布政司右布政使李承勛及按察司按察使楊惟康，因違例乘轎遭劾而罰俸各四月[80]。武職與

（續）

> *Ming China*, pp.79-80. 清代將經濟資本投入文化消費的最著名例子，即兩淮鹽商是也，參見何炳棣著、巫仁恕譯，〈揚州鹽商：十八世紀中國商業資本的研究〉，《中國社會經濟史研究》，1999年第2期，頁59-76。

77　《新校本明史》，卷65，〈志四十一・輿服一・公卿以下車輿〉，頁1611-1612；《明太宗實錄》，卷19，頁337, 350。

78　《明英宗實錄》，卷205，廢帝郕戾王附錄第二十三，景泰2年6月壬午條，頁4402。

79　同上書，卷343，天順6年8月己丑條，頁6951。

80　《明武宗實錄》，卷166，正德13年9月丁巳條，頁3225。

勳臣違制乘轎的例子，在孝宗弘治8年(1495)有南京監察御史王存忠等奏稱：「今成國公朱儀、魏國公徐俌、武靖伯趙承慶、南京錦衣衛帶俸指揮使王銳，乘轎出入，儀、俌、承慶乘八人轎，僭侈尤甚。」要求將他們下禮部論之以法，但是皇帝皆宥之，只是下諭不得再犯[81]。還有因為不下轎避道而遭責罰的例子，如成化7年(1471)有代府襄垣王朱仕壔奏稱遭其弟鎮國將軍朱仕墼欺侮，因而皇帝下詔切責朱仕墼「遇兄於途，乘轎不下」等行為[82]。

　　至嘉靖以後違制乘轎而遭懲處的例子更多，有文官僭乘轎子者，如嘉靖16年(1537)刑部奉詔例赦免充軍者中，有太常寺卿張鶚以行在所乘轎而遭處罰[83]；萬曆3年(1575)有都察院右僉都御史陳省僭乘帷轎而遭罰俸三月[84]；萬曆7年(1579)有甘肅巡撫侯東萊之子侯世恩，因僭用勘合、轎傘、旗吹等項被劾革蔭，侯東萊則被罰俸供職[85]。

　　嘉靖以後武職與勳臣擅乘轎子而遭處罰者更多，如嘉靖11年(1532)有南京中府都督同知楊宏，以擅乘肩輿為御史所劾而詔奪俸三月[86]；嘉靖15年(1536)，懷遠侯常玄振以擅用肩輿而遭奪祿米二月[87]；嘉靖23年(1544)有河南的江北運糧把總田世威，因占坐糧船夾帶私貨以及僭乘輿轎等因，詔下漕運衙門逮問[88]。前述孝宗弘治年間在南京就曾發生武職乘轎遭懲的先例，但是到嘉靖16年(1537)又有南京守備鎮遠侯顧寰違例請乘轎，皇帝詔責寰輕率而遭罰住祿米一月[89]。到隆慶2年(1568)又有南京協同守備應

81　《明孝宗實錄》，卷101，弘治8年6月庚午條，頁1853。其它的例子，參見《明武宗實錄》，卷33，正德2年12月甲戌條，頁803-804。《明武宗實錄》，卷121，正德10年2月甲辰條，頁2438。

82　《明憲宗實錄》，卷99，成化7年12月壬辰條，頁1920。

83　《明世宗實錄》，卷197，嘉靖16年2月辛亥條，頁4156。

84　《明神宗實錄》，卷34, 35，萬曆3年正月乙丑條，頁803-809；萬曆3年2月戊寅條，頁799-800。

85　同上書，卷85，萬曆7年3月戊申條，頁1778。

86　《明世宗實錄》，卷134，嘉靖11年正月乙亥條，頁3184。

87　同上書，卷185，嘉靖15年3月己巳條，頁3915。

88　同上書，卷286，嘉靖23年5月丙寅條，頁5540。

89　同上書，卷196，嘉靖16年正月丁未條，頁4153。

城伯孫文棟、掌左府兼管操江巡江豐潤伯曹文炳、掌右府永康侯徐喬松等武職勳臣，因僭用轎子出入，分遭奪俸祿二月與革職之懲處[90]。萬曆7年（1579）時誠意伯劉世延因輒坐肩輿而犯禁，遭戶科給事中傅作舟劾其驕縱滅法，被罰祿米一年[91]。

　　大致而言，明代中葉以後因違制乘轎而遭懲處的例子漸多，至嘉靖以後屢見不鮮。而武職勳臣遭懲處的例子又比文臣多。

（二）重申禁令

　　北宋後期乘肩輿或乘轎的風氣開始盛行起來時，也曾見政府有過禁令。如神宗時禁止宗室乘垂簾肩輿出入、隨從聲勢過於誇張；仁宗時曾禁民家不得乘「肩輿」；哲宗紹聖2年（1095）禁京城士人及豪右大姓乘轎出入、僭越違制；徽宗政和7年（1117）再申非品官不得乘暖轎的禁令，而且「武臣任主兵差遣、緣邊安撫官走馬承受，並不得乘轎」[92]。

　　至明代這類禁令更為頻繁，特別是到16世紀明中葉以後，亦即在弘治7年規定官員只能乘四人轎以及武職勳臣不得乘轎之後，有關乘轎的禁令就屢屢被重申，而且非常頻繁，以下將歷年重申的禁令列出如下表：

表2　明代中後期重申乘轎禁令表

時間	事由	禁令	資料來源
正德元年（1506）	禮部尚書與都御史等上書申禁舊例。	兩京文職四品以下及五府管事，并內外鎮守守備，公侯伯都督，不分老少，皆不許乘轎。自餘軍職若上馬，用交牀出入抬小轎者，罪之。	《明武宗實錄》，卷14，正德元年6月辛酉，頁423。

90　《明穆宗實錄》，卷27，隆慶2年12月癸未條，頁717-718。

91　《明神宗實錄》，卷92，萬曆7年10月癸未條，頁1885。

92　［宋］李燾，《續資治通鑑長編》，卷322，起神宗元豐5年正月盡其月，頁7760；卷119，起仁宗景祐3年7月盡是年12月，頁2798-2799。《新校本宋史》，卷153，〈志一〇六‧輿服五‧士庶人服〉，頁3576-3577；［宋］周煇、劉永翔校注，《清波雜志》，卷2，〈涼傘〉，頁46。

時間	事由	禁令	資料來源
正德2年 （1507）	下令查先年榜例以申明文武職官禮制。	其中也包括「儀從及乘轎用扇諸品級等差」，出榜申明禁約，使文武職官一體遵守。	《明武宗實錄》，卷23，正德2年2月壬午，頁635-636。
嘉靖5年 （1526）	因有兵科給事中黎良上言武職勳臣流行乘轎宜申舊制禁之。	自今兩京五府，及在外鎮守公侯伯都督等官，皇親駙馬在京四品以下文職，在外自三司以下官，有乘轎，軍職有上馬用杌，與乘小轎出入者，參問降調如例，即兵部尚書當下營□，亦以騎行。	《明世宗實錄》，卷66，嘉靖5年7月乙巳，頁1538-1539。
嘉靖15年 （1536）	因禮部尙書霍韜言：「禮儀定式，京官三品以上乘轎，邇者文官皆用肩輿，或乘女轎。乞申明禮制，俾臣下有所遵守。」	乃定四品下不許乘轎，亦毋得用肩輿。	《新校本明史》，卷65〈志四十一・輿服一・公卿以下車輿〉，頁1612。
隆慶2年 （1568）	給事中徐尙劾應城伯孫文棟等乘轎出入，驕僭無狀，帝命奪文棟等俸。	乃諭兩京武職非奉特恩不許乘轎，文官四品以下，不得私用帷轎，違者聽部院科道參奏。	《明穆宗實錄》，卷27，隆慶2年12月癸未，頁717-718；《新校本明史》卷65〈志四十一・輿服一・公卿以下車輿〉，頁1612。
萬曆3年 （1575）	因爲有駙馬都尉許從誠乞乘肩輿，爲都給事中蔡汝賢所糾，禮部因而條奏。	上也奏准禁令：「武職勳戚等官，俱不得僭用四人帷轎；軍職不得交牀上馬」；「違者聽科道官及巡視衙門，參奏重處。指揮以下，京衛調外衛，外衛調邊衛，俱帶俸差操」。	《明神宗實錄》，卷34，萬曆3年正月壬戌，頁796-797。《大明會典》，卷62，〈房屋器用等第〉，頁3b-4a。
萬曆21年 （1593）	有禮科都給事中張貞觀爲星變示	上曰：「……近聞在京庶官，概住大房，肩輿出入，	《明神宗實錄》，卷263，萬曆21年8月庚

時間	事由	禁令	資料來源
	異，請申奢禁。	畫夜會飲，輦轂之下，奢縱無忌如此，廠衛部院一併訪緝參究。」	戌，頁4892-4893。
天啓5年(1626)		朝廷毅然詔復舊規，三品以下，無復肩輿者矣!	來斯行，《槎菴小乘》，卷15，〈肩輿〉，頁15b。

　　至於這些禁令是否達到效果，從史料上看到明代後期的禁令只有在萬曆初期張居正主政下曾經嚴格執行過，如《萬曆野獲編》云：「故事在京三品大臣始得坐轎，……萬曆初年，承世廟末年朝儀久曠之後，四品卿寺皆乘圍轎，其下則兩人小輿，相沿已久，江陵當國數年，復修舊制，以至留都亦奉行惟謹。」可是張居正死後則大變，「比年上深居不視朝，輦下肩輿紛紜載道，恐當復如初元時也」[93]。《槎菴小乘》也說：「自萬曆初年此制甚嚴，今武職皆用大帷轎，開棍數人前呵。文職雖下至兵馬縣佐貳，無不肩輿者。時事之變遷遂至於此，故老言之無不興嘆。」[94]所以上表中看到萬曆3年重申禁令後，至21年還會有張貞觀請禁奢僭之奏，正反映了萬曆一朝禁令由嚴到弛的過程。

　　再者這些禁令需與處罰相配合，在執行上有相當程度端視監察官員是否盡職。就舉二例，一是明人崔銑(1478-1541)為嘉靖時巡撫王德明所撰之墓誌銘中，稱讚他巡撫山西時，「敕於檢身，嚴於治吏，不得僭乘轎，濫役民，確事實惠，抹撤虛泛，猾官貪人始不便矣」[95]。身為山西巡撫的王德明嚴治地方官僭乘轎，濫役民。但是另一個例子可以看到其實效有限，即明人羅洪先(1504-1564)在其文集中，為四川按察司副使吳逵(1491-1553)所著的墓志銘云：「王御史禁乘轎，各郡多紿(按：欺騙)

93　[明]沈德符，《萬曆野獲編》，卷20，〈京職·京官肩輿〉，頁522。

94　[明]來斯行，《槎菴小乘》，卷15，〈肩輿〉，頁13b-15a。

95　[明]崔銑《洹詞》，收入《文淵閣四庫全書》，冊1267，卷11，《三仕集》，〈都察院右僉都御史王君墓誌銘〉，頁637。

報，君月上役輿夫若干，王服其不欺，禁隨弛。」[96]這個例子說明負責地
方事務的巡撫、巡按御史以及按察司等官員，如果盡職地執行禁令，要求
下屬上報月給官轎夫的次數與轎夫役的人數，但其下屬各府州縣也不見得
會認真上報。更何況連御史本身都常違例，又如何責人遵守制度呢？就如
同王邦直所言：「且乘轎一事言之，御史乘馬，憲章昭然。惟御史在外乘
轎，所以有司皆僭，而御史不能禁也。臣謂有司僭侈，當責之御史。」[97]
明朝雖對科道言官有許多禮遇，但准與乘轎者畢竟少數特例，巡按御史卻
擅自在外乘轎，以致各地有司亦從而效尤。由此可知這些禁令與處罰，是
否能夠達到嚇阻的效果，仍是一個迷思。

　　明中葉以後屢屢重申禁令與違制處罰的頻繁，正反映了社會急劇變動
下官方所設定保護少數人特權的乘轎制度正面臨了極大的挑戰。

(三)驛遞轎夫役的出現與濫用

　　制度化的官轎夫役起源自元代的驛站制度，元代在各地所設的站赤
中，尤其是江浙與江西等處有名為「轎站」、「陸站」者，其內都設備置
轎子，有時「馬站」內亦備轎子[98]。這個制度至明初即廢止，驛站不再備
轎子，但到明中期以後又改觀了。

　　明初官轎夫役只服務少數的高官，然而正因為轎子是身分地位的象
徵，就只有少數官員有資格乘坐，以致常有官員在出巡時藉機向地方上索
轎。早在明初已見此類例子，如宣德4年(1429)上諭兵部：「聞福建等處
差遣者，不乘應給舡馬，皆欲乘轎，亦多違例強索，百姓苦之爾。」因而

96　[明]羅洪先，《念菴文集》，收入《文淵閣四庫全書》，冊1275，卷16，〈明故
　　四川按察司副使雲泉吳君墓志銘〉，頁364-367。

97　[明]王邦直，《東溟文集》，卷之一，〈陳愚忠以卹民窮以隆聖事・卹民十
　　事〉，收入[明]陳子龍編，《皇明經世文編》（北京：中華書局，1962），卷
　　251，頁3b。

98　《新校本元史》，卷101，〈兵四・站赤・各處行中書省所轄站赤〉，頁2592-
　　2593。

要求兵部出榜禁約，並下令巡按及按察司官不時體察[99]。諷刺的是這時少
數幾個違例索轎與苛待轎夫者，恰恰是皇帝下令負責要「不時體查」的按
察司官員。如英宗正統5年（1440）有山東按察司副使鍾祿至濟南府等處公
幹時役夫昇轎，又擅用官馬與從人私乘，而遭刑部處罰[100]。正統12年
（1447）又有四川按察使曹泰巡視地方時，因毆昇轎夫至死及杖責指揮等
官，遭檢舉而被執問[101]。

　　正因為官員喜乘轎子的風氣漸盛，往往在出巡時要求地方驛站出備接
遞夫馬，所以大概從嘉靖年間開始，地方政府在里甲正役項下設有「接遞
扛轎夫」之屬，由見年里甲丁糧編派雇募應役，專門應付官員經過的需
求[102]。至明中葉以後過度濫用這類驛遞轎夫役的情形更加嚴重，如嘉靖41
年（1562）有都察院左都御史潘恩等指出南京的情形：「巡城御史乘轎，多
役官夫，設酒科及樂戶，耳聞目見，殊失官常，乞敕兩京部院嚴禁。」[103]
可見明中期以後南京城巡城御史多役官夫備乘大轎，以顯其身分地位。據
萬曆時人王邦直的〈卹民十事疏〉云：

> 三曰戒有司以去奢僭。……近年以來，法網疏闊，有司放肆。如上
> 司出巡，廩給自有定制也，今則加以支應。品味竭水路之珍，蔬果
> 盡南北之異，是其所費者，皆民之財也。如各官乘馬往來，自有定
> 法也，今則皆變之以肩輿。倒班代換，而萬里可行；裹糧迎候，而

---

99 《明宣宗實錄》，卷54，宣德4年5月癸酉條，頁1303。
100 《明英宗實錄》，卷68，正統5年6月庚辰條，頁1307。
101 同上書，卷157，正統12年8月庚申朔條，頁3052。
102 有關里甲差徭中出現接遞夫役的過程，參見蘇同炳，《明代驛遞制度》（台北：
　　中華叢書編審委員會，1969），頁300-306。
103 《明世宗實錄》，卷505，嘉靖41年正月辛亥條，頁8338。除了在邊疆軍事地區以
　　外，內地偏遠地區如貴州亦可見濫用之事例，如[明]毛堪，《臺中疏略》，收入
　　《四庫禁燬書叢刊》（北京：北京出版社據明萬曆42年刻本印行，2000），史部，
　　冊57，卷3，〈條列地方行過事蹟疏〉指出：「去冬棍徒吳德亮以行黜劣生，投
　　充新鎮用事，擅用勘合，假充指揮，賀天恩名色，乘傳直至騰永夷，方擅用八
　　轎，凌虐官吏，至與知府爭道而馳。」頁67b-68b。

經旬不已。是其所用者，皆民之力也。[104]

這篇疏文生動描寫明代中葉以後，出巡官員不騎馬而喜乘肩輿，而且儀從顯赫，這都是由各地有司由里甲夫役中設置的扛轎夫來負擔的，而且「倒班代換，而萬里可行」。他又說近年來驛遞的冒濫太甚：「官府之往來不依勘合，專用飛牌役使之差遣，依恃衙門，惟憑紙票。轎或一二十乘，或八九十人抬，多者用夫二三百人，少者用馬四五十匹；民財既竭，民力亦疲，通之天下莫不皆然。」[105]正因這類事件太多，所以萬曆3年(1575)朝廷曾下令禁止這類強索或濫用官轎夫役的行爲，規定今後官員人等，「雖係公差人員，若轎槓夫馬過溢本數者，不問是何衙門，俱不許，應付撫按官」[106]。

　　到明後期官員濫用官轎夫役嚴重的程度，由以下兩個實際的例子可以看到。一是嘉靖年間任南京刑科給事中的張永明(1499-1566)，在一則奏疏中痛陳官員濫用官轎人夫的情形，使得「有司驛遞衙門，疲困已甚」；並舉出南京太僕寺卿陞任光祿寺卿的王某，在遷官赴任時濫用轎夫車馬的情形：

臣訪得原任南京太僕寺卿，今陞光祿寺卿王某，遷官赴任，行李多至一百一十扛，先發四十扛，分從蒙城、亳州，至潼關入陝，赴某原籍；後發七十扛，分作三運，隨某赴任。每一重扛，用人夫三名，輕扛用人夫二名，而又某及家口乘坐八人大轎三乘，每乘人夫二班，共一十六名。四人大轎四乘，每乘用人夫六名。羸駝轎二乘，幫轎人夫共八名。詳照某之一行，除伴僕男女騎坐馬羸數多未

104　[明]王邦直，《東溟文集》，卷之一，〈陳愚忠以卹民窮以隆聖事‧卹民十事〉，收入[明]陳子龍編，《皇明經世文編》，卷251，頁2b-3b。

105　[明]王邦直，《東溟文集》，卷之一，〈陳愚忠以卹民窮以隆聖事‧卹民十事〉，頁3b-4a。

106　《明神宗實錄》，卷39，萬曆3年6月甲午條，頁916。

計外，實用轎夫共八十名，皂隸一十六名，扛夫兩路共二百四十餘
名，每夫一名日行兩站，工銀一錢二分，是某一日共費差銀四十餘
兩。自南京到任，與入陝西兩路，皆幾三千里，縻費差銀不下千
兩。……臣嘗往來山東南直隸地方，見鄒、滕、徐之間，昔之村
舍，今逃爲墟；昔之壞田，今鞠爲莽。詢之皆謂：民疲於力役所
致。[107]

光祿寺設正官卿一人，爲正三品；少卿二人，爲正五品。張永明在奏疏中
提到的這位光祿寺卿「王」大人，由南京往北京赴任以及家人回原籍陝西
兩路途中，不但違反弘治7年不得僭乘八人大轎的規定，而且轎夫、皂吏
隸與扛夫等總共至少有三百四十餘名夫役，每天要花費四十餘兩，無怪乎
「民疲於力役」！另一個例子是發生在萬曆39年(1611)，有陝西慶陽府歲
貢劉鳳德爲候選判官，「假推官名色，借用勘合馳驛，用轎損夫至二百六
十九名，隨從人騎驛馬一百四十匹，旗幟各項稱是」。而判官乃知州之佐
官，爲從七品官，竟如此大膽乘轎，而且排場盛大[108]。

有些官員乘轎乘出了癮，即使是告老還鄉也仍要講究排場，維持昔日
的威風，就像《閱世編》形容明末的鄉紳：「出必乘大轎，有門下皂隸跟
隨，轎傘夫五名，俱穿紅背心，首戴紅氈笠，一如現任官體統。」[109]而這
些轎夫力役都要求地方政府負擔。最初這種優待政府規定只限於少數元老
重臣，就如何良俊在《四友齋叢說》所云：「故雖元老致仕，朝廷優賢，
始有歲撥人夫之命，然止是二人，必有旨然後許撥，其餘則安得濫用。」
可是到了明代中期以後，致仕的官員向地方索轎夫役的情形愈加泛濫，
「近日士大夫家居，皆與府縣討夫皂，雖屢經禁革，終不能止。或府縣不

---

107 [明]張永明，《張莊僖文集》，收入《文淵閣四庫全書》，冊1277，卷1，〈乞
黜恣肆大臣疏〉，頁318-319。

108 《明神宗實錄》，卷483，萬曆39年5月辛丑條，頁9091。

109 [清]葉夢珠，《閱世編》，卷4，〈士風〉，頁85。

與，則謗議紛然，此是蔑棄朝廷紀綱也」[110]。

　　雖然官方不斷地懲處違制乘轎，又屢屢發布禁令，但是從地方爲因應官員需索而設立的驛遞轎夫役制度，可說是對社會現實的一種妥協，同時也加深了人民的徭役負擔。這說明了社會乘轎風氣之普及，已成爲不可逆轉的現象。

第四節　乘轎的象徵意義

　　轎子不只是一種交通工具，而且在明代轎子文化也已發展出許多象徵意義。以下嘗試揭櫫轎子在社會身分、政治權力與政治文化等三方面所具有的象徵意義。

(一)社會身分的象徵：炫耀性的消費

　　轎子一旦被納入官訂的禮儀制度之中，原本只是一種交通工具的消費形態，便轉化成一種身分地位的象徵。明人楊愼(1488-1559)曾比較唐宋時代的君王與明代官員的交通工具云：

> 唐代人君，雖在宮禁，出輿入輦。宋太祖內訓皆步，自內庭出御前
> 殿，亦欲涉歷廣庭，稍冒寒暑，此勤身之法也。事見呂大防奏議。
> 余謂人主宮闕深遠，輿輦不爲過。今之官府，自廳事送客，至中
> 門，多乘轎；而迴數十步之間，何必乃爾？況皆起自徒步寒儒
> 乎？[111]

作者楊愼於世宗嘉靖諸朝因大禮議削籍戍雲南，著述豐富。在上文中指出明中葉以後，「起自徒步寒儒」的官員一旦當上官後，連送客雖數步之內

---

110 [明]何良俊，《四友齋叢說》，卷35，〈正俗二〉，頁318。
111 [明]楊愼，《升菴集》，收入《文淵閣四庫全書》，冊1270，卷48，〈宋之人君勤身〉，頁393-394。

也要乘轎。實則轎子就是身分地位的象徵，乘轎正可以凸顯當官與「寒儒」的身分不同，尤其是高級官員乘轎更是展現自己身分地位的時候，例如陸深（1477-1544）於世宗嘉靖18年（1539）晉陞「詹事府詹事」一職，為正三品官，適可乘轎，乃作〈奉旨三品乘轎〉詩云：「車行歷碌騎行徐，早晚誰來問起居？聖旨分明優老大，特教三品用肩輿。」[112]由此詩可見作者得意之狀。

對於乘轎也衍生出許多具有身分地位等級觀念的舉動，前述《會典》中曾規定平民見四品官以上，便要下馬讓道以迴避。明代多數官員（即使是四品以下官）對此都很在意，在其乘轎出巡時必定要求平民走匿避道以顯官威，如陸粲（1494-1551）撰《說聽》中有一則發生在南京關於御史史良佐的故事：

> 史良佐，南京人，為御史巡西城，而家住東城。每出入，怒其里人不為起，一日執數輩送東城御史。御史詰之，其居首者曰：「民等總被倪尚書誤卻。」曰：「尚書何如？」答曰：「尚書亦南京人，其在兵部時，每肩輿過里門，眾或走匿，輒使人諭止之曰：『與爾曹同鄉里，吾不能過里門下車，乃勞爾曹起耶？』民等愚意史公猶倪公，是以無避，不虞其怒也。」御史內善其言，悉解遣之。[113]

這裏所謂的倪尚書，即倪岳（1444-1501）是也。這則故事正說明了明代能像倪文毅這樣不重乘轎排場和官架子的鄉宦是少之又少。我們在明人小說中也可以看到，即使是小官，出入乘轎也要有排軍喝道。

平日官員乘轎時不但要求平民避道，而且在接待賓客時，也會注意乘轎者的身分地位是否可與自己相稱，如否便會出現如何良俊在《四友齋叢說》中提到的情形：

---

112 [明]陸深，《儼山集》，收入《文淵閣四庫全書》，冊1268，卷22，〈奉旨三品乘轎〉，頁137-138。。

113 [明]陸粲，《說聽》，收入《筆記小說大觀》，16編5冊，卷下，頁2682。

方雙江巡撫時，余尚在南京。聞其出巡至柘林，家兄與舍弟同往相
見。門上人逕請了舍弟進去，將家兄轎子一把扯出。蓋方雙江在
任，凡鄉官進見，皆要分別出身腳色故也。夫未受朝命之前可論腳
色，既受命為京朝之官，則同是朝廷供奉之臣矣。古稱王臣雖微，
加於諸侯之上，故重王臣，乃所以尊天子也，安得更論腳色耶！雙
江可謂不知體。家兄豈不知撫台有此條教，則當自量，深藏遠避；
夫見一巡撫不加益，不見不加損，何栖栖如此以自取辱耶？家兄可
謂不知分。[114]

方雙江即方廉（1513-1582），字以清，號雙江，浙江新城人，嘉靖20年
（1541）進士，曾任右副都御史，巡撫湖廣。從何良俊之兄弟拜訪方廉的這
次事件中可以看到，方廉很重視官員的出身背景與身分等級，「凡鄉官進
見，皆要分別出身腳色故也」。何良俊之弟因為與方廉是同年登第，所以
受禮遇，其兄恐因身分等級不夠，所以所乘的轎子被看門的人一把扯出。
　　不只是如此，官員對自己的家人也很重視其身分地位的展現，而轎子
更是展現身分時不可或缺的象徵物，如小說《金瓶梅》中也可以看到西門
慶家屬乘轎的排場如同官員一般。又如陸深在《儼山集》中有江西家書，
其中一篇是作者叮嚀其子赴京趕考時路途上要不惜花費，雇氣派的轎與
船：

我出巡在九江，六月五日得家書，始知汝考試的信。但列名在四
等，得與觀場，亦是當道獎進之意。汝宜自立，以無負知己也。若
往南京，只與姚子明同船甚好。……須往丹陽上陸路雇一女轎，多
備一二夫力抬之，行李盤用，江行載入城，雇一閘頭船，甚為方
便，不可於此等處惜費。[115]

114　[明]何良俊，《四友齋叢說》，卷35，〈正俗二〉，頁321。
115　[明]陸深，《儼山集》，卷96，〈書・江西家書十一首〉，頁620-624。

表面上看似是作父親的爲了其子赴考的安全與便捷，而叮囑他雇轎與船，但是卻要「多備一二夫力抬之」，而且雇的船是「闊頭船」，可見背後還有爲了展示身分的動機[116]。

因爲轎子已成爲一種社會地位的象徵，在一些官員社交的場合中，官階地位與社會身分較低的官員，會以轎子來作爲禮物以討好上司。如早在明宣德5年(1430)就有巡按江西監察御史劉伯大，被人檢舉收受內使轎乘等物，因而入罪[117]。在明初地方官巡歷照規定是不給官驛馬轎，但也因此反而造成官場文化中逢迎的氣習，遂有下司以私具官轎守候。如宣德8年(1433)有貴州按察使應履平(建文2年進士)上奏，指陳凡是方面官(即省級三司布政、按察與都司下的分司：分守、分巡與兵備道)有公事出按所部，照例是不得給驛。但是，「又有以逢迎從事者，私具船轎，守候迎送，妨民生理」[118]。這種官場文化恐怕至明中葉已成爲一種慣例或惡習，例如於武宗正德年間時曾任南京禮部尚書的邵寶(1460-1527)，當其辭官歸養時，有官員雇轎夫四人送行，而邵寶乃撰〈復侯明府〉一文力阻以公家轎夫送行，因其認爲此不合「禮」：「大臣致政則有輿卒，恩出于上，請養非致仕比也。然無所事事而燕居私第，跡則近之無卒而以爲有卒，方之乘傳，其嫌不尤大乎？夫禮所以別嫌也，某雖不敏，不敢不勉。」[119]這種下對上以乘轎作爲餽贈的禮物，是一種非均衡的交換，乃下級希望藉此得到另一種報償。

乘轎從消費模式來說，可稱之爲「炫耀式消費」，即花費在看似毫無實際用處的消費方式，然而其所具備的功能並不只是官能性或生理性的享

---

116 這種情況至清初仍可見到，如陸隴其(1630-1693)於康熙年間任靈壽知縣，薪資所得不多，甚至連預付其叔北上的路費都無著落，但仍叮嚀其叔與其子，北來京城時要借錢乘轎，不要惜小費。參見[清]陸隴其，《三魚堂文集》，收入《文淵閣四庫全書》，冊1325，卷7，〈尺牘‧與叔元旂翁、與三兒宸徵〉，頁115-118。

117 《明宣宗實錄》，卷69，宣德5年8月甲午條，頁1628-1629。

118 同上書，卷100，宣德8年3月壬戌條，頁2239-2240。

119 [明]邵寶，《容春堂集》後集，收入《文淵閣四庫全書》，冊1258，卷14，〈復侯明府〉，頁390-391。

受而已，而是在阻止社會的流動，把之前上升到社會上層的少數地位群體加以制度化。因此這樣的生活方式消費模式，也是用來辨識其為何種地位層級的根據。這種情況在士大夫階層中表現的特別明顯。

宋代士大夫對乘轎最有名的論述當推王安石所謂的「不以人代畜」之說，其事見於邵伯溫（1057-1134）《聞見錄》云：「王荊公辭相位，居鍾山，惟乘驢。或勸其令人肩輿，公正色曰：『自古王公雖不道，未嘗敢以人代畜也。』」[120]此後南宋理學家也多有以此自勉者，如前朱熹在《朱子語類》中就曾重述「不以人代畜」的人道精神。可是明代的士大夫談到乘轎時，已少有人再談如王安石「不以人代畜」的理想[121]，反而是強調士大夫乘轎是一種「體統」。如《巢林筆談》作者龔煒就云：

> 肩輿之作，古人有以人代畜之感，然卿大夫居鄉，位望既尊，固當崇以體統。不謂僭濫之極，至優伶之賤，竟有乘軒赴演者。[122]

明代中葉以後的士大夫雖然一面批評僭越乘轎的情形，但是上自高官大臣，下至舉人生員都爭相乘轎，為的就是藉著壟斷性消費方式，以區隔社會階級，來維持其既有的地位。上引文作者大力批評所謂「僭濫之極」，其實說穿了這類士大夫就是認為，乘轎是他們與其它社會階層區隔的重大象徵性消費品，就如同何良俊在評論乘轎風氣時所云：

> 昔孔子曰：「以吾從大夫之後，不可徒行也。」夫士君子既在仕

---

120 ［宋］邵伯溫，《邵氏聞見錄》（北京：中華書局，1984），卷11，頁115。此事又見於［宋］胡仔撰，《漁隱叢話前集》，收入《文淵閣四庫全書》，冊1480，卷37，〈俞清老秀老〉引《冷齋夜話》，頁245。但內容略與前書不同。

121 明代少數仍秉持有「不以人代畜」之理想者，如［明］田藝蘅，《留青日札》，卷18，〈立車‧眠轎〉云：「漢有安車，有立車。安車，可坐者也，即步輦。今之四轎、八轎，其濫觴也。古人譏桀駕人車，則今之用眠轎者，其罪惡浮于桀、紂矣。士大夫是可忍哉！」（頁339）

122 ［清］龔煒，《巢林筆談》，卷4，頁104。

途，已有命服，而與商賈之徒挨雜於市中，似為不雅，則乘轎猶為可通。[123]

作者的看法認為士大夫之所以乘轎，是因為穿著命服在大街上行走頗為不雅，但背後反映了士大夫企圖以乘轎來與市井商賈畫分清楚身分等級的差異。同樣地，董含在《三岡識略》中也不批評舉人、生員乘轎，認為是：「夫士子既登賢書，肩輿亦不為過，乃昔賢猶或非之。」但是對「紈袴之子，村市之夫」的乘轎行為，則認為是「此又人心之漓者愈漓，而世道之下者愈下也」[124]。

其實當明代後期大城市內充斥著各類人爭相乘轎，也呈現出許多社會階層之間的地位競爭。例如庶官流行乘轎，與舉人、監生及生員爭相乘轎，就頗有相互較勁社會地位的意味。如萬曆7年(1579)5月在南京發生一起士人集體毆官的事件，據《明神宗實錄》記載如下：

舊制京官四品以下，不得濫乘幃轎，生徒不得聚眾毆官，南京序班郭廷林肩輿除道，監生聶文賢途遇，毆競擁譟呼公署，都察院劾奏並黜之。[125]

「序班」為明鴻臚寺屬官，從九品，掌朝廷儀禮之侍班、齊班、糾儀和傳贊等事宜。這種小官在南京城內都僭乘轎子除道，行徑如此當然會引起擁有功名身分的舉人與監生等之不滿，因而有集體毆官、擁譟公署的暴動。主事者是監生聶文賢，他帶頭生員毆人，因為這是一場身分地位的戰爭。

(二)政治權力的象徵：政治鬥爭的媒介

當乘轎制度化後，不但成為官訂身分等級的指標，同時也變成了一種政治權力的象徵，而且在實際乘坐時也成了一種政治權力的展現。在乘轎

---

123 [明]何良俊，《四友齋叢說》，卷35，〈正俗二〉，頁320。
124 [清]董含，《三岡識略》，卷10，〈三吳風俗十六則〉，頁225。
125 同上書，卷87，萬曆7年5月甲寅條，頁1811。

的相關規定與制度變遷的背後，就反映出權力結構的轉變與調整。例如官員相遇迴避有等的制度就有過調整，明代前期關於官員相遇依品級高低而迴避的規定，並不是完全適用於明後期，因為隨著明朝體制的變化，官員的身分地位也有改變，據《萬曆野獲編》云：

> 閣臣禮絕百僚，大小臣工，無不引避。唯太宰（按：吏部尚書）與抗禮，然亦有不盡然者。至太宰之出，唯大九卿尊官及詞林，則讓道駐馬，以俟其過。他五部則庶僚皆引避，雖科道雄劇，亦不敢抗。至少宰（按：吏部侍郎）之出，其體同五部正卿，他亞卿則不然矣。至庶吉士向來止避閣師及太宰，餘卿貳俱竟于道上遙拱。吾鄉陸五臺（陸光祖）太宰，先于今上癸未、甲申間佐銓，遇庶常于道上，抑其引避，反大受窘辱，訴之閣下，亦不能直，因憤極語人曰：「當今京師異類，不知等威、不避大轎者有四等：一為小閣宦、二為婦人、三為入朝象隻、四為庶吉士。」諸吉士聞之益恚恨，立意與抗，今不知何如！[126]

由引文指出，待內閣成立後地位與權力漸重，所以百官道遇之皆需引避。而同一品級中仍有高低，如六部中以吏部尚書最高，其它五部尚書尚需讓道，也只有其可以與閣臣相抗禮而不需避道；吏部侍郎則可與其它五部尚書並駕其驅。而閣臣又往往是翰林院官轉任，所以翰林院庶吉士地位也隨之提高，道上乘轎時只避閣臣與吏部尚書而已，甚至愈到後來連吏部尚書也不避了。這裡充分地反映了明代中期以後，輔佐皇帝處理政務的禁直機關──內閣權侵六部的趨勢。《萬曆野獲編》又有一則關於嘉靖以後，內閣與吏部尚書乘轎相遇避道的實際例子：

> 自來六卿皆避內閣，惟太宰則否，自分宜（嚴嵩）勢張，冢宰（按：

---

126 ［明］沈德符，《萬曆野獲編》，卷11，〈吏部‧京官避大轎〉，頁298。

皆指吏部尚書)亦引避，遂為故事。陸平湖(陸光祖)始改正之，然
預囑輿夫，宛轉迂道，不使與內閣相值，以故終其任，閣部無爭禮
之嫌。後來孫富平(孫丕揚)但循陸故事，不能授意於舁卒，卒遇張
新建(張位)，下輿欲揖，張擁扇蔽面，不顧而去，遂成仇隙。蓋兩
家搆兵，自有大局，然此亦其切齒之一端也。富平再出時，福清
(葉向高)獨相，故號聲氣，意其前輩重望，或未必相下。富平鑒前
事，獨引避恐後，福清大喜過望，一切批答，相應如壎箎。[127]

這個例子說明嘉靖以後內閣權勢之重，即使位列六部之首的吏部尚書也要
引避。陸光祖預囑轎夫遇閣臣要迂道，後任者孫丕揚卻不知其中道理，結
果道遇閣臣張位而不避道，終致仇隙而下台；待孫丕揚再次任職吏部時，
也學會遇內閣首輔葉向高時要「引避恐後」，閣部之間才能和諧。

　　實則有明一代官員相遇迴避有等的制度，是最常成為官員之間仇隙與
對立的遠因。明史最有名的一次避道之爭是發生在嘉靖年間，霍韜(1487-
1540)與夏言(1482-1548)的政治鬥爭。嘉靖12年(1533)霍韜掌南京禮部尚
書，夏言則為禮部尚書。兩人的恩怨源自於劉淑相案。最初任順天府尹的
劉淑相坐所親贓私被鞫，劉懷疑是夏言勾結通判費完陷害他，遂訐告夏
言，卻引來嘉靖帝大怒，下劉淑相詔獄。淑相因與霍韜相善，夏言因此懷
疑霍韜背後主使劉淑相，遂上奏訐告霍韜扈蹕謁陵時，卻遠遊銀山寺，乃
大不敬。霍韜勉力自訴，才以得解。時當嘉靖15年(1536)12月，正巧又發
生南京給事中曾鈞騎馬不避尚書劉龍與潘珍(1477-1548)二人之轎，導致
劉龍與曾鈞互相訐奏。霍韜站在劉龍的立場彈劾曾鈞，且請禁小臣乘轎：

　　按禮儀定式京官三品以上，乘轎官員相遇迴避有等制，甚明也。邇
　　者南京無論品秩崇卑皆用肩輿，或乘女轎，街衢相遇，卑不避尊。
　　舊年給事中曾鈞騎馬，徑衝尚書劉龍、潘珍兩轎之間。鈞尋與龍互

---

127 [明]沈德符，《萬曆野獲編》，卷8，〈內閣‧冢宰避內閣〉，頁244。

相許奏。臣禮官也，乞申明禮制，俾臣有所遵守。

另一方面則是有禮科給事中李充濁（嘉靖5年進士）、曹邁等各抗章上言近侍之臣不當避道，語中頗侵霍韜。皇帝乃詔下禮部與都察院會商。霍韜懷疑李充濁等人倚夏言爲後台，既而攻訐李充濁爲奸黨，並指稱夏言背後指使。夏言益怒，也訐奏霍韜大罪十餘事。這時皇帝對霍韜已有不滿，而劉淑相又從獄中摭夏言他事，嘉靖帝怒而考訊之，劉淑相最終供出是霍韜主使，嘉靖乃斥劉淑相爲民，並降霍韜俸一級。

世宗下令對於避道的爭論交由臺諫與禮部議論，左都御史王廷相（1474-1544）會同禮部侍郎黃宗明（？-1536）、張璧（1475-1545）等引述《大明會典》，指陳六科給事中應當遵循舊制，凡途遇九卿大臣皆應引馬迴避，而且四品以下的小官，只能騎馬，不得乘轎，基本上就如同霍韜所奏。嘉靖皇帝雖從其議下詔以後有故違者必參治其罪，然而南京諸給事中與御史們仍依然乘轎自若。霍韜再次上奏，帝復申飭，但引發南京給事中與御史官員們眾情不悅。後遂有曹邁及同官君相等與霍韜忿爭，最後嘉靖帝處罰兩方各停俸數月，而終止此次的政治鬥爭[128]。這次事件的結果並未眞正打擊到南京六科給事中，反而使他們的氣勢更高漲，甚至與六部相抗禮。所以沈德符就說：「舊制，給事中迴避六卿，自嘉靖間，南京給事中曾鈞，騎馬徑衝尚書劉應龍、潘珍兩轎之中，彼此爭論，上命如祖制，然而終不改。今南六科六部，同席公會，儼如僚友，途間相値，彼此下輿揖矣。」[129]

乘轎的舉動也會可能成爲政治鬥爭的藉口，有明一代有許多糾彈官員違例乘轎的案件，背後隱含諸多政治角力的色彩。例如英宗天順6年

128　此事參見《明世宗實錄》，卷194，嘉靖15年12月辛卯條，頁4092-4095。《新校本明史》，卷197，〈列傳八十五‧霍韜〉，頁5212-5213。

129　[明]沈德符，《萬曆野獲編》，卷13，〈禮部‧舊制一廢難復〉，頁353-354。然而北京的六科並無此殊遇。同書卷11，〈京官避大轎〉條云：「又北京臺省諸公，過六卿必避，而南京則不然。」（頁298）

（1462），有監察御史李傑（1443-1517）巡按直隸，因爲奏陳漕運都督徐恭無綜理約束之才，乞各選文武大臣各一員代之，遂得罪徐恭，恭懷恨在心。恰好大河衛指揮同知張巒（1446-1519）爲李傑所撻，求訴於恭，而李傑的姻親淮安府知府楊日永杖人致死，家屬也來求訴於恭，徐恭乃藉此機上奏劾李傑：「張巒皇親，傑撻辱之；日永與有姻，則縱其殺人不恤，且傑乘八人轎，擅操歇班，官舍違法甚多。」徐恭先以辱皇親及縱殺人爲由，接著再補上違例擅乘八人大轎等藉口，果然達到效果，李傑被執下錦衣衛獄鞫，之後送刑部論李傑當贖徒還職，但英宗卻以李傑「乖憲體不可復」[130]。又如憲宗成化6年（1470），在四川宗室蜀王王府有護衛卒十五人，白晝攫人金於市中，爲眾人執之，告於四川按察使郭紀，郭紀重治之，杖而死者三人。蜀王因而上奏指陳郭紀酷暴，並誣其乘轎不下端禮門及叱罵守門千戶等罪。郭紀因而被逮下獄，後遇赦得釋[131]。

　　除了官員之間的政治角力以外，每朝用事的宦官也常會藉重申乘轎的制度與禁令，打擊文臣以樹威。最佳的例子是憲宗時的汪直與武宗的劉瑾。憲宗時汪直用事，成化13年（1477）又重申嚴禁文武官乘轎之禁，並溯及明初至英宗時代而言：「洪武永樂間，人臣無敢乘轎者。正統時，文官年老或乘肩輿。景泰以來，師保既多，延至于今，兩京五品以上，無不乘轎者。文職三品年六十以上可許，武職宜一切禁止。」其實此奏稿是由都御史吳綬所撰，吳綬乃是汪直的心腹。在提出此禁令後，「輒見施行，人皆畏懼，雖司禮當道，亦謹避之云」[132]。申禁的同一個月內，就有駙馬都尉黃鏞及順天府府尹胡睿（正統10年進士），因爲乘轎馬於習儀處所出入爲緝事者所發，而下錦衣衛獄。可見汪直欲以此樹威的用意非常明顯[133]。

　　武宗時的宦官劉瑾用事，在這方面執行地更加嚴格、更徹底。他派東廠或錦衣衛邏卒，多方偵防諸臣是否有違制乘轎。如在正德2年（1507）時

130　《明英宗實錄》，卷343，天順6年8月己丑條，頁6951。
131　《明憲宗實錄》，卷85，成化6年11月丁亥條，頁1649。
132　《明憲宗實錄》，卷172，成化13年11月丙寅條，頁3103-3104。
133　同上書，卷172，成化13年11月己巳條，頁3105。

劉瑾假詔以重枷枷號尙寶司卿崔璿、湖廣副使姚祥於長安左右門外；又枷
號工部郎中張瑋於張家灣。此三人一是奉使冊封，一是陞任赴官，一是巡
河，皆被劉瑾邏卒偵得違例乘轎而遭懲處。《武宗實錄》評論道：

> 前此奉使遠行者，多乘轎，從者亦得乘驛馬，因襲之弊久矣。劉瑾
> 專政，欲屬法禁以立威，璿等遂以違例得罪。[134]

陳洪謨(1474-1555)在《繼世紀聞》也說：「逆瑾方欲竊柄張威，遂差官
校逮捕下獄。」[135]很顯然地這次事件，在當時看來本屬小事，卻構成重
罪，都是爲劉瑾立威的[136]，所以在武宗朝因違例乘轎而遭逮下獄者特別
多[137]。

　　劉瑾雖然在正德5年(1510)8月伏誅，但武宗仍舊重用宦官，各地鎮守
太監仍有倚勢藉乘轎之名構陷不符己意之文臣。如正德11年(1516)鎮守太
監王堂採辦土產鮮品進貢，浙江按察司僉事韓邦奇(1479-1555)則奏言此
舉不便，宜停止；又輕蔑王堂，凡事不以關白。王堂積怨，遂上奏訐韓邦
奇以「沮格上供」、「僭用轎乘」等違法爲名，詔逮至錦衣衛獄掠訊後黜
爲庶民[138]。有的鎮守太監甚至猖狂到公然於道上奪文臣之轎，以羞辱之。
如正德14年(1519)，南京監察御史范輅(正德6年進士)清軍江西，舉劾鎮
守太監畢眞諸不法事，又爲寧王所忌，兩者皆欲罪陷之而苦無機會。一日

---

134 《明武宗實錄》，卷22，正德2年閏正月乙丑條，頁622-623。又見《新校本明
　　史》，卷181，〈列傳六十九‧李東陽〉，頁4822。[明]王世貞，《弇山堂別
　　集》(北京：中華書局，1985)，卷94，〈中官考五〉，頁1795。
135 [明]陳洪謨，《繼世紀聞》(北京：中華書局，1985)，卷1，頁72。
136 此事件又有一說是劉瑾遣邏卒，伺韓文於途，無所得。遇璿等，遂以其事上。見
　　[清]谷應泰編，《明史紀事本末》(北京：中華書局，1997)，卷43，明武宗正德
　　2年春正月，頁10。
137 甚至遠在遼東的官員都可能因違例乘轎而繫獄，如正德2年(1507)有戶部郎中劉
　　繹往遼東總理糧儲，被東廠校尉偵其違例乘轎及濫役人夫等事，而械繫鎮撫司
　　獄。參見《明武宗實錄》，卷24，正德2年3月乙丑條，頁660。
138 《明武宗實錄》，卷142，正德11年冬10月甲戌條，頁805-806。

范輅乘轎遇畢眞，畢眞竟然奪其轎，並擴其罪過[139]。

(三)政治文化的象徵：文武之爭與文人的優越感

勳戚武臣僭越乘轎的爭執，背後也反映了有明一代文臣與武臣地位的消長。明初開國之時武臣最重，武臣出兵多用文臣參贊。洪武中曾用上公佩將軍印，後以公、侯、伯及都督充總兵官，名爲掛印將軍。有事征伐則命總兵佩印以往，凱旋回師則上所佩印於朝。後來有些地方的總兵官漸漸變成固定職位，冠以「鎭守」的名義，獨任一方軍務。但正統以後，文臣的地位漸漸提高，出征時由文臣任總督或巡撫加提督軍務或贊理軍務、參贊軍務之名義。明末甚至有閣臣(內閣大學士)出來督師，更是位高權重。如此一來武臣只負責領軍作戰，且得聽文臣之指揮[140]。不僅如此，作爲最高中央軍事機構的五軍都督府，其原有的武官選授、軍旅簡練調動、征討進止機宜等權，在永樂以後皆移歸兵部管理[141]。在軍隊的財政管理方面，英宗初年(1435)命各地衛所倉改由地方府州縣管理，因而削弱了武官的財政權力。至16世紀後期，甚至下層軍隊的供給也都歸屬文官管理[142]。以上這些制度的原意是以文臣制武臣，防其跋扈，結果卻是造成武臣的地位愈來愈低落。

明代中期以後當武臣的地位每況愈下時，許多武職勳臣也開始藉各種名義上奏乞乘肩輿或轎子，這種情形一方面顯示「轎子」成爲身分地位的象徵，連武臣也開始認同這種象徵；另一方面也反映了武臣已意識到，過去「太祖不欲勳臣廢騎射」而要求不得乘轎的觀念，反而造成貶抑武臣的事實，因而希望能藉乘轎來打破過去長久以來的文武不平衡。

在晚明官場上可看到一幕幕武臣與文臣在乘轎這一課題上互相角力的

---

139 同上書，卷173，正德14年夏4月己巳條，頁3350-3351。

140 吳晗，〈明代的軍兵〉，收入《讀史劄記》(北京：三聯書店，1956)，頁99-101。

141 王天有，《明代國家機構研究》，頁129。

142 Ray Huang, *Taxation and Governmental Finance in Sixteenth-Century Ming China* (London and New York: Cambridge University Press, 1974), pp. 29-31.

戲碼。如神宗萬曆12年(1584)准給永年伯王偉乘肩輿一事，禮科給事中萬象春上言極力阻止云：「公、侯、伯、皇親駙馬不許乘輿，祖制也！瑞安伯陳景行、武清伯李偉爲兩宮皇太后之父，受封于衰白之年，始賜肩輿。邇年定國公徐文璧以班首重臣，襲封年久，亦以陳乞而得。今偉雖親，視太后之父則有間，爵雖尊，按授封之年則尙淺，何得以居守故濫行陳乞。」[143]萬象春搬出「祖制」反對濫賜武職勳臣乘肩輿。又如天啓元年(1621)熹宗登基後直接賜予勳戚與錦衣衛乘肩輿，當年8月又有成國公朱純臣請給肩輿獲准，遂引起文臣之不滿而紛紛上奏。禮部文臣周道登就力陳此制乃《會典》不載：

> 查條例凡勳戚錦衣衛堂上官，欽賜各服色，俱係特恩，其有比例奏討勘劄題請，若肩輿則恩例未有，非出欽賜而違例奏討者，俱立案不行。今據錦衣衛都督駱思恭題請蟒衣飛魚服色，疏中並無此例，竟不請下部覆，而倖徼照例給輿之旨，于是朱純臣接踵而請，請無不允，臣部不得問，恐國家車服從此輕矣。振飭伊始，不宜開，請乞而廢。[144]

接著又有禮科給事中李精白也陳言道：「前王明輔三疏請肩輿，俱下部議，而純臣獨捷取旨，不獨乖政體、違祖制，國家恩數有限，臣子願望無涯，亦難爲繼，乞收回成命，以示愼惜。」[145]這次爭執中文臣搬出的「會典」、「政體」與「祖制」爲藉口，實則是爲了保衛原有文臣專屬的乘轎權利，以維繫文臣背後的優越感。之後還有文臣在批評武臣之賞罰時，又再度提出賞賜肩輿或轎子是不當的，如天啓2年(1622)禮科給事中彭汝楠言賞罰失當：

---

143 《明神宗實錄》，卷152，萬曆12年8月庚午條，頁2824。
144 《明熹宗實錄》，卷13，天啓元年8月辛巳條，頁660-661。
145 同上註。

宮保晉秩，肩輿特畀，乃先朝創見之恩；今敵愾無聞，輒邀殊眷。
又其甚者，人臣以死勤事例得優卹，然必其立大功，捍大患，以身
殉焉之謂。今不衡輕重，但身沒於官，即援例瀆擾，所當一體申飭
者也。[146]

疏文中很明顯地表達出文臣的立場：無戰功的武臣何德何能得賜乘肩輿而
與文臣平起平坐呢！以上這些記載呈現的是在朝中文武相爭的場面。

此外，明代士大夫對武職勳臣僭越乘轎現象的不滿，在許多士大夫的
著作中都有表露。如沈德符（1578-1642）在《萬曆野獲編》中大書「戚里
肩輿之濫」的起源，指陳：「武臣貴至上公，無得乘轎，即上馬不許用凳
机，至近代惟定、成、英三公，或以屢代郊天，或以久居班首，間賜肩
輿，以爲曠典。」到了嘉靖至萬曆年間有更多的武職勳臣乞陳肩輿得准，
他因而大歎道：「言官爭之不得，自是戚里紛紛陳乞肩輿，不勝紀，亦不
足貴矣。」[147]言中帶有幾分無奈與諷刺，因爲武職勳臣乘轎漸多，原來作
爲文臣特權的轎子就「不足貴矣」。再以李濂（正德9年進士）的〈乘轎
說〉一文爲例，文中前段考證轎子在歷史上的來源，接著他指出明代的情
形如下：

我國家定制，兩京文職三品以上者，許乘轎。四品以下，雖堂官亦
乘馬，得以方杌隨其在外服司，府州縣官並乘欽給馬。若武臣自公
侯伯以下，皆乘馬，亦不得用方杌。有弗遵者，罪以違制。士夫老
病閒退，去京遠者從便，載在令甲炳如也。屬者聞司亦乘轎，市人
見而譁之，咸以爲自昔所未有；而觀察弗之詰，臺臣弗之問，良可
嘆也。……又按唐車服志（按：應爲《舊唐書‧車服志》）：「開成
末定制，宰相、三公、師保、尚書令、僕射及致仕官，疾病許乘檐

---

146 《明熹宗實錄》，卷27，天啓2年10月辛巳條，頁1374-1375。
147 ［明］沈德符，《萬曆野獲編》，卷5，〈勳戚‧戚里肩輿之濫〉，頁152。

子，如漢、魏載輿、步輿之制。三品以上官，及刺史，有疾者亦許
暫乘。」夫唐制如此，當時藩鎮跋扈之臣，亦未有敢僭踰者，而今
乃有之，吾不知彼何所據而乘之也？[148]

表面上看來他是對一般小官庶民乘轎，即所謂「屬者閽司亦乘轎」的僭越
行為不滿，但是後段文字卻引用唐代藩鎮的例子，指出「當時藩鎮跋扈之
臣，亦未有敢僭踰者，而今乃有之，吾不知彼何所據而乘之也？」這反映
了他更重視的是武臣僭乘轎子。

　　再由一些現實生活的實際例了，可以看到文人對武官乘轎現象的感
觸。如何良俊曾有一段對南京印象的感慨文字：

> 余初至南京時，見五城兵馬尚不敢用帷轎，惟乘女轎；道上遇各衙
> 門長官，則下轎避進人家，雖遇我輩亦然。不三、四年間，凡道上
> 見轎子之帷幔鮮整，儀從赫奕者，問之必兵馬也，遂與各衙門官分
> 路揚鑣矣。其所避者，惟科道兵部各司官而已。蓋因有一二巡城道
> 長欲入苞苴，有事發五城兵馬勘處，兵馬遂為之鷹犬，即為其所持
> 而莫敢誰何之，故托道長之勢而恣肆無忌若此。乃知朝廷之體，皆
> 為此輩人所壞，可惜可惜。[149]

何良俊指出過去這些武職兵馬只敢乘樸素的女轎，遇見他尚且要下轎避進
人家；如今因為南京的巡城御史藉五城兵馬司為耳目，反而助長其氣焰，
不但乘坐華麗之大轎，甚至不避文官大臣。他的感慨中帶有相當的不滿。
另一個實際的例子是葉春及（1532-1595），當隆慶4年至萬曆2年間（1570-
1574）他任職於福建惠安縣時，曾發生一起士民集體抗議事件。事件起因
於該縣有按察司分司衙門府，被都督府部卒爭居於此，其主將士卒逕帶大

148　[清]黃宗羲編，《明文海》，收入《文淵閣四庫全書》，冊1454，卷105，李
　　濂，〈乘轎說〉，頁202-203。
149　[明]何良俊，《四友齋叢說》，卷8，頁103。

批行李而入，又藉口里甲不具夫馬而將里長郭南箕毆傷，於是有里長耆老及生員等欲群往軍門控訴。葉春及乃曉諭士民，勸群眾暫歸。在他所撰之〈禁諭士民〉一文中，也提到其自身參見督府時之所見：

> 路遇督府，將下馬謁之，部卒屏予從者，三驅馬不得下。《會典》：七品引道一對，知縣親民正官，又欽與隨從皂隸四名；文官制有乘轎，都督不許及擅用八人，奏聞隨從人馬有數。彼所帶步擁者百餘人不計，而儀從儼如王者，予竊記而疑之矣。矧例總兵官征哨出入，各乘原關馬匹，驛遞馬驢車輛不許應付，今如檄以具，不知其有別例否也。余乘馬往謁，導者二人，部卒顧闔之，而且驅予馬，蓋部卒目不知書，安責其知典制？故驕橫至此，亦豈主將使之乎？[150]

從葉春及也搬出《會典》為準則，強調「文官制有乘轎，都督不許及擅用八人，奏聞隨從人馬有數」，但這位都督隨從數百人，顯然是僭越官方的規定，在他眼中已「竊記而疑之矣」。再加上其為七品文官尚且遵從典制騎馬參見，卻被一武臣部卒驅離，可真是士可忍孰不可忍？

還有一種捐納武職者，士大夫更是不齒，這可以從《萬曆野獲編》中所記的一則故事看到：

> 因憶近年，京師有一快心事，故駙馬許從誠，尚世宗女嘉善公主，有孼子名顯純，以太學生入贄，遙授指揮僉事，其人擁多金，負小慧，學詩畫，以此得交士大夫。一日擁驪騎乘小轎，過正陽門所謂碁盤街者，下輿遇巡城御史穆天顏，相遜而揖，別去。穆問何官？從者素憎之，對曰：「此納級武弁也。」穆大怒，追還，裸而笞於

道旁，路人莫不揶揄。[151]

以上的實例說明晚明士大夫壓根就瞧不起武臣，即使是像葉春及這樣的七品知縣。而武臣也竭盡心思，希望藉乘轎這樣的炫耀式消費，以提升自己的身分地位。

結論

一

轎子的前身雖在中國起源甚早，但直到宋代以後轎子才正式出現。北宋時期仍是以騎馬爲主流，直到北宋末年至南宋初年，因爲許多主客觀因素，使得轎子成爲上層社會使用的一種交通工具。此後的元代在一些站赤中也備有官轎，但至明初則廢止。至明中期以後一則因爲城市經濟的繁榮，帶動了勞動力市場的興盛而降低乘轎的成本與價格；而且城居的地主、鄉紳以及富商大戶也帶來巨大的消費市場；再加上旅遊風氣的興盛與轎子技術的改進，都帶動社會的乘轎風氣，使得轎子成爲社會流行的風尚。不過，除了這些外部的客觀因素以外，乘轎的流行還有內部的文化因素。

若從文化人類學者研究物質文化的角度來看，物品的消費需求並非僅是滿足人類生理需求而已，而是受到社會文化價值觀的規範與制約，而政治權力的操縱與控制也會引導社會大眾對物品消費的需求，使得某些物品的消費具有社會實踐（social practice）與社會分級（classification）的功能。明初朝廷將乘轎納入禮制，具體地規定了品級身分所能乘轎的等級差異，而且對武官勳臣、官員相遇迴避以及破格例外等都有更詳盡的規制，這較宋元時期的規定更加制度化。也因此說明了明朝有意地利用乘轎，來塑造少數官僚階層的優越性，也就是給予少數的地位群體乘轎之特權，以彰顯其

151　[明]沈德符，《萬曆野獲編》，卷13，〈禮部・褘蓋〉，頁355。

身分地位，於是乘轎成了這些官僚的身分地位之象徵。透過這種政治權力的操縱，爲的是有效地限制社會流動與區分社會階層。

二

　　但是明中葉以後流行起來的乘轎之風，不但武職勳臣乘轎、幕屬小官乘轎、舉人生員乘轎，連胥吏、商人與娼優等皆僭乘轎子。這在在顯示乘轎代表身分的這種觀念已爲人普遍接受，而新興的其它社會階層一旦擁有雄厚的經濟資本後，也會竭盡心思地透過模仿與學習上層社會的少數地位群體之消費形態，來提升自己的身分與社會地位，乘轎就是他們極力學習的一項。即使官方已意識到此現象的出現，希望透過重申禁令與違制處罰來維持既定的制度，同時也是爲保障既有的地位群體。然而其效果端視監察官員認眞與否，在萬曆前期張居正主政時一度曾徹底執行禁令與處罰，但除此之外其它時期從一些實例可以看到，地方官多是虛應而已。反而是爲應付官員的需索，在嘉靖以後出現驛遞轎夫役的制度，其濫用的程度也是造成民間徭役負擔沈重的要因。

　　明中葉以後乘轎風氣和其它器物的消費（如服飾）都出現了類似的現象，當時的文獻上常將之視爲僭越或奢侈消費的普及化，實則此現象的背後反映了社會變動與社會結構的變遷。如果藉著人類學家Arjun Appadurai的理論來觀察明代中期以後的消費，中國在這個時期已出現由一個「特許體系」（coupon or license system）的社會——即社會流動停滯、消費上有許多限制以保障少數人的身分地位，轉變到「時尚體系」（fashion system）的社會——即下層社會愈來愈多人有能力模仿上層社會的消費、政府的禁奢令愈來愈頻繁、消費物品的創新與品味更新的速度愈來愈快[152]。下一章將從服飾的消費方面出發，進一步地探討流行時尚與社會結構變遷的關係。

---

152 Arjun Appadurai, ed., *The Social Life of Things: Commodities in Cultural Perspective*, p. 25.

三

　　西方史學界研究近世15世紀以後的物質文化與日常生活，最具代表者
乃布勞岱爾，其在論及交通運輸時就指出中西方在陸路運輸方面的差異，
馬在西方是速度的象徵，是縮短路程的最佳手段，西方當時竭力改進馬車
與繁殖馬匹；中國因爲人力廉價，所以運輸主要靠人力抬轎子，就不用其
它手段，於是運輸速度也裹足不前[153]。經過以上的討論，我們可以看到中
國歷史上乘轎的出現，並不僅僅是交通工具的變化，其實轎子還代表許多
象徵意義。中國人一樣使用速度快的馬匹，而人力扛抬的轎子對中國人來
說不只是運輸工具而已，轎子本身與乘轎的行爲，在明代已發展成爲一種
具有社會、政治與文化的象徵，其實也就是權力的象徵。

　　轎子是一種社會身分的象徵。當乘轎納入禮制中並且區分官員等級才
可乘轎的規定，使得乘轎的消費模式成爲一種「炫耀式消費」，花費在雇
人抬轎看似毫無實際用處，但這正是身分地位的表徵，在實際的生活中正
是根據這樣的消費模式來辨識地位層級的高低。所以轎子不只是交通工
具，還是地位群體用來區隔別人的象徵工具。在明代中期以後我們可以看
到許多官員特別重視乘轎，不惜花費雇轎，乘轎時又要求庶民迴避，交際
應酬時還注意客人乘轎身分是否與己相稱，甚至有下屬官私備轎子以討好
長官的例子，爲的就是彰顯身分地位。而過去宋儒常提到「不以人代畜」
而不該乘轎的人道觀，到明代士大夫則是認爲他們自己乘轎乃是「體統」
之事，爲的就是要與別人區隔開來。

　　轎子也是某種政治文化的象徵。晚明商品經濟興盛之下，大城市內其
它的社會階層因爲經濟實力而興起，這些人也爭相仿效乘轎，也發生了因
乘轎而起的爭執，這些種種現象都顯示當時出現了許多不同社會階層之間
的地位競爭，而最明顯的就是文人與武人之爭。明初不欲武職勳臣廢騎射

---

153 Fernand Braudel著，顧良等譯，《15世紀至18世紀的物質文明》（北京：三聯書
　　店，1992），卷1，頁498-506。

而不許他們乘轎的規定，反而成爲他們身分地位每下愈況的原因之一。至明中期他們開始效法文臣要求乘轎，爲的是提高自己的身分地位，而同時卻也引來士大夫極力的反對，文武之爭在此呈現的更爲明顯。

　　轎子也是政治權力的象徵。當乘轎制度化後，在實際乘坐時也成了一種政治權力的展現。例如從官員乘轎相遇迴避制度的變化，可以反映出明代中央政府內權力結構的轉變。明中葉以後閣部地位的消長，就在新形成的官員避道的慣例中呈現出來。而乘轎的許多規定也可能成爲政治鬥爭的藉口。我們看到有明一代有許多言官糾彈官員違例乘轎的案件，其中背後隱含諸多政治角力的色彩。又有明一代宦官與文臣間的權力鬥爭中，前者就常以僭越乘轎爲由打壓文臣之士氣以立威。

圖2-1　張擇端《清明上河圖》中的轎子

圖2-2　王圻《三才圖會》中的大轎與肩輿

圖2-3

明　陸治(1469-1576)《支硎山圖》(局部)

資料來源：高居翰著，李佩樺等初譯，《氣勢撼人——十七世紀中國繪畫的自然與風格》(台北：石頭出版社，1994)，P1.1.3，頁23。

明　張宏(萬曆41年，1613)《石屑山圖》(局部)

資料來源：高居翰著，《氣勢撼人》，P1.1.6，頁26。

圖2-4

明　佚名（假託仇英）《南都繁會圖》
（局部）

資料來源：中國歷史博物館編，《華夏之
路‧第四冊——元朝時期至清朝時期》（北
京：朝華出版社，1997），Pl.90，頁94。

明　傳仇英《清明上河圖》

資料來源：Alfred Schinz, *The Magic Spuare-
Cities in Ancient China* (Stuttgart/London:
Edition Axel Menges, 1996), Pl.4.1.11-16, p.
224

明　傳仇英《清明上河圖》

資料來源：遼寧省博物館編，《遼寧
省博物館藏畫集》（北京：文物出版
社，1980），Pl.51

第三章
流行時尚的形成──以服飾文化為例

> 闊狹高低逐旋移，本來尺度盡參差；眼着弄巧今如
> 此，拙樣何能更入時。
>
> ──俞弁，《山樵暇語》引謝鐸詩

　　晚明流行時尚的形成，反映在服飾上最為明顯，而且不僅僅是局限於宮廷或官員這類上層社會，平民服飾更是如此，可以說整個社會都瀰漫著時尚的味道。誠如年鑑學派大師布勞岱爾所言：「一部服飾史所涵蓋的問題，包括了：原料、工藝、成本、文化性格、流行時尚與社會階級制度等等。如果社會處在穩定停滯的狀態，那麼服飾變革也不會太大，唯有整個社會秩序急速變動時，穿著才會發生變化。」[1] 由此可見服飾史所涉及之範圍與面向相當廣泛，同時服飾的變化也可說是社會變動的一大指標。

　　西方史學界對近代服飾的研究相當多元且豐富，但是相對地中國服飾史的研究大多仍停留在敘述沿革的階段。再者中國歷代典籍中有關服制方面的記錄，多詳於帝王公卿、百官命婦；至於平民冠服，則很少涉及，即便偶爾敘錄，也大多為律令禁例，具體形制則缺乏介紹。因之過去中國服飾史的研究較著重上層階級的服飾，而忽略了平民階層的服飾。其實平民服裝在中國服飾文化史上占有重要的地位，它比貴族官員的服裝更貼近日常生活，更能反映社會經濟與文化思想的變化；而在明代後期因為史料文

1　Fernand Braudel著、顧良等譯，《15世紀至18世紀的物質文明》，卷1，頁367。

獻的豐富，讓我們看到平民服飾方面，已經出現了相當程度的變化[2]。

本章的主旨之一，乃在探討晚明平民服飾流行時尚的形成，及其對社會結構與經濟方面的影響。首先，描述明初至明前期平民服飾的制度與社會風氣。其次，分析明代中期以後平民服飾流行時尚之形成與作用，分析的內容包括了流行時尚的各類形式、時尚的領導者、時尚傳播的媒介、流行時尚的速度與時尚中心等方面，由此進一步地探討流行時尚對社會經濟所起的作用。

本章另一個主旨，是探討流行時尚對士大夫的影響。晚明許多述及服飾變化的史料，其實多帶有相當程度的價值判斷。而這些史料都是士大夫所寫下來的文字，若將之視爲一種「文本」來分析，可以看出士大夫之論述背後的心態。在本章後半部關於晚明士大夫對平民服飾風尚的各種反應與各類的批評言論，即嘗試透過此研究取向來進行分析。

第一節　明初的平民服制與社會風氣

自漢代以來，傳統中國的政府爲了穩定社會的秩序，乃透過禮制的架構，以遂行儒家上下貴賤需加以區別的主張。這套「明尊卑、別貴賤」的禮制架構與規範，涉及了人們的生活、行爲及人際關係等層面。在中國古代社會的禮制中，衣冠服飾占有極其特殊的地位，它不僅被用來禦寒護膚，美化生活，而且是區別社會等級，維護政權的一種重要手段。從夏、商朝發展的服飾產物，到西周時逐漸形成冠服制度，迨至秦漢時期基本已臻完善。從此，帝王后妃、達官貴人以至黎民百姓，衣冠服飾都有了一定的區別。所以在歷代的正史中，幾乎每部都有〈輿服志〉，專門記載歷代

2　除了通論性的服飾史書籍外，有關明代服飾專論性的研究如下：常建華，〈論明代社會生活性消費風俗的變遷〉，頁53-63；周紹泉，〈明代服飾探論〉，《史學月刊》，1990年第4期，頁34-40；岸本美緒，〈明清時代の身分感覺〉，頁403-428；陳大康，《明代商賈與世風》，第八章〈封建服飾制度的崩潰〉，頁160-178。

統治階級依據一套禮制，來實行對社會各階層之服飾的管理；而裝飾於人體外表的重要生活必需品——服飾，在社會生活中自然成了表示身分、區別等級的標誌[3]。明朝當然也不例外，只是明初服制的建立還有更複雜的政治、社會與經濟背景。

明太祖朱元璋即帝位甫一個月，便「詔復衣冠如唐制」，因為他認為元朝「悉以胡俗變易中國之制」是「廢棄禮教」的行為，所以要「悉復中國之舊」[4]。明顯地說明了朱元璋的制定服飾是為「別華夷」。另外，他還認為「古昔帝王之治天下，必定制禮制以辨貴賤、明等威」，所以歷代帝王都有服飾方面的禁令。而元朝的服飾制度就是「流于僭侈，閭里之民服食居處與公卿無異，而奴僕賤隸，往往肆侈於鄉曲」，最後造成「貴賤無等，僭禮敗度」，這也是元朝滅亡的要因[5]。所以朱元璋建國之初，雖戰事頻繁，卻仍致力於服飾制度的制定，也是為了要「辨貴賤、明等威」[6]。

明初洪武年間，明太祖對服飾方面非常注意，從帝后將相到販夫走卒，全國所有人的服飾式樣、衣料與色彩圖案，甚至連袖子的長短，他都要親自過問。朱元璋在位三十餘年，單單洪武一朝所頒布有關服飾的規定，非常細緻而繁瑣，竟有上百項之多。如此一來，法定的服飾已經將社會上下不同階級、階層的人一目瞭然地區別開來了[7]。這樣區別身分與地位的企圖，以後的明朝幾個皇帝也都曾繼續制定新法，以執行這套想法，只是有程度上的差別。雖然在中國歷史上歷朝幾乎都制定特殊的服飾制度，規定了許多政令，但是從未有如明朝對此規定如此繁瑣。

在明代前期的這些服飾制度中，有關平民服飾方面的規定，大致可分三大類：士人服飾、庶民服飾與婦人服飾。

3　萬承雅，《中國古代等級社會》（西安：陝西人民出版社，1992），頁3-37。

4　《明太祖實錄》，卷30，洪武元年二月壬子，頁525。

5　《明太祖實錄》，卷55，洪武三年八月庚申，頁1076。

6　周紹泉，〈明代服飾探論〉，頁34-36。

7　陳大康，《明代商賈與世風》，頁161-164。

　　就士人服飾方面，規定的範圍主要是指具有功名而未入仕的生員、監生與舉人之輩[8]。據《大明會典》與《明史》等書皆載洪武3年(1370)，規定士庶初戴四帶巾，後改用四方平定巾，雜色盤領衣，但不許用黃色[9]。又據沈文的《聖君初政記》記載：「洪武三年二月，命制四方平定巾頒行天下。以四民所服四帶巾未盡善，復制此，令士人吏民服之。」[10] 雖然四方平定巾是規定士庶皆可戴，但是從現存大量的木刻圖象中，方巾主要仍是知識分子、中小地主與官僚閒居者所戴[11]。洪武24年(1381)10月定生員巾服之制。因太祖認為學校乃為國儲材，而士子巾服與吏胥無異，遂思更易以甄別之。太祖下令工部秦逵製式以進，凡三易，其制始定。下令用玉色絹為之，寬袖、皂(按：黑色)緣、帛條(按：用絲打的圓繩)、軟巾、垂帶，命曰：「襴衫」。太祖又親服之後始頒行天下。洪熙中，仁宗下令易監生由衣藍色改為著青衣。到世宗嘉靖皇帝登基後，對於「衣服詭異，上下無辨」的現象極為厭惡，在嘉靖22年(1543)，禮部上言：「近日士民冠服詭異，製為凌雲等巾。僭擬多端，有乖禮制。」於是世宗下詔所司禁之。在嘉靖7年(1528)討論燕居法服制時，這位皇帝還親自設計一套冠服，畫出圖樣讓禮部頒於天下，並將它取名為「忠靜冠服」(圖3-1)，規定縣級以上的所有官員穿著。但是到了後來這個樣式的冠服，卻為一般士人所襲用，所以在萬曆2年(1574)時神宗下令禁止舉人、監生、生儒僭用忠靜冠服，也不許穿錦綺鑲履及張傘蓋、戴煖耳，違者由五城御史送問。

8　有關明代士人服飾之規定，參見[明]李東陽等撰、申明行等重修，《大明會典》（台北：東南書報社，1964），卷61，〈冠服二・生員巾服、士庶巾服〉，頁35a-38a；[明]郎瑛，《七修類稿》（台北：世界書局，1984），卷8，〈國事類・生員巾服〉，頁136；[清]張廷玉等撰，《新校本明史》，卷67，〈輿服三・儒士、生員、監生巾服〉，頁1649。

9　又據《七修類稿》記四方平定巾是楊維禎阿諛朱元璋而來的。事見[明]郎瑛，《七修類稿》，卷14，〈國事類・平頭巾網巾〉，頁210。

10　[明]沈文，《聖君初政記》，收入《中國野史集成》（成都：巴蜀書社據廣百川學海甲集影印，1993），冊22，頁616。

11　沈從文，《中國古代服飾研究》（香港：香港商務印書館，1992增訂第一版），頁453。

由以上這些規定可以看出明朝對士人冠服的重視，所以規定的遠較前代嚴格。

對於一般庶民的服飾，雖然在洪武3年(1370)時規定士庶改用四方平定巾，但是大部分平民所戴者是網巾與六合一統帽。六合一統帽又名小帽或瓜拉帽，亦即後來所謂的瓜皮帽，是用六塊羅帛縫拼而成，在縫間稍飾以玉，係齊民之服。在當時南方百姓冬天都戴此帽，而原本是執役廝卒輩所戴的，後來士庶取其方便亦戴之[12]。從明人所繪的《皇都積勝圖》中商販、差吏與小市民多是戴六合一統帽(圖3-2)。網巾的來源據說是因太祖行至神樂觀時，見道士於燈下結網巾，萬髮俱齊，遂命頒於天下，使人無貴賤皆裹之[13]。如明人宋應星(1587-1666)之《天工開物》一書之插圖中，農人與各類工人所戴者多爲網巾(圖3-3)。此外，對庶民的服飾多有限制，如洪武3年時又令男女衣服，不得僭用金繡、錦綺、紵絲、綾羅，只許紬、絹、素紗，其靴不得裁製花樣、金線裝飾。首飾、釵、鐲不許用金玉、珠翠，只用銀。洪武6年(1373)時又令庶人巾環不得用金玉、瑪瑙、珊瑚、琥珀，未入流品者亦同。庶人冠帽方面，不得用頂，帽珠只許用水晶、香木。洪武23年(1390)太祖又規定了文武官員、耆民與生員以及庶民衣服之長度、袖長與寬等等。文官以及公侯駙馬的衣服長度，「自領至裔，去地一寸，袖長過手，復回至肘。袖椿廣一尺，袖口九寸」。耆民與生員之衣制亦同，惟袖過手復回，不及肘三寸。武職官員衣長去地五寸，袖長過手七寸，袖椿廣一尺，袖口僅出拳。而庶民衣長則是去地五寸，袖長過手六寸，袖椿廣一尺，袖口五寸[14]。從這些庶民服制規定中可以看

---

12 [明]王圻，《三才圖會》(上海：上海古籍出版社據明萬曆王思義校正本影印，1988)，〈衣服一卷〉，頁23b。又參看黃能馥、陳娟娟編著，《中國服裝史》(北京：中國旅遊出版社，1995)，頁296；周錫保，《中國古代服飾史》(北京：中國戲劇出版社，1984)，頁384。

13 [明]郎瑛，《七修類稿》，卷14，〈國事類·平頭巾網巾〉，頁210。

14 [明]李東陽等撰、申明行等重修，《大明會典》，卷61，〈冠服二·士庶巾服〉，頁35b-37a；《明史》，卷67，〈輿服三·庶人冠服〉，頁1649-1650；[明]郎瑛，《七修類稿》，卷9，〈國事類·衣服制〉，頁147。《明史》，卷67，〈輿服三·庶人冠服〉，頁1649-1650。

到，官方限制了一般庶民不得穿著高級質料、色彩鮮豔與昂貴配飾的衣服，甚至衣服的長度都有限制。

值得注意的是在明初庶民服飾的規制中，我們可以很明顯地看到重農抑商的影子，如洪武14年(1381)令農衣紬、紗、絹、布，商賈止衣絹、布。農家有一人爲商賈者，亦不得衣紬、紗。洪武22年(1389)令農夫戴斗笠、蒲笠，出入市井不禁，不親農業者不許。之後我們還可以看到政府的服制法令，簡直就是有意地把商人與奴僕之類的賤民歸爲同一類，以貶抑其社會地位。又如正德元年(1506)，「禁商販、僕役、倡優、下賤，不許服用貂裘」[15]。當然這種政策也是繼承過去朝代重農抑商的作法，在明代的確也執行過一段期間，例如嘉靖《宣府鎮志》中就記載：

> 先年商賈之家，食鮮服麗，品竹彈絲，視世祿家尤勝，獨屋宇冠袍，限於制度，則不敢僭擬。[16]

但最後效力仍是有限。就如同嘉靖時人胡侍(1492-1553)在《眞珠船》中所云：

> 漢高帝八年，令賈人毋得衣錦繡綺縠；符堅制，金銀錦繡，工商皁隸婦女，不得服之，犯者棄市。洪武十四年(1381)，令農民之家，許穿紬紗絹布，商賈之家，止穿絹布，如農民家但有一人爲商賈，亦不許穿紬紗。今農民絺(按：細葛布)袴不蔽體，而商賈之家，往往以錦綺爲襦(按：短衣)袴矣。[17]

---

15 ［明］李東陽等撰、申明行等重修，《大明會典》，卷61，〈冠服二‧士庶巾服〉，頁36a-b，37b；《新校本明史》，卷67，〈輿服三‧庶人冠服〉，頁1649-1650。

16 ［明］孫世芳修，樂尚約纂，嘉靖《宣府鎮志》(北京：北京圖書館出版社據明嘉靖40年刻本影印，2002)，卷20，〈風俗考‧政化紀略〉，頁60b。

17 ［明］胡侍，《眞珠船》，收入《叢書集成簡編》(台北：台灣商務印書館，1966)，冊136，卷2，〈商賈之服〉，頁13-14。

由上面的這段引文可以看到明代後期隨著經濟的發展，商賈之家的經濟地位上升，其強大的消費能力已非政府的法令所能抑制，也非農民所能及。

在婦女服飾方面，朝廷官員之命婦有其特殊的服飾，一般庶人婦女也有一套服飾，奴婢又有一套規定，並且禁止僭用。命婦的服制，早在洪武元年(1368)時，規定了從冠花、髮鬢、服色、衣料與首飾等方面都依品級規定之[18]。關於士庶妻冠服制，洪武3年(1370)定制，士庶妻者，首飾用銀鍍金，耳環用金珠，釧鐲用銀，服淺色團衫，用紵絲、綾羅、紬絹。洪武5年(1372)時，又令民間婦人禮服惟用紫絁，不用金繡，袍衫止於紫、綠、桃紅及諸淺淡顏色，不許用大紅、鴉青、黃色，帶用藍絹布。女子在室者，作三小髻，金釵，珠頭鬏，窄袖褙子。同時又規定了婢使的服飾，「高頂髻，絹布狹領長襖，長裙。小婢使，雙髻，長神短衣，長裙」。從成化以後大概因爲明初的制度已經開始出現鬆動，民間婦女服飾僭越的情形也漸顯，所以政府不斷有禁令發布。如成化10年(1478)時，禁官民婦女不得僭用渾金衣服，寶石首飾。又如正德元年(1506)時，令軍民婦女不許用銷金衣服、帳幔，寶石首飾、鐲釧[19]。到了明代後期，這類的禁令恐怕已發生不了太大的作用了。

以上是明朝初期對平民服飾的各種規定，這樣的服制一則是爲了區分身分，另一方面也有提倡節儉、反對奢華之意[20]。至於當時社會的實際狀況，從許多明代方志中都可以看到描寫明初平民服飾淳樸守制的情形。如雍正《陝西通志》引《涇陽縣志》云：

> 明初頗近古，人尚樸素，城市衣履，稀有純綺。鄉落父老，或簷恰

18　《明史》，卷67，〈輿服三・命婦冠服〉，頁1641-1643。

19　[明]李東陽等撰、申明行等重修，《大明會典》，卷61，〈冠服二・士庶妻冠服〉，頁38a-38b；《明史》，卷67，〈輿服三・士庶妻冠服〉，頁1650。

20　但若與朝廷命婦首飾可以用金銀珠翠等規定相對照看，提倡儉約與其維護身分等級的宗旨相比，畢竟只能占次要的位置。參見陳大康，《明代商賈與世風》，頁164。

靸履(按：戴帽穿鞋)不襪，器惟瓦瓷，屋宇質陋。[21]

如果有人穿著太過華麗的服飾，反而引起人們的側目。如南直隸常州府的江陰縣，據嘉靖《江陰縣志》記載明初的情形：

國初時民居尚儉樸，三間五架制甚狹小，服布素，老者穿紫花布長衫，戴平頭巾，少者出游于市，見一華衣市，人怪而嘩之。[22]

明初婦女衣飾亦是如此，如《西園雜記》記：「國初，民間婦人遇婚媾飲宴，皆服團襖爲禮衣，或羅或紵絲，皆繡領下垂，略如霞帔(按：即指披肩)之製，予猶及見之。非仕宦族有恩封者，不敢用冠袍。」[23] 明初士人的服飾亦遵國制，如天啓《淮安府志》云明初士人之服飾：「先輩鬢門衿士，常服衣履，率用青布，非仕宦不批繪帛(按：絲織品總名)。」[24]

之後，這樣樸素守制的情形，從各地方志的記載中可以看到持續了相當長的一段時間，如正德《松江府志》云：「入國朝來一變而爲儉樸。天順景泰以前，男子窄袖短躬，衫裾幅甚狹，雖士人亦然。婦女平髻寬衫，制甚樸古。婚會以大衣(俗謂長襖子)，領袖緣以圈金或挑線爲上飾，其綵繡織金之類，非仕宦家絕不敢用。」[25] 萬曆《新昌縣志》記成化以前的士庶服飾：「成化以前，平民不論貧富，皆遵國制，頂平定巾，衣青直身，穿衣靴鞋，極儉素。」[26] 河南河南府的宜陽縣，明初以來據說：「風俗淳

21　[清]劉於義修，沈青崖纂，雍正《陝西通志》，收入中國西北文獻叢書編輯委員會編，《中國西北文獻叢書第一輯稀見方誌文獻》(蘭州：蘭州古籍書店據清雍正13年刻本影印，1990)，第3卷，卷45，〈風俗・習尚〉，頁7a。

22　[明]趙錦修，張袞纂，嘉靖《江陰縣志》，卷4，〈風俗〉，頁2b。

23　[明]徐咸，《西園雜記》，收入《叢書集成初編》(上海：商務印書館據鹽邑志林本影印，1935)，冊2913，卷上，〈巾帽之說〉，頁81-82。

24　[明]宋祖舜修，方尚祖纂，天啓《淮安府志》(據明天啓間刊清順治5年印本，傅斯年圖書館藏縮影資料)，卷2，〈風俗志・服飾〉，頁23a。

25　[明]陳威、顧清纂修，正德《松江府志》，卷4，〈風俗〉，頁11b-12a。

26　[明]田琯纂，萬曆《新昌縣志》，收入《天一閣藏明代方志選刊・浙江省》(台

美，相傳明隆、萬之代，庠無踏雲履之士，庶民之家不帶金銀珠翠。」[27]
由上面這些記載顯示各地因爲經濟狀況的不同，而使得明初服制維持的時
間各地或有差異。

其實在明初的大環境下，是較有利於此種制度的施行。據嘉靖《太平
縣志》就說道：

> 國初新離兵革，人少地曠，上田率不過歈一金，是時懲元季政媮，
> 法尚嚴密，百姓或奢侈踰度犯科條，輒籍沒其家，人罔敢虎步行。
> 丈夫力耕稼，給徭役，衣不過細布土縑，仕非宦達官員，領不得輒
> 用紵絲；女子勤紡績蠶桑，衣服視丈夫子，士人之妻，非受封，不
> 得長衫束帶。……至宣德正統間，稍稍盛，此後法網亦漸疏闊……[28]

另外，安徽省寧國府涇縣，據嘉靖刊本的《涇縣志》中也提到類似的情
形：

> 國初，新離兵革，地廣人稀，上田不過歈一金，人尚儉樸。丈夫力
> 耕稼，給徭役，衣不過土布，非達宦不得輒用紵絲。女勤紡績蠶
> 桑。[29]

從上這兩個例子中，可以看到明初一方面是法令較爲嚴格，同時也因爲經
濟情況才剛開始恢復，故呈現「地廣人稀」、「人尚儉樸」的情形，人們

（續）─────────────────
　　　北市：新文豐出版公司據寧波天一閣藏明刻本影印，1985），冊7，卷4，〈風俗
　　　志・服飾〉，頁5a。
27　陳夢雷，《古今圖書集成・職方典》（台北：鼎文書局據民國20年間上海中華書
　　　局影印清聚珍本影印，1976），卷432，〈河南府部彙考六・河南風俗考〉，頁
　　　38a。
28　[明]曾才漢修，葉良佩纂，嘉靖《太平縣志》，卷2，〈輿地志下・風俗〉，頁
　　　20a。
29　[明]丘時庸修，王廷榦編纂，嘉靖《涇縣志》，卷2，〈風俗〉頁，16b。

只能努力耕稼、紡織以輸徭役，並沒有太大的消費能力。所以我們可以看
到明初普遍地遵行官定的服飾制度，幾無踰制僭越的情形。這也說明了在
明初的社會是呈現較穩定的狀態，整個社會秩序並未有太大的變動，所以
平民服飾方面也未有太大的變革。

第二節　晚明平民服飾的流行時尚

　　如同第一章中所言，明代到了嘉靖年間(1522-1566)約當16世紀以
後，各地的方志中都反映出平民服飾方面有了很大的變化，一改明初樸素
守制的情形，而走向華麗奢侈，甚至踰越禮制。據過去學者的研究指出變
化的區域，從南北直隸，東南的閩、浙、粵，華北的豫、陝、晉，至華中
的江西、湖廣，甚至到四川都可以看到不同程度的變化[30]。平民服飾的變
革甚至已形成一種流行時尚，以下就討論服飾時尚的幾種變化形式。

　　在明代前期，因為官方對服制的禁令還很嚴密，所以少有奇裝異服的
流行時尚。成化至弘治年間(1465-1505)，曾一度流行從朝鮮傳來的舶來
品──「馬尾裙」。據《菽園雜記》記載當時北京盛行的馬尾裙從流行到
被禁的過程如下：

> 馬尾裙始於朝鮮國，流入京師，京師人買服之，未有能織者。初服
> 者，惟富商貴公子歌妓而已。以後武臣多服之，京師始有織賣者。
> 於是無貴無賤，服者日盛，至成化末年，朝官多服之者矣。大抵服
> 者下體虛奓，取美觀耳。閣老萬公安冬夏不脫，宗伯周公洪謨重服
> 二腰。年幼侯伯駙馬，至有以弓弦貫其齊者。大臣不服者，惟黎吏

30　徐泓，〈明代社會風氣的變遷──以江浙地區為例──〉，《第二屆國際漢學會
　　議論文集‧明清與近代史組》（台北：中央研究院，1989），頁137-139；徐泓，
　　〈明代後期華北商品經濟的發展與社會風氣的變遷〉，頁107-173；陳學文，〈明
　　代中葉民情時尚習俗及一些社會意識的變化〉，《山根幸夫教授退休記念明代史
　　論叢》（東京：汲古書院，1990），頁1207-1231；劉志琴，〈晚明城市時尚初
　　探〉，頁190-208；牛健強，《明代中後期社會變遷研究》，頁125-138。

侍淳一人而已。此服妖也，弘治初，始有禁例。[31]

馬尾裙在成化以前很早就傳至北京，但是因爲未有能織者，以致初期並不流行；等到京師有人織賣以後，即開始廣泛流行。據說因爲這次流行的風氣太盛，至弘治初有一給事中建言稱：「京中士人好著馬尾襯裙，因此官馬被人偷拔鬃尾，有誤軍國大計。乞要禁革。」[32] 所以才「始有禁例」。雖然這次外來服飾的流行時尚，在官方的強力干預與嚴禁之下，銷聲匿跡。但是隨著時間的推移，服飾的流行風潮是官府所難擋的。

　　嘉、萬年間時又興起了另一波外來服飾的流行風潮。文壇盟主王世貞(1526-1590)就指出當時士大夫盛行「袴褶」之風：

> 袴褶，戎服也。其短袖或無袖，而衣中斷，其下有橫摺，而下復豎摺之。若袖長則「曳撒」。腰中間斷，以一線道橫之，則謂之「程子衣」。無線導者，則謂之「道袍」，又曰「直掇」。此三者，燕居之所常服用也。邇年以來，忽謂程子衣、道袍皆過簡，而士大夫宴會，必衣曳撒。是以戎服爲盛，而雅服爲輕，吾未之從也。[33]

袴褶本是外族傳來的「戎服」，但卻在士大夫間廣泛地流行著，甚至形成曳撒、程子衣與道袍等三種形式，並且由燕居常服變成了宴會的正式服裝。至此官方已經很難禁止各種服飾的流行時尚了。

(一)復古

　　晚明服飾上的變化，出現了「時裝」。當時稱：「儇薄子衣帽悉更古

31　[明]陸容，《菽園雜記》，卷10，頁123-124。

32　[明]馮夢龍，《古今譚概》，收入《馮夢龍全集》(上海：江蘇古籍出版社，1993)，卷1，〈迂腐部・成弘嘉三朝建言〉，頁3。

33　[明]王世貞，《觚不觚錄》，收入叢書集成初編編纂委員會編，《叢書集成初編》(上海:商務印書館，1937)，冊2811，頁17-18。

制，謂之時樣。」[34] 而在婦女的服飾與裝扮上，當時人稱此爲「時妝」或「時世妝」，如袁宏道〈荷花蕩〉描寫蘇州名勝荷花蕩遊人雲集之景象：「舟中麗人，皆時妝淡服，摩肩簇舃，汗透重紗如雨。」[35] 這些流行時裝有各種形式，「復古」風在士大夫間巾飾的變化上表現地最明顯。例如顧起元(1565-1628)在《客座贅語》中記到南京的情形：

> 南都服飾，在慶、曆前猶爲樸謹，官戴忠靜冠，士戴方巾而已。近
> 年以來，殊形詭製，日異月新。於是士大夫所戴其名甚夥，有漢
> 巾、晉巾、唐巾、諸葛巾、純陽巾、東坡巾、陽明巾、九華巾、玉
> 台巾、逍遙巾、紗帽巾、華陽巾、四開巾、勇巾。[36]

引文中所說各種不同名稱的巾飾，其實就是各種不同形式的帽子（圖3-4）。正是因爲任何形式的變化都不可能憑空想像與創造出來，多是要先從舊的題材中找尋靈感，所以「復古」風是各類流行時尚的開端。又如《西園雜記》記：

> 嘉靖初年，士夫間有戴巾者，今雖庶民亦戴巾矣。有唐巾、程巾、
> 坡巾、華陽巾、和靖巾、玉台巾、諸葛巾、凌雲巾、方山巾、陽明
> 巾，制各不同，閭閻之下，大半服之，俗爲一變。[37]

上面二段引文中的晉巾、唐巾、諸葛巾、東坡巾等，都是前代已有的帽子形式，至明代又再度流行。其實明代流行的前代巾制還有很多，此僅指出其中的部分。從引文中排列的順序，可以知道最先流行的是這些「復

---

34 ［明］俞弁，《山樵暇語》，卷8，頁7b。
35 ［明］袁宏道，《錦帆集之二》，收入《袁宏道集箋校》（上海：上海古籍出版社，1981），卷4，〈荷花蕩〉，頁170。
36 ［明］顧起元，《客座贅語》，卷1，〈巾履〉，頁23。
37 ［明］徐咸，《西園雜記》，卷上，〈巾帽之說〉，頁80-81。

古」味道的巾飾。關於唐巾、東坡巾與諸葛巾之來源，據《留青日札》云：「唐巾，唐製，四腳，二繫腦後，二繫領下，服牢不脫。有兩帶、四帶之異。今則二帶上繫，二繫向後下垂也。今之進士巾，亦稱唐巾。」又「東坡巾，云蘇子遺制。」「葛巾，諸葛孔明。又淵明用以漉酒。唐武則天賜群臣葛巾子，呼爲武家高巾子。」[38]《三才圖會》也有記載：唐巾，「其制類古毋追，嘗見唐人畫像帝王多冠，此則固非士大夫服也。今率爲士人服矣」。東坡巾，「以老坡所服，故名。嘗見其畫像，至今冠服猶爾」。但是關於「漢巾」，《三才圖會》中則說：「漢時冠服多從古制，未有此巾。疑厭常喜新者之所爲，假以漢名。」[39] 不過，當時也有人認爲漢巾是前朝遺制。在復古的風潮之下，有的人甚至誇張到把自己裝扮成唐朝或晉朝人，例如馮夢龍(1574-1646)就記載一則笑話：

> 瞿耆年好奇，巾服一如唐人，自名唐裝。一日往見許彥周，彥周鬐髻（按：女性的髮式，將頭髮梳攏盤結於頭頂所成的髻，亦作抓髻），著犢鼻褌，躧高履出迎。瞿愕然，彥周徐曰：「吾晉裝也，公何怪？只容得你唐裝？」[40]

這種復古風在婦女的服飾上也可以看到，如《留青日札》中就記一種稱之爲「細簡裙」或「畫裙」的裙飾，在當時的杭州與北方流行一時：

> 梁簡文詩：「羅裙宜細簡。」先見廣西婦女衣長裙，後曳地四五尺，行則以兩婢前攜之。簡多而細，名曰馬牙簡，或古之遺制也，與漢文後宮衣不曳地者不同。《韻書》曰：「襉裙，幅相攝也。」杭婦女闊簡高係，以軟薄爲尚。北方尚有貼地者，以不纏足，欲裙

38　[明]田藝衡，《留青日札》（上海：上海古籍出版社，1992），卷20，〈細簡裙〉，頁411。

39　[明]王圻輯，《三才圖會》，〈衣服一卷〉，頁22a-22b。

40　[明]馮夢龍，《古今譚概》，卷2，〈怪誕部・異服〉，頁34。

蓋之也。又杜牧〈詠襪〉詩：「五陵年少欺他醉，笑把花前出畫裙。」是唐之裙亦足以隱足也。畫裙，今俗盛行。[41]

根據該書作者田藝衡的考證，這種裙飾應是早自唐朝即有，而在明朝可能是在廣西地區保留下來這種服制，在一陣復古風潮下，再經流傳至全國。這樣的「復古」風氣並不限於服飾方面，李樂(嘉靖27年進士)在《見聞雜記》中就說：「今天下諸事慕古，衣尚唐段、宋錦，巾尚晉巾、唐巾、東坡巾；硯貴銅雀，墨貴李廷珪，字宗王羲之、褚遂良，畫求趙子昂、黃大癡。獨作人不思古人。」[42] 可見「復古」或「慕古」之風，是明代後期非常盛行的一種消費時尚，舉凡衣飾、硯墨、書畫等等，皆偏好此風格。

(二)奇異

流行時尚的另一種變化形式是「奇異」或「新奇」。如崇禎《興寧縣志》記云：「間有少年子弟，服紅紫，穿硃履，異其巾襪，以求奇好。」[43] 松江府人范濂在《雲間據目鈔》一書中記載了對當地男子衣服樣式的變化，從早年樣式演變到「胡服」，之後又流行「陽明衣、十八學士衣、二十四氣衣」；至隆慶萬曆以來，「皆用道袍，而古者皆用陽明衣」。他指出這種流行時尚是：「乃其心好異，非好古也。」[44] 這意味著當復古之風流行後，因為還不夠新鮮，所以還要找尋更奇異的樣式，以標新立異。就以巾飾方面而言，前面《客座贅語》中說到的純陽巾、凌雲巾、陽明巾、玉台巾等，就是復古風之後開始流行的新奇服飾。陽明巾係新建伯王陽明所製；純陽巾一名樂天巾，頗類漢、唐二巾，稱其為純陽巾是以神仙名之，而稱樂天巾則以人名；凌雲巾是明代後期生員們所創的；玉台巾是以

41　[明]田藝衡，《留青日札》，卷20，〈細簡裙〉，頁379。

42　[明]李樂，《見聞雜記》，卷6，頁468。

43　[明]劉熙祚修，李永茂纂，崇禎《興寧縣志》，收入《稀見中國地方志匯刊》（北京：中國書店據日本國會圖書館藏明崇禎10年刻本影印，1992），冊44，卷1，〈風俗〉，頁82a-82b。

44　[明]范濂，《雲間據目鈔》，卷2，〈記風俗〉，頁23。

山爲名，其巾式類山形。這些巾飾都是明代後期才新創的流行樣式。而巾飾上由復古轉變到新奇的實例，如崇禎《松江府志》形容到晚明已是「今世人已陋唐、晉諸製」，於是流行「少年俱純陽巾」[45]。可見即使是在晚明曾一度流行的唐、晉巾之類，都已漸漸退流行而由新奇的純陽巾所取代。

當新奇的服飾發展到極致時，還出現了一個中國服飾史上的特徵──男女衣服混雜。例如在江南地區的例子，《見聞雜記》指出嘉靖末至隆萬兩朝湖州府當地，「富貴公子衣色，大類女粧巾式，詭異難狀」[46]。不只在江南，其它地區亦有類似的情形，如安徽涇縣人蕭雍（萬曆時進士）在其所著之《赤山會約》一書中指出：「又有女戴男冠，男穿女裙者，陰陽反背，不祥之甚。」[47] 又如河南開封府附郭祥符縣，順治年間的《縣志》轉引明代《開封志》形容明末流行服飾的特徵：

> 迨至明季囂陵益甚，伎女露髻巾網，全同男子；衿庶短衣修裙，遙疑婦人；九華是幘，羅漢爲履；傲侮前輩，墮棄本類，良可悼也。[48]

蕭雍與方志的作者都對此現象提出批評，認爲會危害社會秩序。當時也有中央官員批評此風，如《崇禎長編》記載崇禎3年（1630）時禮科給事中葛應斗上言說道：「承平既久，風俗日侈，士庶服飾僭擬王公，恥儉約而愚貞廉，男爲女飾，女爲道裝。」[49] 看來這種男女服飾混雜的情形，在晚明已成爲相當流行的時尚。

45　[明]方岳貢修，陳繼儒纂，崇禎《松江府志》，卷7，〈風俗・俗變〉，頁25a-b。

46　[明]李樂，《見聞雜記》，卷2，60a-b。

47　[明]蕭雍，《赤山會約》，收入《叢書集成初編》（上海：商務印書館據涇川叢書本排印，1936），冊733，頁10a。

48　[清]張俊哲修，張壯行、馬士驌纂，順治《祥符縣志》，收入《稀見中國地方志匯刊》（北京：中國書店據日本內閣文庫藏清順治18年刻本影印，1992），冊34，卷1，〈風俗〉，頁7b。

49　[清]汪楫編，《崇禎長編》（台北：中央研究院歷史語言研究所，1967），卷31，崇禎3年2月戊寅條，頁49。

(三)從模仿到僭越

最驚世駭俗的是連「王服」都成了流行的樣式。如萬曆《新修餘姚縣志》記載浙江紹興府的情形如下：

> 邑井別戶，無貴賤率方巾長服。近且趨奇炫詭，巾必駭眾，而飾以王服，必耀俗而緣以綵。昔所謂唐巾鶴氅之類，又其庸庸者矣。至於婦女服飾，歲變月新，務窮珍異，誠不知其所終也。[50]

引文中顯示時裝的樣式為求新奇，過去復古形式的巾飾「唐巾」及羽製大衣「鶴氅」，都已是平庸乏味，於是開始模仿上層階級的樣式。除了上面看到「王服」的樣式已經被民間用來作為時裝的裝飾之外，高級官員的服裝樣式，也是民間模仿的主要對象。例如前面曾提到的明初洪武23年(1390)太祖曾議朝臣官員及庶民衣服形制，規定了庶民與文武官員及耆民、生員之間，在衣服長度、袖長及袖口寬度諸種尺度，結果到了嘉靖年間時則是：「今婦人之衣如文官，其裙如武職，而男子之制迥殊於此，是時制耶！」[51] 嘉靖《吳江縣志》形容當地是：「習俗奢靡，故多僭越。庶人之妻多用命服，富民之室亦綴獸頭，不能頓革也。」[52] 福建建寧縣據嘉靖《縣志》也說當地風氣漸漸奢侈，在服飾方面，「男飾皆瓦籠帽，衣履皆紵絲，時改新樣；女飾衣錦綺，披珠翠黃金橫帶，動如命婦夫人。」[53] 這裡也反映除了男子的服飾外，一般平民婦女的服飾，也同時開始模仿上

---

50 [明]史樹德，萬曆《新修餘姚縣志》，收入中國方志叢書編纂委員會編，《中國方志叢書‧華中地方‧浙江省》（台北市：成文出版社據明萬曆年間刊本影印，1983），冊501，卷5，〈輿地志五‧風俗〉，頁160。

51 [明]郎瑛，《七修類稿》，卷9，〈衣服制〉，頁147。

52 [明]曹一麟修，徐師曾等纂，嘉靖《吳江縣志》，卷13，〈典禮志三‧風俗〉，頁31b。

53 [明]何孟倫輯，嘉靖《建寧縣志》，收入《天一閣藏明代方志選刊續編》（上海：上海書店據明嘉靖年間刊本影印，1990），卷1，〈地理志‧風俗〉，頁15b。

層階級的朝廷命婦服飾。又如乾隆《吳江縣志》中也曾指出明代服飾風尚
的變化：「邑在明初，時尚誠樸」，「若小民咸以茅爲屋，裙布荆釵而
已」，「其嫁娶止以銀爲飾，外衣亦止用絹」；但是，「至嘉靖中，庶人
之妻多用命婦，富民之室亦綴獸頭，循分者歎其不能頓革」[54]。張瀚
（1511-1593）在《松窗夢語》中也指出了明代後期，平民婦女的衣服裝飾如
同男子服飾的流行時尚一樣，皆模仿高官之命婦服飾，甚至模仿皇后王妃
的趨勢：

> 國朝士女服飾，皆有定制。洪武時律令嚴明，人遵畫　之法。代變
> 風移，人皆志於尊崇富侈，不復知有明禁，群相踵之。如翡翠珠
> 冠、龍鳳服飾，惟皇后、王妃始得爲服；命婦禮冠四品以上用金事
> 件，五品以下用抹金銀事件；衣大袖衫，五品以上用紵絲綾羅，六
> 品以下用綾羅緞絹；皆有限制。今男子服錦綺，女子飾金珠，是皆
> 僭擬無涯，踰國家之禁者也。[55]

至此我們看到平民服飾流行時尚的形式變化，已到了一片「僭擬無涯」的
程度。

第三節　流行時尚的作用

(一)社會傲傚與時尚的速度

從流行時尚的形式變化來看，復古與新奇形式的流行，所反映的消費
心態是以經濟力爲基礎。因爲經濟能力的提升，助長了一般大眾求新求變
的服飾品味，這還是一種滿足感官性的需求。然而，當服飾時尚轉變成模
仿與僭越之風，反映的是服飾時尚背後變化的動力，已不只是經濟能力，

54　[清]丁元正修，倪師孟等纂，乾隆《吳江縣志》，卷38，〈崇尚〉，頁1b。
55　[明]張瀚，《松窗夢語》，卷7，〈風俗紀〉，頁140。

而是一種特殊的消費心態。亦即認爲服飾不再只是彰顯經濟能力而已，而是將服飾視爲社會身分與地位的象徵，甚至是視爲政治地位的象徵。所以當庶民社會階層中，諸如富室商人這類有錢階級足以消費時，他們已不只是以穿著新奇、華麗奢侈爲滿足，還要模仿官員、命婦與士人的服飾。這種行爲可以稱之爲「社會傚傚」（social emulation），反映出當時有錢階級致力於透過其經濟力量，以模仿上層社會的消費，來達到社會流動（social mobility）縱向上升的企圖。在萬曆年間沈德符（1578-1642）曾將當時「天下服飾僭擬無等者」歸納爲三種人：勳爵、內官與婦人[56]。前二者是在官服方面的僭越，而後者是平民服飾僭越的代表。

不過，社會傚傚的現象不單是下階層模仿上階層，流行時尚也不全然只是單向的由上而下的被仿效，有些流行時尚的先驅就不屬於統治階層或菁英階層，例如晚明婦女的流行時裝往往是妓女所帶動的，她們才是引導社會流行時尚的先鋒。如南京秦淮青樓女裝引領時裝風尚，明末蘇州人余懷就指出：「南曲衣裳妝束，四方取以爲式。……衫之短長，袖之大小，隨時變異，見者謂『時世妝』也。」談遷（1594-1657）的《棗林雜俎》中指出：「弘治、正德初良家恥類娼妓。」但是到明季他歎道：「余觀今世婦女裝飾幾視娼妓爲轉移。」[57] 其中「名妓」之流更是時尚的創造與流行推動者，如袁中道（1570-1623）說陳雪箏、冒襄（1611-1693）形容董小宛（1624-1651）的穿著服飾，都是「士女皆效之」。

另外，商人的穿著到了明代後期的情形，就如前文引《眞珠船》一書中所云，以及在許多明代的筆記小說中的描寫，都可以看到他們完全違反明初太祖對於商人服飾的規定，而且更加奢侈華麗[58]。更有甚者是成爲新奇與華

56　[明]沈德符，《萬曆野獲編》，卷5，〈勳戚・服色之僭〉，頁147-148。
57　[清]余懷，《板橋雜記》，收入《艷史叢鈔》（台北：廣文書局據清光緒4年淞北玉鯁生刊行本印行，1976），頁4-5；[明]談遷，《棗林雜俎》，收入《四庫全書存目叢書》，子部，雜家類，冊113，和集〈叢贅・女飾〉，頁37b。
58　有關服飾之流行時尚的傳播與引導的媒介人，參看陳大康，《明代商賈與世風》，頁172-174；王鴻泰，〈流動與互動——由明清間城市生活的特性探測公眾場域的開展〉（台北：國立台灣大學歷史學研究所博士論文，1998），頁470-474。

麗服飾的始作俑者，就以鹽商的大本營揚州爲例，萬曆《江都縣志》云：

> 其在今日，則大有不然者，蓋以四方商賈陳肆其間，易抄什一起
> 富；富者輒飾宮室，蓄姬媵，盛僕御，飲食配服與王者埒。又輸貲
> 爲美官，結納當塗，出入輿馬都甚。婦人無事，居恒修治容，鬥巧
> 粧，鏤金玉爲首飾，雜以明珠翠羽，被服綺繡，袒衣皆純采，其侈
> 麗極矣，此皆什九商賈之家，閭右輕薄子弟率起效之。[59]

當地服飾時尚的流行幾乎就是由商人及商人婦所帶動的。

民間的戲劇一直是元代以來一般大眾的重要娛樂，而戲子的服飾往往
有助於一種時裝時尚的流行。例如萬曆《滁陽志》的作者，回憶當地在明
末流行的冠飾時尚形式，有的就是藉由戲子傳播：

> 男子危冠，其耋或加簷，已而短縮，名：「邊鼓」；又或銳顛爲蓮
> 子，衣長上短下，曰：「磬垂」；又或短上長下，髻則或如螺已，又
> 如筍；甚有如小浮圖者，已或又縮而小，皆不知所從。其甚俳優戲
> 劇，相率爲胡衺帽服，騰逐諠譟，戰鬥跳踉，居然胡也。然諸蕩
> 侈，皆往數十歲事。[60]

明朝後期戲曲發展達到空前的興盛，尤其是南戲的盛行，在南方的崑腔、
弋陽腔與海鹽腔等地方戲曲大盛。同時隨著城市經濟的發達，娛樂消費也
蓬勃發展。在城市內也形成了許多職業戲班，優秀的戲班往往因受邀演出
而遊走於各大城市之間，也會將一些流行服飾帶到其它城市，影響了當地

---

59 [明]張寧修，陸君弼纂，萬曆《江都縣志》，收入《稀見中國地方志匯刊》（北
　京：中國書店據明萬曆年間刻本影印，1992），冊12，卷7，〈提封志・謠俗〉，
　頁28b-29a。
60 [明]戴瑞卿修，于永享等纂，萬曆《滁陽志》，收入《稀見中國地方志匯刊》
　（北京：中國書店據明萬曆年間刻本影印，1992），冊22，卷5，〈風俗〉，頁2b-
　3a。

的服飾時尚。

　　除此之外，在明代後期許多流行服飾的例子中，我們還看到有不少是士大夫，尤其是下層士人積極地、刻意地創造新的服飾時尚。這類現象反映出來的是士大夫對服飾風尚的特殊看法，以下第四節將從士大夫的行為與言論兩方面來作探討。

　　愈到後來，流行時裝轉變的速度愈來愈快，如南直隸應天府屬六合縣，據嘉靖《縣志》稱其地服飾的時尚是：「除士夫法服外，民間衣帽長短高卑，隨時異制。」[61] 婦女流行時裝的變化速度更顯凸出，如《客座贅語》中論及南京婦女服飾變化的速度，「在三十年前，猶十餘年一變矣」；但是，「邇年以來，不及二三歲」，凡首飾、衣袖、花樣與顏色等等無不變易[62]。明季松江府地區婦女流行的冠髻形式，也是變化快速：「女子髻亦時變，近小而矮，如髮髻，有雲而覆後者，為純陽髻，有梁者為官髻；有綴以珠或垂絡于後，亦有翠飾為龍鳳者。」[63] 崇禎《嘉興縣志》也記載當地士人與婦女的服飾樣式變化快速：

> 巾服器用，士子巾幘(按：包髮之巾)，內人笄(按：用來插頭髮的簪)總，特無定式，初或稍高，高不已而礙簷已復；稍低，低不已而；貼額倏尖、倏渾、乍扁、乍恢；為晉、為唐、為東坡、為樂天、為華陽，靡然趨尚，不知誰為鼓倡而興，又熟操繩約而一，殆同神化，莫知為之者。[64]

不只江南地區，就如河南開封府的太康縣亦有類似的情形，據嘉靖《縣志》就說：

61　[明]董邦政修，黃紹文纂，嘉靖《六合縣志》，卷2，〈風俗〉，頁4a。

62　[明]顧起元，《客座贅語》，卷9，〈服飾〉，頁293。

63　[明]方岳貢修，陳繼儒纂，崇禎《松江府志》，卷7，〈風俗・俗變〉，頁25b。

64　[明]羅炫修，黃承昊纂，崇禎《嘉興縣志》，收入《日本藏中國罕見地方志叢刊》（北京：書目文獻出版社據日本宮內省圖書寮藏明崇禎十年刻本影印，1991），卷15，〈里俗〉，頁18a。

　　弘治間，婦女衣衫，僅掩裙腰；富用羅、緞、紗、絹，織金彩通
袖，裙用金彩膝襴（按：裙幅上的折疊處），髻高寸餘。正德間，衣
衫漸大，裙褶漸多，衫惟用金彩補子，髻漸高。嘉靖初，衣衫大至
膝，裙短褶少，髻高如官帽，皆鐵絲胎，高六七寸，口周尺二三寸
餘。[65]

　　在引文中呈現了由弘治到嘉靖初年，大約二十年之間婦女的服飾與冠髻就
有了三次大的變化。這些現象都反映了時尚的創新與變化相當快速，同時
時尚的傳播也已發展到相當迅速的程度，才能「隨時異制」。當流行時尚
變化的速度愈快，同時也加速了消費的需求，對生產方面也會有一定的影
響。

(二)流行時尚的中心及其作用

　　若觀察流行時尚的傳播方向，恰與市場網絡有相當程度的重疊。時尚
的傳播是依市場的網絡，由中心市場的城市向其周邊地域散播。所以一地
的流行時尚，大都是以城市爲中心。當時的大城市中不但設有許多專門販
售服飾鞋帽的店舖（圖3-5），而且城市居民在穿著與服飾的款式上，較之
鄉村農民是有差異的。嘉靖《宣府鎮志》中的記載，反映出服飾也有城鄉
之別：

　　城市中，絕無男子服褌衫兩截者，有之則眾笑曰「村夫」。絕無婦
　　人戴銀簪餌者，有之則眾笑曰「村婦」。絕無著巾服跨驢者，有之
　　則眾笑曰：「街道士」。[66]

辜且不論「村夫」、「村婦」或「街道士」之稱呼是否眞的是指鄉村農

65　[明]安都纂，嘉靖《太康縣志》，收入《天一閣藏明代方志選刊續編》（上海：
　　上海書店據嘉靖3年刊本影印，1990），冊58，卷4，〈服舍〉，頁11a。
66　[明]孫世芳修，欒尚約纂，嘉靖《宣府鎮志》，卷20，〈風俗考‧政化紀略〉，
　　頁90a。

民，但這些帶有諷諭的詞語反映出城市居民自覺在服飾的流行時尚是很前衛的，而貶抑鄉村農民的服裝則是落伍的，遠非能及的。就以河南一地服飾衣冠變化的詳貌爲例，開封府屬的太康縣，據嘉靖年間的《縣志》中，相當詳細地描寫明初之後男人服飾衣冠之變化：

> 國初時，衣衫褶前七後八。弘治間上長下短，褶多。正德初，上短下
> 長三分之一，士夫多中停；冠則平頂高尺餘，士夫不減八九寸。嘉靖
> 初服上長下短，似弘治。時市井少年，帽尖長，俗云「邊鼓帽」。[67]

以上的描繪中可以看到「市井少年」創造流行的帽子樣式，這體現以「城市」爲中心所形成的流行時尚。這樣看來當地的流行時尚是由城市居民作先鋒，而鄉村則是學習城市，各地縣城內的服飾時尚又是跟隨更高一級的省城流行時尚。例如浙江湖州府武康縣，據嘉靖《武康縣志》云：「男婦服製不常，率仿傚省城，然儉素之風終不盡泯。」[68]

　　當時流行時裝的中心當屬江南地區，尤其是蘇州。甚至在北京的服飾時尚都受到江南的影響，如于愼行(1545-1608)形容隆萬年間北京時云：「吾觀近日都城，……衣服器用不尙髹添，多仿吳下之風，以雅素相高。」[69] 又如崇禎時人云：「帝京婦人，往悉高髻居頂；自一二年中鳴蟬墜馬，雅以南裝自好。宮中尖鞋平底，行無履聲，雖聖母亦概有吳風。」[70] 明末從蘇州一地發展出許多新奇的服飾亦是例證，如《閒情偶寄》中所說流行於婦人服飾間的百襉裙與月華裙，《二刻拍案驚奇》中所記流行於少

67　[明]安都纂，嘉靖《太康縣志》，卷4，〈服舍〉，頁3a。

68　[明]程嗣功修，駱文盛纂，嘉靖《武康縣志》，收入《天一閣藏明代方志選刊》（上海：上海古籍書店據寧波天一閣藏明嘉靖29年刻本重印，1962），卷3，〈風俗志‧宮室服食〉，頁10a。

69　[明]于愼行，《穀山筆塵》，卷3，〈國體〉，頁29。

70　[明]史玄，《舊京遺事》，收入《筆記小說大觀》（台北：新興書局，1975），9編8冊，頁5122。有關明代北京的服飾變化，參見邱仲麟，〈明代北京社會風氣變遷──禮制與價值觀的改變〉，頁29-30。

年浮浪之輩與道士之間的百柱帽等,都是從蘇州發展出來的[71]。當時將蘇州發展出來的流行服飾,稱爲「蘇意」或「蘇樣」,重要的元素包括了高冠、淺履、寬鬆素雅的道袍,配飾上則強調蘇州精巧的手工藝與上好的織品[72]。明人薛岡(1561-?)所撰的《天爵堂筆餘》描寫道:

> 「蘇意」非美談,前吾此語。丙申歲,有甫官于杭者,笞窄袜淺鞋人,枷號示眾,難于書封,即書「蘇意犯人」,人以爲笑柄。轉相傳播,今遂一概稀奇鮮見,動稱「蘇意」,而極力效法,北人尤甚。[73]

從上面的引文中,一則可以看到蘇州在當時流行時尚的地位,一則也可以看到部分地方官將「蘇意」視爲惡習,試圖以法令來禁止流行風尚之蔓延。另外,首都南京亦是當時重要的流行時尚中心,其影響力也廣及江西地區。如嘉靖《廣信府志》指出該地衣裳冠履之制,「視諸京而以時變易之」[74]。又江西吉安府屬永豐縣,據嘉靖刊本的《縣志》中,記錄了弘治成化以來平民服飾風尚也是:「他方衣裳冠履之制,視諸京色而以時變易之。」[75]

蘇州能成爲當時流行服飾的時尚中心,和其手工業的發展密不可分;而當地流行時裝造成對服飾消費的大量需求,同時也帶動了生產製造面,特別是成衣業與紡織業。蘇州的手工業生產在嘉靖至萬曆年間(1522-

---

71　[明]李漁,《閒情偶寄》,卷7,〈治服第三・衣衫〉,頁146;[明]凌濛初,《二刻拍案驚奇》(上海:上海古籍出版社,1983),卷39,〈神偷寄興一枝梅,俠盜慣行三昧戲〉,頁729。

72　關於蘇意與蘇樣,參見林麗月,〈大雅將還:從「蘇樣」服飾看晚明的消費文化〉,《明史研究論叢》(合肥:黃山書社,2004),輯6,頁194-208。

73　[明]薛岡,《天爵堂筆餘》,收入《明史研究論叢》(南京:江蘇古籍出版社,1991),輯5,卷1,頁326。

74　[明]張士鎬、江汝璧等纂修,嘉靖《廣信府志》,收入《四庫全書存目叢書》(台南縣:莊嚴文化事業有限公司據明嘉靖年間刻本影印,1996),史部,地理類,冊185,卷1,〈地輿志・風俗〉,頁27b-28a。

75　[明]景管編纂,嘉靖《永豐縣志》,收入《天一閣藏明代方志選刊》(上海:上海古籍書店據寧波天一閣藏明嘉靖23年刻本重印,1964),冊39,卷2,〈風俗〉,頁13b。

1620）呈現繁榮的景象。明清以來蘇州的絲織業與南京、杭州並列爲全國絲織業生產的三大基地；蘇州與松江一帶，也是國內著名的棉紡織業中心，號稱「衣被天下」[76]。張瀚的《松窗夢語》一書，即曾提到江南蘇州成爲服飾時尚之源頭及其原因：

> 至於民間風俗，大都江南侈於江北，而江南之侈尤莫過於三吳。自昔吳俗習奢華、樂奇異，人情皆觀赴焉。吳制服而華，以爲非是弗文也；吳製器而美，以爲非是弗珍也。四方重吳服，而吳益工於服；四方貴吳器，而吳益工於器。是吳俗之侈者愈侈，而四方之觀赴於吳者，又安能挽而之儉也。……工於織者，終歲纂組，幣不盈寸，而錙銖之縑，勝於尋丈。是盈握之器，足以當終歲之耕，累寸之華，足以當終歲之織也。[77]

正是因爲江南蘇州地區的手工業發達，遠勝過明代國內的其它城市，再加上當地所製之衣服向來重視華麗與新奇，所以才能成爲帝國的時裝中心。而當地人從事手工業者，亦藉此盈生，故「累寸之華，足以當終歲之織也」。從明中葉蘇州的方志中，已經描寫該地的手工業者懂得追隨人們消費的流行時尚，及時推出最時髦的產品，所謂「市井多機巧繁華，而趨時應求，隨人意指」[78]。

明人陸楫(1515-1552)在《蒹葭堂雜著摘鈔》中說：「今天下之財賦在吳越，吳俗之奢，莫盛于蘇杭之民，有不耕寸土而口食高粱，不操一杼而身衣文繡者，不知其幾何也。蓋俗奢而逐末者眾也。」[79] 當時蘇杭集中

---

76 有關明清蘇州手工業之發展，參看段本洛、張圻福著，《蘇州手工業史》（上海：江蘇古籍出版社，1986），頁2-68。

77 [明]張瀚，《松窗夢語》，卷4，〈百工紀〉，頁79。

78 [明]吳寬、王鏊修，正德《姑蘇志》，收入《天一閣藏明代方志選刊續編》（上海：上海書店據明正德刊本影印，1990），冊11-14，卷13，〈風俗〉，頁9a。

79 [明]陸楫，《蒹葭堂雜著摘鈔》，收入《中國野史集成》（成都：巴蜀書社，

了許多不織不耕的商人，他們穿衣服極其講究，成了最重要的消費者，同時也帶動江南成衣業的發達。成衣業在江南已經朝向商品化與專業化的發展，如明代後期蘇州的成衣業與松江的製帽、製襪業，而杭州的履、鞋、靴、帽，自萬曆以來一直是名產[80]。

　　明代江南紡織業的發展，部分也要歸功於消費需求面的擴大。明代江南地區的棉紡織與絲織業的生產規模，不但到了晚明有相當程度的擴大，而且在生產技術方面也有進步。如在生產工具棉紡織業在明末出現了僅需一人操作軋花用的「太倉車」；絲織業的織機中最重要的改進是「花機」，到明末一改過去平身式而爲斜身式的花機，不但提高產品的質量，也使單位勞動時間的產量大大增加。在生產工藝方面，棉紡織業在棉布質量方面明顯地提高，甚至明末崇禎年間時松江府所產棉布，因爲精細如綢緞的飛花布，被稱爲「賽綿綢」。此外，棉布的染色技術也有提高，如蘇州棉布發明青白線相間的「棋花布」與印染花紋的「藥班布」。絲織工藝的進步主要有提花織物的生產技術，以及「熟貨」生產技術和染色工藝方面。就以染色技術而言，明代後期江南絲織品染色業呈現空前的繁榮，絲綢色彩至少達120種以上，其中不少是明末才出現的。由此可見隨著晚明奢侈消費的需求與流行時尚的變化，江南絲綢業開發出許多琳琅滿目、五彩紛陳的新品種。而江南的紡織技術也傳播到其它地區，如福建福州織錦的技術，就是由江南傳入，改緞機爲四層，從此當地的織錦才成名[81]。

（續）────────────

1993），冊37，頁3a。

80　李伯重，《江南的早期工業化(1550-1850年)》，頁144-151。

81　過去的研究傾向認爲江南無論是棉紡織或絲織業，在明清時期都出現「量的明顯增長」，但是卻無「質的變化」，如徐新吾，《江南土布史》（上海：上海社會科學院出版社，1992），頁40-51；徐新吾主編，《近代江南絲織工業史》（上海：上海人民出版社，1991），頁37-38；許滌新、吳承明主編，《中國資本主義發展史第一卷：中國資本主義的萌芽》（北京：人民出版社，1985），頁140-143。近年來的新研究提供了修正的看法，指出明清時期在生產技術、分工與專業化、生產組織的變化、勞動生產率的提高等等，都出現了變化。相關的研究參見，范金民、金文，《江南絲綢史》，頁349-352、359-364、381-386；李伯重，《江南的早期工業化(1550-1850年)》，頁37-57。趙岡曾提出一種解釋，他認爲中國在14世紀初葉的棉紡織技術遠比英國在18世紀初，也就是工業革命前夕的技術水平高

　　因爲需求面帶動了供給面，而大量製造下的奢侈品，在價格上也會逐漸地由昂貴下降成一般商品的價格。於是原屬於奢侈性的衣料與服飾，逐漸轉變成日常用品。明代的絲織品與棉布，到了明代後期價格明顯下降。學者估計明代正統至嘉靖之間，絹價明顯下降，並且比宋代要低約11%。同樣地，棉布在明初價格很高，洪武30年(1397)徵稅時曾議定棉布一匹折米六斗，但至明末清初的記載，上海標布每匹約銀一錢五、六分，最精者不過一錢七、八分至二錢而已，如此則一石米可折五、六匹布，顯見棉布的價格大降[82]。在製帽業最典型的例子，就是晚明非常盛行的「瓦楞鬃帽」（圖3-6）。原本此帽是價格昂貴的奢侈品，在松江府地區，「嘉靖初年，惟生員始戴，至二十年外，則富民用之，然亦僅見一二，價甚騰貴，……萬曆以來，不論貧富，皆用鬃，價亦甚賤」[83]。同樣的情形在浙江杭州府地區也曾出現，當地在嘉靖中期時瓦楞帽價值四、五兩，非富室不戴，至萬曆38年(1610)後，所值只不過一二錢，即使乞丐也都用[84]。甚至遠在四川的嘉定州，「男子則士冠方巾，餘爲瓦楞帽」[85]。又如松江府原來當地的宕口蒲鞋，「初亦珍異之」，等到宜興人紛紛設店後，「價始甚賤，土人亦爭受其業」[86]。

（續）————————

　　得多。中國很早就發明了多人操作且效率高的工具，但因爲長期以來都是由小農家庭生產，在無法抽調出多個人手進行工作時，只好放棄原有高效率的機具。也就是生產組織落後在技術水平之後，所以六百年來中國的棉紡織業沒有重大的技術改進。參見趙岡，《中國棉業史》（台北：聯經出版事業公司，1977），頁81-102。

82　許滌新、吳承明主編，《中國資本主義發展史第一卷：中國資本主義的萌芽》，頁124-125；128。

83　[明]范濂，《雲間據目抄》，卷2，〈記風俗〉，頁1a-2b。

84　[明]許敦球，《敬所筆記》〈紀世變〉，頁318-319。

85　[明]束載修，張可述纂，嘉靖《洪雅縣志》，收入《天一閣藏明代方志選刊》（上海：上海古籍書店據寧波天一閣藏明嘉靖41年刻本重印，1982），冊66，卷1，〈疆域志‧風俗〉，頁13a。

86　[明]范濂，《雲間據目抄》，卷2，〈記風俗〉，頁2b。

第四節　士大夫對服飾風尚的反應

(一)危機意識的出現

晚明有不少士大夫更積極地、刻意地創新服飾或追逐流行，他們穿著服飾的品味與樣式，看起來似乎是與當時的時尚並駕其驅，甚至比流行時尚更前衛。天啓《贛州府志》的作者就說：

> 乃今鑿樸爲琱，易儉爲侈。服飾器用，燕飲之浮薄，轉相慕效，而又不分貴賤，不論賢愚，戴方巾、被花繡、躡朱履，蓋裝銀頂，樂用銅鼓，犯上亡等，法制謂何？後進之士，自行一意，……踏至不能爲齊民倡，而反有甘同市井者，則不學之過也。[87]

作者的批評直指這些「後進之士」也隨波逐流，追逐時尚的感覺，而未能倡導化俗。實則這種現象反映的是下層士人很強烈的危機意識，因爲明代後期平民服飾的變化受到影響最大的，恐怕就是士人階層。從明初以來爲了表示對讀書人的尊重，在服制上有特別的規定，如「襴衫」與「青衣」等，爲的就是區別其與一般平民之身分與地位。就如同李樂所言：「冠服所以章身，匪爲飾美。」

但是就如同本書第一章中所說的，隨著士人的人滿爲患，僧多粥少，科舉仕途爲之壅塞。另外，英宗自土木堡之變後，國子監生可以捐納得之，士子舉途又多一競爭者，科場仕途壅塞之景漸顯。而許多捐納得官之富室大戶，在享有政治地位後，其身分也威脅了士人階層。威脅士人的社會階層中最值得注意的是商人階層，因爲16世紀以後商業的發展，迫使儒家士大夫重新估價商人的社會地位，而商人自己也意識到他們的社會地位

87　[明]余文龍、謝詔纂修，天啓《贛州府志》，收入《四庫全書存目叢書》（台南縣：莊嚴文化事業有限公司據清順治17年湯斌刻本影印，1996），史部，地理類，冊202，卷3，〈土俗〉，頁38b-39a。

已足以與士人相抗衡，於是有「士商相混」之說。晚明的士與商之間已不易清楚地劃界線，因為商人可以透過捐納以入仕，士人亦多有經商致富者，所以想在服制法令上嚴禁商人的服飾變化是不可能的。就如同清人黎士弘在《仁恕堂筆記》中所云：

> 蓋前王陰寓重本抑末之意，今無論細穀輕紈商賈，恬不知為僭妄，且士而賈，官而賈者，何限販豎，暴於金貂邸店，燦於川陸，風俗民生，亦可重為歎息矣。[88]

此段雖為清代時的文獻，但其所述之情況早自明代已是如此。作者所謂的「士而賈，官而賈者」，正可以說明明代嚴禁商人的服制法令無法執行的主要原因。除此之外，下層奴僕之輩也可以透過捐納得冠帶，王錡(1433-1499)的《寓圃雜記》就說：「近年補官之價甚廉，不分良賤，納銀四十兩，即得冠帶，稱義官。」「故皂隸、奴僕、乞丐、無賴之徒，皆輕資假貸以納，凡僭擬豪橫之事，皆其所為。」[89]

當一般百姓在經濟力足以消費，相關法令制度亦見鬆弛之際，人們紛紛模仿過去被捧為高貴的「讀書人」之衣冠服飾時，促使士人階層深深地感覺到其身分地位受到嚴重的威脅，何喬遠(1558-1631)的《名山藏》一書中記江蘇溧陽縣人馬一龍，於鄉飲之耆老會時請24人講50年來風俗之變化，其一人即指出：「當時子弟不輕易習舉子業，即習未成，亦不敢冒儒生巾服。」[90] 但是愈到後來儒生巾服都被一般平民所用。這類例子在各地的方志中都可以看到。如北直隸保定府的崇禎《內邱縣志》云：

> 萬曆初，童子髮長猶總角，士子入泮始加網，名曰「冠巾」。民亦

88　[清]黎士弘，《仁恕堂筆記》，收入《叢書集成續編》（台北：新文豐出版社據昭代叢書排印，1989），文學類，冊215，卷25，頁44b。

89　[明]王錡，《寓圃雜記》，卷10，〈納粟指揮〉，頁79。

90　[明]何喬遠，《名山藏》，卷102，〈貨殖記〉，頁5857。

至二十餘歲始戴網，皆冠之遺意也。……萬曆初，庶民穿謄毬，秀
才穿雙臉鞋，非鄉先生首戴忠靖冠者，不得穿廟邊雲頭履；夫雲頭
履，名曰「朝履」，俗呼「朝鞋」，謂朝天子之鞋也。至近日，而門
快皀輿無非雲履，星相醫卜無不方巾，又有唐巾、晉巾、東坡巾、
樂天巾者。[91]

忠靜冠之制，是在嘉靖7年(1528)時世宗親自設計，要禮部頒於天下，規
定包括在京七品以上與八品以下的翰林院、國子監官員，地方知縣以上的
所有官員及儒學教官，以及武職都督以上者穿著的燕居常服[92]。關於穿戴
巾飾，據清初姚廷遴(1628-1697)的《歷年記》記載明季服色的等級：「鄉
紳、舉、貢、秀才俱戴巾，百姓戴帽」；「庶民極富，不許戴巾」[93]。至於雲
頭履，從上面的引文中已經說明是鄉紳所專屬之鞋。由此可見戴方巾、忠
靖冠與穿雲履本來規定都是只有士大夫才可以穿的，或是在士大夫間流行
的服飾，但到萬曆時則是門快皀輿與星相醫卜者都在仿效。浙江紹興府屬
之萬曆《新昌縣志》也記士大夫的冠巾漸被富室子弟模仿的過程：

成化以前，平民不論貧富，皆遵國制，頂平定巾，衣青直身，穿衣
靴鞋，極儉素。後漸侈，士夫峨冠博帶，而稍知書爲儒童者，亦方
巾綵履色衣，富室子弟，或僭服之。[94]

《雲間據目抄》則指出原本是士人服飾的「布袍」，在松江府被視爲寒

---

91 [明]高翔漢修，喬中和纂，崇禎《內邱縣志》(據明崇禎15年刊本攝製，傅斯年
圖書館藏縮影資料)，卷7，〈風紀·冠履〉，頁1b-2a。

92 [明]李東陽等撰、申明行等重修，《大明會典》，卷61，〈冠服二·文武官冠
服〉，頁24a-24b；《明史》，卷67，〈輿服三·儒士、生員、監生巾服〉，頁
1649。

93 [清]姚廷遴，《歷年記》，收入《上海史資料叢刊——清代日記匯抄》(上海：
上海人民出版社，1982)，頁165。

94 [明]田琯纂，萬曆《新昌縣志》，卷4，〈風俗志·服飾〉，頁5a。

酸，甚至有被惡少襲用的情形：

> 布袍乃儒家常服，邇來鄙爲寒酸。貧者必用紬絹色衣，謂之薄華
> 麗。而惡少且從典肆中，覓舊段舊服，翻改新制，與豪華公子列
> 坐，亦一奇也。[95]

　　如果只是這些平民模仿士大夫服飾也就罷了，偏偏在一些經濟發達的
地區，特別是在江南，許多被視爲賤業的人，如奴僕、倡優、隸卒與負販
者流，隨著物價的降低，加上他們經濟力提升了，以致有「駔儈庸流么麼
賤品，亦帶方頭巾，莫知禁厲。其俳優、隸卒、窮居負販之徒，躡雲頭履
行道上者，踵相接，而人不以爲異」[96]。明季復社領袖張采(1596-1648)所
纂修的崇禎《太倉州志》中，指出衙役在服飾上的變化：「往者衙役，衣
青衣，隸賤役，易厭所欲。今身御羅綺，妻女列繡裳。巳午年間(按：應
指己巳至庚午年間，即崇禎2至3年間)，服絨表綾緣裏者，二百幾十。」[97]明
末名士陳繼儒(1558-1639)纂修的崇禎《松江府志》中，也指出當地風俗
的一大變化，即是僮豎「服飾」之轉變：

> 僮豎之變：初士夫隨從，皆青布衣，夏用青苧，東有衣□色褐者，
> 便爲盛服，然不常用。近僮豎皆穿玄色羅綺，至有天青暗綠等色，
> 中裙裏衣，或用紅紫見賓客，侍左右，恬不爲異，雖三公八座間，
> 亦有之。凡一命之家，與豪侈少年，競爲姣飾，不第亡等，家法可
> 知矣。[98]

95　[明]范濂，《雲間據目抄》，卷2，〈記風俗〉，頁2626。
96　[明]林雲程修，沈明臣纂，萬曆《通州志》，卷2，〈風俗〉，頁47a-47b。
97　[明]錢肅樂修，張采纂，崇禎《太倉州志》，卷5，〈流習〉，頁7b。
98　[明]方岳貢修，陳繼儒纂，崇禎《松江府志》，卷7，〈風俗‧俗變〉，31b-
　　32a。

陳繼儒既然如此重視僮僕服飾的變化，可見他對其本身的身分與社會地位
受威脅很敏感。其它各地的方志都有類似的言論，如江南蘇州府屬的萬曆
《重修崑山縣志》批評當地風氣：「邸第從御之美，服飾珍羞之盛，古或
無之。甚至儲隸賣傭，亦泰然以侈靡相雄長，往往有僭禮踰分焉。」[99] 北
直隸保定府屬冀州，也是「雖卑賤暴富，俱并齒衣冠，置之上列」[100]。福
建福寧府的萬曆《福安縣志》記該地俗奢後違禮逾制：「俗侈而凌替，方
巾盈路，士大夫名器爲村富所竊，而屠販奴隸亦有著雲履而白領緣
者。」[101] 天啓《淮安府志》記：「輓近，衣飾雲錦，豪富綺靡，至于巾
裙奢侈異制，閨閣麗華炫耀，傭流優隸混與文儒衣冠相雜，無分貴賤。」[102]
山西平陽府屬臨汾縣，在萬曆刊本的《縣志》中，作者邢雲路（萬曆8年進
士）著有〈請正四禮議〉一文，其忿忿不平地形容：

> 民間亡論貧富貴賤，一歲至十餘歲，皆得戴巾，乳臭僕僮袒裼（按：
> 袒袖露臂）赤腳攜薪負米，加巾於首，則何取義也！甫弱冠者，則率皆
> 凌雲、忠靜，貧者胥竭財爲之矣。甚至賤藝術者流，亦得凌雲、忠
> 靜，而唐、晉之巾，則視爲當然。一瞽目卜人也，衣半不遮體，如
> 鶉結（按：比喻破舊之衣），然手搖箕板、頭帶冠巾，盈衢遍皆然也。冠
> 之僭濫者也，一至是。[103]

崇禎《烏程縣志》中作者更抱怨富家與世家縱容僕隸之輩在服飾上踰制：

99　[明]周世昌撰，萬曆《重修崑山縣志》，卷2，〈疆域・風俗〉，頁6a。
100　嘉靖《冀州志》，卷7，〈人事志三・風俗〉，轉引自韓大成，《明代社會經濟
　　初探》（北京：人民出版社，1986），頁303。
101　[明]陸以載等纂，萬曆《福安縣志》，收入《日本藏中國罕見地方志叢刊》（北
　　京：書目文獻出版社據明萬曆25年刻本，1991），卷2，〈輿地志・風俗〉，頁
　　17a。
102　[明]宋祖舜修，方尚祖纂，天啓《淮安府志》，卷2，〈風俗志・服飾〉，頁
　　23a。
103　[明]邢雲路纂修，萬曆《臨汾縣志》（明萬曆19年刊本，傅斯年圖書館藏縮影資
　　料），卷9，〈藝文志〉，頁44-45　。

今則佻達少年，以紅紫為奇服，以綾紈作袒衣羅綺，富貴家縱容僕
隸，亦僭巾履，新巧屢更，珍錯爭奇，只供目食，至博戲呼，衣冠
輩亦靦顏為之，此則大挽回者。[104]

不僅是服飾表面的象徵意義，在實際的社交場合中也可以看到士人的
窘境，例如萬曆《通州志》記當地自從流行華麗服飾之後，「故有不衣文
采而赴鄉人之會，則鄉人竊笑之，不置之上座」[105]。最終使過去用服飾來
區分士人與庶民，甚至賤民的制度崩潰，而形成了「貴賤無等」的現象。
如陝西西安府屬咸寧縣，在明末時，「裘馬錦綺，充填衢巷，羅褲雲履得
僭於娼優卒隸之輩」，而且是「無貴賤悉然」[106]。陝西西安府屬之富平
縣，據萬曆年間刊本的縣志中，作者孫丕揚(1532-1614)指責當時「貴賤
無等」的社會現象說：

日來，俗尚浸奢，男必漢唐宋錦，女必金玉翠飾，冠履華靡尤甚，
凌雲、東坡、忠靖、區巾，赤舄(註：重底之鞋)、雲頭、箱邊、片瓦，
照耀于街市間，殆無貴賤一矣。[107]

所以當士人階層的服飾已是人人可及時，其實際上的社會地位也一落千
丈，不受人重視。嘉靖《吳江縣志》就記貴賤等級漸消，士人不受胥隸之
輩尊重的情形：

國初風俗淳厚，貴賤有等，故家子弟雖不能繩祖武，而胥隸之流，

---

104 ［明］劉沂春修，徐守綱、潘士遴纂，崇禎《烏程縣志》，稀見中國地方志匯刊編
　　纂委員會編，《稀見中國地方志匯刊》（北京：中國書店據明崇禎11年刻本影
　　印，1992），卷4，〈風俗〉，頁23a。

105 ［明］林雲程修，沈明臣纂，萬曆《通州志》，卷2，〈風俗〉，頁47a-47b。

106 ［清］劉於義修，沈青崖纂，雍正《陝西通志》，卷45，〈風俗・習尚〉，頁5a。

107 ［明］孫丕揚纂，萬曆《富平縣志》（據明萬曆甲申年刊本攝製，傅斯年圖書館縮
　　影資料），卷9，〈工習〉，頁3-4。

猶知讓之，不敢抗禮，不敢並行，或相遇于途，則拱立而俟其過，
故舞文者少焉。正德以前，此風尚存，近年來縱肆無忌，而隸卒尤
甚，勾攝則以拒為詞，索賕則呼錢為分，至有自謂不願博一舉人
者。吁痛哉！[108]

綜而言之，明代後期服飾風尚的變化，打破了過去貴賤等級的象徵，
使社會的觀念有了很大的變化。影響所及，過去一度是以服飾有別於一般
平民的士人，他們的服飾成了平民最易模仿的對象，而其本身又因科舉壅
塞而無法晉升官職，因之受到了衝擊也最大，在心理上產生的危機意識也
較其它上層階級來得更明顯。

（二）要求重申禁令

於是士人階層開始抱怨，大肆批評此流行時尚，他們最受不了的其實
並不是服飾的奢華，而是暴發戶在穿著上僭越了他們獨有的身分象徵。有
的士大大上奏要求朝廷下令禁止，例如洪文科在《語窺今古》就曾表達出
這種想法：

晉漢唐巾，乃先朝儒者之冠。我明興科甲，監儒兼而用之，數十年
前，人心猶古，非真斯文，盡安分焉。漸至業鉛槧，賦詩章者戴
矣，此猶之可也。邇來大可駭異，一介細民耳，未聞登兩榜而入黌
宮，一丁不識，驟獲資財，不安小帽，巍然峨其冠，翩然大其袖，
揚揚平康曲里，此何巾哉？曰「銀招牌」也。至於諸人亦僭用之，
曰「省錢帽」也。一人僥倖科第，宗族姻親，盡換儒巾，曰「蔭襲
巾」也。故諺有「滿城文運轉，遍地是方巾」之誚。噫！亦太濫
矣。獨惜此事臺中乏人，不然朝廷當差巡巾御史，攬轡中原，遇此

---

108 ［明］曹一麟修，徐師曾等纂，嘉靖《吳江縣志》，卷13，〈典禮志三‧風俗〉，
　　31b-32a。

輩杖而裂之可也。[109]

這裡洪文科不但痛恨「滿城文運轉，遍地是方巾」的現象，他還希望朝廷設「巡巾御史」一職，專門派至各地杖裂那些不合官定服制者。還有一個人更詳細地陳述出要如何懲治這種「惡俗」，他就是嘉靖年間作過副都御史的汪鋐（弘治15年進士），他在〈欽遵聖訓嚴禁奢侈疏〉中建議禁約服飾的政策：

> 今之富民男女衣服首飾，僭用太甚，遍身錦繡，盈頭金寶，恬不爲異。合無行令巡按御史，督同府州縣掌印官，嚴加禁約。今後但有前項違禁服飾，許地方里老鄰佑捉挐呈送，依律問罪，服飾追奪入官，如是地方徇情不舉，事發一體究治。[110]

據其傳記載此人初以才見，頗折節取聲譽；爲人機深，外疏直而內傾險，善窺時好爲取捨[111]。看來他的這項建議，恐怕也是應觀眾要求而上。

事實上，明代幾乎歷朝皇帝都很重視服制的奢侈與僭越的情形，也曾要求地方官嚴行禁令。在明代的筆記與各地方志的〈風俗志〉中，也常見到作者一談到服飾僭越時，就強調要求地方官負起責任，應該要好好懲治一些人，如徐咸在《西園雜記》中批評婦女婚嫁衣飾之變化逾制之外，還寄望地方官府申禁：

> 國初，民間婦人遇婚媾飲宴，皆服團襖爲禮衣，或羅或紵絲，皆繡

---

109 [明]洪文科，《語窺今古》，收入《筆記小說大觀》（台北：新興書局，1985），38編4冊，〈戴巾之濫〉，頁2b-3a。

110 [明]孫旬編，《皇明疏鈔》，收入《中國史學叢書三編》（台北：臺灣學生書局據明萬曆12年兩浙都轉運鹽使司刊本影印，1986），卷49，〈風俗〉，頁3730。

111 汪鋐的傳記，詳見[明]焦竑，《國朝獻徵錄》（台北：臺灣學生書局，1984），卷25，〈吏部二‧尚書‧實錄本傳〉，頁20；[明]徐乾學等撰，《徐本明史列傳》（台北：明文書局，1991），卷57，頁251。

領下垂，略如霞帔之製，予猶及見之。非仕宦族有恩封者，不敢用
冠袍。今士民之家遇嫁娶事，必假珠冠袍帶，以榮一時；鄉間富民
必假黃涼傘，以擁蔽其婦。僭亂至此，殊為可笑，非有司嚴申禁
例，其何以革之。[112]

萬曆《重修崑山縣志》的作者周世昌也說：

按《舊志》：「人有恒產，多奢少儉。」則知人情之易於流於奢也，
在昔已然，而今又非昔比矣。邸第從御之美，服飾珍羞之盛，古或
無之。甚至儲隸賣傭，亦泰然以侈靡相雄長，往往有僭禮踰分焉。
為民師帥者，執其機而轉移化導之，正風俗之首務也。[113]

但說穿了這些以匡正風俗為名的要求，背後的動機是希望地方官或朝廷再
度重視這些下層的十人階層。如山西卒陽府屬的嘉靖《翼城縣志》中，就
強烈地要求地方官重視生員之生計：

人情輕賢而重利如此，轉移變化之機，能不望於賢有司乎。如近日
生員某等，貧不能婚，某等貧不能葬，知縣出俸貲以濟之得完，是
亦變化之一機也。[114]

的確也有不少地方官意識到服飾奢華僭越的問題，而就此方面下達禁
令，例如北直隸真定府屬威縣知縣，於嘉靖25年(1546)間曾公布禁奢令，
但其是以災荒節用為出發點[115]。江西南安府萬曆刊本的《府志》中，也記

112 [明]徐咸，《西園雜記》，卷上，〈巾帽之說〉，頁81-82。
113 [明]周世昌撰，萬曆《重修崑山縣志》，卷1，〈風俗〉，頁6a。
114 [明]鄢桂枝修，劉岸等編，嘉靖《翼城縣志》，收入《天一閣藏明代方志選刊續
　　編》(上海：上海書店據明嘉靖刊本影印，1990)，冊4，卷1，〈地理〉，頁8a。
115 [明]胡容重修，嘉靖《威縣志》，收入《天一閣藏明代方志選刊續編》(上海：
　　上海書店據明嘉靖刊本影印，1990)，冊2，卷2，〈風俗〉，頁4b，知縣於嘉靖

載隆慶末有僭忠靖冠者，知府胡懷周揭諭云：

> 檢會《大明會典》，忠靖冠服，……其州佐兩司首領俱不許；武職
> 都督許用，副總兵、參、遊俱不許，僭者以違制論。又周子巾、東
> 坡巾、陽明巾，自非譜德綴秩之人，亦不許用，違者罪之。[116]

再如明末名臣左懋第(1601-1645)，崇禎4年(1631)進士，初任陝西韓城知
縣，有異政[117]。在任知縣時曾著有〈崇儉書〉諭民：

> 白丁衙役及各僕隸，止穿青布衣，至青屯絹而止，不可擅穿紬緞紗
> 羅，不可登顏色鑲履。婦人士庶之家，不許著織金粧花、灑線補
> 服，幷束銀帶。僕隸之婦，不許戴金銀珠玉首飾，著紬緞紗羅等
> 服，只穿梭布夏布。……士民衣服，不許服紅紫黃色。[118]

但這些地方官的政令執行起來，和中央的禁令一樣都是效果有限，甚至有
的士人提及此事，在士大夫之間卻引來一陣嘲笑，以為迂腐，如《客座贅
語》云：

> 服舍違式，本朝律禁甚明，《大明律》所著最為嚴備。今法久就
> 弛，士大夫間有議及申明，不以為迂，則群起而姍之矣，可為太
> 息。[119]

(續)
　　二十五年禁光棍令、嘉靖二十六年諭眾禁約數條、又禁奢。
116 [明]商文昭、盧洪夏纂修，萬曆《南安府志》，收入《稀見中國地方志匯刊》
　　（北京：中國書店據日本尊經閣藏明萬曆年間刻本影印，1992），冊30，卷15，
　　〈禮樂志・歲時〉，頁17a。
117 《新校本明史》，卷275，〈列傳一六三・左懋第傳〉，頁7048。
118 [清]劉於義修，沈青崖纂，雍正《陝西通志》，卷45，〈風俗・化導〉，頁36a。
119 [明]顧起元，《客座贅語》，卷9，〈服飾〉，頁293。

至此，我們看到士大夫想在這方面努力回到明初的服制，以恢復其特有之身分地位之象徵，已是不可能的事了。就如同萬曆《滁陽志》的作者戴瑞卿所言：「若夫繁簡淳薄之間，往往與世推移，或古無而今有，或古盛而今衰，欲禦之而不能也。」[120] 因此有士大夫改弦更張，用另一種方式來重新塑造其身分。

(三)創新服飾以重塑其身分

士人住面對其它社會階層爭相模仿其服飾的情形下，使原有社會身分與地位的象徵漸受挑戰下，於是便開始更積極地重新塑造自己的形象。他們採取不斷更新自己的衣冠裝飾，以取代原有官方的服制，就如同《嘉興縣志》中作者所言：

> 最異者，文學見方巾，仕宦見忠靜冠，必厭唾之以為俗物。而星卜猥賤，流外卑庸，公然襲用而莫之詰，何哉？[121]

其實這也無足為怪了。上面我們看到松江府名士陳繼儒在《松江府志》中，陳述了僮奴服飾「皆穿玄色羅綺」，所以有「凡一命之家，與豪侈少年，競為姣飾」，而他自己也是努力地創造新的樣式，形成新的服飾時尚。范濂在《雲間據目抄》中形容陳繼儒所創造出來的服飾：「童生用方包巾，自陳繼儒出，用兩飄帶束頂。」[122] 陳繼儒之所以要自創風格，在他的文集中有一篇〈書遠僉人〉，文中充分地表露出他的心態：

> 語云：「當官不接異色人。」又曰：「不應與小人作緣。」真名言也。頃士大夫風俗一變，求田問舍，則牙儈滿堂；請拖居間，則吏胥入幕，怙勢作威；壟斷財賄，則與臺私養，倡優下賤，皆儒裝士

120 [明]戴瑞卿修，于永享等纂，萬曆《滁陽志》，卷5，〈風俗〉，頁3b。
121 [明]羅炫修，黃承昊纂，崇禎《嘉興縣志》，卷15，〈里俗〉，頁18a。
122 [明]范濂，《雲間據目鈔》，卷2，〈記風俗〉，頁2625。

服，列爲上賓。爾汝酬歌，徹夜達旦，不復知有人問廉恥事矣。[123]

此文主題雖非談服飾，但他在文中已表現出對「輿臺私養，倡優下賤，皆儒裝士服」一事非常痛恨。這可能就是他所以要創新風格的服飾，以區別輿臺、倡優之人所襲用的儒裝士服。結果就是我們所看到的晚明情況，許多新奇的時裝或是僭越的衣冠，其實是下層士人有意的創造出來的，如嘉靖《廣平府志》中就談起凌雲巾的來源：

> 至於忠靜巾之製，雜流、武弁、驛遞、倉散等官皆僭之，而儒生學子羨其美觀，加以金雲，名曰「凌雲巾」。[124]

很明顯地，正因爲忠靜巾(冠)本是官員專用，後來生員也僭用，最後連一般老百姓都濫用之，所以生員輩又另立新樣式。

明末士人刻意創新服飾式樣而形成流行時尚的例子還有很多，例如浙江嘉興府桐鄉縣人張履祥(1611-1674)亦曾自製巾飾，據其《年譜》云：

> 崇禎間，服飾怪侈，巾或矮至數寸，袖或廣至覆地，或不及尺。先生獨仿深衣意，袂(按：衣袖)尺有二寸，冠守舊製；譙者呼先生爲「長方巾」，或謂先生何必以衣冠自異，先生笑曰：「我何嘗異人，人自異耳！」[125]

他雖高舉仿古意，其實仍是自製與眾不同之巾飾，以彰顯其身分地位與眾不同。又如晚明蘇州著名劇作家張鳳翼(1550-1636)之父，「夏月作希網置

---

123 [明]陳繼儒，《白石樵眞稿》，收入叢書集成編纂委員會編，《叢書集成三編》（台北：新文豐，1997），冊51，卷21，〈雜書·書遠贪人〉，頁14a-14b。

124 [明]翁相修，陳棐纂，嘉靖《廣平府志》，收入《天一閣藏明代方志選刊》（上海：上海古籍書店據寧波天一閣藏明嘉靖29年刻本重印，1963），冊5，卷16，〈風俗志〉，頁2b。

125 [清]蘇惇元編纂，《張楊園先生年譜》（台北：臺灣商務印書館，1981），頁3b。

頭巾，僅僅可數目，郡人爭效之」[126]。另外一例是萬曆年間著名東林黨人劉宗周(1578-1645)，據說他「居常敝惟穿榻，瓦灶破釜，士大夫飾騎而來者，多毀衣以入。偶服紫花布衣，士大夫從而效之，布價頓高」[127]。劉宗周似乎是無意之間創造了一種新的流行服飾，但是從「士大夫從而效之」的情形來看，當時許多士大夫的確是企望能更新自己的服飾，以凸顯自己的身分地位。

另外，士大大階層中的舉人因爲已具有任官資格，到了明代中期以後，其地位與生員之差距愈來愈大，於是也開始塑造自己特有的衣冠服飾，以別於其它的士人階層。舉人塑造自身形象凸顯其與別人身分之不同，最好的例子就是浙江人徐復祚在《花當閣叢談》中所記的一段話：

> 部使者王化按浙，一舉人冠員帽入謁。王問曰：「此冠起自何時？」
> 舉人曰：「起自大人乘轎之年。」王大慚，反加禮焉。村老(按：作
> 者自稱)曰：「員帽之制，聞祖宗以畀辟公車者，長途遮陽之用，想
> 即唐之席帽、宋之重戴。乃春元輩欲以自別於生員、監生，取以爲
> 本等冠服。三十年前，吾邑春元盡皆用之，郡城獨不然。無論用違
> 其制，亦殊不雅觀。今則吾邑亦用儒巾矣。……」[128]

由引文中可見舉人之春元輩，爲區別其與生員、監生之身分不同，而自立新的冠式。

不過，當士人翻改新式之後沒過多久，這些新式樣的時裝又被平民爭相效尤，如前面提到士人將忠靜巾翻新成凌雲巾後，且看余永麟在《北窗瑣語》中怎麼說：

---

126 [明]張鳳翼，《譚輅》，收入《筆記小說大觀》（台北：新興書局，1985），38編
　　4冊，頁323b。
127 [清]佚名，《松下雜抄》，收入《叢書集成續編》（上海：上海書店據涵芬樓秘笈
　　影印，1994），子部，冊96，卷上，頁13a。
128 [明]徐復祚，《花當閣談叢》（台北：廣文書局，1969），卷7，〈員帽〉，頁34b-
　　35a。

> 邇來又有一等巾樣，以紬絹為質，界以藍線繩，似忠靜巾制度，而
> 易名曰「凌雲巾」，雖商販白丁，亦有戴此者。噫！風俗之壞極
> 矣。[129]

以上記載的是浙江衢州與嚴州府等處的情形。另外，馮夢龍的《古今譚概》中曾記有蘇州進士曹大奎創製大袖袍，結果卻很快地被當地人模仿：

> 進士曹奎作大袖袍，楊衍間曰：「袖何須此大？」奎曰：「要乘天下
> 蒼生。」衍笑曰：「乘得一個蒼生矣。」今吾蘇遍地曹奎矣。[130]

看來晚明流行時裝的出現，就在這樣的情形下，不斷地被追逐與翻新。現象的背後則是各類社會階層為追求身分地位，而互相競爭。故而流行服飾與流行時尚從另個角度來說，就是社會競爭下的產物。當年謝鐸（1435-1510）有詩云：「闊狹高低逐旋移，本來尺度盡參差；眼看弄巧今如此，拙樣何能更入時。」[131] 此詩充分反映出士大夫面對其它社會階層的競爭時，必需在服飾方面隨時努力追逐時尚、翻新服飾，以保持其身分與地位的心態。

第五節　士大夫批評服飾風尚的言論

(一)從古禮的角度批評

在史料中我們也可以看到許多士大夫從各種角度，對當時社會服飾的變化，提出種種批評。首先在方志中的〈風俗志〉內，常見作者把服飾方面的論述放在冠禮條下，對當時平民之衣冠服飾的流行時尚，從「禮」的

---

129 ［明］余永麟，《北窗瑣語》，收入《叢書集成初編》（上海：商務印書館據硯雲
　　甲乙編本影印，1936），冊2923，頁41。
130 ［明］馮夢龍，《古今譚概》，卷2，〈怪誕部・異服〉，頁34。
131 ［明］俞弁，《山樵暇語》，卷8，頁7b。

角度提出批評，認爲這種穿著是不合禮制的。如山西平陽府屬臨汾縣，在
萬曆刊本的《臨汾縣志》中，作者邢雲路著有〈請正四禮議〉批評道：

> 今有二十不冠至三十者，諱年飾貌，曰：「吾尚總角（按：舊時未成
> 年男女，編紮頭髮，形如兩角，稱爲總角），少也。」少則宜少之
> 矣，而乃儼然加巾，高至尺許，且稱字號堂堂焉，倨傲長者，長者
> 反卻避之，則何禮也！[132]

又如江西的嘉靖《廣信府志》中記成化、弘治年間，當地衣裳冠履之制，
皆是符合身分；但至嘉靖年間後服飾發生變化，「今不以分制，而以財
制，侈富踰節者，亦既多矣」；所以作者對此現象亦從古禮的角度作批評
而歎道：「噫！夫侈甚而犯禮多，渾樸消而殷富替，豈惟信哉？觀俗者可
感矣。」[133]

　　在此就需談談明代禮學的發展。近年來有學者指出明代的禮學是重實
踐，與清代重視考證經學的研究態度有很大的不同[134]。當時士大夫所面對
的社會情況，是明代中期以後流行的奢侈風氣，包括平民服飾的變化等諸
現象，這對當時的士大夫有相當大的影響。有的思想家即受到這類社會變
遷的衝擊，而企圖想根據「古禮」的理想，以禮之實踐的方式來端正風
俗。較早的如陳獻章（1428-1500），他協助廣東新會知縣丁積而寫成的
《禮式》一書，據其自述其著此書之理由：

> 民窮于侈且僭，侯爲申洪武禮制，參之文公冠婚喪祭之儀，節爲
> 《禮式》一書，使民有所據守。[135]

132　[明]邢雲路輯，萬曆《臨汾縣志》，卷9，〈藝文志〉，頁44。

133　[明]張士鎬、江汝璧等纂修，嘉靖《廣信府志》，卷1，〈地輿志・風俗〉，頁
　　28a。

134　小島毅著，張文朗譯，〈明代禮學的特點〉，收在林慶彰、蔣秋華主編之《明代
　　經學國際研討會》（台北：中研院文哲所，1996），頁393-409。

135　[明]陳獻章撰，孫通海點校，《陳獻章集》（北京：中華書局，1987），卷1，

此外，湛若水(1466-1560)在南京當官時，以「南京俗尚侈靡，爲定喪葬之制頒行之」[136]。同樣地，在方志的〈風俗志〉中也有許多議論，即主張以「禮」來化民成俗，而且還強烈地提醒世人這是地方官與鄉大夫之責。如北直隸眞定府屬的獲鹿縣，在嘉靖刊本的《獲鹿縣志》中，作者就形容當地是：「然贏餘之家，只知競尚奢麗，而守禮之意或寡矣。」那麼應該負責的人是：「立教齊政，責在令長與鄉大夫矣。」[137]但是有趣的是像陳獻章與湛若水二人，他們雖重視以禮來化民成俗，但往往在服飾上卻又有創新之舉，如屈大均(1630-1696)就曾提到陳白沙創玉臺巾，湛甘泉有自然裳與心性冠[138]。

　　到了清初禮學之被重視，致有「禮學主義」或「以禮代理」之風氣[139]，而其前身似可從明末士大夫以「禮」來批評社會「奢靡」風氣中看到。

(二)以「服妖」論來批評

　　當時許多士大夫對這樣的服飾變化，常以「服妖」一詞來形容之。如萬曆《通州志》稱這類喜好價高而美麗，倏忽變易，被號爲「時樣」之衣飾，是所謂的「服妖」也。萬曆《重修泉州府志》也說當地的流行服飾，即「古所謂妖也」。前面提到曾在明代中葉流行於一時的馬尾裙，在陸容(1436-1494)的《菽園雜記》與王錡的《寓圃雜記》二書中也將之比擬爲服妖。「服妖」一詞由來爲何？其意又爲何？據顧起元《客座贅語》曾

(續)————————————————————
　　　　〈丁知縣行狀〉，頁102。
136 《新校本明史》，卷283，〈列傳一七一‧儒林二‧湛若水〉，頁7267。
137 [明]趙惟勤修，嘉靖《獲鹿縣志》，收入《天一閣藏明代方志選刊續編》(上
　　　海：上海書店據明嘉靖年間刊本影印，1990)，冊1，卷2，〈地理‧風俗〉，頁
　　　14b、16a。
138 [清]屈大均，《廣東新語》(北京：中華書局，1985)，卷16，〈冠巾〉，頁450-
　　　451。
139 有關清代禮學的復興，參見Kai-wing Chow(周啓榮)，*The Rise of Confucian
　　　Ritualism in Late Imperial China: Ethics, Classics, and Lineage Discourse*(Stanford,
　　　Calif.: Stanford University Press, 1994)；張壽安，《以禮代理——凌廷堪與清代中
　　　葉儒學思想之轉變》(台北：中研院近史所，1994)。

云：「嗟乎！使志〈五行〉者，而有徵於服妖也。」[140] 由此可知這與陰陽五行之說有關。有關服妖在歷史最早的記載，應是《尚書・大傳》〈洪範・五行傳〉云：

> 貌之不恭，是謂不肅，厥咎狂，厥罰恒雨，厥極惡。時則有服妖。

後來班固的《漢書・五行志》中云：

> 傳曰：「貌之不恭，是謂不肅，厥咎狂，厥罰恆雨，厥極惡。時則有服妖，時則有龜孽，時則有雞　，時則有下體生上之痾，時則有青眚青祥。唯金沴木。」……風俗狂慢，變節易度，則爲剽輕奇怪之服，故有服妖。[141]

服妖意味著穿著這類奇裝異服，將會有惡運致身；小則遭身家之禍，大則危及國家興亡。這是漢儒據五行說與天人感應說而衍生出來的說法，在歷代都有類似的記載。

　　歷代正史的〈五行志〉中常以「服妖」爲詞，說明個人之所以遭身家之禍的原因，如魏尚書何晏因好婦人之服而亡其家[142]，又如漢末大將軍梁冀家作愁眉、啼粧、墮馬髻、折腰步、齲齒笑等裝扮，流行京都，後舉宗誅夷[143]。明代有士大夫就本此說，力勸當時流行服飾之風不可長；如浙江海鹽人錢琦（1469-1549）就有警語，提醒世人在服飾飲食方面過於奢侈易遭禍：

> 人之一身，所居不過一室，所食不過一飽，所服不過一煖。近時奢侈成風，凡宮室服食，爭趨淫巧，豈知濫費則暴殄天物，過享則受

---

140 ［明］顧起元，《客座贅語》，卷1，〈巾履〉，頁24。
141 《漢書》，卷27中之上，〈五行志七中之上〉，頁1352。
142 《宋書》，卷30，〈志二十・五行一〉，頁886。
143 《後漢書》，〈志十三・五行一〉，頁3270。

福有限，禍敗隨之，理勢之必然也。[144]

嘉靖《廣平府志》的作者也引《漢書》所言，驗證其親身所見的經歷：

> 傳曰：「君子衣之不衷，身之災也。」予讀此言，每疑之左。夫彼
> 其子之不稱其服，只取辱而已，何至於爲災？予往見今皇上刊定忠
> 靜巾服圖制，階級等威，截乎莫踰，僭用之者，皆罪矣。予又見京
> 師每每禁捕巾服詭異之人，繫逮囹圄，與囚徒伍，有至於罹罪損身
> 者，乃知爲災之言，有明驗也。[145]

他看到北京穿著巾服詭異之人常會被捕入獄，正說明了穿奇裝異服者，會
因此「服妖」而遭禍。

其次，歷代正史中也有將國家衰亡與社會動亂，歸因於君王或百姓流
行的奇裝異服，而稱之爲「服妖」。尤其常見的是將尚胡服之風，說成是
「服妖」作遂，結果導致天下大亂，國家衰亡。如漢末董卓之亂、晉末五
胡亂華、唐代的安祿山之亂等等。明代的士大夫便引用這些歷史中的典
故，藉以強化服制禁令。因爲流行服飾的時尚，就是會導致國家衰亡與社
會動亂的「服妖」，所以應該嚴厲禁止。如萬曆《河間府志》引陳士彥語
論西晉末年之亂源：

> 今河間男子，間有左衽者，而婦人尤多。至於孺子環狐狗之尾以爲
> 冠，而身被毛革以爲服，謂之「達粧」。夫披髮野祭，聖人憂之，
> 則奈何其可勿禁也。晉太康中，俗以氈爲絈頭，及絡帶袴口，百姓
> 彼此互爲嘲戲以爲胡兒；未幾，劉石之變遂起。[146]

---

144 [明]錢琦，《錢子語測》，收入《叢書集成新編》（台北：新文豐出版社擄百陵
   叢書本排印，1985年），冊14，頁329。
145 [明]翁相修，陳棐纂，嘉靖《廣平府志》，卷16，〈風俗志〉，頁2b-3a。
146 [明]杜應芳修，陳士彥、張文德纂，萬曆《河間府志》，收入《稀見中國地方志

也有士大夫論服制的禁令時，以歷史典故中的「服妖」為例，說明及合理化王制禁異服。例如崔銑(1478-1541)在《士翼》一書中就曾說道：「衣者身之章，古服未之能復也，必寬樸雅斯可，豈可隨俗為狷狡乎？夫風俗之變，自服飾始，故周人思都士王制禁異服，前史譏服妖。」[147]

再者，每當朝代動盪之際，服妖之說就特別盛行。如兩宋之際，金人大規模南下，世風突變，宋朝廷惶惶不可終日，此時「服妖」之說特盛。南宋後期世事多變，「奇裝異服」十分流行，也常被指為「服妖」，時人以之為「五行」示警[148]。明季士大夫面對當時發生的變亂，也同前代一樣將之歸因為當地人民喜好奇裝異服的「服妖」，終致遭身家之變。明季的社會與政局動盪不安，尤其是遼東與陝西二地；當時即有上人批評遼東的戰禍，乃是流行服飾所致。如北直隸保定府屬內邱縣，據崇禎年間刊本的《內邱縣志》中，記載萬曆以後該地富家婦女戴梁冠、披紅袍、繫絩帶，又或著「百花袍」的情形，接著作者就批評這種是服妖的現象，就像明季遼東地區曾因服飾上出現了很人的變化而導致戰禍：

> 萬曆間遼東興冶服，五彩炫爛，不三十年而淪於虜，茲花袍二十年矣，服之不衷身之災也。兵災交集，死填溝壑，取忌於天，其奚□馬？[149]

(續)————
　　匯刊》(北京：中國書店據日本內閣文庫藏明萬曆間刻本影印，1992)，冊3，卷4，〈風土志・風俗〉，頁28b。

147　[明]崔銑，《士翼》，收入《四庫全書珍本・五集》(台北：臺灣商務印書館據國立故宮博物院藏文淵閣四庫全書影印，1974)，冊132，卷1，頁12b。又見於張萱，《西園聞見錄》(台北：文海出版社據民國29年北平哈佛燕京學社排印本，1940)，卷24，〈衣服・前言〉，頁1a-1b。

148　劉復生，〈宋代「衣服復古」及其時代特徵——兼論「服妖」現象的社會意義————〉，《中國史研究》，1998年第2期，頁90-91。另可參考勝山稔，〈宋代の翠羽飾について奢侈令の構造考察——五行災異說において服飾を中心として〉，《中央大學大學院研究年報》，25號(1996)，頁47-59。

149　[明]高翔漢修，喬中和纂修，崇禎《內邱縣志》，卷7，〈風紀・冠履〉，頁2a。

果然內邱縣的「百花袍」流行二十年後，也像遼東一樣「兵災交集，死塡溝壑」。

　　至明清之際以經世致用之說著名之大儒顧炎武，也曾以服飾誤國之說來解釋朝代之衰亡。他在《日知錄》的〈胡服〉條中引述了歷代流行胡服以致朝代衰亡的許多「服妖」爲例，同時也引用前述萬曆《河間府志》並評論道：「此書作於萬曆四十三年，不二蟖而遼東之難作矣！至於今日，胡服縵纓，咸爲戎俗。高冠重履非復華風。有識之士得不悼其橫流，追其亂本哉？」[150] 他在〈冠服〉條中列舉了包括崇禎《內邱縣志》在內一些明末服飾變化的史料，並且特別說明了理由：

> 《漢書五行志》：「風俗狂慢，變節易度，則爲剽輕奇怪之服，故有服妖。」余所見五六十年服飾之變亦已多矣，卒至裂冠毀冕而戎制之，故錄其所聞以視後人焉。[151]

從他這些相關的言論中，可以看到是他本著〈五行志〉中「服妖」的傳統，來反省明朝所以衰亡的原因。又如文人李漁(1611-1679)的《閒情偶寄》中，談到晚明在婦女間流行一種名爲「水田衣」的服飾(圖3-7)，逐漸由民婦之服轉成大家閨秀的服裝式樣，至崇禎年間尤爲盛行。李漁針對此風大加撻伐：

> 風俗好尚之遷移，常有關于氣數。此制不昉于今，而昉于崇禎末年。予見而詫之，嘗謂人曰：「衣衫無故易形，殆有若或使之者，六合以內，得無有土崩瓦解之事乎？」未幾而闖氛四起，割裂中原，人謂予言不幸而中。[152]

---

150 ［明］顧炎武，《原抄本日知錄》（台北：文史哲出版社，1979），卷29，〈胡服〉，頁826。

151 ［明］顧炎武，《原抄本日知錄》，卷29，〈冠服〉，頁822。

152 ［清］李漁，《閒情偶寄》，卷7，〈治服第三・衣衫〉，頁145。

歷經明清易代，身爲明遺民的李漁，和其他明遺民一樣，在晚年常會思考明朝所以滅亡的原因。他將國家的「氣數」與「風俗」好尚的變遷聯繫起來，主張婦女穿水田衣是一種「衣衫無故易形」的風俗變遷，最終導致國家的土崩瓦解。《明史‧五行志》中也有「服妖」項，其中特別指出崇禎年間在平民階層流行包髮的幘巾──「不認親」，即是一種服妖，終導致明末北方淪亡：

> 崇禎時，……時北方小民製幘，低側其簷，自掩眉目，名曰「不認親」。其後寇亂民散，途遇親戚，有飲泣不敢言，或掉臂去之者。[153]

綜而觀之，晚明士人的批評中，「服妖」說甚爲流行。從論個人身家之禍源，或討論官方服制禁令，到明清之際解釋與檢討國家興亡的原因，漢儒的陰陽五行與天人感應說，仍然影響著明清士大夫的思想。

(三)從審美的角度以「雅／俗」說來批評

當士大夫發現滿街都可見到模仿其服飾，或是穿著奢侈的衣料，打扮新奇的暴發戶；而反觀自己卻無力如此揮霍，在心理上的確很難受。爲此除了努力開創新的服飾形式，以重塑自己的身分地位之外，他們也開始從美學的角度自圓其說，藉以批判當時平民的流行服飾。如徐復祚在《花當閣叢談》中敘述了明初太祖所定衣制，規定了凡是不同身分的人所穿著衣服之長度、袖長、袖口寬度等等；但是，「乃今婦人之衣如文官，去地寸許，裙與衣等，而男子之制迥殊古昔，袖之廣幾於全匹帛，男女盡然，殊不耐觀」[154]。他所謂的「殊不耐觀」的理由，其實只是因爲平民大眾皆不遵定制，混亂了身分地位。又如明季蘇州曾流行一種裙子叫「月華裙」，因爲此裙五色俱備，故人工物料，十倍於常裙。李漁在《閒情偶寄》中對

---

153 《新校本明史》，卷29，〈志第五‧五行二〉，頁476。

154 [明]徐復祚，《花當閣談叢》，卷1，〈衣制〉，頁13a-b，記明初太祖定服制，與《七修類稿》大同小異，但最後幾句記載較詳，從美學觀出發來評價。

此批評道：「暴殄天物，不待言矣。而又不甚美觀，蓋下體之服，宜淡不宜濃，宜淳不宜雜。」[155] 李漁從美學的角度認為裙子顏色應以單色且淡色為美，多色且深色實不宜也。徐復祚和李漁這兩個例子顯示了他們對服飾自有一套不同的審美觀，只是並沒有形成完整的理論。

有的士大夫則更進一步地發展出來了所謂「雅／俗」之分，用以凸顯自己高級審美觀之服飾是「雅」的，與一般平民從模仿、僭越、奢華與新奇形式如此這般「俗」的服飾不同。如萬曆《衡州府志》的作者，在述及衡陽縣服飾變化時就如此說道：

> 晚近競奢崇侈，寝失古意，家無磚石之儲，身有紈綺之飾，一筵之費當貧家數月饔飧。而士人巾擬漢唐，衣必曳地，閭閻轉相慕效，雅俗不分。[156]

作者對士人復古之風並無異議，反而是批評一般庶民「閭閻轉相慕效」之風，認為「雅、俗」不分，這意味著士大夫之巾飾乃「雅」，而閭閻慕效之風是「俗」。又如弘治《吳江志》所記服飾風俗時，加上譏諷評語：「習俗奢靡，愈趨愈下。庶民之家，僭用命婦服飾，加以鈒花銀帶，恬不知愧，愚俗無知可笑也。」[157] 作者把平民服飾奢侈僭越的變化，說成是「愚俗」。又如萬曆《長洲縣志》記載了蘇州城競尚奢侈的風氣，城西過於城東；但是城東從事紡織的婦女衣飾裝扮特別華麗，縣志作者以「欠雅」為辭來批評：

> 靚妝炫服，墮馬盤鴉，操籌倚市，萪、妻、齊蓋罕矣；惟以織造為

---

155 ［清］李漁，《閒情偶寄》，卷7，〈治服第三・衣衫〉，頁146。

156 ［明］余讓修，王宗本纂修，萬曆《衡州府志》（據明萬曆21年修刊本攝製，傅斯年圖書館藏縮影資料），卷2，〈地理志〉，頁41。

157 ［明］莫旦撰，弘治《吳江志》，收入《中國方志叢書・華中地方・江蘇省》（台北市：成文出版社據明弘治元年刊本影印，1983），冊446，卷6，〈風俗〉，頁239。

業者，俗曰「機房婦女」，好爲豔妝，雖縟欠雅矣。[158]

　　在明末盛行許多講如何鑑賞器物美學的作品中，作者多爲士大夫或文人，他們對雅俗之辨特別敏感。在述及流行的服飾時尚時，也刻意區分何者爲雅？何者爲俗？例如文震亨（1585-1645）在《長物志》中論及衣飾時開宗明義地說到：

> 衣冠制度，必與時宜，吾儕旣不能披鶉帶索，又不當綴玉垂珠，要須夏葛冬裘，被服嫻雅，居城市有儒者之風，入山林有隱逸之象，若徒染五采，飾文績，與銅山金穴之子侈靡鬥麗，亦豈詩人粲粲衣服之旨乎？[159]

他認爲穿著服飾要「必與時宜」，並非是要趕上時代潮流，而是說服飾要適合自己的身分與地位。而且很明顯地他因爲感受到「銅山金穴之子」這類商人與富戶對其身分上的威脅與壓力，因而他提出士大夫的衣冠應有自己「嫻雅」之風格，而不應與商人或富室般講求侈靡華麗之風相提並論，在他看來這類「侈靡鬥麗」的時尚是「俗」風[160]。他在接下來的內容中又明確地以實例指出當時各種服飾中的「俗」與「雅」。例如談到「被」，他認爲山東繭綢是次等，有落花流水、紫白等綿，「皆以美觀，不甚雅」；又有畫百蝶於上，「稱爲蝶夢者，亦俗」。關於巾飾方面，他認爲：「唐巾去漢式不遠，今所尚批雲巾最俗，或自以意爲之，幅巾最古，

158　[明]張德夫修，皇甫汸纂，萬曆《長洲縣志》（據明崇禎8年補刻萬曆26年刊本攝製，傅斯年圖書館視聽室藏縮影資料），卷1，〈地理志‧風俗〉，頁55-56。

159　[明]文震亨，《長物志》，收入《飲食起居編》（上海：上海古籍出版社，1993），卷8，〈衣飾〉，頁432。

160　明代後期士大夫用「雅、俗」之分別精英階層的品味與一般品味不同，實乃精英階層區分大眾奢侈消費者之一策略，不僅用於服飾方面，對於古董、書畫與器物等方面，更加明顯。參見Craig Clunas, *Superfluous Things: Material Culture and Social Status in Early Modern China*(Urbana, Ill.: University of Illinois Press, 1991).

然不便于用。」[161]

　　也有士大夫從實用的角度來批評當時的流行時尚，認為這些流行既不美觀，也不切實際。如海寧人許敦球（1541-1611）在《敬所筆記》中記鞋履的變化及其看法：「當時套鞋蒲鞋俱深面高跟，今則淺面低跟，欲急走則脫，脫而難行，此又其可笑者也。」[162] 萬曆《滁陽志》的作者戴瑞卿，對於晚明當地流行的服飾頗不以為然，認為：「士子峨冠大帶，袖長且過膝履，則青紅黃綠靡一；咸低頭淺根，履稍蔽，襪輒曳地，可笑。」[163]他也是以美觀與實用的角度來議論。

結論

一

　　明初帝國對於一般庶民的穿著，制定了種種繁瑣的規定，主要的目的除了是別華夷與崇儉抑奢以外，還要維持一個等級分明的社會。在這些繁雜的規定中呈現出優禮士人與重農抑商的特點。這些規制在明代維持相當久的一段時間，當時庶民服飾的確儉樸守制。之所以能夠如此主要是因為在大環境下當時的社會是呈現穩定停滯的狀態，所以這類規制在客觀的環境下是可以維持的。但至明中期以後，平民服飾開始出現變化，漸漸地有了「時裝」的出現，形成流行的服飾時尚。流行時尚的形式也有多樣化的趨勢，有復古風、求新奇，甚至模仿上層階級，形成所謂「僭越」之風。而婦女也是僭越之風與流行時尚的重要推手之一。這都說明了明代平民服飾至此已發生變革，和前一章的乘轎時尚一樣，都反映了從「特許體系」的社會，轉變到「時尚體系」的社會變動。

　　過去的西方史家，在論及中國近世的服飾時，透過當時在華傳教士的觀察資料，往往低估了中國服飾上的變革，如布勞岱爾的研究提到中國15

161　[明]文震亨，《長物志》，卷8，〈衣飾〉，頁433。

162　[明]許敦球，《敬所筆記》，頁319。

163　[明]戴瑞卿修，于永享等纂，萬曆《滁陽志》，卷5，〈風俗〉，頁3b。

至18世紀的服飾時，認爲中國社會因爲處於穩定的狀態下，所以幾百年來無太大的變化，也沒有流行的服飾時尚[164]。而S. A. M. Adshead比較中、西方15世紀以後的物質文化後，強調兩者之「消費主義」的心態有所不同。關於服飾方面，他認爲中國是「禮儀（禮制）比流行更重要」，而且歷代服制是操縱在男性仕紳手中，不像歐洲是由女性主導服飾時尚，所以中國人的服飾沒有像歐洲出現快速而持續的流行時尚，也沒有他所謂的要消費更多、享受更好的消費主義心態。而中國較西方的消費主義與消費能力落後，最後決定了雙方在近代經濟成長時，發生了先後與速率的快慢差異[165]。但是從本章的討論來看，以上兩位史家在比較中西服飾方面，明顯地低估明代後期服飾消費的變化。他們對中國當時服飾的印象頗值得商榷。

二

流行時尚形成的同時，出現社會倣傚的現象，背後反映了晚明時期高度的社會流動狀態。平民服飾流行的模仿與僭越之風，說明庶民的消費心態開始變化，他們意識到服飾已非重實用或華麗而已，而是身分地位的象徵。許多富商大賈極欲藉此以彰顯其身分地位，以努力打破舊有的社會等級。另一方面，從妓女與戲子扮演傳播時尚的要角可知，社會倣傚的現象並不只是單線的下階層模仿上階層而已，下層社會也具有創發時尚的能力與條件。

這些流行時尚變化快速，也意味著時尚傳播速度之快。而時尚的傳播正是透過市場網絡由城市向週邊的地區傳播，無疑地，城市扮演了相當重要的角色，甚至已成爲時尚形成與傳播的中心。尤其是江南的城市，蘇州是當時流行時裝的中心。流行時尚的快速變遷，帶動了消費的需求；在消

164　Fernand Braudel著、顧良等譯，《15世紀至18世紀的物質文明》，卷1，頁368-369。

165　S. A. M. Adshead, *Material Culture in Europe and China, 1400-1800: the Rise of Consumerism*, pp. 67-75; 100-101, 244.

費需求的刺激下，促進了江南紡織業與成衣業的發展。過去被視爲奢侈品的某些高級服飾，在大量生產之下價格大跌，成了一般人的日常用品。

三

在服飾風尚流行與變化的風潮中，受到最大影響的當是士大夫階層，尤其是下層的士人階層。當明中期以後科舉仕途漸漸壅塞，再加上其它社會階層的經濟地位提高，士人的社會地位已大不如前。相對的是商人階層在社會地位方面的提升，已經出現「士商相混」的現象。遂使明初服制中重農抑商的精神，因爲「士而賈，官而賈者」，而難以禁之。甚至過去被視爲賤業的某些社會階層，都因爲經濟力量提升，而爭相模仿士人服飾，以致「傭流優隸混與文儒衣冠相雜，無分貴賤」。明初優禮士人的服飾制度，至此已告崩潰。士人面對如此身分受威脅之現象，遂產生了相當強烈的危機意識。

爲此士大夫採取兩方面的對應，一是採取實際行動，要求中央與地方官重申禁令，禁止一般庶民穿著踰制的服飾，然而終歸是「欲禦之而不能也」。另一方面則是採用口誅筆伐，有的提出「古禮」之名，以化民成俗；雖然未見太大的成效，但是卻成爲日後清初「禮學復興」的前身。有的引用傳統以陰陽五行論爲基礎的「服妖」說，強調穿著新奇服飾會遭身家之禍，或藉以合理化服制禁令，尤其是到明清之際更用此說以解釋與檢討國家衰亡。由此顯見每當朝代興替之際，傳統陰陽五行說之影響力便形增大。

當禁令未達效果，各類批評亦無法發揮時，士大夫只有更積極地自創新風格、新形式的服飾衣冠，以重新塑造自己的身分與地位。同時也從美學的角度自圓其說，創造了「雅／俗」之分，以區別士人自身服飾的品味與眾不同。就如同美國學者卜正明在討論明代後期包括流行服飾在內的時尚（fashion）時指出，時尚其實是精英階層創造出來的，具有與下層社會區隔的排他性[166]。由本文可以看到菁英階層的士大夫階層，在晚明時曾努力

---

166 Timothy Brook, *The Confusions of Pleasure: Commerce and Culture in Ming China*,

創造流行時尚，就是因爲他們在面對社會其它階層的競爭。尤其是商人階層因爲經濟地位提升了社會地位後，他們在消費心態上也意識到服飾是社會地位的象徵，因而商人對當時流行時尚的推動不遺餘力，扮演了相當重要的角色。士大夫階層面對這樣的競爭與挑戰，包括了身分地位以及文化霸權的競爭，逼使他們更積極地、刻意地創造新的流行服飾的時尚，以重塑並維持自己的身分與地位。流行服飾與流行時尚可以說就是社會競爭下的產物，因之在這些社會階層互相競爭與眾聲喧嘩之中，明末的士庶冠服呈現了多樣、多變的風貌。

　　晚明的士大夫在消費文化方面所塑造的品味，不僅僅反映在服飾風尚方面，而且品味的塑造還昇華到理論層次與具體的實踐面。下一章將從旅遊的消費文化，進一步地探討之。

圖3-1　《大明會典》中的忠靜冠服圖

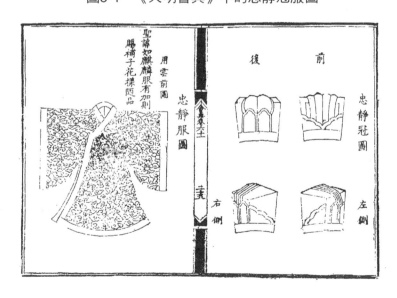

資料來源：《大明會典》，卷61，〈冠服二‧文武官冠服‧忠靜冠服〉，頁25a-b。

（續）————————————
　　pp. 218-219.

圖3-2　《皇都積勝圖》中所繪庶民戴的六合一統帽

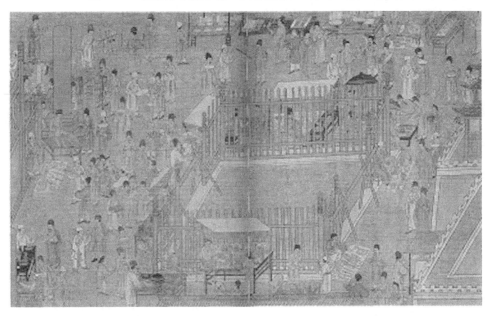

資料來源：中國歷史博物館編，《華夏之路‧第四冊——元朝時期至清朝時期》（北京：朝華出版社，1997），Pl.87，頁89。

資料來源：沈從文，《中國古代服飾研究》（香港：商務印書館，1992），頁571。

圖3-3　《天工開物》插圖中所繪之網巾

資料來源：沈從文，《中國古代服飾研究》，頁459。

圖3-4　明代流行的各種巾式

說明：最上圖是四方平定巾，採自沈從文《中國古代服飾研究》（上海：上海書店出版
社，2002），頁571；中間圖由左至右，依序為周巾、唐巾、東坡巾；下圖為純陽巾、凌
雲巾、飄飄巾，採自黃能馥，陳娟娟編著，《中國服裝史》（北京：中國旅遊出版社，
1995），頁292；周錫保，《中國歷代服飾》（北京：中國戲劇出版社，1984），頁401、
403。

圖3-5 明人所繪之南都繁會圖中的靴鞋店

圖3-6 瓦楞帽圖

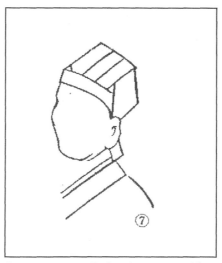

資料來源：明人張岱纂《越中三不朽圖贊》。

圖3-7　水田衣

資料來源：華梅，《中國服裝史》（天津：天津人民美術出版社，1989），頁72。

第四章
消費品味與身分區分——以旅遊文化為例

> 仕女傾城而往，笙歌笑語，塡山沸林，終夜不絕。
> 遂使丘壑化為酒場，穢雜可恨。予初十日到郡，連
> 夜遊虎丘，月色甚美，游人尚稀，風亭月榭間，以
> 紅粉笙歌一兩隊點綴，亦復不惡，然終不若山空人
> 靜，獨往會心。
>
> ——李流芳〈遊虎丘小記〉

　　在晚明消費社會形成的環境下，許多消費活動逐漸普及到社會下層，同時也衝擊了既有的精英階層——士大夫的消費文化。於是消費文化形成了一種社會競爭，也就是透過消費來取得社會身分的認定。在這樣的競爭過程中，晚明的士大夫還發展出一套「品味」的論述，為的是與其它階層作區分。上　章已經看到服飾的流行時尚具有身分區隔之作用。本章將以旅遊活動為例，進一步地探討晚明士大夫如何塑造消費的「品味」？又如何用來區分身分？

　　「旅遊」一詞在中國古籍中最早出現在南北朝時，梁朝詩人沈約在題為〈悲哉行〉的詩中寫道：「旅遊媚年春，年春媚游人。」到了唐代「旅游」一詞開始被大量運用。從此一詞的出現也反映中國旅遊的悠久歷史[1]。本文所要探討的主題是旅遊，而非旅行；就定義而言，「旅游」或「旅遊」一詞與「旅行」一詞最大的差異是，後者重點在「行」字，遊覽

1　鄭焱，《中國旅遊發展史》（長沙：湖南教育出版社，2000），頁2-3。

並不是它的主要目的；而旅遊的重點是在「遊」字，遊覽就是它的最終目的。

　　旅遊活動在中國的歷史出現雖早，但是到了明代，尤其是到晚明時期，旅遊風氣可說是盛極一時。當時留下來的大量「遊記」，過去多成為文學史家討論小品文的素材[2]；另外還有一些涉及旅遊的山水畫作，則是藝術史家的研究對象[3]。近年來晚明的旅遊活動逐漸受到史學界的重視，但是對旅遊活動的消費文化並無完整與深入的分析[4]。

　　晚明旅遊風氣的興盛已經從上階層蔓延到社會大眾；旅遊的活動從精英分子的宦遊與士遊，普及到大眾旅遊。本章第一部分將分別描述這兩方面的發展。其次，再就旅遊活動的形成特徵，與其造成的社會競爭作探討。最後，則是詳述士大夫如何塑造「品味」。又因為大部分的遊記內容所記載的旅遊活動，多是江南地區人們的旅遊活動，而旅遊的範圍也以江南地區為主，所以本文的討論也以江南為中心。

2　陳萬益，《晚明小品文與明季文人生活》(台北：大安出版社，1988)；毛文芳，〈閱讀與夢憶——晚明旅遊小品試論〉，《中正中文學報年刊》，期3(2000年9月)，頁1-44。

3　傅立萃，〈謝時臣的名勝四景圖——兼談明代中期的壯遊〉，《美術史研究集刊》，期4(1997)，頁185-222；James Cahill, "Huang Shang Paintings as Pilgrimage Pictures," in Susan Naquin and Chün-fang Yü, eds., *Pilgrims and Sacred Sites in China* (Berkeley: University of California Press, 1992), pp. 246-292.

4　參見周振鶴，〈從明人文集看晚明旅游風氣及其與地理學的關係〉，《復旦學報(社會科學版)》，2005年第1期，頁72-78；陳建勤，〈明清時期的旅遊消費及其支出——以長江三角洲為例〉，《消費經濟》，期4(2000)，頁63-65；陳建勤，〈論「游道」——明清文士旅遊觀研究之一〉，《旅遊月刊》，期4(2000年8月)，頁64-68；林皎宏，〈晚明黃山旅遊的興起〉，《史原》，期19(1993年10月)，頁131-171。張嘉昕，《明人的旅遊生活》(宜蘭羅東：明史研究小組，2004)；吳智和，〈明人山水休閒生活〉，《漢學研究》，卷20期1(2002年6月)，頁101-128。Timothy Brook, *The Confusions of Pleasure: Commerce and Culture in Ming China*, pp. 174-182.

第一節　士大夫旅遊風氣的興盛

(一)宦遊與士遊

晚明許多士大夫喜好旅遊，從他們對自己性格的描述就可以看到。例如袁中道(1570-1623)自稱：「天下質有而趣靈者莫過山水。予少時知好之，然分於雜嗜，未篤也。四十之後，始好之成癖，人有詫予爲好奇者。」[5] 鄒迪光談到自己的喜好也說：「余故孱弱，少所濟勝，不能游，而獨好游，當余□屬之未解桔据，鞅掌蒿目焦心，一食而停匕箸者再，而所過佳山水，未嘗不游。」[6] 鄭材也說：「余性愛游往，雖仕宦不廢，登臨後，以老親在堂，不敢遠出，既而讀禮廬舍，游道已矣。」[7] 或者是對某些人的形容，也常見喜好旅遊的描寫，如陳繼儒(1558-1639)在〈閩游草序〉中，描寫他的朋友周公美的性格時也說：「未四十，敕斷家務，有了孝且賢，不遺世事經懷，公美日與群從讀書食酒，爲名『山游』。」[8] 再如朱國禎(1558-1632)自稱「生平好游」，又提到當時士大夫中稱善遊者，莫過於王士性，「性既好遊而天又助之，宦跡半天下」[9]。

晚明出現許多各式各樣與旅遊有關的出版品，最常見到的就是大量的遊記。從這類書籍的大量出現，反映了晚明士大夫旅遊風氣的興盛。據學者周振鶴統計明人文集中遊記的數量顯示，明代前中葉的遊記並不多，至

5　[明]袁中道著，錢伯城點校，《珂雪齋集》(上海：上海古籍出版社，1989)，卷10，〈王伯子岳游序〉，頁460。

6　[明]鄒迪光，《鬱儀樓集》，收入《四庫全書存目叢書》(台南：莊嚴文化事業有限公司據北京大學圖書館藏明萬曆刻本影印出版，1997)，集部，別集類，冊158，卷36，〈遊吳門諸山記〉，頁1a-b。

7　[明]鄭材，《悅偃齋文集》(日本京都大學人文科學研究所藏明刊本)，卷10，〈游上方山記〉，頁10a。

8　[明]陳繼儒，〈閩游草序〉，收入黃卓越輯，《閑雅小品集觀──明清文人小品五十家》(南昌：百花洲文藝出版社，1995)，冊上，頁260。

9　[明]朱國禎，《湧幢小品》，卷10，〈己丑館選〉，頁8b-9a。

嘉靖年間(1522-1566)漸漸增加，萬曆(1573-1620)以後則是大量出現[10]。文集中除了遊記以外，旅遊詩更是不勝枚舉。單行本的遊記與旅遊詩也大量問世，通常會以某地「遊草」或某地「遊記」爲書名，甚至還有將各地著名旅遊勝地由古至今相關的遊記與旅遊詩總集成冊的書，如吳郡都穆(1458-1525)編的《遊名山記》與王世貞(1526-1590)編的《名山記廣編》等書皆是。這些遊記反過來也直接影響到晚明士大夫的旅遊風氣，有些例子顯示讀者在閱讀完遊記後毅然決然地走向旅遊的道路。如王思任(1575-1646)在〈紀遊〉一文中提到他對於「台蕩之勝」本已有很高的興趣，所謂「入懷者廿年，入夢者幾夜」；最後決定去旅遊的動機就是「偶讀駕部張肅之《台游草》，遂投袂而起，屐及于窒皇，裝及於寢門之外，舟及於五雲之澔」[11]。此可見《台遊草》就不只是文學作品而已了，它還可以說是一種旅遊導覽手冊，刺激了人們想去旅遊的神經[12]。

　　後來還有圖文並茂的旅遊書，這個風氣起自萬曆37年(1609)輯刻的《新鐫海內奇觀》一書，內有全國各地風景名勝一百三十餘幅(圖4-1)。此書的編輯方式開後來諸名山記有圖之端，出版後大受歡迎，成爲當時頗具影響力的一本書。另外，當時流行的山水畫作也同樣具有類似旅遊導覽的功能，這些山水畫作常以「臥遊冊」作爲名稱，虞淳熙(1553-1621)的〈五岳勝覽序〉就說這種圖文並茂的畫冊比起遊記更具有吸引力：

> 近世有《岱史》、《岱宗記》、《五岳記》、《游名山記》，而王恒叔太
> 僕有《游岳圖文》，附以異跡，質之與乘桑、鄺諸家言，一日臥

10　周振鶴，〈從明人文集看晚明旅游風氣及其與地理學的關係〉，頁73-74。

11　[明]王思任，《王季重雜著(下)》(台北：偉文圖書公司，1977)，〈紀遊〉，頁645。

12　也有士大夫無法親身旅遊而以閱讀遊記來過乾癮，如沈愷常聽越中人士談及西湖之美，但平生卻無法一遊，成爲其憾事，遂取田汝成的《西湖遊覽志》讀之。見沈愷著，〈小西湖記〉，見《環溪集》，收入《四庫全書存目叢書》(台南：莊嚴文化事業有限公司據明隆慶5年至萬曆2年沈紹祖刻本影印出版，1997)，集部，別集類，冊92，卷3，頁33a。

游，未能周五岳矣，況復騁亥步莊運，專勝遊婚嫁之後哉！[13]

再者，如晚明喜歡蒐藏山水畫作的何良俊(1506-1573)，在《四友齋叢說》書中談到他之所以蒐藏山水畫作，就是因爲一般的名山遊記只是文字，不如圖文並茂的山水畫精彩，他說：

> 余觀古之登山者，皆有遊名山記，縱其文筆高妙，善於摩寫，極力形容，處處精到，然於語言文字之間，使人想象，終不得其面目。不若圖之縑素，則其山水之幽深，煙雲之吞吐，一舉目皆在，而吾得以神遊其間，顧不勝於文章萬萬耶。[14]

而他自云老年蒐集山水畫的目的，就是爲了滿足他想要旅遊的欲望：「正恐筋力衰憊，不能遍歷名山，日懸一幅於堂中，擇溪山深邃之處，神往其間，亦宗少文臥遊之意也。」[15] 這就是他以爲的「臥遊」樂趣[16]。故而從另一個角度來看，這些臥遊冊與山水畫作也可以說是一種旅遊導覽手冊，它們提供了人們旅遊景點時的一種視覺印象，頗似現代風景畫或明信片，讓士大夫在旅遊時會注意某些景觀。

　　中國歷代統一的帝國時期因爲幅員廣大，地方官通常都會派任到離原籍很遠的地方，因而所謂「宦遊四方」是早已有之。但是到了晚明，「宦遊」的意義漸漸轉向休閒旅遊。明代地方官最重要的行政工作不外乎錢穀與刑名，錢穀稅收方面是例年特定時候的事情，而刑名則是日常的行政工

13　[明]虞淳熙，〈五岳勝覽序〉，收入[明]陸雲龍等選評，蔣金德點校，《明人小品十六家》(杭州：浙江古籍出版社，1995)，頁203。

14　[明]何良俊，《四友齋叢說》，卷28，〈畫一〉，頁257。

15　同前註，頁255。

16　由此可見晚明流行的寫實山水畫風和旅遊風氣興盛不無關係。有關晚明旅遊風尚與山水畫的關係參見傅立萃，〈謝時臣的名勝四景圖──兼談明代中期的壯遊〉，頁185-222；James Cahill, "Huang Shang Paintings as Pilgrimage Pictures," pp. 246-292.

作，所以官員在「無訟事」的時候就是他們旅遊的時機。如天啓年間
(1621-1626)任山西布政使的文翔鳳在〈游青泥澗吉祥寺雜記〉即云：
「四月某日，又校射于郊堂，無訟事，日腳尚未至地，予命轡，不至二里
而晡，遂馳還。」[17] 又如王臨亨過潮陽時，回憶起友人稱當地金城最勝，
於是「讞畢無事，同兩別駕遊金城，顧而樂之，謂柱史之言不謬也」[18]。

　　晚明不只是有上層士大夫的「宦遊」，就連中、下層士大夫的「士
遊」也非常興盛，舉人就是提倡士大夫旅遊風氣的主力之一。當時江南最
有名的例子莫過於黃省曾(1490-1540)了。蘇州人黃省曾，個性風流儒
雅、卓越罕群；嘉靖17年(1538)進京應科考時，正巧友人田汝成(嘉靖五
年[1584]進士)過吳門，與談西湖之勝，他便激動地輟裝往遊，盤桓累日
而不應考。據說他還自號「五岳山人」，田汝成便戲之曰：「子誠山人
也！癖耽山水，不顧功名，可謂山興。」[19]

　　至於生員喜好旅遊的例子亦是常見，如公安派作家丘坦，字坦之，號
長孺，湖廣麻城人。萬曆34年(1606)舉武鄉試第一，官至海州參將；善
詩，工書，喜遊歷。當其仍是諸生時，就與袁氏兄弟交好。袁宏道任吳縣
知縣時曾寫信給他，邀其同遊江南太湖：「近日遊興發不？茂苑主人
（按：袁宏道自稱）雖無錢可贈客子，然尚有酒可醉，茶可飲，太湖一勺
水可遊，洞庭一塊石可登，不大落寞也。如何？」[20] 只有生員身分的松江
名士陳繼儒亦喜好旅遊，他自稱喜遊於方內，潛若蔡龍，俛若拱鼠矣，而
倘佯於山水之間，微露本真性情，所以遊伴嘲之為「老猿孤鶴」；甚且
「每欲勍斷家事，一了名山之緣」[21]。

17　[明]文翔鳳，〈游青泥澗吉祥寺雜記〉，收入[明]陸雲龍等選評，蔣金德點校，
　　《明人小品十六家》，頁339。

18　[明]王臨亨，《粵劍編》（北京：中華書局，1987），卷4，〈志遊覽・鳳城遊
　　紀〉，頁98。

19　[明]朱國禎，《湧幢小品》，卷17，〈山遊〉，頁16a。

20　[明]袁宏道，《袁宏道集箋校》，卷5，〈丘長孺〉，頁208。

21　[明]陳繼儒，《陳眉公集》，收入《續修四庫全書》（上海：上海古籍出版社據
　　上海圖書館藏明萬曆43年史兆斗刻本影印，1995），集部，別集類，冊1380，卷
　　6，〈紀遊稿引〉，頁17a。

在此值得一提的是，從明末清初才女的詩文著作中，顯示婦女常會隨夫家宦遊；此外，官宦士人婦女於持家之餘出遊取樂，業已成爲當時的風氣[22]。

（二）士大夫旅遊的實踐

士大夫實際旅遊時先要選定旅遊地點，從士大夫所撰作的所謂「遊記」的文體來看，對他們而言，最能稱得上值得「遊」的不外是名山、大湖與園林三大類[23]。一般選擇作爲旅遊地點的名山通常還具備有幾個條件：包括了有古蹟、古刹、奇泉、名石、大觀寺廟或是宗教聖地等等。值得注意的是，雖然名山大澤常是著名的旅遊景點，但是因爲距離遙遠，旅費高且風險大，所以能夠到達賞遊的人並不多，當然更不用說偏遠的不知名景點，就像費元祿解釋其家鄉鉛山縣雖有美景卻無人知曉的原因：「要以地僻，故未經驗雅之士品題耳，不當以目論也。」[24] 反而是距離近的景點因爲交通方便，所以遊人眾多。對當時經濟與文化中心所在的江南地區而言，能夠從事長程旅遊，即所謂「壯遊」的士大夫仍是少數，大部分的士大夫仍多只是從事短距離的旅遊，目的地是江南附近的名山，就如同楊循吉（1456-1544）所云：「吳中之山，多在郡城西，其來遠矣。今吳人之所恒游者，特其至近人跡者耳，至於幽僻奇絕之境，固莫至也。然遠方之客，雖至近可到之山，亦鮮有能及游者焉。」[25]

22　高彥頤，〈「空間」與「家」──論明末清初婦女的生活空間〉，《近代中國婦女史研究》，期3（1995年8月），頁30-41。

23　明代旅遊的景點很多，限於篇幅在此略而論之。特別值得一提的是，宋代理學家的「悟道處」也會成爲晚明士大夫的旅遊勝地，如顧憲成在萬曆十五年行經道州，聞周敦頤悟道於離州治約四十里的「月巖」，隔日遂偕往。抵達後待友人指稱某處爲濂溪先生故里時，他激動地感到「翩翩神往」！又稱：「生平傾慕先生，如飢如渴，一旦得游其處，以故目若爲之加明，耳若爲之加聰，心若爲之加爽。」見[明]李翊，《戒庵老人漫筆》，卷8，〈遊月巖記〉，頁342-345。

24　[明]費元祿，《鼂采館清課》，卷下，頁3a。

25　[明]楊循吉，《燈窗末藝》，收入《四庫全書存目叢書》（台南：莊嚴文化事業有限公司據明人文集叢刊影印明鈔本，1997），集部，別集類，冊43，〈西山游別詩後序〉，頁336。

　　而江南因為士大夫與文人薈聚，留下許多該地區的遊記，也使得江南大城市及其附近形成了許多具有全國性知名度的旅遊勝地。單從《吳縣志》中所蒐錄描繪該地區的遊記數量驚人，便可知江南勝景聞名的由來。謝肇淛就以蘇州虎丘為例云：「山川須生得其地，若在窮鄉僻壤，輪蹄絕跡之處，埋沒不稱者多矣。如姑蘇之虎丘，鄒之大嶧，培塿何足言？而地當舟車之會，遂令遊詠讚賞，千載不絕。豈亦有幸不幸耶？」[26]

　　交通工具對旅遊來說是一大要件，晚明士大夫很重視所謂的「遊具」或「濟勝之具」，指的就是旅遊時的交通工具與攜帶的器具，旅遊的目的地可否到達就要看遊具或濟勝之具是否備全。從晚明文人的遊記也可以看到他們很重視旅遊時交通工具的舒適性，如張瀚(1510-1593)在《松窗夢語》中提到他遊蜀的經驗，當他由三峽而下湘江時，兩岸桃花盛開，放舟千里間，「良一快遊」。然而遺憾的是：「但舟制不佳，四櫓搖撼，板木皆動，舟中之人不能穩坐，況咿啞之聲聒耳，對面語不相聞，較他處舟航迥異。」[27] 他在意游船的不舒適而使遊興大減。

　　至於旅遊需要攜帶的器具有哪些呢？我們可以從士大夫在旅遊前廣發給親朋好友的邀請函內容中，看到這些器物的名稱。如張岱(1597-1685)的〈游山小啓〉是如此寫著：

> 凡游以一人司會，備小船、坐氈、茶點、盞箸、香爐、薪米之屬，每人攜一籃、一壺、二小菜。游無定所，出無常期，客無限數。過六人則分坐二舟，有大量則自攜多釀。約○日遊○舟次○右啓。某老先生有道。司會某具。[28]

信中細錄了出遊時需攜帶的東西，包括了食物，如茶點、二碟小菜、一籃一壺茶酒與薪米之屬；以及旅遊的器具，如坐氈、盞箸、香爐等等。由其

26　[明]謝肇淛，《五雜俎》，卷4，〈地部二〉，頁88。
27　[明]張瀚，《松窗夢語》，卷2，〈西遊紀〉，頁40-41。
28　[明]張岱，《瑯嬛文集》，卷2，〈啓·游山小啓〉，頁101。

所列之器具並不完全是旅行用的必需品，而多有茶酒等奢侈消費品。從張岱信中所提到了飲食器具與食品，顯示士大夫即使在旅遊時對飲食仍然非常注意[29]，尤其像酒與茶更是助興的重要飲料，就如同姚希孟所云：「斗酒尤不可少。」明中葉已見此現象，如徐有貞(1407-1472)同友人遊蘇州雲巖時，一面旅遊登賞，一面則是山珍海味、飲酒喝茶，所謂：「列席而飲，用司馬公貞率會例，酒至白斝，杯行無筭。于時黃花方盛開，……而山珍海味錯間之。每酒行三五巡，則一瀹以茗，故雖酣而不醉，醉而不亂。」[30] 至晚明愈見顯著，如王臨亨遊廣東韶州附近的風景時，「命舟子移棹山陰，汲泉煮茗，飽噉嫩綠」[31]。因而為了帶酒煮茶，酒器與茶具亦不能少。如李日華的日記曾記載其欲往武林，但以雪盛不果行，「遂同細君、亨兒、丑孫攜酒罍茗床泛雪」[32]。陳繼儒在〈游桃花記〉也說：「余以花朝後一日，呼陳山人父子，暖酒提小榼，同胡安甫、宋賓之、孟直夫，渡河梁踏至城以東，有桃花蓊然。」[33] 他們所說的「榼」就是有蓋的酒器。

當然以士大夫的個性而言，少有自己背負攜帶這些器具，更何況所帶東西又如此之多，所以通常都有奴僕隨從。僕人中還包括了善歌的童子，如李日華的日記有多次記載他和友人出遊，攜有歌伎與歌童，「遊者鼓吹間作，絲肉雜陳，亦有以火花煙爆佐之者」，或是「令家童度新聲或演

29　[明]胡廣，〈游陽山記〉，收入勞亦安輯，《古今遊記叢鈔》(上海：中華書局，1924)，冊4，卷15，〈江蘇省〉，頁26。描寫作者遊覽時有流僧曰：「漁鱘魚者，斤可十八錢，買而及釜，猶鱍鱍生動也。」他們聽後果然食指大動，「頃之客有買鱘魚來者，果鮮活，色青，鰓微開合，遂烹魚，酌水晶菴石庭，菴瞰江」。

30　[明]徐有貞，〈雲巖雅集志〉，收入〔明〕林世遠修，王鏊纂，正德《姑蘇志》，卷8，〈山上〉，頁11。

31　[明]王臨亨，《粵劍編》，卷4，〈志遊覽·紀行〉，頁98。

32　[明]李日華，《味水軒日記》(上海：上海遠東出版社，1996)，卷7，頁514。

33　[明]陳繼儒，《陳眉公集》，卷9，〈游桃花記〉，頁9a-b。又如李流芳在〈遊虎山橋小記〉說道至虎山之夜，「月初出，攜榼坐橋上小飲。湖山遼闊，風露曉然，真異境也」。見[明]李流芳，《檀園集》，卷8，頁7a。

劇，以佐歡笑，超然自得」[34]。鄒迪光在遊吳門諸山時雇了肩輿者十一，七以舁主人與客人，四以舁童子，因爲「諸童善歌，不欲以筋力敗咽喉，故於諸酒肴二擔，衾被三擔，從者四五人，循松蘿而進」[35]。這些歌童的主要任務就是爲娛樂主人。又如袁宏道於萬曆23年(1595)與袁中道、江盈科(1553-1605)一行人同登上方山看月，「藏鉤肆謔，令小青奴罰盞」，至夜半霜露沾衣，酒力不勝始歸[36]。此外士大夫旅遊時還會帶幾位廚師，如王思任在〈游敬亭山記〉就說：「廚人尾我，以一觴勞之留雲閣上。」[37]他在遊覽「台蕩之勝」時，也是「敕一書記、一童子、一庖、一管辦，二粗力人行矣」[38]。帶廚師的目的也是爲滿足主人的口腹之慾。

在明人的遊記中常見帶妓女或戲子隨伴，最有名的莫過於譚元春的〈再游烏龍潭記〉一文中對「姬」[39]的描述，其云：

> 下雨霏霏濕幔，猶無上岸之意。已而雨注下，客七人，姬六人，各持蓋立幔中，濕透衣表。風雨一時至，潭不能主。姬惶恐求上，羅襪無所惜。客乃移席新軒，坐未定，雨飛自林端，盤旋不去，聲落水上，不盡入潭，而如與潭擊。雷忽震，姬人皆掩耳，欲匿至深處。⋯⋯忽一姬昏黑來赴，始知蒼茫歷亂，已盡爲潭所有，亦或即爲潭所生，而問之女郎來路，曰不盡然，不亦異乎？[40]

此篇記中花了相當多的篇幅敘述隨行的妓女遇雨時的窘相，對作者而言似

34　[明]李日華，《味水軒日記》，卷2，頁122；卷6，頁365。

35　[明]鄒迪光，《鬱儀樓集》，卷36，〈遊吳門諸山記〉，頁3a。

36　[明]袁宏道，《袁宏道集箋校》，卷4，〈上方〉，頁159-161。

37　[明]王思任，《王季重雜著(下)》，〈游敬亭山記〉，頁560。

38　[明]王思任，《王季重雜著(下)》，〈紀遊〉，頁645。

39　明代江南地區稱婦女爲「姬」(據錢希言，《戲瑕》，卷1，〈稱姬〉，頁12a-13b)，但是在遊記中陪客人旅遊的「姬」恐非一般民家婦女，而應該是妓女或優人。

40　[明]譚元春，〈再游烏龍潭記〉，收入譚元春著，陳杏珍標校，《譚元春集》(上海：上海古籍出版社，1998)，卷20，《鵠灣集一》，〈記〉，頁558。

乎是旅遊中的另一大樂事。由此可見，攜妓的這種行為在當時士大夫的社交圈中，成了一種風流的韻事[41]。李日華的日記中也有多次提及他旅遊時與受邀的遊樂場合，帶有歌妓與「姬」作表演娛樂遊客。如程姓徽商邀請他坐酒舫遊湖時，「呼廣陵摘阮伎二人，絲肉競發，頗有涼州風調。酒酣月出，登煙雨樓清嘯。二伎更為吳歈新聲，殊柔曼攪人也」[42]。

第二節　大眾旅遊的盛行

晚明以後不只是士大夫圈中盛行旅遊，在大眾文化中也蔓延一股旅遊的風氣，這可以從幾方面看到。首先是隨著城市經濟的發展，許多大城市附近的風景區也成為一般大眾聚集旅遊的勝地。此外，除了傳統的歲時節慶之外，至明中葉以後還出現許多新的廟會節慶，這些民間信仰的廟會活動同時也帶動了旅遊風潮。還有表面上是具有宗教性質的進香活動，至晚明也愈發興盛，背後其實也是一種娛樂性的旅遊活動。

(一)城市旅遊

晚明以後隨著城市經濟的發展，許多大城市如北京、蘇州、杭州、南京等地附近的名勝，都出現了「都人士女」聚遊與「舉國若狂」的景象。北京的例子，如袁中道在〈西山十記〉中描寫北京西直門外之西湖，「每至盛夏之月，芙蓉十里如錦，香風芬馥，士女駢闐，臨流泛觴，最為勝處

41　如何良俊在《四友齋叢說》中就記載文徵明的一則趣事：「錢同愛少年時，一日請衡山（按：文徵明的字號）泛石湖，雇遊山船以行，喚一妓女匿之梢中。船既開，呼此妓出見，衡山倉惶求去，同愛命舟人速行，衡山窘迫無計。」見[明]何良俊，《四友齋叢說》，卷28，頁158。此故事又見於[清]唐仲冕編的《六如居士外集》（台北：新文豐出版社據昭代叢書排印，1989），收入《叢書集成續編》，史地類，冊262，頁6b-7a，但是主角則是唐寅戲弄文徵明。

42　[明]李日華，《味水軒日記》，卷4，頁247。又萬曆43年(1615)5月29日記有友人程擢具湖舫迎李日華等同禮部官員賀立庵泛舟旅遊，並呼善阮者楊姬陪酒，李日華云三年前曾認識楊姬，「今高髻綽約，光艷異常」，另又挾一小姬同遊。同前書，卷7，頁464。

矣」[43]。袁宏道的〈游高梁橋記〉也記北京西直門外的高梁橋，乃「京師最勝地也」；「當春盛時，城中士女雲集，縉紳士大夫，非甚不暇，未有不一至其地者也」[44]。袁中道描寫北京的香山，「至於良辰佳節，都人士女，連珮接軫，綺羅從風，香汗飄雨，繁華鉅麗，亦一名勝」[45]。

　　杭州自宋室南渡之後，西湖就已成旅遊勝地，至明代不衰。虞淳熙描繪杭州西湖與臨近慧日峰之間的美景時，也提到遊客眾多之景象：「升頂則日輪旭生，浮江映湖，江舟如葉，湖舟如鳧，錦塘蘇堤，游人如蟻，簫鼓隱隱，聲如蝍蟧，而瓦如鱗、山如髻，則城中浙外之景也。」[46]張瀚的《松窗夢語》也談到西湖旅遊之勝況：

> 杭俗春秋展墓，以兩山逼近城中，且有西湖之勝，故清明、霜降二候，必拜奠墓下。此亦《禮》云「雨露既濡，履之怵惕，霜露既降，履之悽愴」遺意也。然暮春桃柳芳菲，蘇隄六橋之間，一望如錦，深秋芙蓉夾岸，湖光掩映，秀麗爭妍。且二時和煦清肅，獨可人意。闔城士女，盡出西郊，逐隊尋芳，縱葦蕩槳，歌聲滿道，簫鼓聲聞。遊人笑傲於春風秋月中，樂而忘返，四顧青山，徘徊煙水，真如移入畫圖，信極樂世界也。[47]

王叔承也形容西湖道：「湖中盡植紅蓮，異時若春夏晚秋，則錦雲萬頃，湖船、遊敖、畫艦或舴艋，輕橈如葉；士女好遊，多爲青樓冶妝，遊無休時，綺繪與花柳相豔也。」[48]

　　南京的例子，如王士性在《廣志繹》書中所記載的秦淮河一帶，「夏

43　[明]袁中道，《珂雪齋集》，卷12，〈西山十記〉，頁535。

44　[明]袁宏道，《袁宏道集箋校》，卷17，〈游高梁橋記〉，頁628。

45　[明]袁中道，《珂雪齋集》，卷12，〈西山十記・記三〉，頁537。

46　[明]虞淳熙，〈慧日峰記〉，收入[明]陸雲龍等選評，蔣金德點校，《明人小品十六家》，頁214。

47　[明]張瀚，《松窗夢語》，卷7，〈時序紀〉，頁136-137。

48　[明]王叔承，〈武林富春遊記〉，收入《古今遊記叢鈔》，冊4，頁63。

水初闊，蘇、常遊山船百十隻，至中流，簫鼓士女闐駢，閣上舟中者彼此
更相覷爲景」[49]。另一個著名的景點是雨花台，正德《江寧縣志》云：
「二月攜酒遊山，城南雨花台最盛，謂之踏青，每日遊人晚歸如蟻，迄三
月終無間日。」[50]

　　至於蘇州的大眾旅遊景點與旅遊活動更多，如正德《姑蘇志》所云：
「二月始和，樓船載管簫遊山，其虎丘、天平、觀音、上方，諸山最盛，
山下竹輿輕窄，上下如飛。」[51]天平山在支硎山南五里，「並爲遊者所走
集，雖素玩麗矚不同，皆爲山林生色」[52]。除了山色以外，蘇州附近的荷
花蕩與石湖亦是重要的觀光旅遊景點，如袁宏道在其著名的遊記〈荷花
蕩〉一文中，形容葑門外的荷花蕩於每年6月24日時遊人最盛，「畫舫雲
集，漁刀小艇，雇覓一空」。而且「舟中麗人，皆時妝淡服，摩肩簇舄，
汗透重紗如雨。其男女之雜，燦爛之景，不可名狀。大約露幃則千花競
笑，舉袂則亂雲出峽，揮扇則星流月映，聞歌則雷輥濤趨」。所以在文末
他指出這是「蘇人遊冶」極盛的代表[53]。至於位在蘇州西部的石湖，三峰
環遶，唐代已在此建梵宇楞伽寺，自古即有大眾的宴遊活動，至明代亦是
如此。朱逢吉的〈遊石湖記〉就說：「自前代時，城內外暨村落百餘里
間，男女稚耋，當春夏月，遠近各相率舟行，載酒肴，雜樂戲具。徒行，
乘馬驢竹兜，競以壺榼食器自隨，或登以樂神日，肩摩跡接，畢則宴遊，
以樂太平，逮今如之。」[54]

49　[明]王士性，《廣志繹》，卷2，〈兩都〉，頁24。

50　[明]王誥、劉雨纂修，正德《江寧縣志》，收入《北京圖書館古籍珍本叢刊》
　　（北京：書目文獻出版社據明正德刻本影印，1988），史部，地理類，冊24，卷
　　2，〈風俗〉，頁18a。

51　[明]林世遠修，王鏊纂，正德《姑蘇志》，卷13，〈風俗〉，頁3b。

52　[明]牛若麟修，王煥如纂，崇禎《吳縣志》，卷3，〈山〉，頁42。

53　[明]袁宏道，《袁宏道集箋校》，卷4，〈荷花蕩〉，頁170。

54　[明]朱逢吉，〈遊石湖記〉，收入《古今遊記叢鈔》，冊4，卷15，〈江蘇省〉，頁
　　36-37。

（二）廟會節慶

晚明在傳統的節日之外，又出現許多新興的廟會節慶。相較於過去，明末清初的廟會節慶顯示出種類的多樣化、活動的頻繁化與空間的普及化等特點[55]。有的地區這類廟會節慶更進一步地發展到以城鎮爲中心，而將城鄉緊密聯繫在一起的「巡會」節慶，如《吳社編》中描寫蘇州城內祭祀五通神的「五方賢聖會」時，提到除了在城中有「會首」主其事外，還記載城廂週邊鄉村的參與者，稱爲「助會」者：

> 荒隅小市，城陰井落之間，不能爲會，或偏門曲局，一部半伍，山裝海飾，各殫其智，以俟大會成並入會之者，曰「助會」。[56]

另外還有所謂「解錢糧」習俗，即市鎮附近信仰村廟的鄉民，在市鎮神廟（可能是鎮城隍廟、東嶽行宮或總管廟等）的誕辰節慶時，要上納銅錢或紙幣，還要抬村廟神像到市鎮參拜。無論是「助會」或「解錢糧」，都反映了明代中期以後江南商品經濟的發達，加深了小農經濟與市場的關係，使農民日常生活的圈子超越了「村」的範圍，而是以特定的市鎮或縣城爲中心[57]。

---

55 有關明中葉以後新興節慶的出現，江南的例子參見拙作，〈節慶、信仰與抗爭——明清城隍信仰與城市群眾的集體抗議行爲〉，《中央研究院近代史研究所集刊》，期34(2000年12月)，頁152-157；北京的例子，見Susan Naquin, *Peking: Temples and City Life, 1400-1900* (Berkeley: University of California Press, 2000), pp. 226-239.

56 [明]王穉登，《吳社編》，收入《筆記小說大觀》(台北：新興書局，1970)，4編6冊，頁4042。清代蘇州城隍廟會也有「助會」者，也是鄉村市鎮不能爲會者，併入大會。參見[清]袁景瀾，《吳郡歲華紀麗》(南京：江蘇古籍出版社，1998)，卷3，〈三月〉，「山塘清明節會」條，頁99。

57 濱島敦俊，〈明清江南城隍考〉，收入唐代史研究会編，《中国都市の歷史的研究》(東京：刀水書房，1988)，頁226-229；濱島敦俊，〈明清時代、江南農村の「社」と土地廟〉，收入《山根幸夫教授退休記念明代史論叢》(東京：汲古書院，1990)，頁1343-1351。

　　這種大規模的巡會活動是以城市與市鎮為中心，將週邊鄉村結合在一起的廟會，其實也提供了鄉村大眾在農閒的時節，可以到城市內從事短程距離旅遊的機會。就以明末蘇州著名的城隍神「三巡會」為例，據《識小錄》云：「始惟府城隍出，數年來兩縣隍亦出，未幾而各鄉土地盡出。山塘一帶觀者如雲，鼓樂幡幢，盈塞道路，婦女至賃屋而觀。……乙酉(1645)亂後，人更多，山塘至虎丘，無一寸隙地，識者以為不祥。」[58] 康熙《蘇州府志》在提及城隍巡會的起源時也說道：「明末好事者，並以十鄉土地陪祭，香華儀從之盛，絡繹山塘，游人雜沓。」[59] 由此可見，這類巡會節慶已成了城鄉人民的另一種旅遊活動。

(三)宗教進香

　　大眾的旅遊活動中有一類是行程較遠，且具宗教性質的進香活動，如蘇州在2月19日，以觀音誕辰往支硎山進香。6月19日為觀音成道之日，信徒與民眾亦至支硎山進香[60]。袁宏道的〈湖上雜敘〉也記載他喜好旅遊，「過西湖凡三次」；在湖上住昭慶寺五天，法相、天竺兩寺各一夜。但是他對天竺山信徒進香的活動印象深刻：「大竺之山，周遭攢簇如城，余仲春十八夜宿此，燒香男女，彌谷被野，一半露地而立，至次早方去。堂上堂下，人氣如煙不可近。」[61] 華北地區進香活動也很盛，最具代表性之一的就是碧霞元君的信仰，如張大復(1554-1630)在〈濟上看月記〉一文中，描寫他於萬曆27年(1599)經過河北涿州時所見大眾往碧霞宮進香之情景：

58　[清]徐樹丕，《識小錄》，收入《筆記小說大觀》（台北：新興書局據國立中央圖書館藏佛蘭草堂手鈔本影印，1990），40編3冊，卷4，〈吳中巫風〉，頁565-566。

59　[清]沈世奕撰，康熙《蘇州府志》（台北：漢學研究中心據日本內閣文庫藏康熙22年序刊本景照），卷21，〈風俗〉，頁12b-13a。

60　[明]牛若麟修，王煥如纂，崇禎《吳縣志》，卷10，〈風俗〉，頁3b。

61　[明]袁宏道，《袁宏道集箋校》，卷10，〈湖上雜敘〉，頁438。

過涿州之日……，時聞鐘磬聲，或曰：「此碧霞宮香客也。」往覘之，市上士女駢集，予馬兒不得行。亟出市門外，則疊騎聯鞍，結束妖麗，每百十人為一聚，持幡捧爐，鳴金擊柝，以萬萬計。而道旁巫師佛媼，乞兒歌郎，啞女孿子，獻天堂稀有之福利，以祈半菽者。鼠竄蝟起，多於黃土之茅，一帶幽香，陣陣撲人鼻孔間。麥風毛雨，寒沁肌骨，遂舍輿走沙上，忘其身之為我也。[62]

在這些進香活動的背後其實也是娛樂性的旅遊。費元祿在《鼂采館清課》一書中，每每談及這類宗教活動時，也視之為民眾的娛樂活動。如他提到孟秋港西之役有士女禮朱元君神的活動：

孟秋港西之役，士女禮朱元君，簫鼓不絕者千艘，各為婆娑按節以樂神，舟中之指可掬也。余發龍門過赭亭，日夕而入港，則港已泊萬人矣。笑語喧騰，樂聲間作，山勢迴合，墟里藏陡峭間，山岳為應；漏半燎火四壁，從山上望白雲中，小星萬點，纍纍引貫而入。諸士女畢會，物色駢湧，平明稍散去。此何異天門禮華山玉女耶？至所稱瘞玉埋璧之盛，故遜之矣。[63]

所謂的「笑語喧騰，樂聲間作」、「諸士女畢會，物色駢湧，平明稍散去，」這些形容都說明這類活動中的娛樂性濃厚，對照起來宗教性質似乎變成次要的，所以他會說：「至所稱瘞玉埋璧之盛，故遜之矣。」又如他談到佛家七月望日的盂蘭齋會，宗教活動有「長者布金，士女施金錢以千計，冀徼福田利益」。但是據他的觀察這是另一種娛樂，「余從九陽江望河燈，下龍門關數里不絕，無慮萬點，若星漢錯落，珠連璧合，波文蕩

62　[明]張大復，《梅花草堂全集》，收入《續修四庫全書》（上海：上海古籍出版社據華東師範大學圖書館藏明崇禎刻本影印，1995），集部，冊1380，卷4，〈濟上看月記〉，頁26a-27a。

63　[明]費元祿，《鼂采館清課》，卷上，頁9b。

漾，足當水嬉」[64]，因而我們很難將這類進香活動時的「香客」與「遊客」做明顯地區分[65]。

　　在一些著名的旅遊進香名勝地，有更多且完善的附屬設施，舉凡住宿、交通、娛樂等問題都可以一次解決。最著名的例子莫過於張岱在〈岱志〉一文中，所載泰山景點的附屬相關設施：

> 離州城數里，牙家走迎，控馬至其門。門前馬廄十數間，妓館十數間，優人寓十數間。向謂是一州之事，不知其爲一店之事也。到店，稅房有例，募轎有例，納山稅有例。客有上中下三等，出山者送，上山者賀，到山者迎。客單數千，房百十處，葷素酒筵百十席，優僛彈唱百十群，奔走祇應百十輩，牙家十餘姓。合計入山者日八九千人，春初日滿二萬。山稅每人一錢二分，千人百二十，萬人千二百，歲入二三十萬。牙家之大，山稅之大，總以見吾泰山之大也。嗚呼泰山！[66]

從文中的描寫看到，在山下就有馬廄、妓館與優人寓所十數間；在此凡是租房、雇轎或納山稅都有規則。特別值得注意的是，引文中顯示當地還有類似現代的旅行社服務業──牙家，專門提供完整的招待客人的相關設施，凡是住的、吃的、娛樂的、跑腿的全都有。上了山頂後還有人招待避寒和飲酒：「頂上牙家有土房，延客入向火。余寒顫不能出手，熱炙移時，方出問頂。」「出紅門，牙家攜酒核洗足，謂之接頂。夜巨戲開筵，酌酒相賀，謂朝山歸。」[67]這種情形很類似現代旅遊業的套裝行程（package tour）。

64　[明]費元祿，《鼉采館清課》，卷下，頁7b。

65　關於大眾進香的旅遊活動之研究，參見Susan Naquin and Chün-fang Yü, eds., *Pilgrims and Sacred Sites in China* 一書中諸文。

66　[明]張岱，《瑯嬛文集》（長沙：岳麓書社，1985），卷2，〈岱志〉，頁67-68。

67　同前註，頁71-72。

第三節　旅遊的普及與社會競爭

(一)普及性、舒適性與娛樂性

　　晚明旅遊活動呈現的特點之一就是普及性。在晚明大眾旅遊風氣盛行之下，參與旅遊活動的人漸漸普及到社會下階層，進香的活動也顯示出庶民大眾已經可以從事遠距離的旅遊活動。有趣的是，大眾旅遊在地點上有許多是與傳統文人雅士的旅遊地重疊，蘇州的虎丘山就是最好的例子。雖然黃省曾在《吳風錄》中云：「至今吳中士夫畫船遊泛，攜妓登山，虎丘尤甚，雖風雨無寂寥之日。」[68] 但是虎丘也是蘇州大眾旅遊的重要景點，如李流芳在〈遊虎山橋小記〉一文中就描寫道：「是夜，至虎山。……居人亦有來遊者，三五成隊，或在山椒，或依水湄。」[69] 沈周有〈月夜千人石獨步〉詩云：「城中士與女，數到不知幾。列酒即為席，歌舞日喧市。今我作夜遊，千載當隗始。」[70]

　　還有一些節日在明代中期以前，原本是與民間信仰無關的士大夫旅遊時節，卻到後來發展成大眾旅遊的廟會節慶。如在蘇州府崑山縣的九月九日，俗稱重陽節，原來在明代時的記載只有士人的登遊活動，如萬曆《崑山縣志》云：「重九，詩人高士，亦有以菊花茱萸飲酒登高者。」之後的發展則是又另外形成一種民間信仰的廟會節慶活動，如道光《崑山新陽兩縣志》就記：「九日重陽節，集馬鞍山為登高會，亦有舁神像登高者，是日喜晴。」[71] 以上的這兩現象說明了大眾化的城市旅遊與廟會節慶已衝擊到原來士大夫的旅遊活動。

68　[明]黃省曾，《吳風錄》，頁1a。
69　[明]李流芳，《檀園集》，卷8，〈遊虎山橋小記〉，頁6b。
70　[明]林世遠修，王鏊纂，正德《姑蘇志》，卷8，〈山上〉，頁2b。
71　[明]周世昌撰，萬曆《重修崑山縣志》，卷2，〈風俗〉，頁195-196；[清]張鴻、來汝緣修，王學浩等纂，道光《崑山新陽兩縣志》，收入《中國地方志集成‧江蘇府縣志輯》（南京：江蘇古籍出版社據道光6年刻本影印，1991），冊15，卷1，〈風俗‧占候〉，頁26b-27a。

　　晚明旅遊活動的第二個特點是舒適性與娛樂性。從以上對晚明士大夫旅遊的敘述與分析，可以看到晚明士大夫的旅遊風氣很盛，在地點選擇上是以中、短距離為主，而不是遠距離的冒險式旅遊。他們都很重視乘坐交通工具的舒適性。旅遊時的器具也很齊全，且不全都是必需品，而多有茶、酒等奢侈消費品。從他們旅遊時攜帶隨從與歌妓等行徑來看，旅遊已成士大夫們重要的娛樂活動。

　　同樣地，大眾旅遊活動也是以娛樂性為目標。前述有關城市旅遊的描述，動輒用「游人如蟻」、「士女雲集」、「一國若狂」與「以樂太平」來形容當時的旅遊情景。再者，對大眾來說，廟會節慶也是他們重要的歡娛場合，就像康熙《松江府志》的作者憶及崇禎末年府城隍廟會節慶的印象：「忽于二門起樓，北向演劇賽神，小民聚觀，南向而坐，殿庭皆滿，歡呶嬉笑。」[72] 進香活動的背後其實也是以娛樂為目的，就像費元祿形容朱元君神的進香活動時，所謂「笑語喧騰，樂聲間作」的景況。

(二)身分地位的競爭與炫耀式的消費

　　過去在明代中期以前能夠旅遊的人大多是知識階層的士大夫，如今旅遊已經不是士大夫們的專利，一般大眾也可以從事旅遊活動，甚至是遠距離的進香旅遊。由消費的角度來看旅遊活動，和前面兩章所論及的乘轎與服飾消費一樣，再次說明了晚明已進入所謂的「風尚體系」，亦即社會流動已非停滯，或是消費上也不再有許多限制以保障少數人的身分地位，而是下層社會愈來愈多人有能力模仿上層社會的消費行為，而且消費物品的創新與品味更新的速度也愈來愈快[73]。

　　前述大眾旅遊風氣的興盛，商人在旅遊活動的過程中扮演了重要的角色，如吳寬(1435-1504)在〈送章廷佐還金華序〉一文中，提到金華到南

72　[清]郭廷弼修，周建鼎等纂，康熙《松江府志》（清康熙2年刊本，傅斯年圖書館藏縮影資料），卷54，〈遺事下〉，頁21b。

73　Arjun Appadurai, ed., *The Social Life of Things: Commodities in Cultural Perspective* , p. 25.

京一帶風景絕佳，旅遊者眾，而遊客的身分並不限於仕宦者，所謂：「非必供職役，服商賈而有事于茲者，皆可游也。」[74] 又例如商人在旅遊的交通工具方面更是極盡奢華富麗之能事，特別是具有視覺效果的游船、畫舫之類。晚明商人的力量隨著商品經濟的發達而增強，使商人階層不但經濟地位大升，其社會地位更非昔日可比，商人擁有畫舫已不足爲奇。最好的例子就是南京秦淮河上雲集的畫舫景觀，人們稱之爲「燈船」，且看鍾惺(1574-1624)的描述：

> 小舫可四五十隻，周以雕檻，覆以翠幪。每舫載二十許人，人習鼓吹，皆少年場中人也。懸羊角燈於兩傍，略如舫中人數，流蘇綴之。用繩聯舟，令其啣尾，有若一舫。火舉伎作，如燭龍焉。已散之，又如鳧雁槃珊波間，望之皆出於火，值得一賦耳。[75]

畫舫裝飾之富麗已是令人驚歎，而集眾舫連成一氣的「燈船」景象，更可說是金陵之一大奇景也。所以鍾惺又形容道：「集眾舫而爲水兮，乃秦淮之所觀。借萬炬以爲舟兮，縱水嬉之更端。」當然這類畫舫與燈船的擁有者絕非全是士大夫階層，事實上大多數都是富商所有。秦淮河畔的這類景象，就如同《揚州畫舫錄》中對鹽商奢侈的描寫，都是商人或富人誇富的展示。

過去士大夫常去旅遊的景點以及慣用的遊具，也都漸漸爲大眾旅遊所模仿與襲用，尤其是士大夫得面臨商人階層的競爭。例如乘畫舫旅遊就形成一種士商間的社會競爭，在江盈科與王穉登(1535-1612)的一封信中，就曾描繪他個人遊虎丘時所碰到的一次驚險事件：

> 甫投筆，見夕照在山，紫綠交映，命童子提胡床坐船頭，披夕爽。

---

74 [明]吳寬，《匏翁家藏集》，收入《四部叢刊初編》（台北：臺灣商務印書館據明正德刊本影印出版，1967），卷39，〈送章廷佐還金華序〉，頁242。
75 [明]鍾惺，〈秦淮燈船賦〉，頁278。

> 乃南來巨艦，與我舟爭道，不佞謹避之，躍入船窗不能得，兩舟橫
> 沖如霆擊，我舟幾覆。不佞倏而墮水，水沒吾頂，去岸逾尋。[76]

這次巨艦爭道事件差點讓江盈科的游船翻覆，這艘巨艦很可能就是巨商的
畫舫。至此，旅遊活動的消費形式，成爲一種社會競爭的場域。

　　士人夫積極去旅遊，但是旅遊可以說是一種所費不貲的休閒消費，尤
其是像晚明士大大帶著僕人隨從的旅遊，若無相當程度的財力是無法去旅
遊的。然而，晚明喜好旅遊的士大夫不見得都有如此財力去消費，尤其是
士大大階層中屬於中、下層的士人們，在經濟力方面已不如商人，在面臨
商人的社會競爭與挑戰時，卻不能就因此而放棄，因而需要尋求贊助者的
支持。陳繼儒曾稱讚徐弘祖（1587-1641），說他「不謁貴，不借郵符，不
覬地主金錢，清也！」[77] 言外之意是當時的士大夫除了高官名宦以外，若
是下層士人想要過足旅遊的癮，通常都會找貴人贊助，就如同歸莊（1613-
1673）在〈五游西湖記〉中指出所謂「布衣游」即一般文士的旅遊消費有
三類：一是「因人之遊」，二是「作客之遊」，三是「獨往之遊」。前兩
類都不需要自己花錢，因爲作官的「貴人」在遨遊時必以文人騷客自隨爲
伴，文人騷客遂得不費資斧而登覽山川；而趁機拜訪同門或同年的官員，
順便可作客旅遊，也不需花費[78]。隨官員旅遊時可以借用公家的夫役，就
像謝肇淛在《五雜俎》一書中清楚地說：「遊山不藉仕宦，則廚傳輿儓之
費無所出。」[79] 從許多遊記中我們都可以看到士人跟隨官員旅遊的例子，
甚至還有人向官員詐取旅遊費用的事[80]。

76　[明]江盈科，〈與王百穀〉，《江盈科集》，卷13，〈尺牘〉，頁590。

77　陳繼儒，〈答徐霞客〉，收入[明]徐弘祖著，諸紹唐與吳應壽整理，《徐霞客遊
　　記》（上海：上海古籍出版社，1980），〈附編〉，頁1183。

78　[明]歸莊，《歸莊集》（北京：中華書局，1962），卷6，〈五游西湖記〉，頁374。

79　[明]謝肇淛，《五雜俎》，卷4，〈地部二〉，頁87。

80　最著名的例子就是傳說唐寅和祝允明兩人浪遊揚州時，極聲伎之樂後卻賞用乏
　　絕，乃僞裝成蘇州元妙觀道士向鹽運使募捐，得賞後召諸妓及所與遊者暢飲數日
　　輒盡。事見[清]唐仲冕編，《六如居士外集》，頁3a-b。

　　晚明士大夫之所以熱衷旅遊這種看似毫無實際用處的消費，實乃因旅遊是一種「炫耀式消費」，正好是身分地位的表徵。所以旅遊不只是一種休閒活動而已，還是士大夫用來與別人區隔的象徵。尤其是晚明的下層士人面對強大商人階層的社會競爭，故而想藉旅遊活動來凸顯自己的身分地位時，又因財力的有限，除了尋求官員的支助以外，最後可能還是得靠富戶與商人的贊助。謝肇淛就說與仕宦遊山仍有許多不便與煞風景的缺點，所以他又說：「故遊山者須藉同調地主，或要丘壑高僧。」「富厚好是之主，時借其力。」[81] 再從前述李日華的日記中也可以看到商人邀請與贊助旅遊的情形。雖然在士大夫的遊記中很少提到商人贊助之事，但是從一些蛛絲馬跡中可以推測當時「士商相混」的現象中，出現這類行為應是頗為平常的事實。所以晚明才會流行說士人、文人見到商人如「蠅之集羶也」[82]。

第四節　品味的塑造與身分區分

　　在以下的幾小節中，我們可以看到晚明的許多旅遊論述多是士人階層所創發，特別是以文學著名的文士；在這些旅遊論述中說明了他們極力想塑造新的旅遊品味，以區分其與大眾旅遊不同的心態，而其背後再次反映士大夫們面臨社會競爭下的身分危機感。

(一)雅俗之辨——品味的塑造與身分區分

　　晚明的遊記顯示有不少士大夫，特別多是中、下層的士人們會把旅遊和身分連繫起來，認為他們的旅遊文化就應該是與大眾不同。這樣的表現方式最常發生在江南城市附近遊人最盛的著名風景點，因為這些景點也是

81　[明]謝肇淛，《五雜組》，卷4，〈地部二〉，頁87。
82　此類嘲諷見[明]周暉，《二續金陵瑣事》，收入《筆記小說大觀》，16編4冊，（台北：新興書局，1977），卷上，〈蠅聚一羶〉，頁50-51；[明]文元發，《學圃齋隨筆》（台北：偉文圖書出版社，1976），頁578。

大眾旅遊最盛的地方。他們會在旅遊時刻意地錯開大眾旅遊的時間，如李流芳就說蘇州旅遊虎丘「獨不宜於遊人雜沓之時」，所以最佳的旅遊時間是在半夜，他在〈遊虎丘小記〉就說：

> 虎丘中秋遊者尤勝。仕女傾城而往，笙歌笑語，塡山沸林，終夜不絕。遂使丘壑化爲酒場，穢雜可恨。予初十日到郡，連夜遊虎丘，月色甚美，游人尚稀，風亭月榭間，以紅粉笙歌一兩隊點綴，亦復不惡，然終不若山空人靜，獨往會心。……今年春中，與無際舍姪偕訪仲和於此。夜半月出無人，相與趺作石台，不復飲酒，亦不復談，以靜意對之，覺悠然欲與清景俱往也。……友人徐聲遠詩云：「獨有歲寒好，偏宜夜半遊。」眞知言哉！[83]

在文中他痛恨大眾旅遊時眾聲嘈雜，將美景名勝變成庸俗之地，即「使丘壑化爲酒場，穢雜可恨」，所以他要在「夜半月出無人」時來遊，才能達到「山空人靜，獨往會心」的境界。

　　另一個著名的旅遊勝地杭州西湖，同樣因爲大眾旅遊太興盛了，士大夫就得刻意找遊人稀少的時節來旅遊。如張京元說：「蘇堤度六橋，堤兩旁盡種桃柳，蕭蕭搖落。想二三月柳葉桃花，游人闐塞，不若此時之爲清勝。」[84] 張京元選擇的是人少的季節，也有人選擇的是一天中早晚的時辰，如袁宏道在萬曆25年（1597）辭去吳縣知縣後漫遊吳越期間，第一次遊覽杭州西湖時就說：

> 西湖最盛，爲春爲月。然杭人遊湖，止午未申三時，其實湖光染翠之工，山嵐設色之妙，皆在朝日始出，夕舂未下，始極其濃媚。月景尤不可言，花態柳情，山容水意，別是一種趣味。此樂留與山僧

83　［明］李流芳，《檀園集》，卷8，〈遊虎丘小記〉，頁6a-b。
84　［明］張京元，〈蘇堤〉，見《西湖小記》，收入《古今遊記叢鈔》，冊4，卷18，〈浙江省〉，頁1。

遊客受用，安可爲俗士道哉！[85]

他把一般時段遊湖的杭人看作是「俗士」，把懂得選時間在「朝日始出」來遊玩的「山僧遊客」的地位抬高。同樣類似的例子，如張岱在〈西湖七月半〉文中介紹了晚明時杭州人在七月半遊西湖的盛況，除了生動地描繪了社會各階層人士的種種情態之外，文末談及他自己的旅遊方式則云：「岸上人亦逐隊趕門，漸稀漸薄，頃刻散盡矣。吾輩始艤舟近岸，斷橋石磴始涼，席其上，呼客縱飲。」[86] 由此可見，士大夫們故意要選擇時間，或發展自己特異獨行的旅遊時間，如李日華在《味水軒日記》中提到他曾與友人同遊湖，當時氣溫很冷，「時河冰片段蝕舟，夕陽射之如碎玉。岸柳千樹，寒條刺天，游者絕跡」；可是他卻自鳴得意，「余以爲清虛洞朗，無逾此時者，勝春江夜月多矣」[87]。

除此之外，爲了與一般大眾作區分，還有人會刻意地選擇一般大眾不常去的地方作爲其旅遊之地；要件之一就是該地點不能太近城市，因爲靠近城市就會引來太多的遊客，而把他們想要獨享的「雅」趣污染了。就像王世貞論旅遊景點時，特別推崇蘇州城郊的石湖，其原因是：「以吾吳之勝，地非不足，而其邇者，迫於市囂之屬耳，而市人子之接跡；其勝而遠者，車馬怠而供張易竭；能離而又能兼之者，獨有茲湖而已。」[88] 李流芳就說蘇州附近虎丘的缺點：「蓋不幸與城市密邇，游者皆以附膻逐臭而來，非知登覽之趣者也。」他於中秋夜游虎丘時大歎：「穢雜不可近，掩鼻而去。」[89] 再以南京而言，譚元春在〈初游烏龍潭記〉一文中，提到他特別喜歡城內的烏龍潭：

85　[明]袁宏道，《袁宏道集箋校》，卷10，〈西湖二〉，頁423-424。

86　[明]張岱，《陶庵夢憶》（台北：漢京文化事業有限出版，1984），卷7，〈西湖七月半〉，頁63。

87　[明]李日華，《味水軒日記》，卷5，頁352。

88　[明]王世貞，〈越西莊圖記〉，收入崇禎《吳縣志》，卷23，〈園林〉，頁31b。

89　[明]李流芳，《檀園集》，卷11，〈《江南臥游冊》題辭之一〉，頁12b。

白門(按：即南京)游多在水。磯之可游者曰「燕子」，然而遠；湖
之可游者曰「莫愁」、曰「玄武」，然而城外；河之可游者，曰「秦
淮」，然而朝夕至。惟潭之可游者曰「烏龍」，在城内，舉舁(按：
借作「輿」，此處指轎子或肩輿) 即造，士女非實有事于其地者不
至，故三患免焉。[90]

烏龍潭正合乎士大夫品味中所注重的「三患免焉」的條件，即距離不遠、
美景時間較長、遊人不多等條件。因為一般大眾都會去南京城内與近郊的
旅遊勝地，惟獨該處不但是在城内舉輿即造，而且「士女非實有事于其地
者不至」，所以是個絕佳的地點。或是在一般大眾旅遊的地區找一個群眾
不太會聚集的地方，如李日華在其日記中提到萬曆43年(1615)中元節時，
他與友人及其子夜遊杭州西湖蘇堤後，記道：「俗重中元盂蘭佛事，至是
士女傾城，夜泛湖中，大小船無不受雇者，迨明乃止。然亦只東北半壁如
沸，若湖南，寂寂一片月光，照踏歌數輩而已。」[91] 這次的旅遊經驗很
好，所以他還說：「因相約暇時訪之。」

　　有時士大夫在旅遊時還會故作異態，以吸引眾人之眼光。如袁宏道在
旅遊時喜歡獨樹一幟，故意作出一些特異的行徑。他在北京遊高梁橋時所
寫的遊記中就描寫他和友人故作風雅，「趺坐古根上，茗飲以為酒，浪紋
樹影以為侑，魚鳥之飛沉，人物之往來，以為戲具」。而對來往遊客的眼
光則嗤之以鼻地說：「堤上游人，見人枯坐樹下若痴禪者，皆相視以為
笑。而余等亦竊謂彼筵中人，喧囂怒詬，山情水意，了不相屬，于樂何有
也？」[92] 透過這種作態(gesture)，正可以展示士大夫與眾不同的一種風格
或品味。

90　[明]譚元春，〈初游烏龍潭記〉，收入《譚元春集》，卷20，《鵠灣集一》，
　　〈記〉，頁557。
91　[明]李日華，《味水軒日記》，卷7，頁471。
92　[明]袁宏道，《袁宏道集箋校》，卷17，〈游高梁橋記〉，頁682。

（二）「遊道」──品味塑造的理論化

晚明有些士人極力想發展一套特別的旅遊理論，這就是他們所謂的「遊道」。細看這些將旅遊理論化或形而上的說法，其實都有一些特別的目的。如果從消費角度來看，與其說是將旅遊行為理論化，不如說是一種消費品味的塑造，為的就是與眾不同。

在晚明旅遊風氣帶動下，造成了大量的遊記文體出版，沈愷就曾批評此現象：「今夫好遊者遇有名勝，輒挾詞摛藻，非不人人能，然以余所睹記，率多留連光景，凌虛駕空而侈言無當。」[93] 又如錢謙益在〈越東游草引〉一文中也曾提及當時流行寫遊記的風氣：「余嘗聞吳中名士語曰：至某地某山，不可少一游。游某山，不可少一記。」甚至到了「今杭城刻名山記累積充几案」的程度[94]。由此可知，撰寫遊記是士大夫重要的文化資本，一方面是用來塑造品味，另一方面是用來和一般遊人區隔的重要指標，所以鄒迪光在〈台鷹草自序〉一文中強調：「夫遊亦難言矣，必濟勝有具，尤必紀勝有筆。濟勝無具，則陟巘臨深，衹涉影響；紀勝無筆，則搜奇剔異，亦落夢境。」[95]

在晚明的一些遊記中可以看到特別是某些自視高雅的士人，常以遊道為名，將當時的旅遊風氣批評一番，認為高雅的「遊道」已沉淪了，如胡應麟（1551-1602）就云：「蓋詩與遊道迄于今胥病矣！」[96] 而遊道的沉淪是被一些人庸俗化的結果；最常被嘲笑的對象就是商人及清客，後者可能也都是一些下層的生員之流。如陳繼儒就歎道：「游道之賤也，寧獨今日

93　[明]沈愷，《環溪集》，卷3，〈奇遊漫記序〉，頁12a。

94　[明]錢謙益，《牧齋初學集》（上海：上海古籍出版社，1985），卷32，〈越東游草引〉，頁927-928。

95　[明]鄒迪光，《始青閣稿》，收入《四庫全書禁燬書叢刊》（北京：北京出版社據明天啓刻本影印，2000），集部，冊103，卷11，〈台鷹草自序〉，頁21b。

96　[明]胡應麟，《少室山房集》，收入《景印文淵閣四庫全書》（台北：臺灣商務印書館據國立故宮博物院藏本影印，1983），冊1290，卷82，〈王生四遊草序〉，頁5b。

哉！」其云：

> 昔游有二品，而今加三焉。賈之裝游也，客之舌游也，而又操其邊
> 幅之技，左挈賈而右挈客，陽吹其舌于風騷，而陰實其裝于稠彙。
> 施于今而游道辱矣！……瞌睡半生，毋與客、賈肩隨而趨，爲青蓮
> 老子(按：指李白)所笑。[97]

這些人寫遊記時批評別人的用意，其實就是爲烘托出自己的旅遊品味出
眾。陳繼儒在另一篇〈閩遊草序〉中透過其友周公美的話，又再一次地批
評商人與清客的旅遊行爲：

> 我見入閩者，動以爲題。然非游以買，則游以舌，獨余則否，不借
> 郵符，不乞騶騎，不仗地主酒錢，此游之清者也。手無鐮，趾無
> 坎，腰膝無絺帛(按：捆著的絲繩)，賈勇先驅，置兩足於空外，置
> 七尺于死法外，此游之任者也。猿不易枝，鳥不變聲，樵牧無故
> 識，伴侶無異同，此游之和者。游據此三德，而時以詩爲政。[98]

最後他提出自己遊道的「三德」，也就是不找人贊助、不帶過多遊具、不
找導遊。

另一個類似的例子是王思任的〈紀遊〉一文，不過，他的批評比陳繼
儒更廣及各種身分的人，如官宦、士人、富人、窮人；各類年齡層，如老
人、青年人；以及各種形式的旅遊，如孤遊、托遊、便遊等等，都指稱他
們有缺點：

> 予嘗謂官游不韻，士游不服，富游不都，窮游不澤，老游不前，稚

97　[明]陳繼儒，《陳眉公集》，卷6，〈記游稿序〉，頁2a。
98　[明]陳繼儒，〈閩游草序〉，頁260。

游不解，哄游不思，孤游不語，托游不榮，便游不敬，忙游不慊，套游不情，挂游不樂，勢游不甘，買游不遠，賒游不償，燥游不別，趁游不我，幫游不目，苦游不繼，膚游不賞，限游不逍，浪游不律。而予之所謂游，則酌衷于數者之間，避所忌而趨所吉，釋其回而增其美，游道如海，庶幾乎蠡測之矣。[99]

批評完別人後，文末要強調的是他自己的「遊道」最高深、最好，所謂「酌衷于數者之間，避所忌而趨所吉，釋其回而增其美」。他強調唯獨自己了解旅遊之道理，其實說穿了也就是說他的品味出眾，與人不同。在明人所編「翠娛閣」評選小品集中對此文的評論是：「游識趣事，人嘗俗之，故宜有此指示。游境，俗人得之自俗，雅人得之自雅。」這段評論其實更清楚地呈現了像王思任所謂的遊道，就是要區分他自己形塑的「雅」與一般人的「俗」不同。

由「遊道」的論述中可以看到某些士人所要區分的對象，已不只是一般能從事大眾旅遊的庶民而已，從富有的商人、作清客的俗士，甚至是官宦的旅遊行為，都成了他們要作區別與競爭的對象。

（三）「遊具」的精緻化──品味塑造的具體化

隨著旅遊風氣的興盛，晚明有一些著名的文士又發展出了一套「遊具」的論點。當時的著作中可以高濂（約1527-1603）的《遵生八箋》、屠隆（1542-1605）的《遊具雅編》和文震亨（1585-1645）的《長物志》這三部作為代表，三部書中有系統地說明了遊具的種類與功能。大致上遊具可分為五大類：衣履冠飾、裝備配件、飲食器皿、文房器具、交通工具等（參見附表3）。從這三本書內容記載與論述的演變來看，有許多部分非常相似，可見這三本書有相當部分是先後傳抄的。此外，被視為遊具的範圍越來越小，而且初期的論述多強調實用性，或是以「精」、「佳」或「不佳」、

99　[明]王思任，《王季重雜著（下）》，〈紀遊〉，頁646-647。

「不宜」來區分好壞，但是後來很明顯地用「雅」與「俗」來區分好壞。
由此可知晚明有些文士正在利用遊具，將之精緻化，以塑造自己的品味，
並且具體地展示出來。以下就舉出幾個代表性的「遊具」爲例作說明。

　　高濂與屠隆的書中都寫到他們最重視的四件東西是：提盒、提爐、備
具匣與酒尊。「提盒」的作用類似現代的便當盒，但是容量更大。內有多
個夾層，夾層中再分成四格與二格；可裝六個酒杯、一個酒壺、六雙筷
子、二個勸杯；其它分格的地方，四格分的空間每格裝六小碟下酒的果
餚，分二格的空間每格放四大碟鮭菜。據作者稱此提盒的容量，「足以供
六賓之需」（參見圖4-2、4-5）。「提爐」內則分爲三層，最下一層中有銅
造的水火爐嵌入底層；其上的夾板有二孔，一邊是放茶壺煮茶用，一邊放
像桶子的鍋，可燉湯與溫酒用；最上層則放備用的炭火（參見圖4-3）。
「備具匣」是上淺下深的箱子，內有小梳具匣、茶盞、骰盆、香爐、香
盒、茶盒等，還可以裝文房四寶；再加上圖書小匣、股牌匣、香炭餅匣、
途利文具匣與詩筒等[100]。裝這些東西的作用是：「以便山宿」，「攜之山
遊，亦似甚備」。「酒尊」則是遠遊時裝酒的器具，二書中都錄有太極樽
與葫蘆樽兩種款式（參見圖4-4）。二人咸認爲山遊時應當攜以上四物，
「束以二架，共作一肩，彼此助我逸興」[101]。

　　交通工具亦是「遊具」中的一大類，像是畫舫這類交通工具如前述常
成爲商人誇富的展示工具，而士大夫爲了展示身分也很注意交通工具，晚
明凡是稍有資財的士大夫，莫不自購游船或畫舫作爲旅遊工具，如李日華
在其日記中提到的吳貞所，「自號無著居士，以鄉荐授蘭陽令，致政歸，
即敕斷家事，以畫舫游江湖間」[102]。但他們走的則是另一條路，強調所謂

100　途利文具匣中還藏有裁刀、挖耳、挑牙、修指甲等物。詩筒內藏紅葉各箋，以錄
　　詩作用。
101　[明]屠隆，《考槃餘事》，收入《叢書集成初編》（上海：商務印書館，1937），卷
　　4，〈遊具箋〉，頁86-90。該卷後來單獨刊行成冊，名之爲《遊具雅編》。[明]高
　　濂，《遵生八箋》（成都：巴蜀書社，1988），〈起居安樂箋下・溪山逸游條・游
　　具〉，頁310。
102　[明]李日華，《味水軒日記》，卷6，頁365。

「雅」的品味。文震亨在《長物志》卷九的卷首就對當時「舟」的形制作
一番批評：「舟之習於水也，宏舸連軸，巨艦接艫，既非素士所能辦；蜻
蛉、蚱蜢，不堪起居。」而且還特別指出說：「他如樓船方舟諸式，皆
俗。」他指責流行的游船都「不堪起居」或是「皆俗」，那麼他認為是屬
於「素士」而用，而且又不落「俗」套的標準是什麼呢？他的標準在形制
上的原則如下：「要使軒窗欄檻，儼若精舍，室陳廈饗，靡不咸宜。」而
且他還強調在旅遊時使用的功能性與實用性：「用之祖遠餞近，以暢離
情；用之登山臨水，以宣幽思；用之訪雪載月，以寫高韻；或芳辰綴賞，
或豔女采蓮，或子夜清聲，或中流歌舞，皆人生適意之一端也。」總而言
之就是既要「儼若精舍」般的高雅，也要能具備有「登山臨水」、「訪雪
載月」的實用性，同時還要有足夠的空間可供歌伎戲班娛樂客人之用。

　　晚明其它士大夫也有類似的看法。如陳繼儒在《巖棲幽事》中就提到
購置與經營游船，並且強調游船的作用在於無論居住或旅遊都是最好的工
具：

> 住山須一小舟，朱欄碧幄，明櫓短帆，舟中雜置圖史鼎彝，酒漿殽
> 脯，近則峰泖而止，遠則北至京口，南至錢塘而止，風利道便，移
> 訪故人。有見留者，不妨一夜話、十日飲；遇佳山水處，或高僧野
> 人之廬，竹樹蒙茸，草花映帶，幅巾杖履，相對夷然。[103]

上述陳繼儒強調的品味與功能性及實用性的說法，和文震亨《長物志》中
的看法不謀而合。

　　在《遵生八箋》、《遊具雅編》與《長物志》三書還都提到「舟」的
形制、容量與裝飾。高濂的書中認為「輕舟」的形制：「形如鑱船，長可
二丈有餘，頭闊四尺，內容賓主六人，僮僕四人。」而且應分為前、中、

---

103 ［明］陳繼儒，《巖棲幽事》，收入《四庫全書存目叢書》（台南：莊嚴文化事業
　　有限公司據清華大學圖書館藏明萬曆繡水沈氏刻寶顏堂秘笈本影印刊行，
　　1995），子部，雜家類，冊118，頁17b-18a。

後三個船倉，每個倉都有特殊的布置與功能。他有關前倉的敘述不多，對於中倉他認爲要以布幕隔間，內置高級家具；後倉則是以藍布裝飾船身，是童僕工作的空間；甚至連船槳都要裝點才行。理想的境界是一邊行舟，一邊起灶煮茶，「起煙一縷，恍若畫圖中一孤航也」[104]。屠隆認爲理想的「舟」之形制較高濂所云爲大：「形如劖，船底惟平，長可二三丈有餘，頭闊五尺。」他還說平時要「別置一小船如葉」，主要的作用並不是在交通，而是在塑造一種有如置身在山水圖畫中閒情雅致的情境[105]。文震亨對於舟的看法較屠隆更進一步，他認爲要分爲四倉：前、中、後倉與榻下倉，而且要有更嚴謹的設計裝飾與作用。前倉類似爲童僕服務主人的廚房，中倉置家具，爲賓主娛樂處，後倉爲主人書房，至於榻下倉則爲置衣櫃與儲藏室。另外，他也指出要置一小船，其作用與屠隆的說法類似，乃爲「執竿把釣，弄月吟風」之用；不過，他對小船的裝飾更加講究：「以藍布作一長幔，兩邊走檐，前以二竹爲柱，後縛船尾釘兩圈處，一童子刺之。」[106]

　　他們三人關於舟與小船的這種規制與裝飾理論，並不只是個人的空想而已，實際上晚明的士大夫確實有如此實踐者，如王臨亨曾記載胡氏畫舫的性能：

> 胡氏以二小艇相維，而施木其上，四圍立柱，以青油幕覆之。几席間插芙蓉殆遍，居然畫舫也。下令放舟水中央，清風徐來，暗香逆鼻，綠葉紅葩，簇簇迎人，似牽遊袂而不捨者。[107]

胡氏的畫舫不但符合了屠隆及文震亨的想法，而且還有標新立異之處。因爲他注重的不只是功能性，還非常重視裝飾，甚至是香味。

104　[明]高濂，《遵生八箋》，〈起居安樂箋下‧溪山逸游條‧游具〉，頁308。
105　[明]屠隆，《考槃餘事》，卷4，〈遊具箋〉，頁87。
106　[明]文震亨，《長物志》，卷9，〈舟車〉，頁433-434。
107　[明]王臨亨，《粵劍編》，卷4，〈志遊覽‧遊羅浮山記〉，頁102。

　　上述的這些方式可以說是士大夫面對商人在遊船方面的競爭所作的對抗，如此一來造成了遊船方面競逐新奇的風尚，甚至還有士大夫自創新的旅遊工具，來表現自己的品味。例如黃汝亨(1558-1626)在〈浮梅檻記〉一文中，敘述他發明了一種新式游船的過程：

> 客夏游黃山白岳，見竹筏行溪林間，好事者載酒從之，甚適。因想吾家西湖上，湖水清且廣，雅宜此具。歸而與吳德聚謀製之，朱欄青幕，四披之，竟與煙水雲霞通為一席，泠泠如也。[108]

他將之稱為「浮梅檻」，並且帶到西湖，造成流行，他還自鳴得意地說：「每花月夜，及澄雪山陰，予時與韻人禪衲尚羊六橋，觀者如堵，俱歎西湖千載以來未有。當時蘇、白風流，亦想不及此人情喜新之談。」他吹噓自己的品味卓越，連蘇東坡與白居易都遠不及他。他知道杭州市民喜好新奇之風尚，所以創造這種新的遊具以吸引眾人的目光。其實這所謂的「浮梅檻」就是一種竹筏而已，倒是這股流行風並不假，就連虞淳熙也說：「山溪處處浮竹筏，古今賢達如許，都不解浮筏於湖，遂令千秋開物名，獨歸貞父(按：黃汝亨字貞父)。」[109] 可見這種遊具的確曾在江南風行一時。

結論

一

　　晚明士大夫喜歡旅遊的風氣，從一些士人對自己性格的描述，或者是對某些文人的形容，都可以看到喜愛旅遊活動的記述，甚至在日常生活中的言談也多涉及旅遊。這波風氣影響所及遍於上、下層的士大夫，無論是當官的「宦遊」或是下層士人的「士遊」，在當時都是非常盛行的活動。

---

108 [明]黃汝亨，〈浮梅檻記〉，收入[明]陸雲龍等選評，蔣金德點校，《明人小品十六家》，頁423。

109 [明]虞淳熙，〈浮梅檻詩序〉，頁208。

從當時遊記的大量出現，也可以看到這股風氣的影響層面。經過本章對晚明士大夫旅遊實踐的分析，我們可以看到當時旅遊過程的特徵是強調舒適性與享樂主義，這較前代是有過之而無不及；而知識性的追求與冒險似乎只是次要的目的。約當同時，大眾旅遊也開始盛行成風。無論是城市內及其附近的旅遊景點都有「都城士女」聚遊的情形之外，晚明又出現許多新興的廟會節慶，還有從事遠距離的進香活動。可見晚明在大眾旅遊風氣盛行之下，參與的人漸漸普及下階層，而且大眾旅遊活動同樣也是以娛樂性為目標。

二

　　從消費的角度來看晚明的旅遊文化，大眾旅遊活動的普及與娛樂性衝擊了士大夫的旅遊文化，特別是在明代以前幾乎只有士大夫與貴族階層能夠從事休閒旅遊活動，但是到了晚明時即使是一般庶民也可以從事旅遊活動。特別是富戶商人將其財富透過旅遊消費的形式，也可以逐漸地轉化成身分地位時，於是士大夫得面臨這些人的社會競爭。如果說流行服飾是社會競爭下的產物，那麼旅遊的消費活動就成了社會競爭的另一種場域。從旅遊論述中我們再次看到士大夫面臨社會競爭下，形成了身分地位的危機感。再者，旅遊的花費並不低，這種花費可以說是一種休閒消費，而晚明士大夫熱衷這種看似毫無實際用處的休閒消費，其實是一種「炫燿式消費」，因為能夠去旅遊正是身分地位的表徵。所以旅遊不只是休閒而已，還是士大夫用來區隔自己與他人不同的象徵。然而，晚明喜好旅遊的士大夫不見得都有足夠的財力去消費，其實他們的旅遊行程中大多有贊助者。除了尋求官員的支助之外，恐怕還是得靠富戶與商人的贊助。

三

　　士大夫的遊記中有許多關於品味塑造的論述，充分反映出來士大夫的心態。雖然晚明士大夫中有的人喜好雅俗共賞的旅遊活動，願意與庶民同遊，但是仍有不少人把旅遊和身分地位連繫起來，認為士大夫的旅遊文化

就是應該與庶民不同，他們把旅遊分等級，強調惟有文人雅士才能神會名山勝水的意境。或有士大夫明顯地表現不願和庶民同遊，一則是在旅遊時刻意地選擇時間可與庶民旅遊時間錯開來，或者發展自己特意獨行的旅遊時間，要不然就是選擇一般庶民不聚集去的地點作為其旅遊地。晚明還有一些士大夫極力想發展一套旅遊理論，這就是所謂的「遊道」。細看這些將旅遊理論化或形而上的說法，其實是一種消費品味的塑造，為的就是與眾不同。晚明士大夫常會以「遊道」為名，將當時的旅遊風氣批評一番，其實就是要區分士大夫自己形塑的「雅」與一般大眾「俗」的不同。此外，晚明士大夫的品味塑造還表現在具體的「遊具」方面。所謂的「遊具」同時又是指交通工具與旅遊攜帶的器具。有不少文人特別重視旅遊時所攜帶的器具，甚至將之精緻化，強調「雅」的品味。同時又強調裝點交通工具的重要性，因為旅遊時的交通工具成了展示身分與品味的重要象徵，特別是具有視覺效果的遊船畫舫之類，所以晚明士大夫中稍有資財者莫不自購畫舫作為旅遊工具。

總之，士大夫們已不能靠法令來禁止下階層的消費活動，於是他們致力於將休閒消費改造作為一種文化象徵，將地位認定的物品──「遊具」推陳出新（或是展示方法）以及將舊東西標誌成「俗粗」之物，並且塑造特異的旅遊品味──「遊道」來區分自己與一般人在身分地位上的不同。如此一來可能帶動了更明確的品味準則，引導人們追趕這種競賽。

經由本章的分析，我們看到一種消費活動的普及，成了社會競爭的場域，促使士大夫以各種形式塑造消費品味，以作為身分區隔的工具。其實晚明許多消費活動能夠普及，與本書第一章提到的商品化都有很密切的關係，旅遊活動亦是如此[110]。下一章將以家具的消費為例，探討商品化對家

---

110 雖然晚明尚未形成現代嚴格定義的旅遊業與旅行社，然而，旅遊相關設施朝向商品化的發展，卻是很明顯可見的。有關旅遊相關書籍、旅遊食宿、旅遊交通以及旅遊行程的商品化發展，參見拙作，〈晚明的旅遊活動與消費文化──以江南為討論中心──〉，《中央研究院近代史研究所集刊》，期41(2003年9月)，頁89-97。

具消費普及化的影響。此外，晚明消費型態的複雜度，也非只是本章所談到的士庶（士大夫／大眾）二分可以涵括的，下章透過家具消費來看當時不同社會階層的消費形態。最後，將討論士大夫抵制商品化除了品味塑造之外，還有的另一種方式，也就是將物品特殊化。

表3　《遵生八箋》、《遊具雅編》與《長物志》三書所載旅遊用具之比較

出處 遊具種類	《遵生八箋》	《遊具雅編》	《長物志》
衣履冠飾	竹冠　批雲巾 道服　文履 雲舄　斗笠	笠	道服 笠 履 巾
裝備配件	道扇　拂塵 竹杖　藥籃 坐毯　衣匣 疊桌　備具匣	杖　　魚竿 衣匣　疊桌 藥籃　備具匣	坐團 杖
飲食器皿	癭杯　癭瓢 葫蘆　提盒 提爐　酒尊	瓢　葫蘆 提盒　提爐 酒尊	瓢
文房器具	棋籃 詩筒　葵箋 韻牌　葉箋	葉箋	
交通工具	便轎 輕舟	舟	籃輿 舟 小船
資料來源	[明]高濂，《遵生八箋》，〈起居安樂箋下・溪山逸游條・游具〉，頁304-310。	[明]屠隆，《考槃餘事》，卷4，〈遊具箋〉，頁86-90。	[明]文震亨，《長物志》，卷7，〈器具〉，頁426-427；卷8，〈衣飾〉，頁432-433；卷9，〈舟車〉，頁433-434。

圖4-1　《新鐫海內奇觀》附圖

（上方為山水附圖，左圖題「海內奇觀」卷一，右圖題「嶧山之圖」）

圖4-2　提盒圖

山遊提合圖式

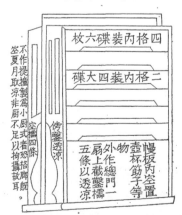

資料來源：[明]屠隆，《考槃餘事》，卷4，〈遊具箋〉，頁93。

圖4-3　提爐圖

提爐圖式

資料來源：[明]屠隆，《考槃餘事》，卷4，〈遊具箋〉，頁94。

圖4-4　酒尊圖

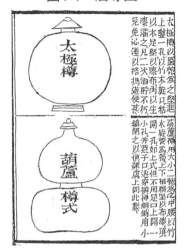

資料來源：〔明〕高濂，《遵生八箋》，〈起居安樂箋下‧溪山逸游條‧游具〉，頁313。

圖4-5　〔清〕徐揚《姑蘇繁華圖》中之肩輿與提盒圖

第五章
物的商品化與特殊化——以家具文化為例

> 雲林清祕，高梧古石中，僅一几一榻，令人想見其
> 風致，真令神古俱冷。故韻士所居，入門便有一種
> 高雅絕俗之趣。
>
> ——文震亨，《長物志·位置》

　　在第一章中曾經指出晚明消費社會的誕生，重要的背景與推動力之一，就是伴隨著商品經濟與市場的發展，而產生的消費需求的擴大。在消費社會中許多過去商品性質不明顯的物品，逐漸成為供應市場需求的商品。本章即以家具為例，探討晚明家具商品化的過程以及家具業的發展。因晚明家具的消費現象，以及家具的商品化與家具業的發展，是以江南地區最為突出，故第一節討論的焦點集中在江南地區。

　　當代的社會學者認為「消費文化」係指現代社會中，透過消費以達到身分分化（status differentiated）和市場區隔（market segmented）的文化。進一步地說，在這種文化中，個人的品味不僅反映消費者的社會位置（年齡、性別、職業、族群等），而且也反映了消費者的社會價值觀和個人的生活方式[1]。由這個角度來思考晚明，雖然在社會結構上沒有當代社會來得複雜，但仍然存在不同的社會階層與地位群體。而且這些不同的社會階層與地位群體對物品的消費需求會有不同。尤其越是社會上層的精英分

1　David Jary、Julia Jary著，周業謙、周光淦譯，《社會學辭典》（台北：貓頭鷹出版社，1998），頁135-136。

子，越傾向透過消費的形式，亦即購買特殊的商品，來標誌自己的身分地位，於是形成特殊的消費文化。本章接著即嘗試透過三類文本，來探析當時存在的三種家具消費型態。其一，是由徽州文書，來看一般社會大眾的家具消費型態；再從高級官員的抄家單，來看高級精緻家具的奢侈消費型態；第三類是以文震亨的《長物志》為例，針對文人與士人階層的家具消費型態作討論。由此可以觀察當時不同社會階層的消費文化，及其在消費家具的身分區分與市場區隔的作用。

最後再深入探討文人與士人除了透過品味的形塑，來建立其自身特有的家具消費文化之外，他們是否還有其它的方法來抵制商品化潮流呢？在本書的導論中曾提及人類學家Igor Kopytoff的「特殊化」（singularization）理論，他指出社會內部群體會將某物品特殊化，以抵制商品化的潮流，晚明的文物藝術品可以說最適合由此角度作分析。柯律格的研究就借用了Kopytoff 的觀點來分析晚明的社會。他指出晚明的文物與藝術品走向商品化的過程中，雖然市場上文人畫作大賣，但士人與文人群體是排斥文物商品化的。他舉出晚明時兩張轉手迅速的畫作——「富春山居圖」與「江山雪霽圖」為例，文人如董其昌嘗試用落款與圖章將之特殊化，反過來卻提高了其在市場的價格，加重其商品化的程度[2]。在此也以書房家具為切入點，分析文人與士人如何將書房家具殊化，以抵制商品化的過程。

過去關於明代家具的研究相當豐富，但大多是偏向「明式家具」的形式研究，少有學者由消費文化的角度作分析[3]。筆者希望由此角度，來分析晚明家具消費的特殊性，並提出有別於過去家具研究的新看法。

2　Craig Clunas, *Superfluous Things: Material Culture and Social Status in Early Modern China* (Urbana, Ill.: University of Illinois Press, 1991), pp. 116-140.

3　僅見的研究是Craig Clunas, "Furnishing the Self in Early Modern China," in Nancy Berliner ed., *Beyond the Screen: Chinese Furniture of the 16th and 17th Centuries* (Boston: Museum of Fine Arts, 1996), pp. 21-35.

第一節　家具的消費與商品化

(一)晚明江南家具的奢侈消費

明初至中葉仍屬於經濟恢復時期，江南雖是全國的經濟重心，不過當
時無論是官宦士大夫或富人，一般在消費方面是頗為簡樸的。到了明中葉
以後，逐漸形成奢侈消費的風氣。奢侈消費表現在許多方面，與家具消費
密切相關的首推住宅的消費。明中葉以前，住宅居室的建築無論在裝飾與
空間方面都是很樸素，不至於過度華麗，即使是富人家也都是「多謹禮
法，居室不敢淫」，所以「房屋矮小，廳堂多在後面」[4]。甚至是仕宦
家，也是「所居室閭，同於白屋」[5]。乾隆《震澤縣志》描寫明代的情
形：

> 邑在明初，風俗誠樸，非世家不架高堂，衣飾器皿不敢奢侈。若小
> 民咸以茅為居，裙布荊釵而已；即中產之家，前房必土墻茅蓋，後
> 房始用磚瓦，恐官府見之以為殷富也。[6]

當時的中產之家稍有資財，可能是深怕被官府發現後，會被撿選為糧長役
之類的苦差事，所以並不敢過於聲張。

但是到嘉靖中葉以後的江南城市，逐漸吹起一股建築豪宅與園林的風
氣[7]。先看看士大夫與鄉紳的情形，《五雜俎》云：「縉紳喜治第宅，亦

4　[明]顧起元，《客座贅語》，卷5，〈化俗未易〉，頁170。

5　[清]劉光業等撰，康熙《淮安府志》(康熙24年刊本，國家圖書館漢學研究中心
　　藏)，卷1，〈風俗〉，頁3b。

6　[清]陳和志修，倪師孟等纂，乾隆《震澤縣志》，收入《中國方志叢書‧華中地
　　方‧江蘇省》(台北：成文出版社據清乾隆11年修光緒19年重刊本影印，1970)，
　　號20，卷25，〈風俗序〉，頁2a。

7　[清]曹家駒，《說夢》，收入《筆記小說大觀》(台北：新興書局，1974)，4編8
　　冊，卷2，〈紀松江園亭之興衰〉，頁15b。

是一蔽。……及其官罷年衰，囊橐滿盈，然後窮極土木，廣侈華麗，以明
得志。」[8] 這種現象一方面是縉紳爲了顯示自己的成就，但是相習成風之
後，更成爲彼此爭勝的競賽。如何良俊（1506-1576?）就說：「凡家累千
金，垣屋稍治，必欲營治一園。若士大夫之家，其力稍贏，尤以此相勝。
大略三吳城中，園苑棋置，侵市肆民居大半。」[9] 這種風氣也吹到富貴人
家，所以在方志中有記載稱：「至嘉靖中，庶人之妻多用命服，富民之室
亦綴獸頭，循分者嘆其不能頓革。」「富家堂寢外間有樓閣別館。」江南
富翁若不是裝飾華麗，就是擴大營建空間，所謂：「輒大爲營建，五間七
間，九架十架，猶爲常耳。」[10] 顧起元（1565-1628）說的更明白：

> 嘉靖末年，士大夫家不必言，至於百姓有三間客廳費千金者，金碧
> 輝煌，高聳過倍，往往重檐獸脊如官衙然，園圃僭擬公侯。下至勾
> 闌之中，亦多畫屋矣。[11]

由此可見就連老百姓也受此風所染，雖沒有擴建住宅空間，但內部如客廳
的裝飾也是用昂貴的花費所打造，甚至妓院的「勾闌」也是雕樑畫棟。
既然縉紳與富人有高檐重屋的宅第與園林，百姓也耗費千金置客廳，當然
也必須有相稱的家具才可展現高貴的門面，烘托豪宅的氣派。晚明江南的
豪門巨室爭築宅第的同時，也開始帶動家具的奢侈消費，尤其是精緻家具
的消費。如《見聞雜記》有一則記載是描寫松江府有吳某中舉人後遊南
京，與一美妓相厚，遂語人曰：「吾若登第，當妾此妓。」後來他的兩個
願望皆達成；當此人到蕪湖關當稅官時收入豐裕，於是「治第太侈，製一

8　[明]謝肇淛，《五雜俎》，卷3，〈地部一〉，頁75。

9　[明]何良俊，《何翰林集》，卷12，〈西園雅會集序〉，頁9a。

10　[清]陳和志修，倪師孟等纂，乾隆《震澤縣志》，卷25，〈風俗序〉，頁2a；[明]
　　董邦政修，黃紹文纂，嘉靖《六合縣志》，冊7，卷2，〈風俗〉，頁4a；[明]唐
　　錦，《龍江夢餘錄》，收入《續修四庫全書》（上海：上海古籍出版社據上海圖書
　　館藏明弘治17年郭經刻本影印，1997），子部，雜家類，冊1122，卷4，頁13a。

11　[明]顧起元，《客座贅語》，卷5，〈化俗未易〉，頁170。

臥床，費至一千餘金，不知何木料？何粧飾所成？」不久家道中落，宅第轉屬他姓，該床因巨麗難拆，遂遭摒棄[12]。

　　因爲對高級家具的需求逐漸增大，使得過去普通材質的家具已不足以顯示豪奢，於是開始流行尋找更稀有而硬的質材作家具，這就是所謂的「細木家伙」，正如明人范濂所云：

> 細木家伙，如書棹禪椅之類，余少年曾不一見，民間止用銀杏金漆方棹，自莫廷韓與顧宋兩公子，用細木數件，亦從吳門購之。隆萬以來，雖奴隸快甲之家，皆用細器。……紈綺豪奢，又以椐木不足貴，凡床廚几棹，皆用花梨、癭木、烏木、相思木與黃楊木，極其貴巧，動費萬錢，亦俗之一靡也。[13]

引文中的莫廷韓乃莫是龍（約1539-1588），字雲卿，更字廷韓，又號秋水，松江華亭人，善詩文書畫，以貢生終。顧宋爲何人則不可考。從范濂所云可知，不只是紈袴子弟，就連屬於社會下階層的「奴隸快甲之家」也都趕時髦而使用細木家具。

　　此外，范濂所云這些家具都是從蘇州購得，顯示江南城市中蘇州在家具業的發展居於龍頭的地位，引領著家具的流行風尚。王士性（1436-1494）說姑蘇人聰慧好古，善於倣古法造器，家具亦是如此：

> 又如齋頭清玩、几案、床榻，近皆以紫檀、花梨爲尚，尚古樸不尚雕鏤，即物有雕鏤，亦皆商、周、秦、漢之式，海內僻遠皆效尤之，此亦嘉、隆、萬三朝爲盛。[14]

這種質地好，但古樸不尚雕飾的「蘇式」家具，被公認爲「雅」的代表。

12　[明]李樂，《見聞雜記》，卷3，頁242。
13　[明]范濂，《雲間據目鈔》，卷2，〈記風俗〉，頁3b。
14　[明]王士性，《廣志繹》，卷2，〈兩都〉，頁33。

如《遵生八箋》提到幾種家具都指名是「吳中」款式與製作最好，如靠几，「吳中之式雅甚，又且適中」；藤墩，「吳中漆嵌花螺甸圓凳，當置之金屋，爲阿嬌持觴介主之用」；蒲墩，「吳中置者，精妙可用」；香几，「今吳中制有朱色小几，去倭差小，式如香案，更有紫檀花嵌，有假模倭制，有以石鑲，或大如倭，或小盈尺，更有五六寸者，用以坐烏思藏鏒金佛像、佛龕之類，或陳精妙古銅，官、哥絕小爐瓶，焚香插花，或置三二寸高天生秀巧山石小盆，以供清玩，甚快心目」[15]。

高級家具還被提升到「古董」或「古玩」的地位。如《陶庵夢憶》有一則〈仲叔古董〉，描寫張岱的二叔張聯芳[16]道經淮上時，遇有賣鐵梨木天然几一座，長丈六，闊三尺，滑澤堅潤，紋路非常。仲叔出價二百金得之，當時的淮揚巡撫李三才想以一百五十金爭購卻不能得，於是當仲叔解維遽去時，三才大怒而差兵追之，但已不及乃返[17]。這則故事中所謂的「古董」就是鐵梨木製成的天然几。晚明貴家子弟好玩古董之風，已是眾人皆知的事，李樂就說：「今貴家子弟，往往致飾精舍、鑪香、瓶卉、珍玩種種，羅列于前，而一經四籍，未嘗觸手。」[18]文人與士大夫也沈溺其中，如蘇州王穉登(1535-1612)就是喜好蒐藏古董的著名文人，據載他家有一舊黑几，壁上又掛有一破笠，他自稱這兩樣東西都是有來歷的古董，前者是蘇州名人吳寬(1435-1504)最早當官時所有的家具，後者是明成祖賜給靖難功臣姚廣孝(1335-1419)的斗笠。他常以此二物示人，多少也有展示身分地位的意義，而不是在於學問[19]。這波蒐藏與重視古董之風也是源自江南蘇州，就像王世貞(1526-1590)所云：「大抵吳人濫觴，而徽人

15　[明]高濂，《遵生八箋》，〈起居安樂箋下・晨昏怡養條・怡養動用事具〉，頁334-335，338；〈燕閒清賞箋中・論文房器具・香几〉，頁617-618。

16　[明]張岱，《瑯嬛文集》(長沙：岳麓書社，1985)，卷4，〈附傳〉云：「仲叔(二叔)諱聯芳，字爾葆，以字行，號二酉生。」頁168。

17　[明]張岱，《陶庵夢憶》，卷6，〈仲叔古董〉，頁57。

18　[明]姚士麟，《見只編》，收入《叢書集成初編》(上海：商務印書館據鹽邑志林本影印，1936)，卷上，頁61。

19　[明]沈德符，《萬曆野獲編》，卷26，〈玩具・假骨董〉，頁655。

導之，俱可怪也。」像徽商這類富商巨賈雖較後才加入追逐，但是藉其強大的經濟實力，把古董炒作成「價驟增十倍」[20]。

在晚明這樣社會流動相當快速的社會裡，這些高級家具同豪宅園林一樣，都會很快地因為家道中落而被變賣流入市場。

(二)晚明江南家具的商品化與家具業的發展

明代以前，家具商品化的現象並不明顯。在宋代只有零星的史料，如《東京夢華錄》描寫到開封城內有「溫州漆器什物舖」，又在宅舍宮院前每日有賣包括衣箱等貨品。此時，販製家具尚未成為專門的行業，在開封城內雖有「木竹匠人」候人請喚，不過這類人是「修整屋宇，泥補牆壁」的工匠，而不是家具匠[21]。

到了晚明，家具業正式地獨立出來，大城市內出現民營的家具作坊與店舖。以下就以蘇州為中心，探討家具業本身的發展與變化。晚明蘇州的家具業又稱為「小木作業」，有別於專門從事建築營造的「大木」業工匠，其店舖與作坊可能並沒有嚴格的分工。小說《醒世恒言》第20回〈張廷秀逃生救父〉的故事，描寫萬曆年間江西南昌進賢縣一位叫張權的人，從隔壁徽州木匠學得製家具的技能，後來搬到蘇州閶門外皇華亭側邊開了個店，自己起了個別號，在白粉牆上刷寫兩行大字：「江西張仰亭精造堅固小木家火，不誤主顧。」張權自製家具，也在自家開店販賣。後來遇著荒年，擺在家門店首的家具乏人問津，於是想找個趁工度日，但出走幾日仍無安身之處，只得依先在門首磨打家火，眼巴巴望個主顧來買(圖5-1)。

工匠除了在自家中製造與販售自己製品之外，也會到有錢的雇客家中擔任長工，以製作量大且品質要求較精緻的家具。如《醒世恒言》所載張

20　[明]王世貞，《觚不觚錄》，頁17。

21　[宋]孟元老撰，鄧之誠注，《東京夢華錄注》(北京：中華書局，1982)，卷2，
〈宣德樓前省府宮宇〉，頁52；卷3，〈諸色雜賣〉，頁119；卷4，〈修整雜貨及齋僧請道〉，頁125。

權在荒年時正好有位專諸巷內天庫前開玉器舖的王員外經過，要他到王家內做一副嫁粧，要求要做得堅固、精巧，做完嫁粧還要他再做些桌椅書櫥等類，也應允張權可以再揀兩個好副手同來。於是張權帶著他兩個兒子到王家宅內，一連做了五天，晚間甚至要求燈油趕夜工。

　　這個故事中還有一點值得注意的是，在當時有許多徽州籍的家具工匠在外地開業，正與范濂之言：「徽之小木匠，爭列肆於郡治中，即嫁裝雜器，俱屬之矣。」互相印證，可見徽州人很早就從事家具業，而且徽州家具工匠在明代就移民到蘇州了。到了清代，來自徽州的外籍漆作工匠，還在蘇州城內建立同業組織「性善公所」。據碑刻記載，該漆作業最早有位呂松年，原籍安徽，在蘇州開張漆業，於道光十六年(1836)間絕買孫姓平房一所，計共十三間，次年其弟即將該房產捐出設立性善公所於城內斑竹巷[22]。

　　隨著晚明在需求面的增長，高級家具在製作的技術上也出現許多突破，這可以從工匠地位的提升看出端倪。過去和家具有關的竹器與漆器業工匠，同銅、窯二器業皆被視爲賤工，但到了明末則不同了。張岱(1597-1685)就提到當時江南附近一帶著名的工匠，就包括了嘉興之臘竹器、王二之漆竹器，以及蘇州姜華雨之漆竹器，嘉興洪漆之漆器，他們都是以漆器與竹器起家，「其人且與縉紳列坐抗禮焉」，由此可見其社會地位之高[23]。又如明代南京著名的竹器工匠濮仲謙，技藝之巧，奪天工焉。其所製之竹器，即使是一帚一刷，只不過勾勒數刀，價格就要以兩計。然而他所自豪的，又是以自然竹之盤根錯節，不事刀斧爲奇，再經其手略刮磨之，遂得重價[24]。《金陵瑣事》還記南京有位劉敬之，係「小木高手」[25]。蘇州

22　蘇州博物館、江蘇師範學院歷史系、南京大學明清史研究室編，《明清蘇州工商業碑刻集》(南京：江蘇人民出版社，1981)，〈吳縣爲呂松年捐置房屋永爲性善公產給示杜擾碑〉，頁147-148；[清]顧震濤，《吳門表隱》(南京：江蘇古籍出版社，1986)，卷6，頁68。

23　[明]張岱，《陶庵夢憶》，卷5，〈諸工〉，頁42。

24　[明]張岱，《陶庵夢憶》，卷1，〈濮仲謙雕刻〉，頁9。

25　[明]周暉，《金陵瑣事》，收入《筆記小說大觀》(台北：新興書局，1977)，16

在萬曆年間以後有位鮑匠者，「寓吳精造小木器，其制度自與傭工不同」。正是因爲這些製造工匠在技術上的精進發展，才把家具提升到「古董」的地位，就如同《夢窗小牘》所提到的嘉興巧匠嚴望雲，「善攻木，有般爾之能，項墨林賞重之，其爲天籟閣所製諸器，如香几、小盆等，至今流傳，什襲，作古玩觀」[26]。項墨林係嘉興收藏家項元汴(1525-1590)，字子京，號墨林山人，築天籟閣，廣收書畫名蹟。嚴望雲所製的家具頗得項元汴之青睞，甚至被視爲「古玩」。

　　在明末清初最多高級工匠集中的城市就是蘇州，早在嘉靖年間的王世貞(1526-1590)就指出當時蘇州著名者有陸子剛之治玉、鮑天成之治犀、朱璧山之治銀、趙良璧之治錫、馬勳之治扇、周治治商嵌及歙呂愛山治金、王小溪治瑪瑙與蔣抱雲治銅等製品，皆比常平價格多出數倍，這些工匠不但有至與縉紳不起平坐者，當時還傳聞他們的製品已流入宮廷之中，成爲皇室宮中的御用品[27]。上述的這些著名工匠，到了明末清初像是張岱與徐樹丕等人都曾再度提及[28]，康熙《蘇州府志》也很自豪地說：「吳人多巧，書畫琴棋之類曰藝，醫卜星相之類曰術，梓匠輪輿之類曰技；三者不同，其巧一也。技至此乎，進乎道矣。」[29]

　　我們會發現一件有趣的事，就是上述從明中葉以來就已著名的工匠名，直到清代都一直存在，難道這些人眞得如此長壽嗎？其實這些工匠名字已經不只是人名而已了，他們都成爲像是今日商業中的「商標」或「品牌」。就像蘇州府嘉定縣有著名的竹器創始人朱鶴，號松鄰，明清時期婦人之簪上刻有所謂「朱松鄰」者，即以他的名號來命名的一種商標[30]。又

（續）
　　編3冊，卷3，〈良工〉，頁187b。
26　轉引自濮安國，《明清蘇式家具》（杭州：浙江攝影，1999），頁18。
27　[明]王世貞，《觚不觚錄》，頁17。
28　[明]張岱，《陶庵夢憶》，卷1，〈吳中絕技〉，頁9；(明)徐樹丕，《識小錄》，收入《筆記小說大觀》（台北：新興書局據國立中央圖書館藏佛蘭草堂手鈔本影印，1985），40編3冊，卷1，〈時尚〉，頁90。
29　[清]沈世奕，康熙《蘇州府志》，卷78，〈人物‧藝術傳〉，頁1a。
30　[清]王應奎，《柳南隨筆‧續筆》（北京：中華書局，1983），卷2，〈竹器〉，頁161。

如南京著名的竹匠濮仲謙也是一例，他因爲名噪一時，得其款示者，價格馬上水漲船高。所以南京著名的商店街三山街上就有數十家商店，號稱得自仲謙之手，遂因之而富貴。可見濮仲謙之名，已成了三山街家具店的品牌[31]。

晚明以來江南家具走向市場的商品化現象已很明顯，上述的許多史料已經呈現出江南製造與販賣家具的事實。除了前述南京的三山街之外，又如《長物志》記載椅子的式樣時就提到「吳江竹椅、專諸禪椅諸俗式」，可見吳江縣與蘇州城內的專諸巷，應該也有不少商家販製禪椅這類家具。現今存有約當萬曆天啓時人所繪的《上元燈彩圖卷》，所畫地點是南京秦淮河往北過三山街的內橋一帶，所繪的內容除了有南京古董一條街之外，同時還描繪了眾多的地攤商販。這是一次燈會與古董市場相結合的情景，而且從圖中可以看到攤販所賣的家具，描繪得最爲多樣、最豐富，包括有架子床、羅漢床、几、案、桌、凳、箱、屏風、帽椅等等。從所著顏色來看，有的像是紫檀製成的，有的還鑲嵌大理石[32]。再舉一個江南以外的例子，在小說《金瓶梅詞話》第15回中，描寫吳月娘等人到臨清街上看燈市的情景，但見當街搭著數十座燈架，四下圍列些諸門買賣：

> 往東看，雕漆床，螺鈿床，金碧交輝；向西瞧，羊皮燈，掠彩燈，錦繡奪眼。北一帶都是古董玩器；南壁廂，盡皆書畫瓶爐。……圍屏畫石崇之錦帳，珠簾彩梅月之雙清。雖然覽不盡鰲山景，也應豐登快活年。

可見在臨清城內燈會市集中，也有陳列高級的家具如雕漆床、螺鈿床、圍屏等等販售者。這幅情景和上述《上元燈彩圖》的描繪，幾乎是一模一樣（圖5-2）。

31　[明]張岱，《陶庵夢憶》，卷1，〈濮仲謙雕刻〉，頁9。

32　楊新，〈明人圖繪的好古之風與古物市場〉，《文物》，1997年第4期，頁53-61。

至於家具的價格方面，現有的文字記載大多是關於某些高級家具的價格（詳見第四節），而關於普通家具的價格，在《杜騙新書》中有一則故事，描寫以開客棧爲業的歙家孫丙，「往匠舖見兩掛箱一樣，用銀三錢買其一，又以銀二分定後隻」[33]。如此一般在店舖中發賣的普通掛箱，價格約0.3兩，又可付0.02兩當訂金。比起動輒數兩的高級精緻家具，這樣的價格算是低的。不過，小說的描繪一向較爲誇大，在接下來看到的嚴嵩家內的家具，也有僅值0.18兩的櫥櫃及0.02兩的腳凳，故而由此推測一般較簡單的家具，應該在銀一錢左右，約0.1兩，甚至更便宜。

第二節　大眾的家具消費：以徽州爲例

第一節提到明中葉以後流行細木家伙，即使是「奴隸快甲之家，皆用細器」，這樣形容是否太過誇大？上節提到一般家具的價格，對一般小康收入的家庭而言，是否算是昂貴的物品呢？一般大眾是否也有能力購買一些較精緻的家具呢[34]？明末清初人姚廷遴，在其所撰的《歷年記》中回憶幼年到松江府城內所見的情景：

> 余幼年到郡，看城中風俗，池郭雖小，名宦甚多，旗桿稠密，牌坊滿路。至如極小之戶，極貧之弄，住房一間者，必有金漆桌椅，名畫古爐，花瓶茶具，而鋪設整齊。[35]

33　[明]張應俞，《杜騙新書》（上海：上海古籍出版社，1990），4卷20類，〈買學騙・鄉官房中押封條〉，頁312。

34　從明清的筆記小說的故事中，我們的確可以發現有些例子顯示，即使是一般百姓家都多少有一點還算不錯的家具。如清人許奉恩《里乘》有一則故事，記載：「邑人某甲，歲除無以爲計，家僅存一舊竹榻，妻使負往西村富翁家，冀易升斗粟。富翁愛其光如髹漆，言定以斗米千錢易之。」參見[清]許奉恩，《里乘》（四川：重慶出版社，2000），卷4，〈邑人某甲〉，頁115。但這是清代的例子，而要探討明代庶民消費或蒐藏家具，最大的難題是史料的缺乏。

35　[清]姚廷遴，《歷年記》，〈歷年記上〉，頁59。

由此可見，江南城市內的一般居民家內所用，也都有「金漆桌椅」之類的家具。

此外，在現今所見之明代徽州文書之中，有一類是父親將家產分給子輩的分家單，另一類是家內協議均分家產的鬮書。筆者蒐集到5件明代的分家單與鬮書，其中都記有分家時的器物，有些器物載明是要求「眾存」，有的則是均分的。以下按照時間的先後列舉之。

（一）《吳氏分家簿》

《吳氏分家簿》據序言推測，該吳姓家族應為徽州人，但確切的地點則無從得知[36]。這分分家單成於成化11年（1475），記有先人「武公」遺下的「眾存」物件，因數量不多，筆者臚列於下：

氈毯	一條	算盤	一個
蓆	二條	畫了	一把
繡團	一對	天平匣	二付
研槽	一付	衣架	一個
燈籠	一對	轎	三乘
古銅花瓶	一對	準陸盤	一副
斷鋸	一把	大眾邊	
鐵充	一把	酒箱	一擔
銀硃漆盤	四面	籠架	一付

吳家不是從事商賈的徽商，因為並沒有如店面這類相關的不動產。再從其遺產的規模來看，吳氏只能算是小康之家。在這個清單中，少數是屬於較貴重的物品，如氈毯、古銅花瓶、銀硃漆盤，其它看似一般的物品。有幾件算是家具，如天平匣、衣架與酒箱，都不是很貴重。

36　《吳氏分家簿》（清乾隆年間寫本，上海圖書館藏）。

（二）《吳尙賢分家簿》

《吳尙賢分家簿》所記係方溪里吳德振於正德2年（1507）及12年（1517）的兩次分家簿[37]。吳德振，字尙賢，居新安七十世。在序言中吳尙賢自云：「吾少年從商，江湖飽歷風霜，助佐父兄之志。」再從分家單中提到「算清揚州鹽行買賣各人實該本銀開具於後」一語，很明顯地他是一名在揚州業鹽的徽商。又云：「弘治六年（1493）於祖居創造樓屋二重，緊固安身。弘治十六年（1503）於祖居東畔鼎新屋宇一區，雖無華飾，寬雅得宜，又建東園八景、亭池等等。」由此可見他的家產頗豐，足以建小型的亭園。後其兄弟歿，他析產分之，又付三子，此時爲正德2年，這是第一次分家產，可惜的是雖然詳細記有金銀器皿的均分清單，但並沒有留下關於家具器物的記載，只道：「古畫、爐瓶、銅錫漆器、香棹、屛風、廚（櫥）、椅、凳、轎、盤、合（盒）、綺楪等件，俱已見數，分在存坐分撥簿上，日後各照分數管業，毋許動用損壞。」即使如此，我們可以推測他的家產中必有數量可觀的香棹、屛風、廚椅、凳之類的家具（圖5-3）。

又經十年因人事不濟，次男死，只剩二子，但有五個孫子，於是吳尙賢再次將家產均分，是爲正德12年的第二次分家。這次的分家簿中記有「第未分古銅爐瓶書畫什物等件」，單從這些物品的種類、數量及貴重程度來看，就遠遠超過前個例子。但可能已是第二次分家，所以其中的家具數量並不多，只有「大香棹一副」、「靠背耻一對□舊一對」、「小香棹一副」而已。

（三）《孫時立鬮書》

《孫時立鬮書》係孫時於萬曆40年（1612）所立之分家書。孫時自云其先父：「經商吳興，中年產我，父子辛勤，生計用是頗遂，資產用是益新，至有今日。」推測作者父親亦是從商起家。後來作者生子三人俱已婚

37　《吳尙賢分家簿》（明正德13年寫本，上海圖書館藏）。

娶，「第恐家業才本末行開載，日後言論皆起於始之不謹也，特請女婿吳錫之爲主盟」，遂將其戶下之田山、鋪中財本，以及家內器物等均分三等分。三人所分得之銀共計約2000兩，還有收租之土地多處，若保守估計，孫時的財產至少也有四千兩以上[38]。

《孫時立鬮書》中詳細記有器物的名單與數量，除了有金銀酒器、銅錫器、畫手卷與瓷器之外，還有「漆器」一項，其中有許多就是家具[39]：

石屏風六個	太師椅四把[41]
涼床壹張	穿腦椅四把
客床壹張	醉翁椅壹把[42]
大香桌壹隻	大櫈貳條
小退光琴桌六張	大小櫈拾四條
金漆桌四拾張	大櫈貳條
粗長抽屜桌壹張[40]	榻腳櫈叁十貳條
抽屜桌貳張	衣架壹個
退光大桌六張	櫃三桌
大退光四方桌壹張	春盛貳架(榻墊)

38 中國社會科學院歷史研究所收藏整理，王鈺欣、周紹泉主編，《徽州千年契約文書‧宋‧元‧明編》(石家莊：花山文藝出版社，1991)，卷5，頁415-417。

39 《徽州千年契約文書‧宋‧元‧明編》，卷5，頁433-434。

40 抽屜桌即是帶有抽屜的桌子。據傳出現在宋代，但從今所見的宋代文物、繪畫形象中卻無抽屜桌。約當蒙元時的山西文水北裕口古墓所發現的壁畫中，有一抽屜桌，其抽屜在桌的上部，占總高度的三分之一左右，已近似明代抽屜桌之形式。

41 太師椅據云得名於宋秦檜，因他那時已尊爲「太師」，故名。參見[清]丁傳靖輯，《宋人軼事彙編》(北京：中華書局，1981)，卷15，〈秦檜〉，頁827。又《萬曆野獲編》，卷26，〈玩具‧物帶人號〉云：「椅之栲栳聯前者，名太師椅。」即指用老虎皮覆蓋在太師椅上，多置於廳堂，用以增威嚴氣勢(頁663)。

42 [清]曹庭棟，《老老恒言》，收入《四庫全書存目叢書》(台南縣：莊嚴文化事業有限公司據北京圖書館藏清乾隆38年自刻本影印，1995)，子部，雜家類，冊119，卷3，〈坐榻〉云：「有名醉翁椅者，斜坦背後之靠而加枕，放直左右之環而增長，坐時伸足，分置左右，首臥枕，背著斜坦處，雖坐似眠，偶倦時，可以就此少息。」(頁8b)

退光八仙桌四張　　　　　　火廂壹個

舊桌五張　　　　　　　　　大小匣九個

小桌貳張　　　　　　　　　大方石廂壹個

粗桌三張　　　　　　　　　酒廂壹擔

　　　　　　　　　　　　　共計：180件

從上面所列的家具清單來看，即使是個中小商人之家，舉凡屏風、床、桌、椅、凳、架、櫃、箱等一應俱全，而且有許多都屬高價的家具，如石屏風有6個之多、金漆桌有40張以及太師椅4把，這些通常是放在大廳擺設的重要家具。退光八仙桌4張是宴客用的八人大桌(圖5-4)，涼床與客床各1張分別是主人與客人臨時休息所用的；醉翁椅是一種可坐可躺的椅子，也是休憩用的。這些都是稍有財力的人，需要宴客休閒才會使用到的家具，並非一般家庭生活起居的必需品。琴桌是一種專用於撫古琴的長方形桌子(圖5-5)，而孫家有小退光琴桌6張，可能他頗好音樂，但也可能只是附庸風雅。孫時的家具清單中，除註明是漆器外，所記的家具似乎在質材上並無特出，只有「石製屏風」較爲特殊，下文將會談到大理石製的屏風，在明代是非常高級的家具。而木質家具並未記是否爲紫檀或花梨木之類的記錄。至於琴桌的製作，本是非常講究選材，據《格古要論》云：「琴桌需用維摩楊，……桌面用郭公磚最佳。如用木桌，須用堅木厚一寸許則好。再三加灰，漆以黑光爲妙。」[43] 所以如此，主要是爲了使撫琴能收到最佳的音響效果，但清單中並未言是何種質材製成。再就上漆與裝飾技術而言，清單中記有「金漆」與「退光」兩種家具，後者又名「琴光」漆，是一種專門煎製的光漆，用來油漆器物時必須拭退後生光，故名「退光」漆[44]；但未見更精緻的如「螺鈿」或「彩漆」的家具。

43　［明］曹昭，《新增格古要論》（北京：中國書店，1987），卷1，〈古琴論·琴桌〉，頁3b-4a。

44　因古琴多用此漆製而成，故名「琴光」。［清］祝鳳喈，《與古齋琴譜》，收入《續修四庫全書》（台南縣：莊嚴文化事業有限公司據清咸豐5年浦城祝氏刻本影

（四）《休寧程虛宇立分書》

《休寧程虛宇立分書》是徽州府休寧縣人程虛宇，於崇禎2年（1629）所立之分家書。據程虛宇在〈自敘〉中言其祖居該地後已歷十世，而程虛宇生於嘉靖癸丑年，即嘉靖32年（1553），其父與伯皆「賈遊」時，因其為長子，諸弟俱幼，於是家政皆交由他一人掌理，又言「初先君命予習儒，朝夕肄業，惟日孜孜以期上進。逮隆慶壬申（即隆慶6年，1572），家事紛紜不獲，已援例南雍」。可見程虛宇本來是個國子監生，後來因為其伯父去世，父親年事又高，於是接掌父親的事業，可說是「棄儒從賈」的例子。他兄弟共三人，在其弟一人過世後，有鑑於子姪輩已成年，於是將其家業均分為三，在〈自序〉中云：「今將各房歷年所附本利逐一算明批還完足外，餘安慶、九江、廣濟、黃州、湖廣七典，每個分授本銀壹萬兩，其基址屋宇田地山塘各項品搭三股均分。」[45] 可知其家業主要是典當業，並且在外地有七處分舖。從分家書中可以看到他們三房單單是實授本銀併舖基共計，就已達約十六萬兩，何況還有其它的土地如田租、園、山場等不動產，以及金銀器皿與器用雜物，保守估計，他們家族的資產至少也應有二十萬兩以上。

在其分家書中有「器用雜物」一項，其中有許多是家具，以下列出總計三房分得的家具名單[46]：

大硃紅香桌壹張	描金漆盒壹拾貳個
硃紅香桌貳張	八角漆盒拾個
紅方香几肆張	金谷園圍屏壹幅
黑香几肆個	百子圖圍屏壹個

（續）————

印，1997），子部，藝術類，冊1094，卷2，頁38b中有述及退光漆製琴之法。

45　《徽州千年契約文書‧宋‧元‧明編》，卷8，頁285。

46　《徽州千年契約文書‧宋‧元‧明編》，卷8，頁380-385。

紫漆香几肆個　　　　　　　百鳥朝鳳圍屏壹個

描金漆盒壹拾貳個　　　　　銅鑲酒箱壹擔

以程氏的財力，上舉的家具類別與數量，若和上列孫時所分家的家具相比，似乎太少了；但從另一個角度來看，程氏所留供分家的家具其實要比孫家的更爲貴重，才會特別成爲分家的動產，所以這分清單並非反映程家日常生活所使用的全部家具。而且程氏所留下來供分家家具中，幾乎都是之前的分家單中看不到的家具，如新形式的家具香几、特別的上漆與上色技術的描金與硃紅家具、銅鑲裝飾的酒箱，與繪有圖畫的圍屏。上列清單中的「紅方香几」（圖5-6），從第一節《遵生八箋》所云，可知是蘇州「吳中制」的式樣。再就漆器的裝飾技術而言，上列清單中可見「描金漆」，是比「銀杏金漆」與「退光漆」更高級的技術。最值得注意的是三個有圖畫的「圍屏」，在下文中我們將會看到這類有繪畫的圍屏，是價格頗高的貴重家具。

（五）《余廷樞等立分單鬮書》

《余廷樞等立分單鬮書》是余廷樞於崇禎7年（1634）所立之分家鬮書。在前言中述及分家的原因：「因父雲禎公於甲子年（按：天啓4年，1624）九月初四日戌時，故在池店，身年十五，遺弟五歲，孤幼不能扶店，憑母將店變易，眼同抵償父帳。……今身在城住寓，兩各管業不便，兄弟嫡議，自願請憑親族，將實在田地產業山場樹木作種廚灶廳屋什物等項，逐一開具載簿，貳分均搭。」[47] 從以上的敘述可見余父從商並不算很成功，身後仍有不少欠帳，再加上鬮書中所開之不動產如廳屋與田租並不多，余家應該只能算是個開店的零售商人。

在鬮書中分別有「眾存什物器皿」與「樞鬮什物器皿單」兩項，以下

47　《徽州千年契約文書・宋、元、明編》，卷9，頁347。

是筆者將兩項中之家具歸類後之清單[48]：

古老舊小琴桌乙張

新棹大者肆張，小貳張，共陸張

貼棹壹張

舊長條桌乙張

舊方棹一張，嫡母用

舊損棹壹張

下房舊床貳張

香几壹座

大□櫈貳條

小中長漆櫈貳條

新添椅陸把

朝香櫈貳箇

小櫈杌貳箇

舊粗櫈貳條

舊穿棕椅陸把

大長梯貳條

小梯壹乘

共計44件

論財力與資產，余廷樞家不如第三例孫時家，但又比第一例吳氏家要富有，而清單中的家具價值，正好介於兩者之間，頗符合其經濟地位。清單中家具的式樣有琴桌、桌、床、几、凳、椅與梯等，數量共計44件，但其中並沒有高級精緻的家具，多是舊而且樣式普通的家具，而且也沒有屏風這類大型家具。惟獨有古舊小琴桌一張，頗堪玩味，看來也和孫時家一樣，似乎有共同的喜好。

上述五例中，至少可以辨認出四例的經濟地位，若依《五雜俎》所言：「新安大賈，魚鹽爲業，藏鏹有至百萬者，其它二三十萬則中賈耳。」[49] 第一例是小康之家、第五例屬於基層開店的零售商人、第三例是數千兩資本的小型徽商、第四例則是數萬資本的典當業中型徽商。這五例雖然不能完全代表，但也足以反映明代中葉以後，一般大眾的家具擁有與消費的實際情況。

---

48 《徽州千年契約文書・宋、元、明編》，卷9，頁358、360、362。

49 [明]謝肇淛，《五雜俎》，卷4，〈地部二〉，頁96。

綜而觀之,我們至少可以得到幾點結論:首先,從這五例子看到從明中葉到明末的分家單或鬮書中,逐漸把家具列入分家的器物清單之中,而且數量與種類愈來愈多、越記越詳細,反映當時已將家具視為有價物品,也反映第二節中所言家具的商品化加深,以及人們的消費能力提升的情形。如果以第一例和第五例,作為一般家庭的家具消費平均水準的範圍,那麼一般小康之家至少會有幾件到幾十件像樣的家具,其中也有部分是上漆的。再將第三例與第五例的家具數量,和17世紀英國的商人與荷蘭的富農作比較的話,我們會發現17世紀中國小商人的家具蒐藏高過英國商人,也不遜於荷蘭富農(參見附錄)。

再者,經濟地位也反映在他們的家具蒐藏,不只是在數量上有別,在形式上、上漆或上色、雕畫或裝飾上,資本愈雄厚、經濟地位愈高者,所蒐藏的家具也不同凡響。如休寧程虛宇家即是一例,其所蒐藏之硃紅大紅的香桌、紅黑與紫漆香几、描金的家具,以及上有圖畫的圍屏,都是其他四例所無。這同時也反映前述范濂所言,從明中葉民間只用銀杏金漆方桌,到隆慶、萬曆以後富人喜好「細木家伙」的風氣。由此可知,只要有錢都可以購買精緻家具,而精緻家具的擁有已不只是為了實用,而是奢侈消費的一個面向,更具有展示與炫耀財富的功能。

至於動輒數十兩、甚至數百兩的「古董」家具,則需要更高條件的人才能消費得起,也就是只有消費金字塔的頂端才能擁有。下一節將進一步地探討這類頂端消費者的家具消費型態。

第三節 高級家具的消費

明朝嘉靖年間著名的內閣首撫嚴嵩(1480-1569)與其子世蕃(1513-1565),以貪污而遭抄家。史稱世蕃熟諳中外官員之饒瘠險易與責賄多寡,可說是毫髮難匿;他又喜好古尊彝奇器書畫,所以有許多官員如趙文華、鄢懋卿、胡宗憲等都會爭相送之,或索之富人,必得而後已。抄家的過程是皇帝下令將嚴嵩及世蕃所有袁州、南昌等府與分宜等縣地方的房屋

田地金銀珍寶財貨家具等，責行守巡該道官員，親詣盡數查出，開造各項
清單送戶部查核，一方面先將金銀珍寶奇貨細軟之物，差官解赴戶部，另
一方面將其房屋田地家具器用等件即行變賣價銀，再一起解送戶部。而
《天水冰山錄》就是嚴氏家遭籍沒財物的清冊[50]。

從《天水冰山錄》中有關家具的記載，可以看到高級家具的奢侈消費
型態。其中的家具大概可分四類，一、二類是直接解赴戶部的家具，主要
是「屏風圍屏」共108座架與「大理石螺鈿等床」共17張；三、四類是變
賣的家具，「變價螺鈿彩漆等床」與「變價桌椅櫥櫃等項」，前者共計
640張，通共估價2127.85兩，後者共7444件，共估價銀1415.56兩[51]。以下
分別討論這四類家具。

（一）直接解赴戶部的「屏風圍屏」類，是質材特殊的屏風，主要是以
石類為主的屏風，如大理石的中小屏風、祁陽石屏風、靈璧石屏風、白石
素漆屏風；其次，以羊皮為材料的羊皮顏色大圍屏、羊皮中圍屏與羊皮小
圍屏；還有一些是強調裝飾技術的圍屏，如彩漆圍屏、描金山水圍屏、黑
漆貼金圍屏、泥金松竹梅圍屏、泥金山水圍屏等（圖5-7）。

值得特別注意的是其中還有許多是舶來品，也就是來自日本的屏風或
圍屏，如倭金彩畫大屏風、倭金彩畫小屏風、倭金銀片大圍屏、倭金銀片
小圍屏、倭金描蝴蝶圍屏、倭金描花草圍屏等。由這些舶來品可知明代與
日本在貿易或文化交流上相當頻繁。據馮夢禎（1548-1605）《快雪堂日
記》曾記載某日至其友人書廳中，「索觀珍玩，新得舊倭器數事，甚佳」[52]。

50　[明]佚名，《天水冰山錄》，收錄於中國歷史研究社編，《明武宗外記》（上
　　海：上海書店，1982），頁128-129。

51　所謂的「螺鈿」是一種裝飾藝術，係用貝殼薄片製造人物、鳥獸、花草等形飾，
　　起源甚早，到了明代已很流行。[明]曹昭《新增格古要論》，卷8，〈螺鈿〉
　　云：「螺鈿器皿，出江西吉安府廬陵縣。宋朝內府中物及舊做者，俱是堅漆，或
　　有嵌銅線者，甚佳。元朝時富豪不限年月做造，漆堅而人物細，可愛。……今吉
　　安各縣舊家藏有螺鈿床、椅、屏風，人物妙，可愛照人。」（頁2b-3a）

52　[明]馮夢禎，《快雪堂集》，收入《四庫全書存目叢書》（台南：莊嚴文化事業
　　有限公司據明萬曆44年黃汝亨朱之蕃等刻本影印，1997），集部，別集類，冊
　　165，卷56，頁12b-13a。

由此可見晚明由日本進口的器物，在上層社會中頗受歡迎。

（二）「大理石螺鈿等床」之類，在記載上也是強調質材與裝飾，細分的話大概可以看出兩種，一種是以大理石為質材的床，如雕漆大理石床、黑漆大理石床、螺鈿大理石床、漆大理石有架床、山字大理石床等。另一種是有螺鈿技術裝飾的床，如堆漆螺鈿描金床、嵌螺鈿描金床、嵌螺鈿著衣亭床、嵌螺鈿有架涼床、嵌螺鈿梳背藤床與鑲玳瑁屏風床（圖5-8）。這些床在價值上應該要比接下來看到的變價螺鈿彩漆等床要來得貴重，所以才會和屏風與圍屏一起直接解赴戶部，而不是就地變賣。

（三）「變價螺鈿彩漆等床」類與上類相比較的話，雖然同樣是床，但是這類家具在質材上除了有彫嵌大理石床之外，其它的床在質材上稍遜於前者，而主要是飾以彩漆雕為主，如螺鈿雕漆彩漆大八步等床、彩漆雕漆八步中床。此外，還有一批屬於「涼床」的，如描金穿藤彫花涼床、山字屏風并梳背小涼床、素漆花梨木等涼床，還有椐木刻詩畫中床。從這裡也可以看到高級家具的木材質材，包括花梨木、椐木。

這類變賣的家具清冊中還附有變賣的價格，由此我們可以大致理解當時家具的價格。筆者將其換算成兩為單位如下：

螺鈿雕漆彩漆大八步等床，每張估價銀15兩

彫嵌大理石床，每張估價銀8兩

椐木刻詩畫中床，估價銀5兩

彩漆雕漆八步中床，每張估價銀4.3兩

描金穿藤雕花涼床，每張估價2.5兩

山字屏風并梳背小涼床，每張估價銀1.5兩

素漆花梨木等涼床，每張估價銀1兩

椅，每把估價0.2兩

櫥櫃，每口估價銀0.18兩

桌，每張估價銀0.18兩

几并架，每件0.08兩

　　　凳杌，每條估價0.05兩

　　　腳凳，每條估價銀0.02兩

　　上表是將單價依高低排序出來的結果。由此可知，若將直接解赴戶部的家具一併納入比較的話，那麼論價值應該是屏風與圍屏要比床更為昂貴；而床又比其它的家具要貴得多，通常都在1兩以上，其它的家具通常都不及1兩。床的價格取決於雕漆與螺鈿裝飾，再次才可能是質材，論床的質材依序是大理石、椐木、花梨木等。這樣的排序似乎與前文提到的質材價值略有出入，下節將作進一步地解釋。價格較次的是椅子，櫥櫃與桌子價格相當，再其次的依序是几并架、凳杌、腳凳等。

　　(四)清冊最末尾還記載一條：「各樣大小新舊木床126張，共估價銀83.35兩。」這些應該是更次要的家具了，平均每件約只有0.66兩。

　　綜而觀之，嚴氏父子家中的高級家具，尤其是第一、二類，以及第三類部分價格超過1兩以上的家具，都是質材稀見，又是彩漆、彩畫與雕刻，或是描金、泥金、螺鈿裝飾的高級家具，正與當時奢侈消費的描述相當。在小說《金瓶梅詞話》中主人翁西門慶生活豪奢，他家中消費的高級家具，也和《天水冰山錄》的記載相符合[53]。如第45回中寫到白皇親家有一座「螺鈿描金大理石屏風」及兩架銅鑼銅鼓，要到西門慶當舖當30兩銀子，但是應伯爵慫恿道：「只一架屏風，五十兩銀子還沒處尋去。」這和嚴嵩家第一類家具的大理石屏風相類同。第34回描寫西門慶的書房中，放著一張「大理石黑漆縷金涼床」，還掛著青紗帳幔。這和嚴嵩家中第二類家具的「黑漆大理石床」相類同。

　　《天水冰山錄》的第三類「變價螺鈿彩漆等床」，在小說《金瓶梅詞話》第8回中描寫西門慶嫁女兒時，因為過於急促，價造不出床來，就把孟玉樓陪嫁來的一張「南京描金彩漆拔步床」給女兒當嫁妝。這個床與嚴

53　蔡國梁，《金瓶梅考證與研究》（西安：陝西人民出版社，1984），頁204-207。該文有初步的討論，本文將作更細緻的分析。

嵩家的「彩漆八步床」相類同，而且是南京製造的。此外，在晚明的富貴人家中亦有消費的實例，如姚廷遴描寫其二伯家某房中堆著的「好傢伙」，包括了有：「花梨涼床一只，椐榆涼床一只，董字插屏六扇，金漆椐榆大椅六把、花梨椅六把、黃楊小桌兩只，水磨椐榆長書桌兩只，椐榆書架四個，椐榆官桌六只，小副桌二只，及動用什物，件件皆有。」[54] 可見這類變價的家具，還屬於富貴人家可購得的家具。

《金瓶梅》書中有許多關於高級家具價格的記載，但相較上述《天水冰山錄》中的記載，小說的描繪似嫌誇大。如第9回西門慶娶潘金蓮時，為了她用16兩銀子，買了一張「黑漆歡門描金床」。第29回中看到西門慶家諸女人間的爭寵行為，其一就是要求買更好的床。當潘金蓮見到李瓶兒房中安放著一張「螺鈿敞廳床」，她也要西門慶花60兩銀子，替她也買一張螺鈿有欄杆的床，兩邊格扇，都是螺鈿攢造。前述西門慶嫁女兒時的「南京描金彩漆拔步床」，到第96回中因為西門慶與其女死後，該床抬回娘家，吳月娘說那床只賣了8兩銀了。李瓶兒的那張當初聽說值60多兩銀子的螺鈿床，也只賣了35兩銀子。雖然小說中的物價較為誇大，但是從價格的高低可以看到家具的等級，和《天水冰山錄》中的記載相同，即「螺鈿描金大理石屏風」與「螺鈿敞廳床」價值最高，其次才是「黑漆歡門描金床」；而小說提到其它像是東坡椅、交椅、八仙桌等都只是實用的家具，並未提到價格，顯見這類家具要比屏風與床更為低廉。

由此說明《天水冰山錄》關於家具的記載，第一、二類家具反映的是少數財力雄厚、位居金字塔頂端消費者所能消費的精緻家具，而第三類則是一般富貴人家都可購得的高級家具。然而，對於晚明的文人與士人而言，這種價值與美學的評量標準不見得是絕對的，以下我們將會看到與上層社會的觀念差異頗大的另一種評量家具的標準。

54　[清]姚廷遴，《歷年記》，〈歷年記中〉，頁74。

第四節　文人化的家具消費

明中葉以後有不少文人都寫過關於家具的著作，如衛泳《枕中祕》、
屠隆（1542-1605）《考槃餘事》與高濂（1573-1620）《遵生八箋》等。但是
若論記載最詳細、最具文人代表性的著作，則非文震亨（1585-1645）《長
物志》一書莫數。文震亨在《長物志》中，塑造了與《天水冰山錄》不同
品味的另一種「文人化家具」[55]。他高舉文人品味的說詞，最首要的是
「雅」與「俗」的區分。他的美學評價中所謂的「雅」，籠統地說就是要
符合古制，包括在形制、裝飾與質材的紋路等方面，重視的是質樸與自然
的感覺，而非過分與過多繁複的雕刻與裝飾，後者就是所謂的「俗」。所
以他在〈几榻〉卷首就說：

> 古人製几榻，雖長短廣狹不齊，置之齋室，必古雅可愛。……今人
> 制作，徒取雕繪文飾，以悅俗眼，而古制蕩然，令人慨歎實深。

在接下來談到各種家具時也是以此標準出發，明顯地看到作者將雅者與俗
者對立。例如他指出古雅樸實與過分裝飾的對立：

> 榻，「有古斷紋者，有元螺鈿者，其制自然古雅。……近有大理石
> 鑲者，有退光朱黑漆、中刻竹樹、以粉塡者，有新螺鈿者，大非雅
> 器」。
> 禪椅，「更須瑩滑如玉，不露斧斤者爲佳。……近見有以五色芝黏
> 其上者，頗爲添足」。

55　參見[明]文震亨著，海軍、田君注釋，《長物志圖說》（濟南：山東畫報出版
　　社，2004），卷6，〈几榻〉，頁259-287；卷10，〈位置〉，頁411-428。

他允許相當程度的裝飾，但必需符合古制，如壁桌，「或用大理及祁陽石
鑲者，出舊制，亦可」；椅，「烏木鑲大理石者，最稱貴，然亦須照古式
爲之」。

其次，除了裝飾以外，形制上也需符合古制，所以文震亨在書中都把
這些家具的長寬高度等形制，作了詳細的記述。相對地，當時市面上出現
不少一改既有形制，而推陳出新的家具，在他的眼中都是過長、過短或過
闊的俗物，他稱之爲「不可用」、「不堪用」或「最可厭」：

> 榻，「榻座高一尺二吋，屏高一尺二吋，長七尺有奇，橫二尺五
> 吋，周設木格，中貫湘竹，下座不虛，三面靠背，後背與兩旁等，
> 此榻之定式也。……（近有）一改長大諸式，雖曰美觀，俱落俗
> 套」。（圖5-9）
>
> 天然几，「第以闊大爲貴，長不可過八尺，厚不可過五吋，飛角處
> 不可太尖，須平圓，乃古式。……不可用四足如書桌式；或以古樹
> 根承之……；不可雕龍鳳花草諸俗式。近時所制，狹而長者，最可
> 厭」。
>
> 書桌，「書桌中心取闊大，四周鑲邊，闊僅半寸許，足稍矮而細，
> 則其制自古。凡狹長混角諸俗式，俱不可用，漆者尤俗」。
>
> 臺几，「近時仿舊式爲之，亦有佳者，以置尊彝之屬，最古。若紅
> 漆狹小三角諸式，俱不可用」。
>
> 椅，「曾見元螺鈿椅，大可容二人，其制最古；……總之，宜矮不
> 宜高，宜闊不宜狹。……其摺疊單靠、吳江竹椅、專諸禪椅諸俗
> 式，斷不可用」。
>
> 交床，「交床即古胡床之式，……金漆摺疊者，俗不堪用」。

第三，家具的質材也是評量家具好壞的重要條件之一，例如榻，「他
如花楠、紫檀、烏木、花梨，照舊式製成，俱可用」；天然几，「以文木
如花梨、鐵梨、香楠等木爲之」。除了質材的硬度好壞之外，又強調自然

的美，如几，「以怪樹天生屈曲若環若帶之半者爲之」；禪椅，「以天台藤爲之，或得古樹根。」文人的觀點並不像是一般富人在家具的質材上要求甚高，像是高級的木材紫檀、黃花梨木等，在文震亨的眼中並非就是家具好壞的絕對條件，有時也可以用其他的「雜木」來取代：

> 凳，「凳亦用狹邊鑲者爲雅，以川柏爲新，以烏木鑲之，最古。不則竟用雜木，黑漆者亦可用」。（圖5-10）
> 櫥，「大者用杉木爲之，可辟蠹，小者以香妃竹及豆瓣楠、赤水、欅木爲古。黑漆斷紋者爲甲品，雜木亦俱可用，但式貴去俗耳」。

從「雜木亦俱可用，但式貴去俗耳」這句話，可見文震亨的眼中家具的形制式樣，比高貴的質材更重要。文人所喜愛與欣賞的家具木料之標準，最重要的是木材的紋路，就像何良俊形容當時有許多士大夫以文名家者，「其製作非不華美，譬之以文木爲櫝，雕刻精工，施以采翠，非不可愛，然中實無珠，世但喜其櫝耳」[56]。可見明代士人喜愛的是家具之紋路而非雕飾。

再者，文人觀點下的家具也並非只有「雅／俗」之分是唯一的評價標準，家具的功能性與實用性也是一大考量。《長物志》中也體現了作者的實用觀點，可是文震亨心中的實用家具，是與文人的品味生活或文人的社交活動聯繫一起的，而非是單純的實用性，也並非如現代人所重視的舒適功能性：

> 短榻，「可以習靜坐禪，談玄揮塵，更便斜倚，俗名『彌勒榻』」。
> 几，「置之榻上或蒲團，可倚手頓顙」。
> 方桌，「舊漆者最多，須取極方大古樸列坐可十數人者，以供展玩書畫。若近制八仙等式，僅可供宴集，非雅器也」。

---

56 [明]何良俊，《四友齋叢說》，卷23，〈文〉，頁212。

交床，「兩腳有嵌銀、銀鉸釘圓木者，攜以山游，或舟中用之，最便」。

從他把方桌與八仙桌的功能作對比，可見在他的心中也明顯地區分了文人的家具，在功能上與一般人使用的家具有很大的不同。

爲了進一步地了解文人的家具品味與一般富貴顯宦的不同，可以將把《長物志》〈几榻〉卷中列有的「屏風」與「床」項，與《天水冰山錄》中的清冊作對照比較。整體而言，《大水冰山錄》中只重質材與裝飾，對形制描寫不多，而《長物志》則強調形制要合古制、反對過度裝飾，顯見兩者在觀念上的差異。《長物志》「屏風」項云：「以大理石鑲下座精細者爲貴，次則祁陽石，又次則花蕊石；不得舊者，亦須仿舊式爲之。」這和《天水冰山錄》記載的屏風質材相符，然《天水冰山錄》中還有相當多雕飾精緻的「圍屏」，文震亨對圍屏的評價則不高，他說：「若紙糊及圍屏、木屏，俱不入品。」又《長物志》「床」項云：

> 床以宋、元斷紋小漆床爲第一，次則內府所製獨眠床，又次則小木
> 出高手匠作者，亦自可用。永嘉、粵東有摺疊者，舟中攜置亦便；
> 若竹床及飄簷、拔步、彩漆、卍字、回紋等式，俱俗。近有以柏木
> 琢細如竹者，甚精，宜閨閣及小齋中。

而《天水冰山錄》中記載都是一些大理石、螺鈿、拔步、彩漆的床，完全看不出與文人相符的品味，尤其是《長物志》批評爲「俗」的竹床與彩漆床，在《天水冰山錄》中都有。

當時家具還流行一股「日本風」，即所謂的「倭式」家具，在文人眼中也算是古式，《長物志》中還提到不少倭式的家具，都給予相當高的評價：

> 天然几，「照倭几下有拖尾者，更奇」。

臺几，「倭人所製，種類大小不一，俱極古雅精麗，有鍍金鑲四角者，有嵌金銀片者，有暗花者，價俱甚貴」。

倭箱，「黑漆嵌金銀片，大者盈尺，其鉸釘鎖鑰，俱奇巧絕倫」。

書櫥，「小者有內府填漆，有日本所製，皆奇品也」。

但是若將《長物志》中的日本舶來品與《天水冰山錄》的作比較，我們將會發現後者偏重的是從日本進口的屏風或圍屏，而前者喜好的是倭几、倭箱與書櫥這類偏向於書房的家具。顯然地，兩者在品味喜好上有所差異。

在《長物志》一書中特別提到適合放在書房「齋中」的家具，如榻，「置之佛堂、書齋」；書架，「齋中……書架及櫥俱列以置圖史」；倭箱，「齋中宜多畜以備用」。有關文人放在書房的家具，如書櫥、書架與倭箱之類的論述都特別細緻：

藏書櫥，「須可容萬卷，……小櫥有方二尺餘者，以置古銅玉小器為宜；…經櫥用朱漆，式稍方，以經冊多長耳。……鉸丁忌用白銅，以紫銅照舊式，兩頭尖如梭子，不用釘釘者為佳」。

書架，「每格僅可容書十冊，以便檢取；下格不可以置書，以近地卑濕故也。足亦當稍高，小者可置几上。……二格平頭，方木、竹架及朱墨漆者，俱不堪用」。

倭箱，「黑漆嵌金銀片，大者盈尺，其鉸釘鎖鑰，俱奇巧絕倫，以置古玉重器或晉、唐小卷最宜；又有一種差大，式亦古雅，作方勝、纓絡等花者，其輕如紙，亦可置卷軸、香藥、雜玩，齋中宜多畜以備用」。

他還刻意提醒讀者，這類書房家具無論是種類的選擇，或是擺設與使用上，一定不能落入「商品化」的窠臼，如藏書櫥，「竹櫥及小木直楞，一則市肆中物，一則藥室中物，俱不可用」；書架，「亦不宜太雜，如書肆中」（圖5-11）。

　　爲何要特別詳細地描述放在書房中的家具呢？爲何要特別在意書房家具的擺設與使用呢？下節將進一步探討書房家具與文人的特殊關係。

第五節　書房、家具與文人品味的特殊化

　　書房對士大夫與文人之所以重要，是因爲士大夫與文人自認只有他們才需要書房，書房可以說是他們的文化資本（cultural capital），是一種表現他們擁有的知識或思想形式的財富，也是用來支持他們身分地位和權力的合法性。明中葉，約當16世紀以後，士大夫與文人開始著書立說，企圖塑造其理想的書房模式，如《遵生八箋》的〈高子書齋說〉，詳細描述了他理想中的書房（圖5-12）。在書房中的器物與家具的擺飾如下：

> 齋中長桌一，古硯一，舊古銅水注一，舊窯筆格一，斑竹筆筒一，舊窯筆洗一，糊斗一，水中丞一，銅石鎭紙一。左置榻床一，榻下滾腳凳一，床頭小几一，上置古銅花尊，或哥窯定瓶一。……冬置暖硯爐一，壁間掛古琴一，中置几一，如吳中雲林幾式佳。……坐列吳興笋凳六，禪椅一，拂塵、搔背、棕帚各一，竹鐵如意一。右列書架一，上置《周易古占》……[57]

再看看小說中對官員書房的描述，在《醒世恒言》卷30〈李汧公窮邸遇俠客〉一則中，描寫清官李勉罷官後出外尋訪故知，在途中遇見上任知縣的舊識房德，房德請他到衙內敘舊。房德請李勉進後堂，轉過左邊一個書院中來：

> 當下李勉步入裏邊去看時，卻是向陽一帶三間書室，側邊又是兩間

57　[明]高濂，《遵生八箋》，〈起居安樂箋上・居室安處條・高子書齋說〉，頁306-307。

廂房。這書室庭戶虛敞，窗櫺明亮，正中掛一幅名人山水，供一個
古銅香爐，爐內香煙馥郁。左邊設一張湘妃竹榻，右邊架上堆滿若
干圖書。沿窗一只几上，擺列文房四寶。庭中種植許多花木，鋪設
得十分清雅。這所在乃是縣官休沐之處，故爾恁般齊整。[58]

書房內的物品包括文房書寶的文具，以及書架、書案、書几和榻等家具，
還有古董與書畫的擺飾等等[59]，這些都是士大夫與文人建立他們在文化上
所具有的支配權（hegemony）的重要象徵，也就是所謂「縣官休沐之處，
故爾恁般齊整」的原因[60]。這樣文人風格的書房模式，可能透過如小說這
類的大眾傳媒介，逐漸進入到社會各階層的認知世界中，成為其他人效法
與摹仿的對象。

　　到了晚明，書房卻不再是他們所能獨享的，《金瓶梅》第34回中描寫
像西門慶這樣的暴發戶，也有他自己的書房，名爲「翡翠軒」：

　　裏面地平上安著一張大理石黑漆縷金涼床，掛著青紗帳幔。兩邊綠
　　漆描金書廚，盛的都是送禮的書帕、尺頭，几席文具，書籍堆滿。
　　綠紗窗下，安放一隻黑漆琴桌，獨獨放著一張螺鈿交椅。書籃內都

58　［明］馮夢龍，《醒世恒言》（台北：三民書局，1989），卷30，〈李汧公窮邸遇俠
　　客〉，頁610。

59　有關明代的掛畫與書房的關係，可以參考石守謙，〈雅俗的焦慮：文徵明、鍾馗
　　與大眾文化〉，《美術史研究集刊》，期16（2004），頁307-339。

60　從空間的角度而言，書房是士大夫工作之處，也是他們逃避家務之所。通常婦女
　　與小孩是不能隨便進入書房。在位置上書房常緊鄰花園，室外的景緻讓士大夫文
　　人享有寂靜感，也可以提供他們文學靈感。Francesca Bray從性別的角度作分析，
　　認爲書房是男性的空間，而閨房則是女性的空間。因爲書房內的文房四寶是男性
　　專屬的，甚至牆上所掛的樂器（琴）都和婦女平常彈奏的（琵琶）不同。參見
　　Francesca Bray, *Technology and Gender: Fabrics of Power in Late Imperial China*, pp.
　　136-139. 然而，這樣的二分化可能太過於刻板，因爲從明清版畫中已可見不少仕
　　女與文人於書房中同處的圖像，甚至有仕女獨處書房的插圖（如《元明戲曲葉
　　子》的〈琵琶記〉版畫），而且從以下的討論可以看到，明清的高級妓女也擁有
　　自己的書房，而當時還出現不少女性作家，她們也應該有自己的書房。

是往來書柬拜帖，稍並送中秋禮物帳簿。[61]

這個書房的設備豪華，放著各式精緻的家具，就連書籍也都堆滿了。可是當鏡頭轉到書櫥與書篋時，呈現在眼前的都是一些送禮的書帕、尺頭，以及與他人往來的書柬拜帖和禮物帳簿等等，並無經史子籍之書，這段描述頗有反諷的味道。

高級妓院的妓女所居之處也有小書房。如《喻世明言》卷12〈眾名姬春風弔柳七〉，描寫柳七赴任浙江時，途經江州，訪得該地名妓謝玉英住處，玉英迎接了，見柳七人物文雅，便邀入個小小書房。柳七舉目看時，果然擺設得精緻：

明窗淨几，竹榻茶爐。床間掛一張名琴，壁上懸一幅古畫。香風不散，寶爐中常爇沉檀；清風逼人，花瓶內頻添新水。萬卷圖書供玩覽，一枰棋局佐歡娛。[62]

擁有書房的人，不僅僅是官員、士人與名妓，甚至是小小的皂快衙役都有書房，這也是范濂在《雲間據目抄》中所抱怨的事：

尤可怪者，如皂快偶得居止，即整一小憩，以木板裝舖，庭畜盆魚雜卉，內列細棹拂塵，號稱書房，竟不知皂快所讀何書也。[63]

至此，我們看到在晚明商品化的過程中，書房的空間可以用金錢購置裝飾，書房內的家具也可以用金錢來購得，只要有財力，人人可以仿效士

61　[明]蘭陵笑笑生，《繡像金瓶梅詞話》（台北：雪山圖書有限公司，出版年不詳），第34回，〈書童兒因寵攬事　平安兒含憤戳舌〉，頁490。

62　[明]馮夢龍，《喻世明言》（台北：三民書局，1992），卷12，〈眾名姬春風弔柳七〉，頁179。

63　[明]范濂，《雲間據目鈔》，卷2，〈記風俗〉，頁3b。

大夫與文人建構書房、購置家具；原屬於士大夫與文人所擁有的文化資本，已不再是他們的專利，也就是說因爲商品化後形成的奢侈消費，打亂了原有士大夫與文人身分及權力的象徵。特別是明中葉以後隨著科舉管道的壅塞，下層的士人與文人任官機會逐漸渺茫，而商品化的同時卻見商人地位逐漸抬頭，他們每每感覺到身分地位岌岌可危。如此一來士人與文人又該如何找尋他們的身分地位的象徵呢？

有的士人與文人特別喜歡在書房家具上銘刻文字。談到這種家具銘刻題詩與鈐印的傳統，早在魏晉與唐宋就有，但都只能看到文字的記載[64]。到了明代士人與文人更是熱衷於在木質家具上鐫詩刻印，而且還有實物留存。明人文集中有一些家具〈銘〉文提到之所以在家具器物上銘刻，乃繼承古人的遺風，爲了心志與道德的修養，故銘刻以作爲自我警惕的工具。如何景明（1438-1521）〈雜器銘〉云：「君子察名繹義，則象之所以益德也。著之銘章，以時觀省，所以閑邪也，古人之意將不在是哉。予室雜用大小器，皆質良無他珍異，予以其具自存，覽志氣攸寓，乃私古人之遺意，各著銘一章，凡十章，用以自儆。」[65] 李濂（1489-1569）也說：「古之人動息有養，所以防邪僻而導中正者，必隨器寓警焉。」他舉商朝湯武就在盤盂几杖皆刻有銘文，「蓋道無往而不在，事無微而可忽，故雖褻御末器，至理存焉」。所以他家中之雜器物，「新故不齊，咸切於用，暇日爲之銘，命童子諷誦我側，以爲養心之助，所愧辭旨蕪謭，不敢示諸人人」[66]。書架上也有銘刻，銘刻的內容也是爲警惕自己時時注意修身養性，就像黃訓〈書架銘〉所說的：「書架，架乎其書者也。架乎其書者，何絕夫

64　據史料記載，晉代有「題字屏風」，唐代房玄齡有「訓子屏風」，唐太宗有考核官員的「記事屏風」和書寫魏徵之疏的「座右銘屏風」，以及虞世南的「烈女屏風」。

65　[明]何景明，《大復集》，收入《四庫全書珍本》（台北：臺灣商務印書館據國立故宮博物院藏文淵閣四庫全書影印，1977），集7，冊243-247，卷38，〈雜器銘〉，頁12a。

66　[明]李濂，《李氏居室記》，收入《四庫全書存目叢書‧補編》（濟南：齊魯出版社據臺灣漢學研究中心藏明嘉靖12年李氏家刻本影印，2001），冊95，卷5，〈室中雜器物銘三十三首〉，頁1a。

塵也。書之有塵，其害也小，絕之也易。心之有塵，其害也大，絕之也難。余每顧架，輒嘆愛心之不及愛書也，故銘書架以自警。」[67]

此外，在書房家具上的銘刻也是爲了自我警惕，但偏向將書桌、几與書架這類家具，與學問的重要性聯繫起來，也就是自警需時時勤學讀書才能成就大學問。如李濂〈書室諸物箴十二首〉就是描寫他在嘉靖6年(1527)築室於城南之墟，「室中所有諸物，皆與文事相周旋，因各爲之箴，庸自警飭，靡渝初志，兼以乖範子孫云爾」。有〈書几箴〉云：「弗信前哲，何以成德，專信前哲，何以自得，君不聞古語乎？承言者喪，滯句者惑。」有〈書架箴〉云：「藏書滿閣，古人糟粕，積書滿箱，今人鼠薑，誦言忘味，萬卷奚貴一字有得，行之不息，小子愼乎！」[68]陸容(1436-1494)〈書架銘〉云：「道由文載，吾於此鍾愛，口誦心思，至樂斯在。……若斯架斯作，勿束高閣，庶幾無負先覺。」[69]又歸有光有〈几銘〉云：「惟九經諸史先聖賢所傳，少而習焉，老而彌專，是皆吾心之所固，然是以樂之，不知其歲年。」此銘記念他在書几上讀書有所得的喜悅[70]。

也有的家具銘文涉及到政事，如歸有光的〈順德府几銘〉載他在任職邢臺縣時，無所事事，衙署中並無几案可以讀書，正好大風拔木，城外倒有柳樹無數，遂向太守乞得一株，以製成几。在几上銘刻曰：「問治天下，何異牧馬。挾冊而狂，自同亡羊。」[71]董應舉(1557-1639)在萬曆33年(1605)在陝西主持糧倉行政時所寫的〈督署文書櫥記〉一文，說明他在倉署購置書櫥的原因：「夫仕以職學者也，道無粗細，豈有憩日日食祿，而不日事事乎焉！……置櫥以便事，積日以考，歲動而思其過，悔而生其

67　[明]黃訓，《黃澤先生文集》（明嘉靖38年新安黃氏家刊本，國家圖書館藏善本書），卷7，〈書架銘〉，頁11b。

68　[明]李濂，《李氏居室記》，卷4，〈書室諸物箴十二首〉，頁1a-3b。

69　[明]陸容，《澌藩文稿》，收入《式齋先生文集》（明弘治14年崑山陸氏家刻本，傅斯年圖書館視聽室縮影資料），卷上，〈書架銘〉，頁2a。

70　[明]歸有光，《震川先生集》，卷29，〈几銘〉，頁356。

71　[明]歸有光，《震川先生集》，卷29，〈順德府几銘〉，頁356。

善，庶矣乎，是亦予之所爲學也。」[72] 前者爲家具銘刻，後者乃記文，文體雖有不同，但皆強調這類家具對任官政事的重要性。

晚明這種在書房家具作銘刻題字，是文人將書房家具特殊化，來抵制商品化的一種方式。而且士大夫與文人群體將書房家具上的銘刻聯繫到道德、學問與政事的提法，是將書房家具賦予了文化的神聖性。類似這樣的作法若舉一實例的話，莫是龍就是很好的典範。上文中提到莫是龍是帶動晚明「細木」家具奢侈消費風氣的先驅，但是他對晚明富貴人家也跟隨文人追逐古董家具之風頗爲不滿，他在《筆麈》中說：

> 今富貴之家，亦多好古玩，亦多從眾附會，而不知所以好也。且如畜一古書，便須考校字樣僞繆及耳目所不及見者，眞似益一良友；蓄一古畫，便須少文澄懷觀道，臥以遊之；其如商彝周鼎，則知古人製作之精，方爲有益，不然與在賈肆何異。[73]

莫是龍爲了與富人追逐古董行爲作區分，他振振有詞地搬出金石學爲由，也就是搬出學問的一套與古物聯繫起來，將古物賦予了文化的神聖性，用以批評一般富貴人家的古董蒐藏。

此外，在現今留存的明代家具實物中，還有多種都刻有題字與詩文。有些只是名家的幾個題字或題名，在現存實物中有三樣刻有較長的文字，分別是祝允明、文徵明與董其昌三人所書款的官帽椅[74]。如祝允明在椅背板上鐫有王羲之〈蘭亭集序〉的一段：「是日也，天朗氣清，惠風和暢，

72　[明]董應舉，《崇相集》，收入《四庫禁燬書叢刊》（北京：北京出版社據北京大學圖書館藏明崇禎刻本影印，2000），集部，冊102-103，卷3，〈督署文書櫥記〉，頁48a-b。

73　[明]莫是龍，《筆麈》，收入《叢書集成初編》（上海：商務印書館據百陵學山本影印，1936），冊2923，頁15-16。

74　Robert Hatfield Ellsworth, *Chinese Furniture: Hardwood Examples of the Ming and Early Ch'ing Dynasties* (Hong Kong: Magnum [Offset] Printing Company, 1997), pp. 27-42. 中文介紹參見胡文彥、于淑岩，《中國家具文化》（石家莊：河北美術出版社，2002），頁80-82。

仰觀宇宙之大，俯察品類之盛，所以游目騁懷，足以極觀聽之娛，信可樂
也。夫人之相與，俯仰一世，或取諸懷抱，悟言一室之內，或因寄所託，
放浪形骸之外，雖趣舍萬殊，靜躁不同，當其欣于所遇，暫得于己，快然
自足。」再看看文徵明的題字如下：

> 門無剝啄，松影參差，禽聲上下，煮苦茗啜之，弄筆窗間，隨大小
> 作數十字，展所藏法帖筆跡畫卷縱觀之。

董其昌的題字：

> 公退之暇，披鶴氅衣，帶華陽巾，手執《周易》一卷，焚香默坐，
> 消遣世慮。江山之外，第見風帆沙鳥，煙雲竹樹而已。（圖5-13）

這三張官帽椅都可作爲書房的家具，而題字的內容都是在陳述一種文人優
雅品味的生活方式。這樣的題字將家具與文人品味生活聯繫一起，和前述
文震亨在《長物志》中的實用觀點不謀而合[75]。所以這類的銘刻就像文震
亨撰述《長物志》一樣，都是在塑造文人品味的書房家具，也和文震亨時
時提醒讀者勿使書房家具墮入「商品化」的窠臼一樣，都是將物品特殊化
的過程，以抵制書房家具的商品化。

　　承載了文化神聖性的特殊化家具，成爲文人士大夫之間爭相品評與珍
視的物品，如馮夢禎的日記中載其友人鄭樓：「有九邊圖屏風，頗詳細，
冀異日借臨之。」[76] 然而，一經文人特殊化與神聖化的家具，一旦流入市
場，反而洛陽紙貴，更加強了家具的商品性格。這也是爲何從《天水冰山

75　晚明也有文人作家具詩亦是描繪家具與文人優雅品味的生活方式，如［明］費元
　　祿，《甲秀園集》，收入《四庫禁燬書叢刊》（北京：北京出版社據北京大學圖
　　書館藏明萬曆刻本影印，2000），集部，冊62，卷16，〈五言絕句〉有〈湘竹
　　几〉云：「隱几寂無聲，湘紋細如髮，靜夜薰梅檀，中庭拜秋月。」〈書架〉
　　云：「玉架積群書，牙籤懸素壁，秋窗闃無人，開卷如三益。」（頁19a-19b）
76　［明］馮夢禎，《快雪堂集》，卷48，頁2a。

錄》中看到「椐木刻詩畫中床」估價5兩，而質材更高貴的「青漆花梨木涼床」估價卻只有1兩，因為刻有文人題字詩文或繪有圖畫的家具，要比高貴質材製成的家具更值錢。

結論

一

從本章的探討可知，消費社會的誕生，與商品化密切相關。就以家具為例，晚明奢侈風氣中，江南富人與縉紳爭相營建宅第與園林之風，帶動了精緻家具的奢侈消費，甚至將家具提升到「古董」的層次，同時我們也看到家具進入商品化的過程。在明代以前，家具商品化的現象並不明顯，販製家具尚未成為專門的行業。到了晚明，在大量的需求之下，家具製造業正式地獨立出來，在大城市內蓬勃地發展出許多民營的家具作坊與店舖。在生產面可見家具製造技術的提升，在社會面工匠地位亦逐漸提升。而且也可以明顯地看到家具的商品化與家具市場，都有更進一步地發展，尤其是江南的大城市如蘇州與南京等地。

二

接著，本章透過對徽州文書、嚴嵩的抄家單，以及文震亨的《長物志》等三類文本的分析，呈現當時三種不同的家具消費型態。這三種不同的消費型態，背後反映的是三種不同的消費文化。明代一般家庭所擁有的家具數量，透過徽州文書中的分家單與鬮書的例子，讓我們看到即使一般小康之家，也會有幾件像樣的家具，而小商人與店家所擁有的家具則有數十件之多。晚明相較明中葉的分家單與鬮書，更加明確與詳細地記載家具名稱與數量，顯示家具商品化後已成為有價的動產，所以才會成為分家的資產。而且經濟地位愈高的人，所擁有的家具在質與量上也呈正比。許多精緻家具已不只是實用性質，而是奢侈消費的一個面向，更具有展示與炫耀財富的功能。

　　至於消費者頂端所消費的高級家具，透過嚴嵩的抄家單《天水冰山
錄》，讓我看到這些高級而精緻的家具，大多是質材稀見而貴重，又是彩
漆、彩畫與雕刻，或是描金、泥金、螺鈿裝飾的高級家具。若以經濟能力
來作為社會結構的劃分，而其家具消費型態的劃分，可以用下圖來表示：

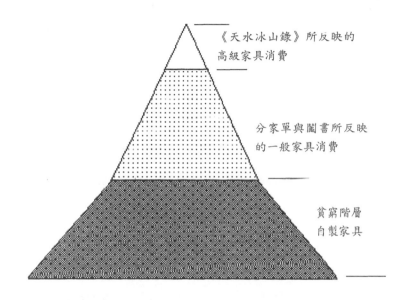

《天水冰山錄》所反映的
高級家具消費

分家單與圖書所反映
的一般家具消費

貧窮階層
自製家具

　　還有一類人的消費並無法以上圖來定位，因為他們的經濟力並非是其
身分地位的來源，他們就是士大夫。在明清的社會結構中，士大夫可以說
是當時最重要的地位群體。而士大夫群體中人數最多的，是下層的生員，
也就是士人；他們有部分走向文學創作的領域，成為知名的文人。他們這
類地位群體往往有其自己特殊的消費行為與模式，利用消費的品味與格調
來分類社會地位，故而消費成了社會身分分化與市場區分的象徵。在晚
明，有部分的文人與士人極力在塑造與精緻家具不同品味的另一種文人化
家具。他們強調「雅／俗」之分，重視的是質樸與自然的感覺，而非過分
與過多繁複的雕刻與裝飾；他們主張在形制上需符合古制，而不完全以質
材作為衡量家具好壞的標準，又把家具的實用性與文人的品味生活或文人
的社交活動聯繫在一起。

　　從本章的研究顯示了明代家具的另一個面向，也就是一個社會階層的消費文化，並不只是純粹爲生理需求而已，還有別的意義與作用。近代早期的中國在商品化發達的消費社會，已經可以看到消費文化在身分分化和市場區隔的作用，而且士人與文人所建立的特殊品味，也反映了他們特有的價值觀與生活方式。過去常用古雅簡樸等特徵來標誌「明式家具」，並與繁雕褥飾的「清式家具」作區分。當然，用形式主義來區別器物上的差異並非全無道理，但是如果過度拘泥於形式主義，可能會忽略了文字史料所反映的時代特殊性。從本章的分析可知，以「蘇式」家具爲代表的所謂「明式家具」，其實是文人品味所塑造成的家具形式。

三

　　文人與士人尤其對於書房家具特別重視，因爲書房是他們的文化資本，是支持他們在文化上具有支配權的重要象徵。然而，在晚明因爲家具商品化之後，書房的空間可以用金錢購置裝飾，書房內的家具也可以用金錢來購得，書房不再是士大夫的專利，這也使得士大夫，尤其是下層的士人與文人，在身分地位上面臨危機。於是就有人想到在書房的家具上動腦筋，除了像文震亨這樣撰述《長物志》，將家具的品味理論化以外，另外還有士人與文人特別喜歡在書房家具上銘刻文字。有的在書房家具上的銘刻是聲稱是繼承古人的遺風，爲的是心志與道德的修養而自我警惕，有的是強調這類書房家具對研讀學問的重要性，有的家具銘文涉及到政事，或是陳述一種優雅品味的士人生活。這就像是晚明文人用落款與圖章將書畫特殊化一樣，文人在書房家具上的銘刻也是一種將物品「特殊化」的方式，並且賦予書房家具在文化上的神聖性；但是當這些家具一旦落入市場，結果就如同文人落款的書畫流入市場一樣，反而加強了家具成爲商品的價值。

圖5-1　《乾隆南巡圖》中的家具店舖

圖5-2　明佚名所繪《上元燈彩圖》中的家具市場

資料來源：台北觀想藝術中心徐正夫私人收藏

圖5-3 　《吳尚賢分家簿》部分內容

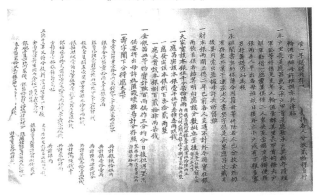

圖5-4 　《金瓶梅詞話》插圖的八仙桌與圍屏

圖5-5 　琴桌圖

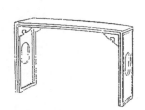

資料來源：楊耀，《明式家具研究》（北京：中國建築工業出版社，1986），頁34。

圖5-6　《三才圖會》之香几圖

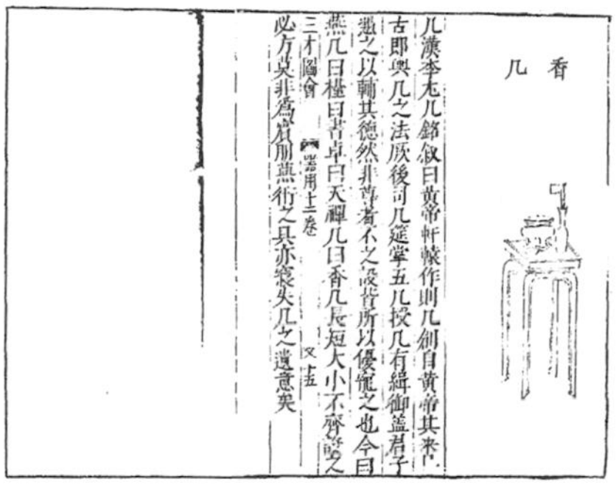
香几

几漢李尤几銘敘曰黃帝軒轅作則几創自黃帝其來
古即與几之法厥後司几筵掌五几授几有緝御蓋君子
憑之以輔其德然非尊者不之設皆所以優寵之也今曰
燕几曰榻曰書卓曰天禪几曰香几長短大小不齊皆之
必方矣非為賓朋燕衎之具亦寖失几之遺意矣

三才圖會　器用十二卷　又十五

資料來源：《三才圖會・器用十二卷・雜器類》，頁又15a-b。

圖5-7　《三才圖會》之屏風圖

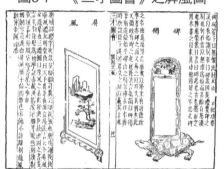

《三才圖會・器用十二卷・雜器類》，頁21a-b。

圖5-8　《三才圖會》之床與床帳圖

三才圖會　器用十二卷　十七

牀

孟子曰象往入舜宮舜在牀琴黃帝內傳有七寶之牀
則牀疑始於有熊氏也

帳幄

周官幕人掌帷幕幄帟綬之事注云四合象宮室曰幄王
所居帳也則帳幄當周制也在傳衎子我有幄又衛侯為
虎幄皆周事云又所寢之幄謂之帳者黃帝內傳曰王母
為帝設九真十絕妙帳此疑帳之起也漢武帝作甲乙武
帳蓋因此耳

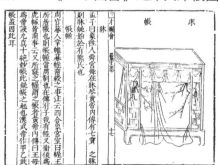

《三才圖會・器用十二卷・雜器類》，頁17a-b。

圖5-9　《三才圖會》之榻與畫匣

《三才圖會・器用十二卷・雜器類》，頁18a-b。

圖5-10　《三才圖會》中的凳杌

《三才圖會・器用十二卷・雜器類》，頁16a-b。

圖5-11　書房中的書架與書櫥

圖5-12 明代書房家具位置示意圖

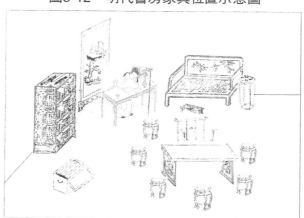

圖5-13 董其昌題字之官帽椅

資料來源：胡文彥、于淑岩，《中國家具文化》（石家莊：河北美術出版社，2002），頁80-82。

第六章
文人品味的演化與延續──以飲食文化為例

論蔬食之美者，曰清，曰潔，曰芳馥，曰鬆脆而已
矣。不知其至美所在，能居肉食之上者，只在一字
之「鮮」。

　　　　　　　　──李漁，《閒情偶記‧蔬食第一‧筍》

　　晚明極力建構鑑賞品味的士大夫消費文化，到了清代是否延續呢？既
有的研究大多傾向認為明清士大夫的消費文化呈現斷裂性，而非延續性。
例如柯律格主張晚明鑑賞品味的文化到了清代逐漸消失，因為到了清代，
伴隨著身分等級與地位認同制度的重建，物品消費的象徵意義漸弱，而且
晚明「消費社會」的發展，也因為缺乏「關鍵大眾」（critical mass）而停
止。彭慕蘭也認為清廷有效地恢復了社會秩序以及菁英階層的身分制度，
已經足以使「特許體系」再度復甦，因而在某種程度上減緩了流行「時
尚」的發展速度[1]。暫且不論上述學者的推論是否成立，無可諱言地像晚
明《長物志》這類的書籍，的確到了清代變少了。然而是否可以就此論
斷，晚明士大夫的消費文化到清代就停止發展呢？

　　明清飲食文化的發展，也可以算是消費文化的一環。如果從飲食文化
的角度出發，就飲膳書籍與食譜的這條脈絡來看，前述士大夫品味文化的
延續或斷裂的問題，可能會呈現出有別於過去學者所論之面向。人類學家

1　Craig Clunas, *Superfluous Things: Material Culture and Social Status in Early Modern China*, pp. 169, 173; Kenneth Pomeranz, *The Great Divergence: China, Europe, and the Making of the Modern World Economy*, pp. 154-156.

關於飲食文化的研究常常提醒我們，人類的飲食行爲絕對不只是「純粹生物性」的行爲而已，我們的心和腦都跟腸胃緊密相連。所以，飲食不只是生理活動，也是活躍地文化活動。而歷史學家應該可以進一步地說明，這種文化活動是歷經人類長時期的歷史演變，才逐漸成形或變化。因此，本章嘗試由飲食文化的角度作探討。

　　過去關於明清飲食史的論著已相當豐富[2]，但是針對明清以來飲膳書籍與食譜的流變，有深入討論者並不算多[3]，更少從出版文化的角度來處理飲膳書籍與食譜，探討其與當時飲食風尙的關係。至於透過文本分析來觀察飲膳書籍與食譜的感官描述，幾乎付之闕如。談論飲食思想的著作，也無人將飲膳書籍與食譜放在消費文化的環境下，從品味區分的角度作分

2　有關明清飲食史研究較重要者，如伊永文，《明清飲食研究》（台北：洪葉文化，1997），這類通論書中引述重點較爲分散，但是提供了許多資料，而且也大略描述了明清時期飲食的輪廓。英文方面以張光直(K. C. Chang)編著的專書*Food in Chinese Culture: Anthropological and Historical Perspectives* (New Haven: Yale University Press, 1977)一書最著名，其中元、明部分由牟復禮(Frederick W. Mote)執筆，清代部分由史景遷(Jonathan Spence)執筆；二文對當時代的主食、飲食禮俗、飲食保健、飲食風尙、宮廷飲食、美食家與飲食業等方面都有分析。最新的研究乃徐海榮主編，《中國飲食史》（北京：華夏出版社，1999），卷五爲明清的部分。該書內容非常完備，舉凡食品原料與加工、飲食生活與風尙、飲食器具，以及飲食思想等皆有涉及。但缺點也是焦點太過分散，且各章由不同人執筆，在論證上不相連貫，不易看淸明淸時期的變化。

3　較重要者如篠田統的《中國食物の史研究》（東京：八坂書房，1978），頁232-319有詳細論述明清的食經，他將之分爲佳肴、清供、殊品與其它四大類，主要是考訂各書在分類與內容的傳抄與流變。除此之外，對袁枚《隨園食單》的討論與解析，大陸方面以趙榮光的研究爲最，其論文已收在《趙榮光食文化論集》（哈爾濱市：黑龍江人民出版社，1995）；國內有胡衍南，〈文人化的《隨園食單》——根據中國飲膳文獻史作的考察〉，《中國飲食文化》，卷1期2(2005)，頁97-122。前者對袁枚提出的真味論，後者對《隨園食單》的文人化傾向，都有深入的解說。明代的飲膳書籍中以高濂的《遵生八箋》最受矚目，有江潤祥、關培生，〈論高濂《遵生八箋》之養生思想與服食之修爲〉，《第二屆中國飲食文化學術研討會論文集》（台北：財團法人中國飲食文化基金會，1993），頁23-37。最新的研究有蘇恒安針對明人高濂〈飲饌服食箋〉的內容，與其在晚明飲食文化的地位，作了很好的詮釋。參見Heng-an Su, *Culinary Arts in Late Ming China: Refinement, Secularization and Nourishment: A Study on Gao Lian's Discourse on Food and Drink* (Taipei: SMC Publishing Inc., 2004).

析。因之本章擬由明清的飲膳書籍與食譜材料入手，也就是由過去學者所
定義的「佳肴類」飲膳書籍與食譜出發，首先從社會經濟史的角度，來觀
察明清飲食消費朝向奢侈風尚的轉向與起伏，以了解明清以來飲食文化發
展的經濟背景與物質基礎。其次，從出版文化史的角度，來解釋明清的飲
食風尚和食譜刊行之間的關係。接著將重心放在食譜中感官描述的演變與
發展，透過文本分析的方式來呈現由簡而繁的變化。

　　本章與過去飲食史的著作在研究取向上最大的不同處，是在第四部分
以明清文人所撰寫的飲膳書籍與食譜作爲觀察的對象，分析他們所提出的
味覺理論，並將之置於明清士大夫消費文化的品味脈絡，來分析其背後所
隱含的意義。由此，我們可以檢視明清以來，士大夫在飲食方面的消費文
化所提倡的品味是否有演化與延續。

第一節　飲食消費的奢侈風尚

（一）奢侈消費的興起

　　在第一章中提到晚明的奢侈風氣中，飲食消費的奢華是一大特色。上
層階級宴會的奢侈消費更顯突出，明人謝肇淛(1567-1624)在《五雜組》
中就指出富家巨室的豪奢場面：

> 今之富家巨室，窮山之珍，竭水之錯，南方之蠣房，北方之熊掌，
> 東海之鰒炙，西域之馬嬭，眞昔人所謂富有小四海者，一筵之費，
> 竭中家之產，不能辦也。此以明得意，示豪舉，則可矣，習以爲
> 常，不惟開子孫驕溢之門，亦恐折此生有限之福。[4]

他又記載當時王侯閹宦飲食宴會的奢華：

4　[明]謝肇淛，《五雜組》，卷11，〈物部三〉，頁275。

孫承佑一宴，殺物千餘，李德裕一羹，費至二萬，蔡京嗜鵪子，日
以千計，齊王好雞跖，日進七十。江無畏日用鯽魚三百，王黼庫積
雀鮓三楹。口腹之慾，殘忍暴殄，至此極矣！今時王侯閣宦尚有此
風。先大夫初至吉藩，遇宴一監司，主客三席耳，詢庖人，用鵝一
十八，雞七十二，豬肉百五十斤，它物稱是，良可笑也！[5]

從引文中明顯地看到當時宴會的奢侈，尤可知肉食數量之大。

　　從晚明的方志中有關風俗的記載，往往可以看到作者對飲食消費逐漸
走向崇尚豪奢的歎息。就地域而言，這種風氣愈往南方愈盛。飲食奢靡最
為明顯的地方，就是江南地區。江南地區飲食奢侈起始的時間，據一些方
志的記載顯示，大約源自嘉靖年間，沿海的地區尤其明顯地是在倭亂之
後，才逐漸走向奢靡。如松江府屬上海縣的縣志就說：「嘉靖癸丑，島彝
內訌，閭閻凋瘵，習俗為之一變。」於是市井者有家無擔石，卻身著華衣
鮮履；而豪右大族又以侈靡爭雄長，燕會時窮盡水陸之珍[6]。光緒《青浦
縣志》也有類似的記載：「明嘉靖間島夷內訌，兵燹頻仍，市舶遷徙，民
業漸衰矣。及鎮升為縣，移治唐行鎮，閭閻凋瘵，習俗一變。」[7]

　　明代江南地方志中的〈風俗志〉經常提到當地宴會的場合，在明前期
時不太講究食材，菜餚種類不多、數量也不大，而到明中葉以後漸趨華侈
的情形。如嘉靖《六合縣志》亦稱：「飲食豐儉，稱家燕會，則豐餚醇
酊，其席面之廣狹隨宜。」[8] 又正德《松江府志》云：「燕會果殽，以四
色至五色而止。成化來漸侈靡，近歲益甚然，其殽甚非前日比矣。」[9]明
人李樂也說：「予垂髫時領先贈君命，嘗赴親鄰席，水果不過五盤，殽不

5　［明］謝肇淛，《五雜俎》，卷11，〈物部三〉，頁276-277。

6　［清］李文耀修，乾隆《上海縣志》，收入《稀見中國地方志匯刊》（北京：中國書
　　店據清乾隆15年刻本，1992），冊1，卷1，〈風俗〉，頁18b引舊志。

7　［清］黎庶昌等修，熊其英等纂，光緒《青浦縣志》（清光緒5年尊經閣刊本，中央
　　研究院傅斯年圖書館古籍線裝書），卷2，〈疆域‧風俗〉，頁16a-b。

8　［明］董邦政修，黃紹文纂，嘉靖《六合縣志》，冊7，卷2，〈風俗〉，頁4a。

9　［明］陳威、顧清纂修，正德《松江府志》，〈風俗〉，頁12a。

過六盤，湯不過三盞，此喜筵也。若歲朝鄰人相呼坐客，或五六人，或八九人，俱用冷殽四品，以有帶磁鍾輪飲，並無一客一杯者。自予弱冠後，此風杳然不復見矣。」[10] 顧起元在《客座贅語》記其外舅回憶明中葉正統年間在南京「請吃飯」的情景：「如六人、八人，止用大八仙棹一張，殽止四大盤，四隅四小菜，不設果，酒用二大杯輪飲，棹中置一大碗，注水滌杯，更斟送次客，曰『汕碗』，午後散席。」再過十餘年，宴客吃飯時，「棹及殽如前，但用四杯，有八杯者」；再過二十餘年之後，「兩人一席，設果殽七八器，亦已刻入席，申末即去。至正德、嘉靖間，乃有設樂及勞廚人之事矣」[11]。尤其是在大城市中的富家巨室，更是飲食奢華風尚的帶領者，就像《客座贅語》所記：「嘉靖十年以前，富厚之家，多謹禮法，居室不敢淫，飲食不敢過。後遂肆然無忌，服飾器用，宮室車馬，僭擬不可言。」[12] 萬曆《無錫縣志》也形容：「城中之俗，大抵好文而奢，巨室率以庖俎珍麗相高。」[13]

晚明江南宴會的奢侈風尚，即使是士大夫群體亦不能免俗。關於士大夫與官員之間的宴請，在明前期官方法令有定制的，如明人李樂在《見聞雜記》中憶及其於嘉靖34年(1555)中式後，偕同凌迪知、錢錫、嚴文梁一同款宴知府與同知，其席皆出館夫包辦者，其菜餚內容包括麵食餚饌共八器，湯減半，添碟十二器，李樂詰問館夫，館夫則對曰：「此舊規，不可增也。」「館夫」是明代徭役的一種，屬於雜役，通常是負責官方公家的宴會，由此可見明初官方宴席的規模是有嚴格的規定，不可隨意擺闊。李樂接著又說：「此席若在今日，移以款吏書且不可，況府公乎！」[14] 可知

10　[清]胡承謀主修，乾隆《湖州府志》，收入《中國民俗志》(台北：東方文化供應社據清乾隆23年刊本影印，1970)，輯1，卷39，〈風俗〉，頁5b。引《見聞雜記》。

11　[明]顧起元，《客座贅語》，卷7，〈南都舊日宴集〉，頁225。

12　[明]顧起元，《客座贅語》，卷5，〈建業風俗記〉，頁170。

13　[明]周邦傑修，秦梁纂，萬曆《無錫縣志》(明萬曆2年刊本，傅斯年圖書館視聽室縮影資料)，卷4，〈風俗〉，頁7a。

14　[明]李樂，《見聞雜記》，卷2，頁199-200。

此情況逐漸出現變化，原有的宴客格式已不合現實，即使是用來招待胥吏書役，也都嫌寒酸了。

　　這樣宴客的情形愈到後來，發展愈爲極端，奢侈之風日盛一日。如李樂記徐階(1503-1583)的一段話，談到過去巡按到松江府時，知府與推官宴客的事例：

> 吾松往時，巡按臨府，則四府節推(按：乃推官也)偕至本府，太府(按：即知府)作主款之，而僚友陪席，其四節推亦未嘗答席也。乃今太府而下，各伸款，四節推又各伸答。凡爲盛筵者十，以一倍十，所費不貲。每送下程，用燕窩菜二斤一盤。郡中此菜甚少，至略節推門子市，出而成禮焉。[15]

這段文字說明了不但公宴愈加頻繁，而且食材也不只是普通的肉類而已，就連珍貴的燕窩都出現了，而且費用非常昂貴。又如嘉靖時人何良俊(1506-1576?)在《四友齋叢說》一書中，形容松江府士大夫宴會風尚的變化：

> 余小時見人家請客，只是果五色、肴五品而已。惟大賓或新親過門，則添蝦蟹蜆蛤三四物，亦歲中不一二次也。今尋常燕會，動輒必用十肴，且水陸畢陳，或覓遠方珍品，求以相勝。前有一士夫請趙循齋(按：應爲趙方齋之誤，趙灼，字時章，號方齋，上海縣人，嘉靖35年進士，歷任刑科、吏科給事中，累官至通政司右通政)，殺鵝三十餘頭，遂至形於奏牘。近一士夫請袁澤門(按：袁汝是，字公儒，號澤門，湖廣石首人；嘉靖年間曾任松江推官，後陞知府，仕至浙江副使，隆慶2年免官)，閒殺品計百餘樣，鴿子、斑鳩之類皆有。[16]

15　[明]李樂，《見聞雜記》，卷8，頁690-691。

16　[明]何良俊，《四友齋叢說》，卷34，〈正俗一〉，頁314。有關趙灼與袁汝是的傳記，參見[明]何三畏編，《雲間志略》，收入《中國史學叢書》(台北：臺

接著又說雖然有清廉的士大夫想力挽狂瀾，可惜的是，「然當此末世，孰無好勝之心。人人求勝，漸以成俗矣」。尤其是松江府的奢靡風尙已形成後，「雖仲尼復生，亦末如之何也已」[17]。

另一個典型的例子，是王世貞(1526-1590)記其父王忬以御使告歸里居時，有位巡按來訪，遂宴請巡按，「鬻飯腥蔬不過十簋，或少益糖蜜果餌；海味之屬進子鵝，必去其首尾，以雞首尾蓋之，曰御使無食鵝例也」。因爲在明朝前期的食品以鵝爲貴重，所以明太祖有定制，限制御史不得食鵝，然而後來卻被視爲常味[18]。不僅如此，宴會不但是要吃得更多更好，還有優伶演劇作爲娛興節目，「邇以來則水路畢陳，留連卜夜，至有用聲樂者矣」[19]。崇禎《松江府志》也記載了相同的現象：「遇公宴上司，鄉紳醵分器用靖窯，殽菜百種，遍陳水路，選優演劇，金玉犀斝（按：酒杯），遁舉行觴，或翻席復設于別所，張華燈、盛火樹，流連達曙，俗貧而視之以侈，作俑其誰。」[20]

晚明江南飲食的奢侈程度，也可以從消費的費用上作一評估。明人李樂就明末湖州府的情況說：「近年嘉湖鄉士夫宴郡邑官者，動言客席需銀一兩一桌，余不敢隨眾。竊謂用銀一兩辦餚百盤，主人固不稱賢主，其客亦焉得爲佳客哉，胥夫之矣，可慨！」[21]一桌宴會餐點將近白銀一兩，約當中人之家數月所食，由此可知明末飲宴奢侈之況。

這樣奢華的宴會風氣，不但吹到了富家巨室與士大夫之家，甚至也感染影響到一般大眾，使中產之家也群起仿效。如萬曆《嘉定縣志》就說：

(續)

　　灣學生書局據明刊本影印，1987)，3編4輯，冊48，卷14，〈人物〉，頁12a-14a；卷3，〈名宦〉，頁20a-21b。

17　同書中還記載了晚明松江府流行的一種飲食器具，稱爲「果山楪架」，其云：「果山增高楪架，蓋起於近時，三十年前所無也，然亦只是松江用，南京蘇杭至今未有。」見《四友齋叢說》，卷34，〈正俗一〉，頁315。

18　[明]徐復祚，《花當閣叢談》(台北：廣文書局，1969)，卷1，〈食鵝〉，頁28a。

19　[明]王世貞，《觚不觚錄》，頁14。

20　[明]方岳貢修，陳繼儒纂，崇禎《松江府志》，收入《日本藏中國罕見地方志叢刊》(北京：書目文獻出版社，1991)，卷7，〈風俗〉，頁25a。

21　[明]李樂，《見聞雜記》，卷10，頁829。

若夫富室召客，頗以飲饌相高。水陸之珍，常至方丈。至于中人亦
慕效之，一會之費，常耗數月之食。[22]

崇禎《嘉興縣志》引《承吳補述》，說明晚明當地風氣的變化：「我生之
初，俗猶儉樸，民猶淳謹，殷厚之家尚多。不數十年而俗奢蕩，人桀傲，
鐘鳴鼎食之家，指不數屈矣。揆厥所繇，奢侈孕其源，浮薄鼓其波，以至
於是，請略言其概：家苟溫飽，則酒核之設，輒羅水陸之珍，室即空
虛。」[23] 看來當時只要稍有財力，「家苟溫飽」的「中人」之家，也學著
花大把錢舖張筵席。

江南地區飲食豪奢的風尚，也逐漸感染到週邊的地區，如江西廣信府
嘉靖朝刊行的府志與江西吉安府的縣志，關於宴會風尚的變遷都有相同的
記載：「先是燕會果殽，以四色至五色而止，果取諸土產，殽用家畜，所
宜聊且具數而已，於是遇節慶，遠親鄉鄰無弗會者。今一會或費數十金，
為品至數十，剪彩目食之華，宛效京師，恥弗稱者，率自擯焉。」[24] 江西
建昌府有類似的變化，據正德《建昌府志》云：「先時燕會，果餚用大
器，多不過五品，謂之『聚盤』；後用小盤，至數十品，謂之『簇盤』。
近時昉京師，雜陳奇品，亦既汰矣。噫！服食之變，可以觀俗也。」[25] 晚
明江西也出現飲食奢華的現象，就是感染到南京的風尚所致。

(二)奢侈風尚的中斷與延續

清初的飲食風尚，可能因為明清之際的戰爭與天災頻仍，影響到人們

---

22 [明]韓浚纂修，萬曆《嘉定縣志》，卷2，〈疆域‧風俗〉，頁7b。

23 [明]羅炫修，黃承昊纂，崇禎《嘉興縣志》，收入《日本藏中國罕見地方志叢
刊》（北京：書目文獻出版社據日本宮內省圖書寮藏明崇禎10年刻本影印，
1991），卷15，〈里俗〉，頁27a。

24 [明]管景纂修，嘉靖《永豐縣志》，收入《天一閣藏明代方志選刊》，卷2，
〈風俗〉，頁13b-14a；[明]張士鎬、江汝璧等纂修，嘉靖《廣信府志》，卷1，
〈地輿志‧風俗〉，頁27b-28a。

25 [明]夏良勝纂修，正德《建昌府志》，收入《天一閣藏明代方志選刊》（上海：
上海古籍書店據明正德12年刻本，1964），冊34，卷3，〈風俗〉，頁6a。

的生計，所以復返回純樸，江南亦不例外。如杭州府屬的新登縣，在清初時，「豆米爲常食品，雞豚蔬菜土人每多自備，自晨至晚，粥飯四餐，婚喪嫁娶不過每食四簋，奢侈之品殊不多見」[26]。過去宴會的奢華風尚不復見，如嘉興府秀水在明末時，「俗境奢靡，張筵設席，務崇多品，饋遺牲果，饆蔬盈箱疊架」。到清初康熙年間，「近士大夫居古道者，讌止五簋，餒不靡物，亦崇儉救奢之一端也」[27]。

　　但是隨著經濟的逐漸恢復以及政局的穩定，飲食文化與飲食風尚亦隨之走向奢華，尤其是江南地區復原得最快，轉向飲食奢華的情形也最早。如康熙《蘇州府志》云：「土物豐饒，用度侈溢。高閣大宅，乘舟御輿，飲饌尚珍異，技藝尚淫巧，殆不免焉。」[28] 士大夫與官員間的宴會，亦如晚明奢華之景象，甚至有過之，如松江府華亭人董含（1624-1697）就說：「蘇松習尚奢華，一紳宴馬總兵逢知，珍奇羅列，雞鵝等件，率一對爲一盆，水果高六七尺，甘蔗牌坊下可走三四歲兒。視明季，直土硎土簋耳。」[29] 康熙年間任江南巡撫的湯斌（1627-1687），在其〈告諭〉中就說道：「衣食之原，在於勤儉。三吳風尚浮華，不安本分，……有優觴妓筵，酒船勝會，排列高果，鋪設看席，糜費不貲，爭相誇尚，更或治喪舉殯，戲樂參靈，尤爲無禮。」[30] 這又回到晚明的宴會妓筵的風氣。

　　在江南，飲宴奢華的情形到清中葉更盛，所以在湯斌之後的江南巡撫陳宏謀（1696-1771），也曾發布過〈風俗條約〉，其云：

26　[清]徐士瀛等修，張子榮等纂，民國《新登縣志》（台北：成文出版社據民國11年鉛印本影印，1969），卷10，〈風俗〉，頁2a。引雍正《省志》。

27　[清]許瑤光等修，吳仰賢等纂，光緒《嘉興府志》，收入《中國方志叢書·華中地方·浙江省》（清光緒5年重印清光緒3年鴛湖書院刊本印，1970），號53，卷34，〈物產〉，頁3b-4b。引康熙《嘉興縣志》。

28　[清]沈世奕，康熙《蘇州府志》，卷21，〈風俗〉，頁1a。

29　[清]董含，《三岡識略》，卷10，〈三吳風俗十六則〉，頁223。

30　[清]李銘皖等修，馮桂芬纂，光緒《蘇州府志》，收入《中國方志叢書·華中地方·江蘇省》（台北市：成文出版社據清光緒9年刊本影印，1970），號5，卷3，〈風俗〉，〈附錄湯文正公撫吳告諭〉，頁30b-31a。

宴會所以合歡，飲食止期適口，何乃爭誇貴重，群尚希奇，山珍海
錯之中，又講配合烹調之法，排設多品，一席費至數金，小小宴
集，即耗中人終歲之資，逞欲片時，果腹有限，徒博豪侈之名，重
造暴殄之孽。[31]

從引文中可見當時飲食的奢華，相較於明代不但同樣強調菜餚的數量，似
乎對烹調技術的重視更是變本加厲。又如嘉興府屬的平湖縣，據乾隆《平
湖縣志》形容過去該地「向崇簡朴」，先輩開樽召客宴請，不過數簋一小
盒而已。但是，「邇來富家子弟，專事奢華」，「飛觴沉湎，羅致珍錯，
器具罇罍，日趨新異，費用愈奢，物力愈匱」[32]。也就是說宴會的奢華不
只是食材珍貴而已，就連飲食的食具器皿也很講究。清中葉的鄉鎮志亦有
類似的記載，如嘉慶《淞南志》引述余起霞之言：

吾鄉習尚日異月新。予幼時見親朋讌集，所用不過宋碗。其品或四
或六，其味亦祇魚蝦雞豕。嫁娶盛筵例用果單，實以棗、栗數枚而
已。自後宋碗變爲宮碗，宮碗變爲水盤，水盤又變爲五簋、十景九
雲鑼，其中所陳窮極水陸，一席所費可作貧家終歲需矣。[33]

由此顯示，飲食宴會的奢華風尚已經蔓延至鄉鎮。

有些清代的筆記與方志，不但描寫清初至清中葉宴會由簡轉奢的現
象，而且還記載了所耗費用加增的趨勢。如蘇州崑山人朱用純(1617-
1688)的《毋欺錄》云：

31 [清]李銘皖等修，馮桂芬纂，光緒《蘇州府志》，卷3，〈風俗〉，頁33a-33b。

32 [清]彭潤章等重修，葉廉鍔等纂，乾隆《平湖縣志》，收入《稀見中國地方志匯
刊》（北京：中國書店據清乾隆10年刻本影印，1992），冊16，卷4，〈風俗·習
尚四之二〉，頁2b-3a。

33 [清]秦立纂，嘉慶《淞南志》，收入《中國地方志集成·鄉鎮志專輯》（上海：
上海書店據上海圖書館藏清嘉慶10年秦鑑本影印，1992），冊4，卷1，〈風
俗〉，頁2b-3a。

我生之初，親朋至，酒一壺爲錢一，腐一籃亦錢一，雞鳧卵一籃爲
錢二，便可款留。今非豐饌嘉肴不敢留客，非二三百錢不能辦具，
耗費益多，而物價益貴，財力益困，而情誼益衰。[34]

又上述陳宏謀〈風俗條約〉與《淞南志》的形容：「一席費至數金」，即
耗中人與貧家「終歲之資」；相較於明人李樂形容「動言客席需銀一兩一
桌」，與萬曆《嘉定縣志》形容「一會之費，常耗數月之食」來看，清代
一席宴會耗費數兩，是中人一年所得，似乎奢華之度遠較明代爲甚。不
過，因爲這些都只是傳統士人形容，並不是很準確的數據。在民國《吳縣
志》中有一段記載，描述清初至清末物價與宴會費用的變化：

清初物價已較明代爲昂，此不第蘇州爲然，而蘇州爲尤甚。順治時
某御使疏言風俗之侈，謂一席之費至於一金，一戲之費至於六
金。……同光以後，則一筵之費或數十金，一戲之費或數百金，而
尋常客至倉猝作主人，亦非一金上下不辦。人奢物貴，兩兼之矣。[35]

我們也可以看到在清初順治年間的宴會，一席之費所耗不過一兩白銀，一
戲之費至於六兩；而且宴會上菜餚數量與食材質量不高。到了同治光緒以
後，「一筵之費或數十金，一戲之費或數百金」，遠遠高出清初時十幾
倍。不過，這種花費加倍的原因，部分是通貨膨漲的因素所導致的。然
而，即使如此，無可諱言的是飲食風尚逐漸走向奢華，所以「人奢物貴，
兩兼之矣」。
　　綜而言之，晚明至清中葉的飲食風尚，出現由簡樸逐漸朝向奢華演

34　[清]朱用純，《毋欺錄》（台北：藝文印書館據清同治13年虞山顧氏刊本影印，
　　1972），頁18b。
35　曹允源、李根源纂，民國《吳縣志》，收入《中國地方志集成‧江蘇府縣志輯》
　　（南京市：江蘇古籍出版社據民國22年蘇州文新公司鉛印本影印，1991），冊11-
　　12，卷52上，〈風俗一〉，頁4b-5a。

變，雖然這個潮流在明清之際有短時期地中斷，但是整體而言，仍是延續地發展。尤其是江南地區的飲食奢華，居全國之冠。在宴會風氣上表現地最明顯，不但要吃得多，還要吃得好；不只是一般的肉品，就是稀有食材如魚翅與燕窩，也成為宴會餐桌上必備之菜餚。此外，還有優伶演戲與妓女助筵的情形。清代似乎更重視烹飪的方法，就連飲食器皿也很講究，一般宴客的花費也較明代為高。

第二節　飲食風尚與食譜的刊行

從上節的敘述可以看到明清時期飲食的奢侈情形，表現在宴會方面最為明顯，特別是在江南地區。在這樣的流行風氣之下，帶動了飲食精緻化的消費需求，因此記載如何烹飪調理食物的飲膳書籍與食譜，便逐漸得到世人的重視。再從出版文化的角度來作觀察的話，我們也將會發現明清飲膳書籍與食譜的刊行，與上述的飲食風尚息息相關。

(一)飲膳相關書籍的發掘與重視

明代的飲膳書籍若從形式上作分類的話，大致可以分為幾大類：一類是所謂百科全書式的日用手冊書籍，也就是學者所謂的「日用類書」，這些書通常沒有署名作者，要不然就是假借名人，如《便民圖纂》、《居家必用事類全集》、《墨娥小錄》、《古今秘苑》與號稱劉基(1311-1375)所作的《多能鄙事》。還有一類是文人所寫的以養生或尊生為主旨的書籍，如高濂(約1527-1603)《遵生八箋》、周履靖《群物奇制》與李漁(1611-1679)《閒情偶寄》。以上這兩類書籍中只是在部分內容涉及飲食，而第三類是單純以飲膳為內容的書籍，明代僅有韓奕《易牙遺意》、宋詡《宋氏養生部》與龍遵敘《飲食紳言》三部，前二書為食譜，最後者係教導飲食觀念的書籍。至於陸容(1436-1494)的《菽園雜記》、楊慎(1488-1559)《升庵外集》、謝肇淛(1567-1624)《五雜俎》與王士性(1436-1494)的《廣志繹》等書，雖記有一些飲膳的記載，但只算是筆記

性質的書籍，並不能算是飲膳書籍或食譜。

　　上述的這些飲膳書籍中，有些早在元末明初已經成書，但是受到重視則是明中葉以後的事。元明之間曾經出現的許多種日用類書，內容包含許多飲膳的史料，卻多是在明中葉以後再版的。當時流行最廣的，莫過於《便民圖纂》這部較有系統的書，該書是民間歷來傳錄的本子，並非作於一時，顯然也不是出於一人之手。從成化、弘治到萬曆中期的一百一二十年間，此書就在蘇州、雲南、貴州、北京以及其他地區，至少刻版了六次。嘉靖31年壬子(1552)的貴州刻本有李涵〈序〉，記載該書是弘治7年(1494)任職吳縣知縣的「酈廷瑞始刻於吳中」[36]。另一本由元代佚名者所撰之《居家必用事類全集》，也是到明中葉才重新校刊再版，據隆慶2年(1568)飛來山人的〈序〉，談到該書雖曾「往年梓於吾杭洪氏」，但是「今則廢置矣，予深惜之，於是捐貲收集，重加校正，補刻遺闕，使永其傳，以公於同志云」[37]。又如明初劉基所撰的《多能鄙事》，就是在嘉靖年間刊刻的，書首有任職河南布政使的蘇州人范惟一於嘉靖42年(1563)所撰的序言，云：「余在京師，從友人所偶見二冊，非全書。己視學浙中，屬青田尹購得之，然亦多錯亂脫落，攜至汝南，因稍爲校訂而刻焉。其脫無考者，仍闕之。」[38]再如《墨娥小錄》一書的作者可能是明初人[39]，但是卻要到隆慶5年(1571)才刊行出版。據刻書者啓玄道人吳繼識所寫的〈引言〉，記載該書被發掘的過程：

36　[清]酈璠編，《便民圖纂》，收入《中國古代版畫叢刊》(上海：上海古籍出版社，1988)，冊2，〈「便民圖纂」後記〉，頁997。

37　[元]無名氏編，《居家必用事類全集》，收入《續修四庫全書》(上海：上海古籍出版社，1997)，冊1184，〈居家必用事類序〉，頁309。

38　[明]劉基，《多能鄙事》，收入《續修四庫全書》(上海：上海古籍出版社據明嘉靖42年范惟一刻本影印，1997)，子部，雜家類，冊1185，〈刻多能鄙事序〉，頁1b-2b。

39　據弘治17年出版的《宋氏養生部》曾徵引《墨娥小錄》，可見《墨娥小錄》成書的年代，最遲應不晚於16世紀。又據《明史》〈藝文志〉載有吳繼《墨娥小錄》，可能爲同書，但作者生平仍不可考。

> 余暇日檢篋藏書，偶及是集，名《墨娥小錄》，自文藝、種值、服
> 食、治生，以至諸凡怡玩一切不廢，如元凱武庫，隨取具之，不知
> 輯於何許人，並無脫稿行世，晦而湮者，亦既久矣。客有訪，余出
> 共閱之，以爲民生日用所需甚患，《居家必用》及《多能鄙事》、
> 《便民圖纂》類諸所未備者，聿皆裁之，按簡應事，則愚可明，拙
> 可巧，鋟而廣之，亦覺世之一道也。[40]

再從上面的引文中可以看到，明中葉以後市面上已經流行了不少涉及飲膳
知識的日用類書，如《居家必用事類全集》、《多能鄙事》與《便民圖
纂》等等。

　　明中葉以後，尤其是江南地區物質豐裕與奢靡之風盛行，對飲食方面
也愈來愈講究，於是特別注意蒐集與發掘過去的飲膳書籍，進而將之出
版。如元末明初人韓奕所撰的《易牙遺意》一書，據嘉興人周履靖所撰的
〈序言〉中就說：

> 今天下號極靡，三吳尤甚。尋常過處，大小方圓之器，儉者率半
> 百，而《食經》未有聞焉，可怪也。……予效其書治之，釀不鞔
> （按：脹之意）胃，淡不搞舌，出以食客，往往稱善，因梓以公。[41]

周履靖字逸之，浙江嘉興人，明隆慶、萬曆間號爲隱士，而聲氣頗廣，凡
有著述，必請名士勝流如陳繼儒輩爲之延譽，交相標榜。他除了爲《易牙
遺意》作〈序〉外，自己撰有《群物奇制》一書，其中亦包含許多飲膳史
料。從引文中可以推知，《易牙遺意》應該是在晚明江南飲食奢靡的風氣
帶動下，而被發掘再版的作品。

40　[明]佚名，《墨娥小錄》，收入《續百子全書》（北京：北京圖書館出版社據明
　　刻本影印，1988），冊18，〈刻墨娥小錄引〉，頁1a-b。

41　[元]韓奕，《易牙遺意》（北京：中國商業出版社，1984），〈易牙遺意序〉，頁
　　2-3。

　　成書於弘治17年(1504)的《宋氏養生部》可以說是明代江南重視食譜
的另一個例子，在序言中作者宋詡言其家世：「余家世居松江，偏於海
隅，習知松江之味，而未知天下之味竟為何味也。」可見他是江南松江府
的世族，接著又談到其母親「朱太安人」[42]，以及該書成書的過程：

> 家母朱太安人，幼隨外祖，長隨家君，久處京師，暨任二三藩臬之
> 地，凡宦游內助之賢，鄉俗烹飪所尚，於問遺飲食，審其酌量調
> 和，遍識方土味之所宜，因得天下味之所同，及其肯綮(按：此處
> 指關鍵、要領)。

這本食譜原是由其母親「口傳心授」，然後由宋詡備錄成帙，「而後知天
下正味，人心所同，有如此焉者；非獨易牙之味可嗜也」[43]。
　　在明代的小說中也反映了當時江南地區重視飲膳書籍的情況，如《醒
世恆言》第26卷〈薛錄事魚服證仙〉一則，描寫一位清官化身為金色鯉魚
後被捉，將遭其同僚府內廚師王士良宰殺時，大叫道：「王士良，你豈不
認得我是薛三爺？若非我將吳下食譜傳授與你，看你整治些甚樣餚饌出
來？能使各位爺這般作興你？你今日也該想我平昔抬舉之恩，快去稟知各
位爺，好好送回衙去。卻把我來放在砧頭上，待要怎的？」[44]這則故事中
特別地是提到「吳下食譜」，指的乃是江南的食譜，並指涉主角將該食譜
傳授給廚師王士良，可見江南地區對飲膳書籍特別珍視。
　　明中葉以後的江南地區，不但是文人社團林立的文化中心，也是刻書
印刷的出版中心。在坊間所刻的書籍中，飲膳書籍亦列其中。《遵生八
箋》、《飲食紳言》與《群物奇制》等書，都是晚明時期的出版品[45]。正

42　按：明清則為六品官之妻的封號，如係封給母及祖母，稱太安人。

43　[明]宋詡，《宋氏養生部》(北京：中國商業出版社，1989)，〈序〉，頁2-3。

44　[明]馮夢龍編，《醒世恆言》(台北：三民書局，1989)，卷26，〈薛錄事魚服證
　　仙〉，頁518-519。

45　《遵生八箋》最早有明萬曆19年(1591)作者自刻本，名為《雅尚齋遵生八箋》；
　　《飲食紳言》有明萬曆中繡水沈氏刻《寶顏堂祕笈》本，以及明萬曆24年西吳沈

如李漁在《閒情偶寄》中提到糕餅作法時所言「精細兼長，始可論及工拙（按：精巧與粗笨）。求工之法，坊刻所載甚詳。予使拾而言之，以作制餅制糕之印板（按：翻版文章），則觀者必大笑」云云[46]。可見當時坊刻書籍中，必多這類教人如何製作糕餅的書籍。除此之外，晚明江南文人社團之間，亦有以研究飲食爲號召者，而且還互相切磋，並撰有飲膳書籍，像是張岱〈老饕集序〉中之言：

> 余大父與武林涵所包先生、貞父黃先生爲飲食社，講求正味，著
> 《饕史》四卷，然多取《遵生八箋》，猶不失椒姜蔥渫，用大官炮
> 法，余多不喜，因爲搜輯訂正之。遂取其書而銓次之，割歸於正，
> 味取其鮮，一切矯揉泡炙之制不存焉。雖無《食史》、《食典》之博
> 洽精腴，精騎三千，亦足以勝彼羸師十萬矣。[47]

引文中指出張岱父親與杭州人包涵所以及黃貞父二人成立飲食社，而且而撰有《饕史》稿本四卷，張岱再將之修訂成書[48]。

正是晚明江南飲食消費的奢侈風尚，影響江南地區對飲膳書籍的重視，又紛紛出版新的飲膳書籍，至此江南的飲食文化成爲中國飲食文化的主流。

(二)食譜出版的高峰

清代出版的飲膳書籍與明代作比較的話，在形式上而言，最大的不同點是在於清代單純以飲膳爲內容的食譜或食單，在種類與數量上皆遠超過

（續）
氏忠恕堂刊本，作者則署名「皆春居士」；《群物奇制》有明萬曆25年(1597)金陵荊山書林刻《夷門廣牘》本。

46 [清]李漁，《閒情偶記》(台北：長安出版社，1990)，〈穀食第二・糕餅〉，頁262。

47 [明]張岱，《琅嬛文集》，卷1，〈序・老饕集序〉，頁24-25。

48 引文中的黃貞父係黃汝亨，字貞父，仁和縣人，萬曆26年(1598)進士，後隱居杭州西湖。

明代，可以說是達到有史以來的高峰。至清中葉至少就有五部專著，如清初浙江嘉興人顧仲所撰的《養小錄》，成書約在康熙37年(1698)前後。號稱朱彝尊(1629-1709)所作之《食憲鴻祕》，有雍正9年(1731)序刊本。朱彝尊號竹垞，浙江嘉興府秀水縣人，康熙18年(1679)舉博學鴻詞，授翰林檢討，詩詞均負盛名。有人認為該書可能是乾隆中葉時人偽托，也有人題為「新城王士禛著」的本子。不過，由顧仲在書中引述朱彝尊的話來看，該書成書的時間可能更早於《養小錄》。其後有四川名人李化楠著《醒園錄》一書，李化楠係乾隆7年(1742)進士，曾任浙江餘姚、秀水縣令，該書初稿為其宦游江浙時搜集的飲食資料手稿，由其子清代文學與戲曲理論家李調元(1734-1802)整理編纂而刊刻成書。乾隆47年(1782)付梓，嘉慶李氏萬卷樓再刻。清代最著名也是影響最大的食譜，就是袁枚(1716-1797)所著的《隨園食單》，該書出版於乾隆57年(1792)，曾多次再版。還有一本據推測可能最早是乾隆年間江南鹽商童岳荐所撰輯，但最後成書於何時何人則待考證的《調鼎集》。以上這幾本書的內容都是飲食食譜的專著，而不像明代的一些飲膳書籍，涉及飲膳知識的內容僅是全書的一部分。

清代前中葉的知識分子，雖然結社風氣已不如明代文人社團那般盛行，但是對飲膳史料的蒐集興趣並未稍減，反而更為積極。在這些食譜書籍的序言中，都可以看到他們積極的一面。如顧仲《養小錄》的〈序二〉言其撰述該書之過程：

> 歲戊寅游中州，客寶豐館舍，地僻無物產，官庖人樸且拙，余每每告食，誠恐不潔與熟，非不安澹泊也。適廣文楊君子健，河內名族也，有先世所輯《食憲》一書，余乃因千門楊明府（按：明府係知縣別稱），得以借錄。其間雜亂者重訂，重覆者從刪，訛者改正，集古旁引，無預食經者置弗錄，錄其十之五，而增以己所見聞十之

三，因易其名曰《養小錄》，並述夙昔臆見以爲序。[49]

引文中顯示顧氏非常留心於飲膳書籍的蒐集，《養小錄》所以能成書，就是他把握機會借錄河內名族楊子健家先世所輯之《食憲》一書，再加增刪而成的。又如號稱朱彝尊所撰的《食憲鴻祕》，有雍正9年(1731)由工部右侍郎年希堯(?-1738年)所撰的〈序〉，形容：「梓公同好，肯如異味之獨嘗；版任流傳，可補齊民之要術。」[50] 李化楠《醒園錄》書首有其子李調元所撰之〈序〉，高唱：「夫飲食非細故也。」「知味之喻，更嘆能鮮！」又說：「在昔，賈思勰之《要術》，遍及齊民。近即，劉青田之《多能》，豈眞鄙事？《茶經》、《酒譜》，足解羈愁。鹿尾、蟹螯，恨不同載。夫豈好事，蓋亦有意存焉。」[51] 從這些作者與刊行者序言中，可以看到他們將編纂這類書籍視爲正經的事，同時也大大提高了這類飲膳書籍的地位。

清代士大夫們在蒐集史料，改訂成書的歷程，與前人著作不同之處，還在於作者有實際的烹飪經驗，最具代表性的當屬袁枚的《隨園食單》，他在〈序〉中說：

> 余雅慕此旨。每食于某氏而飽，必使家廚往彼灶觚(按：指廚房)，執弟子之禮。四十年來，頗集眾美。有學就者，有十分中得六七者，有僅得二三者，亦有竟失傳者。余都問其方略，集而存之，雖不甚省記，亦載某家某味，以志景行。

不僅如此，他還親自試驗過去食譜的作法，發現其中大多不切實際，其

49　[清]顧仲，《養小錄》，收入《飲食起居編》(上海：上海古籍出版社，1993)，〈序二〉，頁320。

50　[清]朱彝尊，《食憲鴻祕》(北京：中國商業出版社，1985)，〈序〉，頁4-5。

51　[清]李化楠，《醒園錄》(北京：中國商業出版社，1984)，〈醒園錄序〉，頁2-3。

云：「若夫《說郛》所載飲食之書三十餘種，眉公、笠翁(按：陳繼儒、李漁)亦有陳言；曾親試之，皆闋(按：形容氣味刺鼻)于鼻而螫于口，大半陋儒附會，吾無取焉。」[52]

　　在此之前中國有關飲膳的書籍，通常有許多泛稱，如「食經」與「食譜」。但是在明清時期「食譜」一詞使用的情形愈加普遍，甚至成爲當時的流行用語，而且意義已經和現今我們使用的意義相接近，在小說也常出現「食譜」一詞，如清人李汝珍(約1763-1830)撰的小說《鏡花緣》第九回〈服肉芝延年益壽　食朱草入聖超凡〉，描述的主角之一林之洋曾道：「俺又不刻酒經，又不刻食譜，吃他作甚？」唐敖道：「此話怎講？」林之洋道：「俺這肚腹不過是酒囊飯袋，若要刻書，無非酒經食譜，何能比得二位？怪不得妹夫最好遊山玩水。今日俺見這些奇禽怪獸，異草仙花，果然解悶。」[53] 這則故事也反映清人喜好刊刻食譜的情形。

第三節　飲膳書籍中感官描述的演化

(一)明代飲膳書籍中感官描述的敏銳化

　　明代飲膳書籍的內容，常包括酒茶類、醬料佐料類、粥麵主食類、蔬菜類、葷食類、湯類、糕餅點心、果品以及食藥等幾大類，葷食類或有細分爲禽、鱗、獸等類。然而從分類上就可以知道，這類書籍著墨於燒製菜餚的部分占全書的比重很小，而主要的內容多是記載食物的加工技藝，和現代食譜強調烹飪技藝、以菜餚爲主的情形相距甚遠。即使是葷食類的內容，也是相當大的比重在記錄如何製造醃製肉品與加工肉品，即所謂的「脯鮓」。大部分的飲膳書籍都出現這樣的偏重，可以想見這類書籍對味覺感官的敏感度不高，對食物味道的感官要求也不會太高[54]。

52　[清]袁枚，《隨園食單》(北京：中國商業出版社，1984)，〈序〉，頁2-3。
53　[清]李汝珍，《鏡花緣》(台北：世界書局，1974)，第9回，〈服肉芝延年益壽　食朱草入聖超凡〉，　頁30。
54　較例外的是《宋氏養生部》一書，該書共六卷，但其中卷三、四記載獸、禽、

　　就明代而言，在各種食譜中有關味覺感官的記載作觀察的話，像是百科全書的日用類書籍，內容雖有部分是關於飲膳的史料，可是記載味覺感官的文字並不多，如《多能鄙事》有幾條記有去腥、去臊、去臭，或是簡單描述「甚妙」、「亦佳」、「脆美」的文字。至於《便民圖纂》多抄自《居家必用事類全集》與《多能鄙事》諸書，所以並無特出之處。《古今祕苑》只有兩條文字有關於味覺的描述，一是〈做皮條糖〉：「用白糖霜以酒醋同煮，乾則成矣。明如廣膠，味甚甜。」另一是〈建寧腐乳法〉：「以花箬（按：音若，竹名）紮好，泥封固數日，即好吃。如遇一月，則其味全，入口細膩矣。」其它的書籍，像是《墨娥小錄》幾無相關的記載，《菽園雜記》與《升庵外集》等書是筆記性質，偏向記錄新奇之食物或食材，而甚少關於味覺感官的描述文字。

　　相較特出的是《居家必用事類全集》一書，其中有一些提到涉及香、色與味覺的感官文字。味覺方面的描述，如〈造脆薑法〉：「嫩生薑，去皮。甘草、白芷、零陵香少許，同煮熟，切作片子。食之，脆美異常。」〈造豆芽法〉：「沸湯焯，姜、醋、油、鹽和食之，鮮美。」〈燒餅〉：「鏊上熁得硬，糖火內燒熟極脆美。」也附帶有香味的記載，如〈旋炒栗子法〉：「入油紙撚一個，沙銚中炒，或熨斗中炒亦可。候熟，極酥甜。香美異常法。」〈造成都府豉汁法〉：「須用清香油，不得濕物近之，香美絕佳。」有關於色相的描述，如〈江州岳府臘肉法〉：「如欲色紅，須才宰時，乘熱以血塗肉，即顏色鮮紅可愛。」也談到佐料的調味，例如書中多處提到五味子，乃一種木蘭科的植物，果實甜中帶酸，種子苦辣帶鹹，常用為佐料。〈七寶餡〉：「栗子黃、松仁、胡桃仁、麵筋、姜米、熟波菜、杏麻泥，入五味，牽打拌，滋味得所，搦餡包。」〈荼餡〉：「黃韭碎切，紅豆、粉皮、山藥片，加栗黃尤佳。五味拌，搦餡包。」[55]

（續）──────────────
　　　　鱗、蟲之屬，四制葷食，卷五記載蔬果羹菹兩制，占全書的一半。
55　［元］無名氏編、邱龐同注釋，《居家必用事類全集》（北京：中國商業出版社，1986），〈已集‧旋炒果子法〉，頁34；〈造成都府豉汁法〉，頁60；〈造脆薑法〉，頁66；〈造豆芽法〉，頁73；〈江州岳府臘肉法〉，頁74；〈庚集‧燒

　　純飲膳書籍相對前述諸書，屬於較偏重實用性的食譜，如《易牙遺意》一書對烹治方法的描述較詳盡，特別是對「調味」的描述最爲豐富，書中多處提及烹飪時使用某些食材或佐料，以「調和其味得所」一語，也就是將味道調和適宜。如〈帶凍姜醋魚〉：「鮮鯉魚切作小塊，鹽淹過，醬煮熟，收出，卻下魚鱗及荊芥同煎滾，去渣，候汁稠，調和滋味得所。」〈和菜〉：「淡醋一分、酒一分、水一分、鹽、甘草，調和其味得所，煎滾，乘熱下菜。」〈薄荷餅〉：「頭刀薄荷連細枝爲末，和炒麵餫六兩、乾沙糖一斤，和勻，令味得所。」〈燥子肉麵〉：「用胰脂研成膏，和醬，傾入，次下清椒、砂仁，調和其味得所。」書中對於「調和」時的幾種佐料味道，有更細緻地描述，如〈蟹生方〉：「用生蟹剁碎，以麻油，或熬熟；冷，并草果、茴香、砂仁、花椒末、水姜、胡椒，俱爲末，再加蔥、鹽、醋，共十味，入蟹內拌勻，即時可食。」又如〈索粉〉：「只用芥辣尤妙。」對於口中咀嚼的觸感，也有多處形容「脆」或「酥」的描述，如〈糟茄〉云：「每斤用鹽四兩，好香糟一斤，三宿脆妙。」所謂「三宿脆妙」，指的是醃製三夜，糟茄就會既脆又美。〈甘豆糖〉：「再以稻草灰淋一兩杓，入些許鹹，再煮至十分酥美。」〈青脆梅湯〉一條中指出了要做好「青梅湯」的竅門：「大率青梅湯家家有方，其分兩亦大同小異。初造之時，香味亦同，藏至經月，便爛熟如黃梅湯耳。蓋有說焉，如此方得一『脆』字也。」對色相也有相關的描述，如〈卷煎餅〉云：「兩頭以麵糊粘住，浮油煎，令紅焦色。」[56]

　　又如宋詡的《宋氏養生部》和《易牙遺意》一樣，也都有較多涉及感官的描述。有時書中會用一些抽象的形容詞，如「皆妙」、「甚美」與

（續）

餅〉，頁124；〈七寶餡〉，頁130；〈菜餡〉，頁130。

56　[元]韓奕，《易牙遺意》，卷上，〈脯鮓類・帶凍姜醋魚〉，頁20-21；卷上，〈蔬菜類・和菜〉，頁30-31；卷下，〈爐造類・薄荷餅〉，頁42；卷下，〈湯餅類・燥子肉麵〉，頁40；卷上，〈脯鮓類・蟹生方〉，頁15；卷下，〈湯餅類・索粉〉，頁51；卷上，〈蔬菜類・糟茄〉，頁30；卷下，〈果實類・甘豆糖〉，頁57-78；卷下，〈諸湯類・青脆梅湯〉，頁64-65；卷下，〈爐造類・卷煎餅〉，頁42。

「愈美」等詞；不過也有更精確的感官形容詞，如〈梅酥湯〉：「梅酥再研，作沸湯，調加蜜，酸甜得宜，飲。」〈淡韭〉：「有溫豆腐泔浸沒老荄，遂作酸味可食。」[57] 還記載如何「去味」的方法，如製木瓜與羊桃的蜜煎，「以石灰泡湯俟冷，取絕清者，漬去酸澀味，作沸湯微煿」。作橄欖與梧桐子的蜜煎，「同淅米水入瓷器煮，味不苦澀」[58]。除了這類「去味」的描寫外，也和《易牙遺意》一樣都很注意佐料的調味，如在卷三〈獸屬制〉中常記有「宜蒜醋」、「宜醋」、「多加蒜囊，與鹽調和即起」與「或五辛醋、芥辣澆」的記載，而且還註記「五辛醋」的作法：「蔥白五莖，用花椒、胡椒共五十粒，生薑一小塊，縮砂仁三顆，醬一匙，芝麻油少許，同擣糜爛，入醋少熬用。」[59] 對食物菜餚的色相也有描述，如〈燒鴨〉：「以油或醋澆熱鍋上，生煙，熏黃香。」〈醬烹鴨〉：「一取油或醋滴入鍋中，發焦煙觸之，色黃味香為度。」甚至還描寫食物染色之法，如〈大豆〉：「如欲色紅，如蘇木白帆。」「柿子石灰湯濫者，用冷鹽湯浸之，久則色亦紅鮮。」[60] 有幾處曾提及如何入「香」味，除了前面〈醬烹鴨〉的例子外，又如〈炰鼈〉：「鍋中再熬香油，取新瓦礫藉其甲炰之，頻沃以酒，香味融液為度。」[61] 整體而言，這類感官描述的文字，在整本書中出現的頻率並不高。

到明中葉以後所著之飲膳相關書籍中，雖然有些對烹調方法的記載，不見得較之前的書籍更為詳盡，然而對味覺感官的描述卻更為敏感。如周履靖《群物奇制》一書中有許多對味覺的描繪，他對酸、甜、苦、辣、香

57　[明]宋詡，《宋氏養生部》，卷2，〈湯水制・梅酥湯〉，頁80；卷5，〈菜果制・淡韭〉，頁165。

58　[明]宋詡，《宋氏養生部》，卷2，〈蜜煎制・木瓜、羊桃〉，頁68；卷2，〈蜜煎制・橄欖、梧桐子〉，　頁69。

59　[明]宋詡，《宋氏養生部》，卷3，〈獸屬制・清燒豬〉、〈蒜燒豬〉、〈藏煎豬〉，頁98-99；卷3，〈獸屬制・熱豬膾〉，頁102。

60　[明]宋詡，《宋氏養生部》，卷3，〈禽屬制・燒鴨二制〉，頁122；卷3，〈禽屬制・醬烹鴨〉，頁124；卷5，〈菜果制・大豆〉，頁184；卷5，〈菜果制・鹽腌十六制〉，頁177。

61　[明]宋詡，《宋氏養生部》，卷4，〈蟲屬制・炰鼈二制〉，頁147。

的味道，與軟、脆的觸感都有描述。如「煎烏賊，研入醬同煎，不出水，且味佳。或入蜜最妙」；「煎白腸用荸薺末，臨熟撒之，則香脆」；「藕皮和菱米食則軟而甜。」「研芥辣用細辛少許，醋與蜜同研則極辣」；「紅糟酸入鴨子，與酒則甜」；「用蘿卜梗同煮，銀杏不苦」[62]。

　　高濂的《遵生八箋》中雖有部分是抄自前代書籍，但是在內容上要更為詳盡而具體，如〈青脆梅湯〉一則，雖抄自《易牙遺意》云：「大率青梅湯家家有方，其分兩亦大同小異。」但是作者又詳細地舉出製造的過程中，包括搥碎核去仁後用乾木匙撥去打拌，二用生甘草，三用炒鹽後待冷，四用生薑，五用青椒等五個步驟[63]。書中對味覺、嗅覺與口中咀嚼的觸覺，都有較明確的記載，如〈糟茄子法〉云：「五茄六糟鹽十七，更加河水甜如蜜。」也就是茄子五斤，糟六斤，鹽十七兩，再用兩小碗水拌糟，「此茄味自甜，此藏茄法也，非暴用者」[64]。又如多處提到香味或香氣，如〈茉莉湯〉云：「每于凌晨采摘茉莉花三二十朵，將蜜碗蓋花，取其香氣薰之，午間去花，點湯甚香。」〈丁香熟水〉亦記：「用丁香一二粒，搥碎入壺，傾上滾水，其香郁然，但少熱耳。」[65] 還有關於口中觸覺的形容，如〈錦帶花〉云：「采花作羹，柔脆可食。」[66]

　　更值得注意的是，作者似乎已經意識到食物的多重感官享受。如前述《居家必用事類全集》中有兩條資料同時描述「脆美」、「香美」二字，可以看到這種意識的雛型，但至《遵生八箋》有更多處的記載，如他在幾處同時使用「香美」二字併舉，像是〈玉簪花〉條云：「若少加鹽、白糖入麵調勻，拖之，味甚香美。」在〈甘菊苗〉也說：「以甘草水和山藥粉

62　[明]周履靖，《群物奇制》，收入《飲食起居編》（上海：上海古籍出版社，1993），〈飲食〉，頁 383-385。

63　[明]高濂，《飲饌服食箋》（北京：中國商業出版社，1985），〈湯品類‧青脆梅湯〉，頁37。

64　[明]高濂，《飲饌服食箋》，〈家蔬類‧糟茄子法〉，頁89。

65　[明]高濂，《飲饌服食箋》，〈湯品類‧茉莉湯〉，頁43；〈熟水類‧丁香熟水〉，頁51。

66　[明]高濂，《飲饌服食箋》，〈野蔌類‧錦帶花〉，頁105-116。

拖苗油煤，其香美佳甚。」[67] 還有〈撒拌和菜〉云：「如拌白菜、豆芽、水芹，須將菜入滾水焯熟，入清水漂著，臨用時榨乾，拌油方吃，菜色青翠，不黑，又脆可口。」此則顯示作者同時注意到烹調蔬菜時的色相與觸覺問題。[68] 他也認識到烹調的火候與佐料的調配，會影響到食物的味道，如〈炒羊肚兒〉記：「就火急落油鍋內炒，將熟、加蔥、蒜片、花椒、茴香、醬油、酒醋調勻，一烹即起，香脆可食。加遲慢，即潤如皮條，難吃。」[69]

到了明末清初李漁的著作，對味覺感官的描述相當深入，遠遠超過前人。如他在〈穀食第二・粉〉一條，大談口中「咀嚼」的感覺，其云：「粉食之耐咀嚼者，蕨為上，綠豆次之。欲綠豆粉之耐嚼，當稍以蕨粉和之。凡物入口而不能即下，不即下而又使人咀之有味，嚼之無聲者，斯為妙品。吾遍索飲食中，惟得此二物。」他對食物的嗅覺與味覺有所區分，如〈肉食第三・野獸、禽獸〉云：「野味之遜於家味者，以其不能盡肥；家味之遜於野味者，以其不能有香也。家味之肥，肥於不自覓食而安享其成；野味之香，香於草木為家而行止自若。」[70] 在他看來，味覺還有分層次與等級，他描繪味覺的詞彙中有鮮、肥、甘、膩等等，其中鮮味排名第一，就像〈肉食第三・魚〉云：

> 我輩食魚蝦之罪，較食他物為稍輕。茲為約法數章，雖難比乎祥刑，亦稍差於酷吏。食魚者首重在鮮，次則及肥，肥而已鮮，魚之能事畢矣。然二美雖兼，又有所重在一者：如鱘、如鰣、如鯽、如鯉，皆以鮮勝者也。[71]

67 ［明］高濂，《飲饌服食牋》，〈野蔌類・玉簪花〉，頁117；〈野蔌類・甘菊苗〉，頁105。
68 同上，〈家蔬類・撒拌和菜〉，頁89。
69 同上，〈脯鮓類・炒羊肚兒〉，頁81。
70 ［清］李漁，《閒情偶記》，〈穀食第二・粉〉，頁264；〈肉食第三・野獸、禽獸〉，頁268。
71 ［清］李漁，《閒情偶記・肉食第三・魚》，頁269-270。

(二)清代食譜中感官描述的複雜化與深化

　　清代的飲膳書籍不但趨向專業，而且內容更爲廣泛，特別重要的是菜餚的比重加大，更加著重在描述烹調技術。如《食憲鴻祕》的分類中，屬於葷食的就包括了魚之屬、禽之屬、蟹之屬、卵之屬、肉之屬等大類。再如《醒園錄》共記有121種，其中食品加工與保藏共有30種，但是記載烹調的就有39種之多，其它則是釀造24種，糕點小吃24種與飲料4種。《隨園食單》中的14個單，除了〈須知單〉和〈戒單〉是談理論，以及〈飯粥單〉和〈茶酒單〉以外，其它的都是記載菜餚點心的食譜。而《調鼎集》甚至還有一卷是專門記載宴席類的菜色。

　　清代的食譜中所描述的感官形容詞，普遍要比明代更爲複雜。如朱彝尊的《食憲鴻祕》對感官的描述更具體而細微，已不像過去明代食譜中只是簡單幾個字地抽象描述。《食憲鴻祕》書中用了多樣化的感官形容詞，反映作者對這方面有進一步深切的認識。最特出的是他對「五味」的認知，如〈飲食宜忌〉條云：「酸多傷脾，鹹多傷心，苦多傷肺，辛多傷肝，甘多傷腎。」[72] 他舉出了五味，而且又與養生禁忌相結合；另外，他又說：「古人調鼎，必曰鹽梅。知五味以鹽爲先。」[73] 清楚地告訴人們五味是以鹹味爲第一。

　　全於其它的感官，該書中也都有細緻地描繪，如關於嗅覺的感官，在〈封鵝〉條云：「鵝入罐，通不用汁，自然上升之氣，味凝重而美。」[74] 關於視覺的顏色方面，在〈水雞臘〉條中強調以「色黃勿焦爲妙」[75]。亦有多處提及關於口中咀嚼的觸感，如〈響麵筋〉條教人如何製造才能「入齒有聲」，乃「不經豬油，不能堅脆也」。〈撒拌和菜法〉教人如何使「菜色青翠，脆而可口」。又在〈木耳〉條記將木耳浸冷水內，連泡四五

72　[清]朱彝尊，《食憲鴻祕》，卷上，〈飲食宜忌〉，頁1。
73　[清]朱彝尊，《食憲鴻祕》，卷上，〈飛鹽〉，頁48。
74　[清]朱彝尊，《食憲鴻祕》，卷下，〈封鵝〉，頁117。
75　[清]朱彝尊，《食憲鴻祕》，卷下，〈水雞臘〉，頁104。

次，使之「漸肥厚而鬆嫩」[76]。

更多的例子顯示作者已經了解烹飪的好壞，需具備多重的感官條件，包含色、香、味等等，故而許多例子都是呈現複雜多重的感官形容，如〈醉蘿卜〉記其作法除了要用「滴燒酒澆入，勿封口」之外，還要「數日後，卜氣發酒臭，臭過，卜作杏黃色，甜美異常」。〈糖梅李・又方〉云：「投浸枇杷、林檎、楊梅，顏色不變，味涼可食。」〈海蜇〉云：「海蜇洗淨，拌豆腐煮，則澀味盡而柔脆。」〈薰肉〉條云：「紫甘蔗皮，曬乾，細剉，薰肉，味甜香美，皮冷終脆不硬，絕佳。」等等[77]。他比高濂更詳細地推敲出不同佐料比例，或是烹煮釀製的時間長短，所造成的不同味覺效果。如如〈爐餅〉條記：「蜜四油六則太酥，蜜六油四則太甜，故取平。」又〈百日內糟鵝蛋〉條記製造的過程中，放入罈中兩餘月，「初出三白漿時，若觸破蛋汁，勿輕嘗。嘗之辣甚，舌腫。酒釀糟後，撥去辣味，沁入甜味，佳」[78]。

至於李化楠的《醒園錄》一書的內容所描述的感官，雖然在很多地方像明代的飲膳書籍一樣，只是抽象地用「好吃」、「吃之甚美」、「其味甚美」這樣的形容詞；但是一方面也很重視顏色與「鮮美」，用的是多重的感官形容詞，如〈作甜醬法〉云：「每一鍋放紅糖一兩，不住手攪，熬至顏色極紅為度。裝入罈內，俟冷封口，仍放日地晒之。鮮美味佳。」〈新鮮鹽白菜炒雞法〉：「不可蓋鍋，蓋則黃色不鮮。」〈煮菜配物法〉：「配物同煮至熟，其青翠之色仍舊也，不變黃亦不過爛，甚為好看。」[79]他對香味的描述特別多，如〈白煮肉法〉：「隨時翻轉，不可蓋

76　[清]朱彝尊，《食憲鴻祕》，卷上，〈響面筋〉，頁37；卷上，〈撒拌和菜法〉，頁69；卷上，〈木耳〉，頁81。

77　[清]朱彝尊，《食憲鴻祕》，卷上，〈醉蘿卜〉，頁84；卷下，〈糖梅李・又方〉，頁96；卷下，〈海蜇〉，頁108；卷下，〈薰肉〉，頁126。

78　[清]朱彝尊，《食憲鴻祕》，卷上，〈爐餅〉，頁30；卷下，〈百日內糟鵝蛋〉，頁119。

79　[清]李化楠，《醒園錄》，〈作甜醬法〉，頁3；〈新鮮鹽白菜炒雞法〉，頁25；〈煮菜配物法〉，頁58。

鍋，以聞得肉香爲度。香氣出時，即抽去灶內火，蓋鍋悶一刻撈起，片吃食之有味。」〈做清醬法〉：「如要香，可加香蕈、大茴、花椒、姜絲、芝麻，各少許。」〈醃熟肉法〉：「灶內用粗糠或濕甘蔗粕生火薰之，灶門用磚堵塞，不時翻轉，總以乾香爲度。」[80] 而且和《食憲鴻祕》一樣地重視佐料調配的比例，所得出不同的味道，這方面有詳細的記錄，如〈做香豆豉法‧又法〉：「以上備齊，總秤若干重，欲淡，每十兩配鹽一兩；欲鹹，每十兩配鹽二兩，或一兩五錢。」〈做辣菜法〉：「將嘴倒覆灶上二三時久，移覆地下，一周日開用。好吃。鹹的，用鹽、醋、豬油或麻油拌吃，好吃。甜的，用糖、醋、油拌吃。」[81]

袁枚的《隨園食單》表現出對各家料理的品評，所以到處是形容「最佳」、「亦佳」、「最有名」、「甚妙」、「絕品」與「精絕無雙」等和明代食譜相類似的用詞。當然，書中仍有一些描述其它味覺感官的詞語，如關於口中咀嚼的感官，在〈楊公圓〉條云：「楊明府作肉圓大如茶杯，細膩絕倫，湯尤鮮潔，入口如酥。」〈揚州洪府粽子〉：「食之滑膩、溫柔，肉與米化。」[82] 重視顏色的例子，如〈醃蛋〉：「以高郵爲佳，顏色紅而油多。」〈千層饅頭〉：「楊參戎家制饅頭，其白如雪，揭之如有千層，金陵人不能也。」〈蕭美人點心〉：「凡饅頭、糕餃之類，小巧可愛，潔白如雪。」[83] 他針對點心的形狀也有描述，如〈陶方伯十景點心〉：「奇形詭狀，五色紛披，食之皆甘，令人應接不暇。」[84]

可能是因爲作者有其自己的品味與喜好，他特別注意「鮮」味，所以在書中有多處強調一個「鮮」字，如〈家鄉肉〉云：「杭州家鄉肉好醜不同，有上、中、下三等，大概淡而能鮮，精肉可橫咬者爲上品，放久即是好火腿。」〈鹿尾〉：「尹文端公品味以鹿尾爲第一。　然南方人不能常

80　同上，〈白煮肉法〉，頁24；〈做清醬法〉，頁6；〈醃熟肉法〉，頁20。
81　同上，〈做香豆豉法‧又法〉，頁11-12；〈做辣菜法〉，頁55。
82　〔清〕袁枚，《隨園食單》，卷2，〈特牲單〉，頁62；卷4，〈點心單〉，頁140。
83　〔清〕袁枚，《隨園食單》，卷3，〈小菜單〉，頁122；卷4，〈點心單〉，頁128；卷4，〈點心單〉，頁134。
84　〔清〕袁枚，《隨園食單》，卷4，〈點心單〉，頁135。

得，從北京來者，又苦不鮮新。」〈台鯗〉：「台鯗好醜不一，出台州松
門者為佳，肉軟而鮮肥。」〈黃姑魚〉：「徽州出小魚，長二、三寸，晒
乾寄來，加酒剝皮，放飯鍋上蒸而食之，味最鮮，號黃姑魚。」[85]上舉之
例只是書中的一小部分，據學者的研究指出，袁枚在《隨園食單》中有四
十多處提到「鮮」字，很明顯地是受到李漁的影響[86]。

清代中葉另一部重要的食譜《調鼎集》，書中有許多則與《隨園食
單》及《醒園錄》二書相同，呈現高度的相似性，如〈家香肉〉條與《隨
園食單》相同，〈腌熟肉〉條則與《醒園錄》相類似。再如很多地方都提
到《隨園食單》書中的「鮮美」觀，如〈熊掌〉：「鮮者為上，干者次
之。」〈造甜醬〉云揚州甜醬：「每豆一擔，用麵四百斤。又，晒甜醬，
加炒熟芝麻少許，滋潤而味鮮，用以醬物更佳。」〈麵甜醬〉：「每一鍋
放紅糖一兩，不住手攪熬至顏色極紅，裝壇，候冷封口。仍曬之，味甚鮮
美。」〈醬熏蛋〉：「熟蛋去殼，同火腿煮，或同鮮肉煮，對開用之，味
甚鮮美。」對食材方面也是講求鮮字，如對雞隻食材的好壞，他認為：
「要油而肥者，不拘如何作法俱可，蓋其味本鮮也。」[87]他對魚更講究，
如〈魚論〉中云：

> 魚首重在鮮，次則肥（風腌別論），肥鮮相兼，可烹可煮，無不可適
> 口。其僅一鮮，可取者宜清煮作湯。一肥，可取者宜厚烹作
> 膾。……蓋魚之至味在鮮，鮮之至味在初熟起鍋之際。[88]

〈蟹煨肉〉條亦言：「凡腌醉糟蟹切塊，不必加鹽，同肉（或肘）煨，味極

85　[清]袁枚，《隨園食單》，卷2，〈特牲單〉，頁60；卷2，〈雜牲單〉，頁68；
　　卷3，〈水族無鱗單〉，頁88；卷3，〈水族無鱗單〉，頁89。

86　趙榮光，《趙榮光食文化論集》，頁312-316。

87　[清]佚名，《調鼎集》（北京：中國商業出版社，1986），卷3，〈特牲部〉，頁
　　226；卷1，〈造甜醬〉，頁7；卷1，〈麵甜醬〉，頁11-12；卷4，〈醬熏蛋〉，
　　頁323；卷2，〈雞、鴨〉，頁79。

88　[清]佚名，《調鼎集》，卷5，〈魚論〉，頁353-354。

其鮮美。」[89] 蔬菜也是重在鮮，如以磨菇爲例：「鮮者難存。入醬油曬乾
者，加木瓜酒浸之，以之做料酒，其味更鮮。」還有其它的蔬菜：「京中
青豆芽汁最鮮，陳大頭菜更鮮。」[90] 也與《醒園錄》重視香味與顏色的搭
配一樣，如談到「甜醬鹵」，即甜醬稀汁，「以之燒肉，色甚佳。蘸白
肉，拌黃菜，俱妙」[91]。

　　此書對色與味的調和有很獨到的見解，如〈法制牛肉〉談到烹調的過
程中：「次日連汁一同入鍋，再下水二斤，微火煮熟後，加香料、大茴
末、花椒末各八分，大蔥頭八個，醋半斤，色味俱佳。」[92] 更注意烹調的
火候會改變味覺的結果，如〈炒黃芽菜〉：「炒雞作配搭甚佳，單炒亦
佳，醋摟之，半生半熟更脆，北方菜也。」注意失味的原因，如〈燒芥
菜〉云：「鮮菜略風乾，切寸段，加甜醬、醋燒，不可過熟，其味乃辣，
亦有加蘿卜小片者。」[93]〈紅煨肉〉說得更清楚：

　　　三種治法皆須紅如琥珀，不可加糖炒色也。早起鍋則黃，當可則
　　　紅，過遲則紅色變紫色，而精肉轉硬，多起蓋則油走，而味都在油
　　　中矣。大抵割肉需方，以爛到不見鋒棱，入口而化爲妙，全以火候
　　　爲主。[94]

值得特別注意的是，該書對宴席方面記錄尤多，如在〈菜式〉一則談到配
菜：

　　　凡配菜，或取其味，或取其色。又，凡配菜之道，須所配各物融冷

89　[清]佚名，《調鼎集》，卷3，〈蟹煨肉〉，頁132。
90　[清]佚名，《調鼎集》，卷2，〈磨菇〉，頁94；卷2，〈持需論〉，頁98
91　[清]佚名，《調鼎集》，卷1，〈甜醬鹵〉，頁9。
92　[清]佚名，《調鼎集》，卷3，〈法制牛肉〉，頁234-235。
93　[清]佚名，《調鼎集》，卷7，〈炒黃芽菜〉，頁561；卷7，〈燒芥菜〉，頁
　　565。
94　[清]佚名，《調鼎集》，卷3，〈紅煨肉〉，頁130。

調和，如夫妻、如兄弟，斯可配合。[95]

　　在明清的食譜中常出現「色、香、味」一詞，在此透過這個詞彙在歷史上用法的變遷，來進一步地了解人們如何在飲食的感官方面逐漸有更深的認識。關於「色、香、味」一詞，最早是用來形容水果，唐朝詩人白居易〈荔枝圖序〉中形容荔枝：「若離本枝，一日而色變，二日而香變，三日而味變，四五日外，色、香、味盡去矣。」[96] 後來的書籍凡提到荔枝時，常引用白居易的這段文字。到宋代，有人用之形容酒類，如宋人周輝《清波雜志》有〈雪醅〉條，記一種泰州著名的清酒，說道：「醞法言人人殊，故色、香、味亦不等，醇厚、清勁，復繫人之嗜好。」[97] 明清以來，也用在形容果品與茶，如明人葉盛(1420-1474)《水東日記》云：「色、香、味在，名果多具此，況又櫻桃耶？」[98] 近人劉聲木(1878-1959)《萇楚齋隨筆三筆》引述《時報》形容西湖龍井茶：「具色、香、味之美，惜產量有限，供不應求。」[99] 而明清以後，不但用來形容荔枝、果品與酒，也被廣泛地用在評價其它食物與菜餚，如高濂《遵生八箋》提到蘇東坡之子在飲食方面的創意云：「過子(按：蘇東坡之子)忽出新意，以山芋作玉糝羹，色、香、味皆奇絕。」[100] 李漁也提到了「色、香、味」一詞，他在〈肉食第三·蟹〉云：

　　世間好物，利在孤行，蟹之鮮而肥，甘而膩，白似玉而黃似金，已

95　[清]佚名，《調鼎集》，卷8，〈菜式〉，頁705。
96　[清]董誥等編，《全唐文》(北京：中華書局，1983)，卷675，〈白居易二十·荔枝圖序〉，頁6895-6902。
97　[宋]周輝撰　，《清波雜志》(北京：中華書局，1994)，卷10，〈雪醅〉，頁439。
98　[明]葉盛，《水東日記》(北京：中華書局，1980)，卷36，〈詩林廣記參評〉，頁349。
99　[清]劉聲木，《萇楚齋隨筆三筆》(北京：中華書局，1998)，卷5，〈西湖龍井〉，頁582。
100　[明]高濂，《飲饌服食牋·序古諸論》，頁713。

造色、香、味三者之至極，更無一物可以上之。[101]

《調鼎集》也對色、香、味很注意，即使在食材上亦如是，如談到「火腿」云：

> 金華爲上，藍溪、東陽、義烏、辛豐次之。出金華者，細莖而白蹄
> （按：歐蹄），冬腿起花綠色，春腿起花白色。腳要直，不直是老母
> 豬。須看皮薄肉細，腳直爪明，紅活味淡，用竹簽透入，有香氣者
> 佳。[102]

清人的筆記如《鄉言解頤》，也有提到一位「芮宣臣明經家之高立婦」，書中形容此婦人的烹飪技巧：「善煨肉，大約硬短肋肉五斤，切十塊，置釜中，加酒料醬湯，以盎覆之。火先武後文，一炷香爲度，色、香、味俱佳，不但熟爛也。」[103] 這時出現了現代中國飲食文化的常用語「色、香、味俱佳」。從這個詞的演變，說明人們對食物菜餚的感官認識愈加深刻。

　　上面的論述，呈現了明清以來飲膳書籍或食譜，在感官的形容與描述方面的演化過程。從明代前中期的抽象形容詞，或單一的感官形容，到明末清中葉轉化成更加具體，而且是多重感官的形容詞。我們還可以看到清代以後的食譜作者，他們描述出感官的多樣性與多重性，如對五味的進一步認識就是個例子。他們也了解到佐料與火候會影響食物的感官性。也因此對品評食物的感官標準也越趨嚴格，進而有「色、香、味」俱全的主張與要求，今日已構成現代中國飲食文化的核心價值觀。從明清飲膳書籍與食譜對感官描述有敏銳化、複雜化與深刻化的演變過程，反映了明清以來的經濟發展與物質條件充裕的背景下，人們對飲食方面的感官享樂愈來愈

101　［清］李漁，《閒情偶記・肉食第三・蟹》，頁272。
102　［清］佚名，《調鼎集》，卷3，〈火腿〉，頁216。
103　［清］李光庭，《鄉言解頤》（北京：中華書局，1982），卷3，頁43。

重視，要求也愈來愈高。此外，感官描述的演化，也反映了這段時期人們對飲食感官從認知到表達，有了進一步地的發展。

第四節　品「味」與身分：文人化食譜的味覺理論

雖然明清以來的食譜，對味覺感官的描述逐漸複雜而多元，顯示人們對味覺感官的認知與表達愈加深切。但是在眾多的食譜或飲膳書籍中，卻只有部分將飲食與味覺提高到理論層次，這類書籍筆者稱之爲「文人化食譜」。這些書籍的作者在論述其理論時，高舉的是傳統以來的「養生」口號，或提出「尊生」之說；不過，他們之所以如此是有所爲而爲的，也就是說，他們的飲食理論，其實是針對當時的社會現象而發的。像是龍遵敘的《飲食紳言》，就批評當時士大夫之家奢靡的飲食風尚：「近日，士大夫家酒非內法（按：宮廷釀造之法），果非遠方珍異，食非多品，器非滿案，不敢作會，嘗數月營聚，然後發書，風俗頹弊如是。」[104] 他主張飲食要節儉，因爲節儉有許多好處：

> 予嘗謂節儉之益，非止一端。大凡貪淫之過，未有不生于奢侈者。儉則不貪不淫，是可以養德也。人之受用自有劑量，省奢淡泊，有長久之理，是可以養壽也。醉濃飽鮮，昏人神志。若蔬食菜羹，則腸胃清虛，無滓無穢，是可以養神也。奢則妄取苟求，志氣卑辱。一從儉約，則于人無求，于己無愧，是可以養氣也，故老氏以爲一寶。[105]

飲食節儉不但可以「養德」，還可以「養壽」與「養氣」。他又特別標榜「蔬食菜羹」的功能，因爲可以「養神」，所以遠勝過使人神志昏沈的

104　[明]龍遵敘，《飲食紳言》（北京：中國商業出版社，1989），〈戒奢侈〉，頁188。

105　[明]龍遵敘，《飲食紳言‧戒奢侈》，頁189。

「醉濃飽鮮」。

又例如高濂在《遵生八箋》的〈飲饌服食牋〉中所提出的「尊生」說，批判了當時過度奢華的宴席，與喜好搜集遠方奇味珍品的風氣：

> 高子曰：飲食所以養生，而食嚼無忌，則生我亦能害我。況無補於生而欲貪異味以悅吾口者，往往隱禍不小。意謂一菜一魚，一肉一飯，在士人則爲豐具矣，然不足以充清歌舉觴、金貂盈席之宴。但豐五鼎而羅八珍，天廚之供應隆矣，又何俟搜奇致遠，爲口腹快哉？吾意玉瓚瓊蘇與壺漿瓦罐，同一醉也；雞跖熊蹯與櫔飯藜蒸，同一飽也。醉飽既同，何以侈儉各別，人可不知福當所惜？[106]

他指出作爲「士人」應該有的飲食態度，就是要知節制，不要太過豐盛，溫飽即可；而過分尋求味覺感官的享樂，所謂「搜奇致遠，爲口腹快哉」並不可取，反而易致爲害。接著他指出太過追求「五味」，反而曾成爲「五內害」，其云：

> 矧五味屢飫，爲五內害哉！吾考禽獸穀食者宜人，此世之嘗品是也。若遠方珍品，絕壑野味，恐其食多毒，一時尚珍，其於人之臟腑宜忌，又未可曉，悅口充腸，何貴於此？故西方聖人使我戒殺茹素，豈果異道哉？人能不殺，則性慈而善念舉；茹素，則口清而腸胃厚，無嗔無貪。罔不如此，則宣尼惡衣惡食之戒，食無求飽之言，謂非同一道邪？[107]

他認爲過分追求「遠方珍品，絕壑野味」，卻不知這些食物可能有毒，反而易致病，有損身心，不如學習佛教的「戒殺茹素」，不但可使人心存善

---

106 [明]高濂，《飲饌服食牋・飲食當知所損論》，頁189。
107 同上，頁189-190。

念，還可以「口清而腸胃厚，無嗔無貪」。他將蔬菜的地位提高，甚至說
野蔬「東風薺」的味道，可讓人視「海陸八珍皆可厭也」。[108] 他在自序
中自陳該書編纂的次序，及其理由：

> 余集，首茶水，次粥糜蔬菜，薄敘脯饌，醇醴、麵粉、糕餅、果實
> 之類，惟取適用，無事異常。若彼烹炙生靈，椒馨珍味，自有大官
> 之廚，爲天人之供，非我山生所宜，悉進不錄。[109]

這段文字特別說明他將蔬菜粥糜放在前面，而將葷食放在後面，顯然是主
張葷食不如素食之說，這在明代以後的文人化食譜中，成爲常見的論調[110]。
更有趣的是，他把自己「山生所宜」的品味，和喜歡「烹炙生靈，椒馨珍
味」，也就喜歡烹調肉食珍味的風尚相區隔。

　　張岱在〈老饕集序〉中，認爲食物眞正的味道，「非聖人不能辨
也」。所以他標榜「中古之世，知味惟孔子」。因爲《論語·鄉黨》云孔
子「食不厭精，膾不厭細」，他指出這「精細」二字乃是飲食的微言大
義。於是他批評過去飲膳書籍中，過分強調烹飪方法的新奇或多樣，反而
失去了品嚐食物的「本味」：

> 孔子之後，分門立戶，何曾有單？韋巨源有《食經》，段文昌有
> 《食憲章》五十卷，虞宗有《食方》十卷，謝諷有《食史》十卷，
> 孟蜀有《食典》百卷。煎熬燔炙，雜以膵臇羶蒻，食之本味盡失。
> 於今之大官法膳，純用蔗霜亂其正味，則彼矯強造作，罪且與生吞

---

108 [明]高濂，《飲饌服食牋·野蔌類·東風薺》，頁117。
109 [明]高濂，《飲饌服食牋·高濂自序》，頁1。
110 高濂在《飲饌服食牋》中有「野菜類」一項，具有創新的特色，有關討論該書將
　　野菜納入食譜的時代意義，參見Heng-an Su, *Culinary Arts in Late Ming China:*
　　Refinement, Secularization and Nourishment: A Study on Gao Lian's Discourse on
　　Food and Drink, pp.127-152.

活剝者等矣。[111]

所以他認爲「本味」才是飲食追求味覺感官的最高境界。在之後的文人食
譜中，「本味」論或「眞味」論成了非常重要的飲食理論。

李漁在《閒情偶寄》中關於飲食的說法，在明末清初具有經典的地
位，也是因爲他將飲食理論具體化、文人化。他一開始就自陳該書談及飲
膳的原因，是爲了「崇儉吝不導奢靡」[112]；他主張食材中蔬菜遠勝過肉
食，其云：「吾謂飲食之道，膾不如肉，肉不如蔬，亦以其漸近自然
也。」而主張此說的目的之一就是「崇儉」，也就是批判當時的奢侈風
氣，另一個理由是爲「復古」，他說：

> 草衣木食，上古之風，人能疏遠肥膩，食蔬蕨而甘之，腹中菜園不
> 使羊來踏破，是猶作義皇之民，鼓唐虞之腹，與崇尚古玩同一致
> 也。所怪於世者，棄美名不居，而故異端其說，謂佛法如是，是則
> 謬矣。吾輯《飲饌》一卷，後肉食而首蔬菜，一以崇儉，一以復
> 古；至重宰割而惜生命，又其念茲在茲，而不忍或忘者矣。[113]

他所謂的「復古」是指吃蔬菜使人能「疏遠肥膩」，是遠古以來的傳統，
後來人們卻以爲是佛教之說，他提倡崇尚吃蔬菜乃是一種復古，猶如當時
崇尚古玩一般。而蔬菜所以勝過肉食，原因就是一個至極的味覺感官——
「鮮」：

> 論蔬食之美者，曰清，曰潔，曰芳馥，曰鬆脆而已矣。不知其至美
> 所在，能居肉食之上者，只在一字之「鮮」。《記》曰：「甘受和，

---

111 [明]張岱，《瑯嬛文集》，卷1，〈老饕集序〉，頁24。
112 [清]李漁，《閒情偶記·蔬食第一》，頁254。
113 同上，頁254。

白受采。」鮮即甘之所從出也。[114]

能悟出鮮字，還需要相當程度的慧根，就像他接著所說的：「此種供奉，惟山僧野老躬治園圃者，得以有之；城市之人向賣傭求話者，不得與焉。然他種蔬食，不論城市山林，凡宅旁有圃者，旋摘旋烹，亦能時有其樂。」他建立了一種非常典型的「文人化」飲食理論，尤其是他所提出的「鮮」論，對後來清代文人的飲食理論影響相當大，像是前一節所提到的《隨園食單》多次使用「鮮」字，就是受到李漁的影響。

到了清代也有一些文人化食譜書籍，同樣地也提出了類似「本味」與「眞味」的理論，如顧仲《養小錄》的〈序〉中說：「窮極口腹，反覺多累。」他舉出歷史上如孟嘗君、蘇易簡、蘇東坡與黃庭堅等人都不好奢靡珍味爲例，「此數公者，豈未嘗閱歷滋味，而寶眞示樸，以警侈欲，良有以也。且烹飪燔炙，畢聚辛酸，已失本然之味矣。」又說：「且口腹之外，尚有事在，何至沈緬於飲食中也。諺云：『三世作官，才曉著衣吃飯。』豈徒以侈富哉，謂其中節合宜也。」[115] 他要批判的也是當時「侈欲」之風，故而戒奢侈、戒侈富。他指出三種講究吃喝的「飲食之人」：

> 夫飲食之人，大約有三：一曰餔餟（按：指飲食）之人，秉量甚宏，多多益善，不擇精粗；一曰滋味之人，求工烹飪，博及珍奇，又兼好名，不惜多費，損人益人，或不暇計；一曰養生之人，務潔清，務熟食，務調和，不侈費，不尚奇。食品本多，忌品不少，有條有節，有益無損，遵生頤養，以和於身。日用飲食，斯爲尚矣。[116]

他批評只強調「量」的「餔餟之人」，以及不惜花費在烹飪之工和珍奇食材的「滋味之人」；他推崇士人要作個「養生之人」，懂得飲食中「遵生

---

114 ［清］李漁，《閒情偶記・蔬食第一・筍》，頁254。
115 ［清］顧仲，《養小錄・序一》，頁319。
116 ［清］顧仲，《養小錄・序二》，頁320。

頤養」的道理。而他主張的「本然之味」則是個「淡」字：

> 且烹飪燔炙，畢聚辛酸，已失本然之味矣。本然者淡也，淡則眞。
> 昔人偶斷穀羞，食淡飯，曰：「今日方知其味，向者幾爲舌本所
> 瞞。」然則日食萬錢，猶曰無下箸處者，非不足也，亦非味劣也，
> 汩沒於五味，而舌本已無主也。[117]

所以對他而言，珍貴的食材不見得就能吃得本味，在〈嘉穀篇·總論〉又
引述竹垞朱先生，也就是朱彝尊之言：「凡試庖人手段，不須珍異也，只
一肉一菜一腐，庖之抱蘊立見矣。」[118]

朱彝尊《食憲鴻祕》也呈現了一種文人化的味覺感官論，在〈飲食宜
忌〉篇中，和顧仲《養小錄》一樣，都講到三類「飲食之人」，但說法更
詳盡細緻：

> 飲食之人(按：講究吃喝之人)有三：
> 一餔啜之人：食量本弘，不擇精粗，惟事滿腹。人見其蠢，彼實欲
> 副(按：符合)其量，爲損爲益，總不必計。
> 一滋味之人：嘗味務遍，兼帶好名，或肥濃鮮爽，生熟備陳，或海
> 錯陸珍，誇非常饌。當其得味，盡有可口，然物性各有損益，且鮮
> 多傷脾，炙多傷血之類。或毒味不察，不惟生冷發氣而已。此養口
> 腹而望性命者也。至好名費價而味實無足取者，亦復何必？
> 一養生之人：飲必好水，飯必好米，蔬菜魚肉但取目前常物。務
> 鮮、務潔、務熟、務烹飪合宜。不事珍奇，而自有眞味，不窮炙
> 煿，而足益精神。省珍奇烹炙之貲，而潔治水米及常蔬，調節頤
> 養，以和于身。地神仙不當如是耶？[119]

---

117 ［清］顧仲，《養小錄·序一》，頁319。

118 ［清］顧仲，《養小錄·嘉穀篇·總論》，頁339。

119 ［清］朱彝尊，《食憲鴻祕》，卷上，〈飲食宜忌〉，頁5-6。

他同樣地批評太喜好嘗新味的人，並且同高濂的說法相似，認為「海錯陸珍」可能「毒味不察」而吃後傷身。他推崇「不事珍奇，而自有眞味」的「養生之人」，也是只有這種人才能吃得食物中的「眞味」。他又將飲食和養生相聯繫，主張養生之人就應該有節制，他說：「食不須多味，每食只宜一、二佳味。縱有他美，需俟腹內運化後再進，方得受益。」[120]

　　袁枚的《隨園食單》可以說是清代文人化食譜的典型代表作。正因為他對當時的飲食風尚觀察與體會最深，所以該書的內容不但記載了各類烹飪食物的食單，還包括了批評當時飲食風尚的〈須知單〉與〈戒單〉。首先，他批評當時飲食奢靡之風，提出著名的「耳餐」與「目食」說。何謂耳餐？

> 耳餐者，務名之謂也。貪貴物之名，誇敬客之意，是以耳餐非口餐也。不知豆腐得味，遠勝燕窩；海菜不佳，不如蔬筍。……嘗見某太守宴客，大碗如缸白，煮燕窩四兩，絲毫無味，人爭誇之。余笑曰：我輩來吃燕窩，非來販燕窩也。可販不可吃，雖多奚為？若徒誇體面，不如碗中竟放明珠百粒，則價值萬金矣。其如吃不得何！[121]

他要批評的耳餐，就是當時用珍貴高價的食材宴客，以得虛名的風尚。他以某知府家請客為例，該知府以大碗煮燕窩四以兩為豪奢，以為體面，但他卻覺得是「絲毫無味」，所以他認為這種宴席只是好聽誇耀的「耳餐」，並非眞得能吃到味道的「口餐」。何謂目食呢？

> 目食者，貪多之謂也。今人慕食前方丈之名，多盤疊碗，是以目食非口食也。……余嘗過一商家，上菜三撤席，點心十六道，共算食品，將至四十餘種。主人自覺欣欣得意，而我散席還家，仍煮粥充

---

120 ［清］朱彝尊，《食憲鴻祕》，卷上，〈飲食宜忌〉，頁6。
121 ［清］袁枚，《隨園食單・戒單・戒耳餐》，頁24-25。

饑。可想見其席之豐而不潔矣。南朝孔琳之曰：「今人好用多品，
適口之外，皆爲悅目之資。」余以爲肴饌橫陳，熏蒸腥穢，口亦無
可悅也。[122]

袁枚的目食之說，是批評當時宴客「多盤疊碗」的風氣。他以某商人宴客
爲例，動輒四十餘道菜的情形，主人自鳴得意，他獲邀散席後仍回家煮粥
充饑，因爲「席之豐而不潔矣！」所以他認爲「肴饌橫陳，熏蒸腥穢，口
亦無可悅也」，也就是只求好看的「目食」，並不是眞懂得飲食藝術。這
兩個例子把當時倡導飲食的兩類人——宦家與商人，大肆批評一番。

　　袁枚對當時的風向所作的批評，還有關於宴客禮儀方面，他非常討厭
宴客時主人幫客人挾菜的舉止，「常見主人以箸夾取，堆置客前，污盤沒
碗，令人生厭」；「近日倡家尤多此種惡習，以箸取菜，硬入人口，有類
強姦，殊爲可惡」。他主張理應讓客人自行舉箸，因爲「精肥整碎，各有
所好，聽從客便，方是道理，何必強讓之？」[123]他也反對官場上宴客時，
將各種宴席的菜色取名號，他說：「今官場之菜名號有十六碟、八簋、四
點心之稱，有滿漢席之稱，有八小吃之稱，有十大菜之稱，種種俗名，皆
惡廚陋習。只可用之於新親上門，上司入境，以此敷衍。」他認爲這種都
是「俗套」，不值得鼓勵。若家居歡宴以及文人酒筵，不應用此「惡
套」，「必須盤碗參差，整散雜進，方有名貴之氣象」[124]他對當時滿漢
人之間宴客的風氣也有批評，他認爲滿、漢菜各有所長，「滿洲菜多燒
煮，漢人菜多羹湯」，所以漢人宴請滿人，或滿人宴請漢人，應當各用所
長之菜來請客，如此「轉覺入口新鮮」，可是「今人忘其本分，而要格外
討好；漢請滿人用滿菜，滿請漢人用漢菜。反致依樣葫蘆，有名無實，
『畫虎不成，反類犬』矣。」[125]

---

122 ［清］袁枚，《隨園食單・戒單・戒目食》，頁25-26。
123 ［清］袁枚，《隨園食單・戒單・戒強讓》，頁33。
124 ［清］袁枚，《隨園食單・戒單・戒落套》，頁35-36。
125 ［清］袁枚，《隨園食單》，〈須知單・本分須知〉，頁21。

袁枚也提出了關於「本味」的論點，他說：

> 余嘗謂雞、豬、魚、鴨豪傑之士也，各有本味，自成一家，海參、
> 燕窩，庸陋之人也，全無性情，寄人籬下。[126]

他拿各種食材作比喻，認爲一般常見的食材都有其「本味」，如豪傑之
士，而遠來珍貴的食材如海參、燕窩則是庸陋之人，全無性情，也就是沒
有「本味」，所以寄人籬下。他的「真味論」有相當程度受到李漁的影
響，所以也很注重「鮮」：

> 味要濃厚，不可油膩；味要清鮮，不可淡薄。此疑似之間，差之毫
> 釐，失以千里。濃厚者，取精多而糟粕去之謂也；若徒貪肥膩，不
> 如專食豬油矣。清鮮者，真味出而俗塵無之謂也；若徒貪淡薄，則
> 不如飲水矣。[127]

他在重視「清鮮」之外，也提出味要「濃厚」之說。

大致上我們可以將文人化食譜的飲食理論，歸納出幾個共通點。第
一，他們的飲食理論乃針對當時社會流行的飲食風尚，所作出的批判。他
們不滿飲食奢靡的流行風尚，反對甚至不齒官宦富商家尋求珍品野味之
風，以及動輒數十道菜的豐盛宴席；也有的批評當時宴會禮儀的弊俗，反
對宴席名號的俗套。他們標榜身爲士人，在飲食方面就應該要有節制，不
要太過，而非像官宦富商家的爭奇鬥富。而且文人們又高舉養生與尊生的
口號，批評過分追求遠方珍品野味，殊不知這些食物可能含有劇毒，對人
體反而有害無益。

其次，他們強調飲食最重要的是能吃出食物的「本味」或「真味」，

---

126 ［清］袁枚，《隨園食單》，〈戒單‧戒耳餐〉，頁24-25。
127 同上，〈須知單‧疑似須知〉，頁20。

他們主張太過分地烹調食物，反而使食物的「本味」喪失。而食物的「眞味」又是什麼呢？有的人認爲可以總歸是個「淡」字，但自從李漁提出「鮮」字之後，有更多文人認同這個觀念。他們也把品出眞味、吃出本味與養生、尊生聯繫起來，主張懂得吃出眞味、本味的人，才是個「養生之人」，眞的能「遵生頤養」。

第三，在文人們的心中，各種食物或食材逐漸形成不同的等級，若仔細分析的話，在明代的文人食譜較嚴格地區分葷素，強調素食蔬菜爲先；清代的文人食譜則發展出不同層次的認定，在他們的心目中，海參、燕窩與魚翅這類珍品，還不如雞、豬、鴨、魚等一般的食材，而肉類葷食又不如蔬菜素食。這種分級的標準，端視「鮮」味的有無與程度。這說明文人的理想，就是要在平淡無奇的食材中，發掘它們的眞味。這就像佛教參禪悟道一般，只有懂得此道理的人，才是他們理想中的文士。

清代的士大夫筆記中的論述，也可以發現不少是贊同上述這些文人食譜的飲食理論，特別是附合袁枚的說法。例如李光庭《鄉言解頤》與梁章鉅(1774-1849)《浪跡叢談》二書中，就有多處引述袁枚《隨園食單》的內容。由此我們可以下個結論，對明清某些士大夫們而言，品嘗食物的眞味已經成爲一種所謂的「品味」（taste），用來與當時官宦富商家的飲食風尙作區隔，以凸顯他們的身分認同。正如同梁章鉅對《隨園食單》的評價：

> 《隨園食單》所講求烹調之法，率皆常味蔬菜，並無山海奇珍，不失雅人清致。[128]

很明顯地他將袁枚飲食品味的「雅」，和一般人所重視的飲食風尙區隔開來。他自己也想學袁枚寫一篇〈不食物單〉，其云：「余由寒儉起家，更

---

128 ［清］梁章鉅，《浪跡叢談續談》（北京：中華書局，1981），卷4，〈不食物單〉，頁322。

何敢學製食單，徒取老饕之誚，而恰有生平所深戒及所深惡者，列爲不食物單，聊示家人，兼飭廚子，以省口舌之煩云。」

結論

明清飲食文化所以能夠高度發展，和當時社會經濟條件息息相關。晚明至清中葉的飲食消費，出現由儉往奢的風尚，說明社會經濟條件正有利飲食文化的發展，而飲膳書籍與食譜也應運而生。

雖然飲膳書籍在中國很早就出現，但是直到晚明以後，食譜與飲膳書籍才大量刊行與普及化，這不但說明了飲食逐漸爲人重視以外，其實也反映了外在社會經濟環境的變遷。因爲明中葉以後的奢侈消費風氣，尤其是江南地區的飲食風尚異常奢華，影響了江南的出版文化，帶動了飲膳書籍與食譜的大量刊行，也使飲膳書籍與食譜逐漸從日用類書中獨立出來；而且士大夫與文人也都正視這些書籍的功能，抬高了飲膳書籍與食譜的地位。飲膳書籍與食譜的出版又帶動了飲食文化走向精緻化與多元化，至此江南的飲食文化也成爲中國飲食文化的主流。

明清食譜的變化也呈現了中國飲食文化形成與變遷的重要一面。從本章看到了明清飲膳書籍與食譜中，關於感官描述的詞彙由抽象到具體，由單一到多重，由簡單到複雜的演變過程。這些食譜中感官的複雜描述，證明了當時人的一種普遍價值觀：「視食物爲感官樂趣的來源。」而且對感官享樂的要求愈來愈高。另一方面，也說明了當時人們對於食物菜餚的感官由認知到表達的歷程，並非單純生理反應的動作而已，而是經過長時間學習得知的結果；尤其是更複雜而細緻的感官，需要文化的累積，而非單憑舌頭的感覺。

人類學者研究飲食文化時指出，攝食的選擇涉及到社會群體的認同。在具有複雜結構的社會裡，透過選擇性的攝食，可以成爲某種社會群體的自我認同，以及與人溝通的形式。這樣的論點，放在近代早期的中國也可以成立。明清正當商品經濟興盛，商人地位提升，四民之分的界線逐漸模

糊的社會裡，在士大夫群體中有部分士人或文人透過創作食譜，宣揚自己特殊的味覺觀，形成一種特殊風格的「文人化食譜」。其實就是以選擇性的攝食來表達自己的「品味」，以利於和其他社會群體作區分。而明清士大夫筆記高度的贊同這些文人食譜的理論，也反映了他們社群的自我認同。

　　回到本章開頭所提出的核心問題，也就是關於晚明士大夫的消費文化所形塑的鑑賞與品味傳統，是否到了清代就停止發展呢？從本章的分析結果顯示，這樣的消費文化歷經明清兩代，不但沒有斷裂，而且還有相當緊密的延續性。如果從塑造品味以作爲區分身分認同的角度而言，晚明文人食譜所提出的飲食理論，還只是發展的初期，到清代才更加細緻而完備。由此可見，晚明士大夫的消費文化，到了清代並未完全停止發展。也許我們應該從另一個角度來問，晚明士大夫的消費文化所建構的鑑賞品味，到了清代可能有了新的轉向。

附表4　元末至清中葉飲膳書籍的演變

作者	書名	成書時間	序刊本或最早刊行時間	類型	感官描述	文人化/實用傾向
不只一人	《便民圖纂》	元明之際	弘治7年(1494)嘉靖31年(1552)再版	日用類書	描述不多	實用
佚名	《居家必用事類全集》	元代	稍早於隆慶2年(1568)	日用類書	一些描述	實用
[元]韓奕	《易牙遺意》	元明之際	隆慶萬曆之間	食譜	調味、觸覺、佐料	實用
[明]劉基	《多能鄙事》	明初	嘉靖42年(1563)	日用類書	描述不多	實用
[明]佚名	《墨娥小錄》	明初	隆慶5年(1571)	日用類書	描述不多	實用

[明]宋詡	《宋氏養生部》	弘治17年(1504)	弘治17年(1504)	食譜	去味、佐料、色相	實用
[明]張岱	《老饕集》	晚明		食譜	不詳	文人化
[明]高濂	《遵生八箋》	萬曆19年(1591)	萬曆19年(1591)	養生書籍	味、嗅、觸，多重感官	文人化
[明]龍遵敘	《飲食紳言》		萬曆24年(1596)	養生書籍	無	文人化
[明]周履靖	《群物奇制》		萬曆25年(1597)	養生書籍	味、嗅、觸	文人化
[清]李漁	《閒情偶寄》	明清之際	康熙10年(1671)	養生書籍	嗅／味之分、味覺層次	文人化
[清]顧仲	《養小錄》	康熙37年(1698)		食譜	無	文人化
[清]朱彝尊	《食憲鴻祕》	康熙初年	雍正9年(1731)	食譜	多重感官，五味，佐料	文人化
[清]李化楠、李調元	《醒園錄》		乾隆47年(1782)	食譜	多重感官，重香味，佐料	實用
[清]袁枚	《隨園食單》		乾隆57年(1792)	食譜	味、色、觸	文人化
[清]佚名	《調鼎集》	乾隆朝以後	乾隆朝以後	食譜	色／味調和，色、香、味俱全	實用

結 論

從消費看晚明在世界史的地位

　　英國在18世紀發生了工業革命，而工業革命影響又如此深遠，以致於許多西方研究近代早期的史家，致力於解釋工業革命在英國誕生的原因。過去幾十年來，西方研究歐洲經濟史的專家通過大量的論證，說明工業革命淵遠流長，起源於一系列日積月累的經濟變革，所以時常會將歐洲文明的優勢追溯到工業革命之前。英國史家Neil McKendrick, John Brewer 和 J. H. Plumb等人所提山的「消費革命」論，也是這樣的研究風潮下的產物。他們指出英國在工業革命之前的18世紀前中葉，因爲家庭收入與需求、市場的擴大、城市人口的成長等因素，使得社會經濟與思想觀念上出現許多新的變化，包括奢侈品的普及、流行時尚的大興、社會傲傚的作用、奢侈觀念的變遷等等面向；他們聲稱第一個「消費社會」在英國誕生，而需求將帶動大量生產，這也爲工業革命的到來舖好了路。

　　不過，就像本書第一章所言，上述之現象在晚明時期亦可見到。例如過去有許多日常用品是在家庭內自己製造的，如今都成了市場上的商品，可以輕易地在市場中購得，所以人們從市場上消費購物的頻率愈來愈高。以前被視爲奢侈品的東西，逐漸成爲一般庶民的日常用品，這種現象在服飾的消費方面最爲明顯。前代的奢侈行爲大多只局限於上層社會的極少數人，如高官貴族或少數的大富豪；然而，晚明的奢侈風氣卻是普及到社會的中下層，而且這股風潮從城市蔓延到鄉村。晚明的奢侈消費已經脫離了維生消費的層次，人們不只固定於喜好某類消費形式而已，而且還是不斷

地追求變化，於是形成了流行時尚。因爲有許多下層社會的人們模仿上層階級的消費行爲與品味，逐漸使得政府規定的身分等級，配合特許消費的制度走向瓦解。晚明在一片奢侈風氣的盛行下，知識界也出現了關於奢靡觀念的新論述。若以英國的標準來衡量晚明的話，此時期可以說是中國第一個「消費社會」的形成時期。

消費社會所以在晚明誕生，導因於明中葉以後在經濟、社會與思想文化等方面的變遷，和18世紀英國的情形頗爲相似，諸如國內市場的擴展與市場機能的成熟，使得人們在市場購物的頻率逐漸增高；國際貿易與國外市場的擴大，不但促進國內外銷商品的生產，舶來品輸入中國也帶起新的消費品味與風尙；晚明城市化的發展，顯示大批的工商業者與鄉紳聚集在城鎮，構成消費潛力驚人的消費大眾；晚明的婦女紛紛投入紡織的家庭副業，其所得帶來家庭收入的提升，有利於消費；晚明的士庶文化都出現了正視人類感官享樂的情欲觀，不僅合理化人們對物質享樂的需求欲望，同時也帶動了奢侈消費的風氣。

晚明也出現消費社會的現象，適可以修正英國史學家關於「消費革命」的歷史解釋。首先，晚明的情形說明了英國所發生的消費社會現象，並不是全世界獨一無二的，早在一個世紀之前的中國，就已經出現了類似的現象。如果把消費社會的誕生，視爲工業革命的起源，那麼中國不也應當更有條件、更早就發生了工業革命？即使說英國在18世紀形成的消費社會，爲工業革命的到來奠定了基礎，那麼中國的例子證明了前面的假設，應當附帶一個說明，那就是消費社會的形成，「不必然」會導引工業革命的到來。

流行時尚與社會仿效的作用

在晚明消費社會所具有的特徵之中，流行時尚的出現當屬最重要者。西方史家如Neil McKendrick等人所提出的消費革命說，其中一項論點即主張18世紀的英國，就因爲出現了流行時尙的快速地變遷與追逐時尙的潮

流，促進了商品快速替換的消費需求，因而可以帶動後來的工業革命[1]。

當我們重新以消費的角度來觀察晚明時，很容易就會發現到過去以西方文明為中心的世界史，或是比較史學的作品，在論及近代早期中國的消費狀況時，往往過於凸顯中國不如西方之處。例如本書第三章提及晚明服飾消費出現流行時尚，同時也檢討了兩位西方史家的研究。一位是年鑑學派的布勞岱爾，他認為中國社會因為處於穩定的狀態下，所以幾百年來無太大的變化，也沒有流行的服飾時尚。另一位學者是Adshead，他以為中國是「禮儀（禮制）比流行更重要」，所以中國人的服飾沒有流行的時尚，也沒有想要消費更多、享受更好的「消費心態」。於是他得出了中國較西方的消費心態與消費能力落後，決定了雙方在近代經濟成長時呈現快慢差異的結論。明顯地，以上兩位史家在比較中西服飾時，過於低估明代後期服飾消費的變化。

晚明的確已經出現了流行時尚，尤其是本書第三章中所涉及的服飾消費方面，不但已經脫離了維生消費的層次，而且還是不斷地追求變化。在晚明江南地方志的〈風俗志〉中就常記載士大夫與民間衣帽服飾出現「捨故趨新」、「隨時異制」、「月異歲新」與「倏忽變易」之類的現象，甚至也有流行「時裝」的興起。時尚服飾的形式變化，有「復古」之風，也有講究「新奇」之風，當新奇的服飾發展到極致時，又出現男女衣服混雜的現象。甚至有庶民模仿上層階級，形成所謂「僭越」之風，也就是出現「社會倣傚」的現象。由此可知，晚明不但出現流行時裝，「禮制」也趨於崩解，更多人們想要透過消費，不但是為了感官的享樂，更為了提升社會地位。另一方面，從妓女與戲子扮演傳播時尚的要角可知，社會倣傚的現象並不只是單線的下階層模仿上階層而已，下層社會也具有創發時尚的能力與條件。

再就流行時尚對生產製造業的影響方面，就以服飾的流行時尚為例，晚明平民服飾的流行時尚快速地變遷，帶動了消費的需求；在消費需求的

---

[1]　Neil McKendrick, John Brewer and J. H. Plumb, eds., *The Birth of a Consumer Society: The Commercialization of Eighteenth-Century England*, pp. 11-13, 43, 98.

刺激下，促進了江南紡織業與成衣業的發展。晚明江南的服飾風尚風靡全國，當地所製之衣服向來重視華麗與新奇，所以才能成為帝國的時裝中心。而江南的成衣業也相當發達，所製衣服的款式稱全國之冠，所謂：「四方重吳服，而吳益工於服。」從明中葉蘇州的方志中，已經描寫該地的手工業者懂得追隨人們消費的流行時尚，及時推出最時髦的產品以適應市場的需求。成衣業在江南最集中的是杭州、南京與蘇州三大都市。再者明代江南紡織業的發展，部分也要歸功於消費需求面的擴大。明代江南地區的棉紡織與絲織業的生產規模，到了晚明有相當程度的擴大，而且在生產技術方面也有進步。隨著晚明奢侈消費的需求與流行時尚的變化，江南絲綢業開發出許多琳琅滿目、五彩紛陳的新品種。過去被視為奢侈品的某些高級服飾，在大量生產之下價格大跌，成了一般人的日常用品。最典型的例子就是晚明流行於生員、富民的「瓦楞騌帽」，原本價格騰貴值4、5兩，萬曆以後價格大跌，不過是1、2錢而已，所以不論是貧富都戴。又如清初江南流行的長纓涼帽，價格高達30餘兩，為當途顯要者所愛用，但是幾年之後，因為染販者廣以及仿造紛起，終使價格漸減。

近年來大陸學者李伯重以明清江南為例，提出「早期工業化」的研究取向，並以「超輕結構」來解釋明清江南工業生產的特徵與其局限 [2]。從需求的角度來看，晚明江南消費社會與流行時尚的形成，正好提供了生產方面一種動力，促使江南朝向早期工業化發展。或可說：晚明江南的消費社會和早期工業化現象，是相輔相成的共生關係。

社會變動與「士商競合」的關係

過去探討明清社會變動有幾種重要的取徑，早期著名的史家何炳棣從科舉出身，來討論明清社會流動的變化 [3]。日本學者的研究從社會秩序的

2　參見李伯重，《江南的早期工業化(1550-1850年)》（北京：社會科學文獻出版社，2000）一書。

3　Ping-ti Ho, *The Ladder of Success in Imperial China: aspects of social mobility, 1368-*

角度，指出明末發生了急速地變動，舊有的尊卑、長少、良賤、上下、主佃、主僕、紳民等社會關係的顛倒現象，衝擊了明初均有差等的傳統社會等級制度[4]。本書則是從消費文化的角度，來觀察晚明的社會變動。

透過本書相關課題的分析與討論，已經顯示在晚明消費社會形成的環境下，許多消費活動已經逐漸普及到社會下層，無論是乘坐轎子、穿戴如士人命婦、往城市附近登高旅遊，或是購置書房家具等等，再再都體現出晚明的社會，已經由一個社會流動停滯、消費上有許多限制、保障少數人身分地位的社會，轉變成愈來愈多人有能力模仿上層社會的消費、政府的禁奢令愈來愈頻繁、消費品創新與品味更新速度愈來愈快的社會。這就是所謂的由「特許體系」的社會，轉變成「時尚體系」的社會。正是在這樣變動快速的消費社會裡，社會結構也出現了變化。

從消費文化來看晚明的社會結構變遷，本書的研究結果還讓我們看到過去所謂「士商相混」以外的另一面，是競爭又合作的關係，我們可以稱之為「士商競合」的關係。無疑地，商人地位的提升是晚明社會結構的最大變化，在晚明士人與商人階層的升降分合，出現了「士商相混」的現象，不過，這兩大階層並不是像字面上想像的融洽和諧，其實兩者間具有相當大的緊張關係，具體的表現就是在消費文化上的競爭。從本書第三章看到商人階層因為經濟地位提升了社會地位後，在消費心態上也意識到服飾是社會地位的象徵，因而商人對當時流行時尚的推動不遺餘力，而且在創造時尚方面扮演了相當重要的角色。士大夫階層面對這樣的競爭與挑戰，包括了身分地位以及文化霸權的競爭，逼使他們更積極地、刻意地創造新的流行服飾的時尚，以重塑並維持自己的身分與地位。流行服飾與流行時尚可以說就是社會競爭下的產物。

(續)———————

    1911(New York: Columbia University Press, 1976).

4   森正夫，〈明末の社會關係における秩序の變動について〉，《名古屋大學文學部三十周年記念論集》(1978)，頁135-159；森正夫，〈明末における秩序變動再考〉，《中國—社會と文化》，期10 (1995)，頁3-25；岸本美緒，〈明清時代の身分感覺〉，頁406-413。

第四章中看到過去士大夫常去旅遊的景點以及慣用的遊具，漸漸爲大眾旅遊所模仿與襲用，尤其是士大夫得面臨商人階層的競爭。然而，晚明喜好旅遊的士大夫不見得都有如此財力去消費，尤其是士大夫階層中屬於中、下層的士人們，在經濟力方面已不如商人，在面臨商人的社會競爭與挑戰時，卻不能就因此而放棄，因而需要尋求贊助者的支持。雖然在士大夫的遊記中很少提到商人贊助之事，但是從一些蛛絲馬跡中可以推測當時「士商相混」的現象中，士人除了尋求官員的支助以外，最後可能還是得靠富戶與商人的贊助。所以晚明才會流行說士人、文人見到商人如「蠅之集羶也」。由此證明士商關係可以說是一種既競爭又合作的關係。

士大夫的消費文化與身分認同

柯律格曾指出晚明的文化消費方面，古物經過商品化後，只要有錢即可購買得到，也造成一種求過於供的社會競賽。當購買古董成了流行風吹到富人階層時，他們也紛紛搶購以附庸風雅。原來是士人獨有的特殊消費活動，卻被商人甚至平民所模仿，於是他們面臨了社會競爭的極大壓力，焦慮感由然而生。因而有像文震亨所撰之《長物志》這類書籍出現，體現出文人眼中的精品分類，更進而造成一種流行時尚。而「時尚」觀念的出現，反映的是明代士人對物品的一種焦慮。

晚明士大夫所面對的世界，是個商品經濟興盛，消費活動蓬勃發展的社會。原先象徵身分地位的是土地財富，如今轉變成奢侈消費與奢侈品的收藏。過去只局限於少數人才能擁有的東西，如今成了人人可競逐購置的商品，凡是擁有財富與資本者，都可以透過購買奢侈品的消費，或是炫耀性的消費，來展現自己的身分地位。當時的人們也認同這種身分地位，而不再是過去以科舉功名作爲唯一的身分地位認定標準。再加上科舉制度壅塞的現實，特別是士人將面臨到的新挑戰與刺激。從本書的各章中可以發現，不只是文物與藝術品這類文化消費，就是一般日常生活的物質消費方面，也可以看到消費成爲一種社會競爭的場域。特別是下層的士人階層，

除了對文物藝術品的擁有充滿著焦慮感之外，還得面對商人與庶民紛紛模仿士人的穿著、旅遊與書房家具等等現實，使原本象徵他們身分的東西逐漸消失，威脅了他們的身分地位，因而產生了相當強烈的危機意識。他們嘗試著在自己經濟能力所及之下，發展自己特殊的消費文化，藉此重新提升自己的身分地位。

例如第一章中所談到的轎子，就是明代官方刻意用來塑造少數官僚階層的優越性，以彰顯其身分地位的交通工具。而晚明的舉人與生員紛紛模仿上層官員僭乘轎了，即藉此來提高自己的身分地位。在第三章中又看到晚明的士大夫積極地自創新風格、新形式的服飾衣冠，以重新塑造自己的身分與地位。第四章中的晚明士大夫則是塑造旅遊的「品味」，而且還昇華到理論層次與具體的實踐面。有人極力想發展一套「遊道」的旅遊理論，並藉著推陳出新的「遊具」（或是展示方法），來區分自己與一般人在身分地位上的不同。第五章中看到士人與文人建立了特殊品味的「文人化家具」，而且還有士人與文人特別喜歡在書房家具上銘刻文字，藉著將物品特殊化的方式以抵制商品化。第六章中還可以看到有部分士或文人透過創作食譜，宣揚自己特殊的味覺觀，形成一種特殊風格的「文人化食譜」。其實就是以選擇性的攝食來表達自己的「品味」，以利於和其他社會群體作區分。晚明士大夫建構自己的消費文化時，塑造品味的核心觀念就是「雅／俗」的對立與辯證。這樣的觀念出現，很明顯地就是為了與一般人作區隔，來凸顯士大夫群體的身分地位。

士大夫的消費文化與時尚的速度

晚明流行時尚快速變化與當時重要的倡導者——士大夫息息相關。例如第三章提到服飾消費方面，有不少士大夫為了與平民服飾作區隔，因而更積極地、刻意地創新服飾或追逐流行，甚至比流行風尚更前衛。當士人翻改新式之後沒過多久，又被平民爭相效尤。晚明流行時裝的出現，就在這樣的情形下，不斷地被追逐與翻新，流行時尚的發展也因此愈加快速。

第四章中也看到士大夫創造的「遊具」，特別是畫舫之類的交通工具，成為一種流行時尚後，也可能被商人所仿效。第五章中提到的文人在書房家具銘刻，藉特殊化以抵制商品化，但也會形成一股流行風潮，這類家具一旦進入市場，反而價格大漲。

有學者指出到了清代這種流行時尚的發展趨於緩和。柯律格從士大夫的服飾作觀察，指出晚明鑑賞品味的文化到了清代逐漸消失。因為到了清朝基礎穩固之後（約在1683年），對待士紳的政策不同於明代採取優免徭役制，而是鼓勵與驅使他們回到公共服務方面，以公共服務的榮耀（或由官府職司，或鼓勵民間慈善事業）作為精英階層的典範和身分標誌。伴隨著這樣身分等級與地位認同制度的重建，物品消費的象徵意義逐漸減弱；而晚明以來消費社會的發展，也因為缺乏「關鍵大眾」（critical mass）而停止，如此正好阻礙了流行時尚的發展。彭慕蘭也認為清廷有效地恢復了社會秩序以及菁英階層的身分制度，已經足以使「特許體系」再度復甦，因而在某種程度上減緩了流行「時尚」的發展速度。

但是這樣的說法恐怕還待進一步地驗證，首先從清代的流行時尚否在發展的上出現減緩的傾向，或是出現停滯的現象呢？因為現今相關的研究尚不多，還很難下定論。就以服飾的流行時尚來觀，已有研究顯示清代江南的服飾風尚，也和晚明一樣有流行時尚[5]。其次，晚明士大夫所建構的消費文化，到了清代是否呈現斷裂性？從本書第六章的分析結果顯示，這樣的消費文化歷經明清兩代，不但沒有斷裂，而且還有相當緊密的延續性。如果從塑造品味以作為區分身分認同的角度而言，晚明文人食譜所提出的飲食理論，還只是發展的初期，到清代才更加細緻而完備。再者，從清代乾隆朝被抄家官員的財產清冊中，我們可以發現有《遵生八箋》之類的書籍，可見清代士大夫依然很注意鑑賞品味的書籍，也反映他們對物品消費的重視[6]。也許晚明士大夫在物品方面所建構的鑑賞品味文化已經達

5　則松彰文，〈清代中期における奢侈・流行・消費──江南地方を中心として〉，《東洋學報》，卷80期2(1998)，頁31-58。

6　如乾隆47年河南巡撫富勒渾查抄甘肅涇州知州陳常的財產清冊中，就記有《遵生

到極致，所以到了清代轉向發展另一種品味文化。

　　不過，上述的說法的確有值得發人深省之處，因為到了清代以後士大夫在時尚的創發方面所扮演的角色，重要性已大不如晚明時期。取而代之成為領導流行時尚的推手是宮廷，尤其是到了18世紀乾隆朝時期。相對地，明朝皇帝對流行時尚的影響非常有限，明代只有少數流行的東西，如馬尾裙與折扇是和宮廷有關[7]。但是清朝宮廷的影響則非同小可，賴惠敏的研究指出由於乾隆喜愛蘇州織造局所造的器物，所以每每下令由蘇州織造局承做緞疋、器物，此外，織造局還幫皇帝銷售宮廷物資。官員們則是揣摩上意，紛紛到蘇州採辦貢品，甚至開起店鋪和進行長程貿易。可見皇帝的品味不但影響了官員參與商業營運的契機，而且皇帝的品味也影響到蘇州等地的消費風尚。例如江南社會的菁英家庭流行擺飾自鳴鐘、戴手錶、穿皮裘的時尚，甚至影響到庶民的消費取向[8]。

　　從明清流行服飾的時尚中心所發生的變遷，也反映了上述的這種轉變。在明代是以江南為時尚中心，尤其是蘇州，甚至在北京的服飾風尚都受到江南的影響。但是到了清代，因為宮廷對流行時尚的影響力遠勝過明朝的宮廷，所以北京亦成為重要的時尚中心。如北京宮廷習用的毛皮式樣，在民間廣為流傳，也影響到江南，以致於「里巷婦孺皆裘矣」；甚至到了清中葉後，社會上流行以度多服飾是否著毛皮，來判定貧富，以及作為身分區分的標誌[9]。

（續）—————

　　八箋》一套，參見中國第一歷史檔案館編，《乾隆朝懲辦貪污檔案選編》（北京：中華書局，1994），頁2044。

7　折扇在中國的流行，最早是明宣宗所使用的，約在15世紀初；到16世紀以後蘇州吳門畫家已有許多扇面畫作，到晚明已是人手一支折扇。

8　賴惠敏，〈寡人好貨：乾隆帝與姑蘇繁華〉，《中央研究院近代史研究所集刊》，號50（2005,12），頁185-234。

9　賴惠敏，〈乾隆朝內務府的皮貨買賣與京城時尚〉，《故宮學術季刊》，卷21期1（2003），頁101-134。

「消費」觀在中國史上的定位

　　晚明的消費現象在中國歷史上既然具有如此重要的意義，爲何長期以來並沒有得到歷史學界的重視？即使到了90年代學界開始注意晚明的奢侈消費，但就像導論中所提到的，對於明清奢侈風氣的歷史地位，在學界中的評價仍呈現兩極化。在此嘗試從史學史與觀念史的角度，重新來檢討「消費」在中國史上的定位問題，並提出一些大膽的推論。

　　過去中國大陸明清史學界所提出的「資本主義萌芽論」，是一個先驗性的研究方法，在當時政治氣氛與民族情緒影響之下，西方的資本主義變成中國也要有才對，於是形成一股在中國歷史上找尋資本主義萌芽的風潮。這樣的研究風潮到本世紀初，大陸學界已有充分的反省，李伯重就稱之爲一種「情結」，並指出了過去「資本主義萌芽論」的重大缺陷，就是太過重視生產關係的研究。這樣「惟生產關係論」的研究取向，其實是違背了馬克思的理論；再者，這種論調也與西方資本主義工業革命的研究取徑，完全不同。即使西方學者也都承認，英國工業革命並不是歷史必然的結果，更何況是將明清中國視爲資本主義萌芽，直接認定可以自己發展出資本主義的想法，更是不合邏輯。於是李伯重提出「早期工業化」的研究取向，來修正過去的「資本主義萌芽論」[10]。

　　無論是資本主義萌芽或是早期工業化，生產面的研究仍然是明清經濟史研究的重心，消費面似乎並未占有任何地位。自1980年代之後海峽兩岸學術界所興起有關「奢侈風氣」的研究，雖然開始注意到消費的問題，但是與其說是從經濟史角度來觀察，不如說是從社會史的角度來看風氣或風俗的變遷，所以對於奢侈的評價大多傾向負面。總歸一句話，就是消費在研究者的心中，長期以來並未形成有意義的研究課題。

　　「消費」長期以來被歷史學家所忽略，不該全歸咎於史學研究者，而

10　李伯重，《江南的早期工業化(1550-1850年)》，頁522-531。

應該從傳統文獻以及當時知識分子的觀念去探究。研究明清消費文化最重
要的社會史料之一，就是傳統地方志中的〈風俗志〉。既然方志的作者將
消費現象的描述都放在〈風俗志〉，而不放在〈食貨志〉，顯然在當時知
識分子的心中，消費並非經濟層面的問題，而是社會層面的問題，尤其是
奢侈品的消費。方志的作者特別會注意到奢侈消費的現象，並以「奢靡之
風」來形容之，或把奢侈說成民風「澆漓」，希欲教化百姓「崇儉黜
奢」，明白地的顯示知識分子的觀念是儒家風俗教化的一套道德論述，終
極的目標是爲了社會秩序的和諧與穩定。

再從明清官員所撰寫的文獻來作分析，在本書第一章中提到的張瀚與
申時行，對於江南遊觀的現象，都是一片撻伐聲，批評這是奢侈，也是浪
費，不但有損「本業」，也有害於國家的財政稅收。到了清代，江南兩任
著名的巡撫如湯斌(1627-1687)在其〈告諭〉中訓斥民眾的遊觀廟會：
「恣其浪費，毫不檢惜，民力安得不竭，國稅安得不逋。」另一位巡撫陳
宏謀(1696-1771)的〈風俗條約〉亦云：「聚眾賽會，酬神結會，誤農耗
財。」[11]可見地方官員比起知識分子，除了社會秩序的考量之外，還多一
層政府財政的考量。

概言之，明清涉及消費的文獻對當時消費現象所作的論述與評價，是
站在社會秩序與財政稅收的穩定出發，帶有價值判斷的論述。當代史家閱
讀這類文獻時，很難不受到文獻史料的牽制。不過，明清另外還有一類討
論「奢靡」的論述出現，也就是本書第一章中曾提到的陸楫等人。陸楫的
「奢易治生」說，過去已有不少學者將之類比爲英國18世紀曼德維爾
(Bernard de Mandeville)的《蜜蜂寓言》，當然陸楫在中國經濟思想史的
地位是無庸置疑地，但是更進一步地探究的話，會發現中西在這段時期最
大的差異性，不是在思想的內容本身，而在影響層面。也就是對「奢靡」
觀念的接受度，是否能夠將「奢靡」視爲中性的名詞，而不再以價值判斷
來看待奢侈消費。

11　吳秀之等修，曹允源等纂，民國《吳縣志》，卷52下，〈風俗二〉，頁9b、13a。

　　就西方的奢侈觀而言，古典希羅哲學主張過度消費的奢侈會造成貪
污，使國家財政受損；中古基督教哲學認為奢侈是「有罪」的，會影響可
否得到救贖。17世紀英國對奢侈觀的論述，逐漸從古典與中古的道德論述
中分離出來，如Nicholas Barbon(?1640-1698)認為個人消費與國家利益應
該分開來看，他重新評估人類的欲望與需求的合理性，也意識到富人奢侈
造就的就業機會，可以說是逐漸地將奢侈「去道德化」（demoral-
isation），擺脫古典主義所關心的道德面，及基督教關心的救贖面。至18
世紀Mandeville所看到的英國，是個充斥追逐生活水準與社會傚傚現象的
消費社會，所以他在《蜜蜂寓言》一書中將奢侈消費追溯到人類本性的普
世價值，更重要的是他明確地提出奢侈非惡德，而是有利公益之說，這與
傳統基督教觀完全對立，引起很大的刺激與廣泛的議論。之後，再經休謨
（David Hume, 1711-1776）的提倡及亞當斯密（Adam Smith, 1723-1790）的
「去政治化」（de-politicisation），過去視奢侈為貪污腐化的觀念，逐漸轉變
成對國家社會有益的「公共善行」（public good）理念，故至18世紀末奢侈
消費觀念廣被接受[12]。

　　如果從「去道德化」與「去政治化」的標準，來檢視明清以來對奢靡
論的接受度，明顯地奢靡論在知識界的討論與迴響，實在無法與西方相提
並論。陸楫在晚明並非著名的士大夫，所以其說直到1950年代，才被史學
家傅衣凌與楊聯陞發掘出來，指出其重要性。雖然到清代仍可見陸楫說之
後繼者，如清初人魏世傚(1655-?)、乾嘉時人法式善(1753-1813)與顧公
燮、嘉道時人錢泳(1759-1844)等都有類似的看法，他們都嘗試將奢侈朝
向「去道德化」與「去政治化」，但是因為主張此說大部分是「小儒」，
在知識界中並非主流，在思想界與知識界所造成的影響恐怕有限。再從對
實際社會面的影響來觀察，明代只有少數地方志顯示部分地方官對奢侈風

12　Christopher J. Berry, *The Idea of Luxury: A Conceptual and Historical Investigation* (Cambridge: Cambridge University Press, 1994), pp. 126-176; Joyce Appleby, "Consumption in Modern Social Thought," in John Brewer and Roy Porter eds., *Consumption and the World of Goods*, pp. 148-161.

氣的思想與陸氏同調(如崇禎《漳州府志》),清代的地方志雖出現以平實的語言記載奢侈風氣,並將其視爲客觀現象而未置褒貶之詞,然而也未見明顯贊同陸氏之奢靡論者。至於對官員政策的影響程度,從前文所舉出的湯斌與陳宏謀的例子,說明了主張執行禁奢政策的官員恐怕仍是主流。總之,從晚明到清代,在社會秩序與財政稅收的考量下,還未完全擺脫奢侈即浪費的觀念,無法使奢侈「去道德化」;也未能去除奢侈有害國本的陰影,將禁奢政策「去政治化」。

至於陸楫等人的思想是否影響清代皇帝對江南一帶的禁奢政策呢?乾隆皇帝的確曾多次在上諭中承認這種奢侈僭越的現象,如在乾隆33年(1768)及46年(1781)分別上諭尤拔世與劉天成所奏的禁奢政策是不切實際;再從乾隆30年(1765)南巡揚州時所寫有的詩註,也有非常接近陸楫的概念。雖然還不足以證明乾隆是受陸楫概念的影響,也並非說明了當時已經普遍接受奢靡論的新觀念,但卻是反映了清中葉禁奢令的鬆弛,而且是有史以來,最有可能從中央政策的角度,將奢侈消費「去政治化」的一次。可惜的是這樣的政策,在日後似乎並沒有持續,也沒有發生太大的影響力。

奢靡論在中西方所引發的不同程度的迴響,背後反映的是兩個社會的差異性。誠如Christopher Berry所言,18世紀英國關於奢侈辯論的本身,反映的正是當時社會的特性。因爲當時英國是個「商業的」時代,所以才有此論奢之轉變,而接著又會涉及到貿易、商業與政治經濟等「新的認知」[13]。中西對奢侈觀念接受程度上有深淺的差異,可能是影響接下來中西歷史的不同發展。從兩者間社會經濟背景的差異,一個仍強調以農立國,一個是已是商業時代,似乎已經看到未來分道揚鑣的趨勢。

回到本書結論中最先所提出的論點,既然早在1世紀之前的中國,就已經出現類似18世紀英國的消費社會現象,但英國最終發生了工業革命,

---

13　Christopher J. Berry, *The Idea of Luxury: A Conceptual and Historical Investigation,* p. 142.

而中國並沒有工業革命，另一種可能性就是「類似」英國的中國，仍然缺乏像英國導致工業革命的關鍵因子，而這個因子才是使英國發生獨特的所謂「消費革命」。也許從中西對奢侈觀念接受程度上的深淺差異，依稀可以看到這個關鍵因子。

後記

　　明清之際著名的散文家與史學家張岱(1597-1689)，出身於世宦之家，雖然在他父親那一代家道中落，但是他仍然過著紈袴子弟的繁華生活。直到甲申(1644)年明朝滅亡，清兵入關，烽火遍地，他只得倉皇走避於山中，生活也陷入困境。隔兩年，已屆知天命之年的他，寫了一本回憶過去繁華生活的書，名爲《陶庵夢憶》。在〈序言〉中他是這樣說的：

> 飢餓之餘，好弄筆墨，因思昔人生長王、謝，頗事豪華，今日罹此果報。……雞鳴枕上，夜氣方回，因想余生平：繁華靡麗，過眼皆空，五十年來，總成一夢。今當黍熟黃粱，車旋蟻穴，當作如何消受！遙思往事，憶即書之，持向佛前，一一懺悔。不次歲月，異年譜也；不分門類，別志林也。偶拈一則，如游舊徑，如見故人，城郭人民，翻用自喜，眞所謂痴人前不得説夢矣。

　　雖然對他寫這本書的企圖，學者們有各種揣測，有的強調懺悔是他的主旨，有的則主張他對過去的繁華生活仍是依依不捨，所以才會撰寫這本書。無論如何，這是我最早接觸關於晚明文人消費品味的書籍。不過，這段序言遠比該書中所提及許多吃喝玩樂之事，更讓我印象深刻。

　　當時還是個碩士班研究生，之後的碩士論文領域是明清經濟史，博士論文則是偏向社會史，這都和晚明士人的消費文化沒有大的關聯。畢業後開始兩年的「老兵」生涯，退伍後很幸運地得到中研院近史所的工作。在入所報到前的一個多月，買到布勞岱爾的《15世紀至18世紀的物質文明》

一書，在無壓力的情況下，讀起來備覺有趣。閱讀的同時也讓我思考中國史的問題，尤其是服飾方面，於是開始著手研究晚明的服飾，一年後完成的論文就是本書第三章的原型。至今這篇文章仍是我自己最滿意，也是最喜歡的一篇論文。

進所之後，受熊秉眞教授之邀，組織「物質文化」讀書會。在讀書會討論的過程中，不但享受閱讀的樂趣，也接觸到不同學科關於物質文化研究的方法論，獲益匪淺。此時的我開始醞釀從物質文化的角度，來研究關於明代乘轎文化與權力象徵的關係。

加入李孝悌學長主持的主題研究計劃，則是另一個轉折。他充分地讓成員發揮創意，我也試著走另一條偏向文化史的研究取徑。於是以旅遊文化爲題，撰寫了幾篇相關的論文，希望藉由士大夫的旅遊文化，進一步地探究士大夫的消費品味。升等後心理壓力稍緩，接下來的一年在無事一身輕的情況下，我一口氣寫了關於傢俱與食譜的兩篇論文。前者探討的是社會結構反映在消費方面的差異，後者則關注消費文化在朝代轉換間的延續與斷裂。

不過，最後我還是回頭思考消費史的研究取徑，因爲只有由這個角度切入，才能將我的研究和過去明清史學界相關的研究作一整合。於是把過去曾經閱讀過徐泓與林麗月老師有關奢侈議題的著作，再次溫習了多遍，同時又嘗試閱讀歐洲史的相關著作。限於學力，無法通貫所有的研究，但卻在累積閱讀經驗中，發現了英國史家Neil McKendrick, John Brewer和J. H. Plumb等人深具啓發性的著作《消費社會的誕生：18世紀英國的商業化》（The Birth of a Consumer Society: The Commercialization of Eighteenth-Century England），此書爲我打開了更廣闊的視野，提供我重新思考晚明消費史的大架構。本書第一章的靈感，就是來自上述的作品。

適逢中研院近代史研究所爲慶祝成立五十週年，要舉辦一次大型的國際學術研討會，我受命撰寫一篇有關明清消費與物質文化研究的回顧性論文。這時我得放下手邊的研究工作，開始著手蒐集與閱讀相關的研究成果。同時，我也趁著到暨南大學歷史所兼課的機會，開設一門研討課程。

一方面將既有的研究分門別類作了整理，再於課堂上講授一遍，印象更為深刻。此外，和認真閱讀的研究生們討論的過程中，也激發出一些新的想法。這門雖然是新開設的，而我也在暨大兼課了好幾年，但那半年卻是最令我回味的一學期，這就是所謂的「教學相長」吧！會議論文完成後，有如釋重負一般。這篇會議論文經改寫後，部分發表在《新史學》雜誌，又部分融入本書的導論。

在升等的前後，陳所長永發時時耳提面命，不斷叮囑要求我努力撰寫專書。可是如何才能寫成一本像樣的專書？這個問題無時無刻不在困擾著我。一天中午走出院區外買便當的途中，突然靈感乍現，腦海中浮現一句話：「我過去所寫的這些文章，不就是一本書的骨肉嗎？」頓時覺悟到，水到渠成的時候已經到了。由是本書有多章原來是刊登在期刊上的單篇論文，再經修改後而成的。分別是導論之部分原名〈明清消費文化研究的新取徑與新問題〉，載於《新史學》17卷14期(2006年12月)；第二章原名〈明代士大夫與轎子文化〉，刊於《中央研究院近代史研究所集刊》38期(2002年12月)；第三章係〈明代平民服飾的流行風尚與士大夫的反應〉一文修改而成，原刊於《新史學》10卷3期(1999年9月)；第四章原名〈晚明的旅遊活動與消費文化——以江南為討論中心〉，刊於《中央研究院近代史研究所集刊》41期(2003年9月)；第五章有部分是以〈晚明文士的消費文化——以傢俱為個案的考察〉為名，刊於《浙江學刊》(中國大陸)2005年6期(2005年11月)；第六章原刊於《中國飲食文化》20卷2期(2006年)，篇名為〈明清飲食文化中的感官演化與品味塑造——以飲膳書籍與食譜為中心的探討〉。唯有第一章與結論是重新撰寫的。這些文章與本書在寫作的過程中，還要感謝許多優秀助理們的心血，她(他)們是趙淑敏、嚴雅美、劉宇珍、張皓政、江筱婷與翁稷安。

我花了三個多月把舊有的文章改寫成書稿，將要完成時卻毫無信心，不知道有那個出版社會有意願出版。突然想到李孝悌學長正是負責院內出版業務，我詢問他的意見，沒想到他二話不說，只有一句：「趕快拿來吧！」這句話鼓勵我勇往直前。更令我驚訝地是不到兩個月的時間，就收

到評審意見。我得到不具名的評審人許多寶貴的意見，雖然有些建議在現階段我沒有能力去完成，但是心中對這兩位審查人充滿著感激。不僅如此，兩位審查人的意見真正的價值，是驗證了學術的客觀與公正性。雖然學術界多少會有門派之見、意氣之爭，但畢竟權力與主觀成見不能完全主宰知識的創新。

過去八年來浸淫在晚明消費文化的研究，如今終於能集結成書出版，對我而言，彷如大夢一場。就如同張岱所云：「一夢耳，惟恐其非夢，又惟恐其是夢，其為痴人則一也。」那麼就當我是個痴人吧！如果這本書對史學界還有一點點貢獻的話，更應該要感謝的是所有曾經幫助過我的師長、朋友、同事，以及我摯愛的親人。我相信不久的將來一定會有更多相關作品問世，也會有更好的研究推翻我的說法，即使如此，這本書仍是我最好的良藥，因為它舒緩了我這痴人愈來愈嚴重的「中年危機」。

附錄

　　若以家具擁有的數量，作爲一個中西人民生活水準的比較基準，特別是作爲歷史的比較，首先在史料上就是一大考驗。彭慕蘭曾經作過這樣的工作，不過他受限於史料，中國方面只能利用20世紀前期卜凱(J. Lossing Buck)的調查統計，而他比較西方的參考對象，則是de Vries估計17世紀荷蘭菲仕蘭省農戶擁有家具的平均數量統計[1]。在方法上，這樣的比較最大的問題，就是以20世紀中國和17世紀的荷蘭作比較，兩者在時間上都不對等。

　　在此嘗試另一種方法作比較，首先從身分上選擇17世紀中西方皆是商人或經濟地位屬於中等階層者作比較。中國方面的史料就是第五章第二節提到的第三、五例的徽州商人，對照組是英國17世紀的例子，筆者根據的是Lorna Weatherill的研究中三個具有代表性的例子，分別是1674年富有的店主、1676年記帳員與數學家[2]。兩方面擁有家具的數量列在附錄表1，結果顯示除了書架之外，中國商人的家具數量相對地要高於英國，即使是徽州的小店主，也比富有的英國店主擁有更多的家具。

1　Kenneth Pomeranz, *The Great Divergence: China, Europe, and the Making of the Modern World Economy*, pp. 145-146.
2　Lorna Weatherill, *Consumer Behaviour and Material Culture in Britain, 1660-1760*, pp. 179-182.

附錄表1　17世紀中英商人擁有家具數量之比較

	17世紀中國徽州小商人擁有的家具數量		英國17世紀中產階級家具擁有數量		
	1612年徽州小商人	1634年徽州小店主	1674年富有的店主	1676年記帳員	1676年數學家
櫃	3		1		
矮箱	3				
桌子	71	11	4	3	2
長凳	4	4	1		1
椅子	9	12	19	20	4
床	2	2	2	1	
書架			1		3
凳子	44	6	13		3
梯子		3	1		

　　另外一種比較的方向，是和de Vries所研究的17世紀荷蘭菲仕蘭的農民作比較。因爲徽州商人在中國既然是屬於較富有的群體，當然在作比較時應該以荷蘭的富農爲對象。因此筆者亦將17世紀法蘭德斯地區農民所擁有家具平均數量，一起並列如附錄表2：

附錄表2　17世紀中國商人與荷蘭農民擁有家具數量之比較

	17世紀中國徽州小商人擁有的家具數量		17世紀荷蘭菲仕蘭省地區富農擁有家具平均數量[3]			17世紀法蘭德斯地區農民所擁有家具平均數量[4]	
	1612年徽州小商人	1634年徽州小店主	1616-1641	1646-1654	1677-1686	內陸地區	沿海地區
櫃	3		1.3	1.6	1.7	1.0	1.2

3　Jan de Vries, "Peasant Demand Patterns and Economic Development: Friesland 1550-1750," in William N. Parker and Eric L. Jones eds., *European Peasants and Their Markets: Essays in Agrarian Economic History*, table 6-8.

4　Jan de Vries, "Peasant Demand Patterns and Economic Development: Friesland 1550-1750," table 6-15.

矮箱	3		1.2	1.0	0	1.0	1.1
桌子	71	11	2.8	2.5	2.6	1.3	2.6
長凳	4	4	4.2	2.4	4.0	2.5	4.3
椅子	9	12	14.9	14.5	12.2	6.7	13.5
床	2	2				3.3	5.2
書架							
凳子	44	6					
梯子		3					

　　從第二欄中荷蘭富農擁有家具數量可知，17世紀該地並無太明顯地增長。兩方比較的結果顯示中國商人在家具上雖有部分項目在數量上略少於荷蘭的富農，但在桌子一項則是遠超過荷蘭人。這兩項的比較，說明17世紀中國的小商人擁有的家具不遜於西方的英、荷，甚至更多、更好。

　　然而，在此筆者仍要說明的是，此項比較的結果只是17世紀中西生活水準比較的一個側面，尚不足以據此斷定中西人民生活水準之高低。因中西方對家具的使用與喜好各有其特色，如西方遺產清冊中記有許多鏡子，這是中國人的分家單與鬮書少見的家具；又如中國人常用的凳子，在西方人的清冊則少見。此外，更重要的是西方此時期擁有物品的變遷與增長，最突出的部分並非是這類家具。Weatherill的研究指出1675到1725年之間是英國人擁有器物出現大量增長與鉅大變化的時期，不過，家具卻不是最明顯的例子，而是鐘、瓷器、書籍與熱飲器皿等物品，在數量上才有突出的增長[5]。同樣地，de Vries 也說明了荷蘭菲仕蘭省農民的擁有物品中，家具數量並沒有突出的增長[6]。我們仍需要更全面研究明清庶民的分家單與鬮書中，物品類別的變遷與數量的變化，才能進一步地解釋明清消費物品與生活水準的情形。

5　Lorna Weatherill, *Consumer Behaviour and Material Culture in Britain, 1660-1760*, pp. 25-29.

6　Jan de Vries, "Peasant Demand Patterns and Economic Development: Friesland 1550-1750," pp. 220-221.

參考書目

一、中日文獻

(一)地方志

《上海縣志》，〔明〕顏洪範修，張之象、黃炎纂，明萬曆16年刻本，傅斯年圖書館藏善本書。

《上海縣志》，〔清〕李文耀修，談起行、葉承纂，清乾隆15年刻本影印，收入《稀見中國地方志匯刊》，冊1（北京：中國書店，1992）。

《內邱縣志》，〔明〕高翔漢修，喬中和纂，據明崇禎15年刊本攝製，傅斯年圖書館藏縮影資料。

《六合縣志》，〔明〕董邦正修，黃紹文纂，明嘉靖年間刊本影印，天一閣藏明代方志選刊續編編纂委員會編，《天一閣藏明代方志選刊續編》，冊7（上海：上海書店，1990）。

《太平縣志》，〔明〕曾才漢修，葉良佩纂，明嘉靖19年刻本影印，天一閣明代方志選刊編纂委員會，《天一閣藏明代方志選刊》，冊6（台北：新文豐出版社，1985）。

《太倉州志》，〔明〕錢肅樂修，張采纂，明崇禎15年刊本，國立故宮博物院藏原北平圖書館善本書。

《太康縣志》，〔明〕安都纂，明嘉靖3年刊本影印，收入《天一閣藏明代方志選刊續編》，冊58（上海：上海書店，1990）。

《平湖縣志》，〔清〕彭潤章等重修，葉廉鍔等纂，清乾隆10年刻本影印，稀見中

國地方志匯刊編纂委員會編，《稀見中國地方志匯刊》，冊16(北京：
　　　中國書店，1992)。

《永豐縣志》，[明]管景編纂，明嘉靖23年刻本重印，收入《天一閣藏明代方志
　　　選刊》，冊39(上海：上海古籍出版社，1964)。

《江都縣志》，[明]張寧修，陸君弼纂，明萬曆年間刻本影印，收入《稀見中國
　　　地方志匯刊》，冊12(北京：中國書店，1992)。

《江陰縣志》，[明]趙錦修，張袞纂，明嘉靖26年刻本重印，收入《天一閣藏明
　　　代方志選刊》，冊13(上海：上海古籍出版社，1963)。

《江寧縣志》，[明]王誥、劉雨纂修，明正德刻本影印，北京圖書館古籍珍本叢
　　　刊編纂委員會編，《北京圖書館古籍珍本叢刊》，史部，地理類，冊
　　　24(北京：書目文獻出版社，1988)。

《吳江志》，[明]莫旦撰，明弘治元年刊本影印，收入中國方志叢書編纂委員會
　　　編，收入《中國方志叢書‧華中地方‧江蘇省》，冊446(台北：成文出
　　　版社，1983)。

《吳江縣志》，[明]曹一麟，明嘉靖40年刊本，中研院傅斯年圖書館藏善本書。

《吳江縣志》，[清]丁元正等修，倪師孟等纂，清乾隆12年修石印重印本，收入
　　　《中國方志叢書‧華中地方‧江蘇省》，冊19-20(台北：成文出版社，
　　　1975)。

《吳縣志》，[明]牛若麟修，王煥如纂，明崇禎刊本影印，收入《天一閣藏明代
　　　方志選刊續編》，冊15-19(上海：上海書店，1990)。

《吳縣志》，曹允源、李根源纂，據民國間稿本影印，收入《中國方志叢書‧華
　　　中地方‧江蘇省》，號461(台北：成文出版社，1970)。

《姑蘇志》，[明]林世遠修，王鏊纂，明正德刊本影印，收入《天一閣藏明代方
　　　志選刊續編》，冊11-14(上海：上海書店，1990)。

《松江府志》，[明]方岳貢修，陳繼儒纂，明崇禎3年刻本影印，收入《日本藏
　　　中國罕見地方志叢刊》(北京：書目文獻出版社，1991)。

《松江府志》，[明]陳威、顧清纂修，明正德年間刊本影印，四庫全書存目叢書
　　　編纂委員會編，《四庫全書存目叢書》，史部，地理類，冊181(台南：

莊嚴文化事業有限公司，1996）。

《松江府志》，〔清〕郭廷弼修，周建鼎等纂，清康熙2年刊本傅斯年圖書館藏古籍線裝書。

《武康縣志》，〔明〕程嗣功修，駱文盛纂，明嘉靖29年刻本重印，收入《天一閣藏明代方志選刊》，冊20（上海：上海古籍出版社，1962）。

《河間府志》，〔明〕杜應芳修，陳士彥、張文德纂，明萬曆間刻本影印，收入《稀見中國地方志匯刊》，冊3（北京：中國書店，1992）。

《長洲縣志》，〔明〕張德夫修，皇甫汸、張鳳翼等纂，明隆慶5年刊本影印，收入《天一閣藏明代方志選刊續編》，冊23（上海：上海書店，1990）。

《長洲縣志》，〔明〕張德夫修，皇甫汸纂，明崇禎8年補刻萬曆26年刊本攝製，傅斯年圖書館視聽室藏縮影資料。

《青浦縣志》，〔清〕黎庶昌等修，熊其英等纂，清光緒5年尊經閣刊本，中央研究院傅斯年圖書館古籍線裝書。

《南安府志》，〔明〕商文昭、盧洪夏纂修，明萬曆年間刻本影印，收入《稀見中國地方志匯刊》，冊30（北京：中國書店，1992）。

《威縣志》，〔明〕胡容重修，明嘉靖刊本影印，收入《天一閣藏明代方志選刊續編》，冊2（上海：上海古籍出版社，1990）。

《宣府鎮志》，〔明〕孫世芳修，欒尚約纂，明嘉靖40年刻本影印（北京：北京圖書館出版社，2002）。

《建昌府志》，〔明〕夏良勝纂修，明正德12年刻本，收入《天一閣藏明代方志選刊》，冊34（上海：上海古籍出版社，1964）。

《建寧縣志》，〔明〕何孟倫輯，明嘉靖年間刊本影印，收入《天一閣藏明代方志選刊續編》，冊38（上海：上海書店，1990）。

《洪雅縣志》，〔明〕束載修，張可述纂，明嘉靖41年刻本重印，收入《天一閣藏明代方志選刊》，冊66（上海：上海古籍書店，1982）。

《重修崑山縣志》，〔明〕周世昌，明萬曆4年刊本影印，收入中國史學叢書編纂委員會編，《中國史學叢書·華中地方·江蘇省》，3編4輯，冊42（台北：臺灣學生書局，1987）。

《涇縣志》，[明]丘時庸修，王廷榦編纂，明嘉靖刊本影印，收入《天一閣藏明代方志選刊續編》，冊36(上海：上海書店，1990)。

《烏程縣志》，[明]劉沂春修，徐守綱、潘士遴纂，明崇禎11年刻本影印，收入《稀見中國地方志匯刊》，冊16(北京：中國書店，1992)。

《陝西通志》，[清]劉於義修，沈青崖纂，清雍正13年刻本影印，收入中國西北文獻叢書編輯委員會編，《中國西北文獻叢書第一輯稀見方誌文獻》(蘭州：蘭州古籍書店據，1990)。

《崑山新陽兩縣志》，[清]張鴻、來汝緣修，王學浩等纂，清道光6年刻本影印，收入《中國地方志集成‧江蘇府縣志輯》，冊15(南京：江蘇古籍出版社，1991)。

《常昭合志稿》，[清]鄭鐘祥等重修，龐鴻文等纂，清光緒30年活字本影印，收入《中國地方志集成‧江蘇府縣志輯》，冊22(南京：江蘇古籍出版社，1991)。

《淞南志》，[清]秦立纂，清嘉慶10年秦鑑本影印，收入《中國地方志集成‧鄉鎮志專輯》，冊4(上海：上海書店，1992)。

《淮安府志》，[明]宋祖舜修，方尚祖纂，明天啓間刊清順治5年印本，傅斯年圖書館藏縮影資料。

《淮安府志》，[清]劉光業等撰，清康熙24年刊本，國家圖書館漢學研究中心藏。

《祥符縣志》，[清]張俊哲修，張壯行、馬士驌纂，清順治18年刻本影印，收入《稀見中國地方志匯刊》，冊34(北京：中國書店，1992)。

《紹興府志》，[明]蕭良榦修，張元忭纂，明萬曆刻本影印，收入《四庫全書存目叢書》，史部，地理類，冊200-201(台南：莊嚴文化事業有限公司，1996)。

《通州志》，[明]林雲程修，沈明臣纂，明萬曆6年刻本重印，收入《天一閣藏明代方志選刊》，冊10(上海：上海古籍書店，1963)。

《富平縣志》，[明]孫丕揚纂，明萬曆甲申年刊本攝製，傅斯年圖書館縮影資料。

《揚州府志》，［明］楊洵修、陸君弼纂，明萬曆刻本影印，收入《北京圖書館古
　　籍珍本叢刊・史部・地理類》，冊25(北京：書目文獻出版社，1988)。

《湖州府志》，［清］胡承謀主修，清乾隆23年刊本影印，收入婁子匡編，《中國
　　民俗志》，輯1(台北：東方文化供應社，1970)。

《無錫縣志》，［明］周邦傑修，秦梁纂，明萬曆2年刊本，傅斯年圖書館視聽室
　　縮影資料。

《雲間志略》，［明］何三畏編，據明刊本影印，收入《中國史學叢書・華中地
　　方・江蘇省》，3編4輯，冊48(台北：臺灣學生書局，1987)。

《新昌縣志》，［明］田琯纂，明刻本影印，收入《天一閣藏明代方志選刊・浙江
　　省》，冊7(台北：新文豐出版公司，1985)。

《新修餘姚縣志》，［明］史樹德，明萬曆年間刊本影印，收入《中國方志叢書・
　　華中地方・浙江省》，冊501(台北：成文出版社，1983)。

《新登縣志》，［清］徐士瀛等修，張子榮等纂，民國11年鉛印本影印，收入《中
　　國方志叢書・華中地方・江蘇省》，冊73(台北：成文出版社，1969)。

《滁陽志》，［明］戴瑞卿修，于永享等纂，明萬曆年間刻木影印，收入《稀見中
　　國地方志匯刊》，冊22(北京：中國書店，1992)。

《嘉定縣志》，［明］韓浚，明萬曆33年刊本影印，收入《中國史學叢書・華中地
　　方・江蘇省》，3編4輯(台北：臺灣學生書局，1987)。

《嘉興府志》，［清］許瑤光等修，吳仰賢等纂，清光緒5年重印，收入《中國方
　　志叢書・華中地方・浙江省》，號53(台北：成文出版社，1970)。

《嘉興縣志》，［明］羅炫修，黃承昊纂，明崇禎10年刻本影印，收入《日本藏中
　　國罕見地方志叢刊》(北京：書目文獻出版社，1991)。

《福安縣志》，［明］陸以載等纂，明萬曆25年刻本，收入《日本藏中國罕見地方
　　志叢刊》(北京：書目文獻出版社，1991)。

《廣平府志》，［明］翁相修，陳棐纂，明嘉靖29年刻本重印，收入《天一閣藏明
　　代方志選刊》(上海：上海古籍書店，1963)。

《廣信府志》，［明］張士鎬、江汝璧等纂修，明嘉靖年間刻本影印，收入《四庫
　　全書存目叢書》，史部，地理類，冊185(台南：莊嚴文化事業有限公

司，1996）。

《震澤縣志》，［清］陳和志修，倪師孟等纂，清乾隆11年修光緒19年重刊本影
　　　　印，收入《中國方志叢書‧華中地方‧江蘇省》，號20（台北：成文出
　　　　版社，1970）。

《興寧縣志》，［明］劉熙祚修，李永茂纂，明崇禎10年刻本影印，收入《稀見中
　　　　國地方志匯刊》，冊44（北京：中國書店，1992）。

《衡州府志》，［明］余讓修，王宗本纂修，據明萬曆21年修刊本攝製，傅斯年圖
　　　　書館藏縮影資料。

《衡州府志》，［清］張奇勛、周士儀纂修，譚弘憲、周士儀續修，清康熙10年
　　　　刻、21年續修本影印，收入《北京圖書館古籍珍本叢刊》，史部，地理
　　　　類，冊36（北京：書目文獻出版社，1988）。

《獲鹿縣志》，［明］趙惟勤修，明嘉靖年間刊本影印，收入《天一閣藏明代方志
　　　　選刊續編》，冊1（上海：上海書店，1990）。

《翼城縣志》，［明］鄡桂枝修，劉岸等編，明嘉靖刊本影印，收入《天一閣藏明
　　　　代方志選刊續編》，冊4（上海：上海古籍出版社，1990）。

《臨汾縣志》，［明］邢雲路纂修，明萬曆19年刊本，傅斯年圖書館藏縮影資料。

《蘇州府志》，［清］李銘皖等修，馮桂芬纂，清光緒9年刊本影印，收入《中國
　　　　方志叢書‧華中地方‧江蘇省》，冊7-10（台北：成文出版社，1970）。

《蘇州府志》，［清］沈世奕撰，日本內閣文庫藏康熙22年序刊本景照，國家圖書
　　　　館漢學研究中心藏。

《贛州府志》，［明］余文龍、謝詔纂修，清順治17年湯斌刻本影印，收入《四庫
　　　　全書存目叢書》，史部，地理類，冊202（台南：莊嚴文化事業有限公
　　　　司，1996）。

(二)明清及前代典籍

［宋］孔武仲等，《清江三孔集》，收入《景印文淵閣四庫全書》，冊1345（台
　　　　北：臺灣商務印書館，1983）。

［宋］王銍，《默記》（北京：中華書局，1981）。

［宋］司馬光，《涑水記聞》（北京：中華書局，1989）。

［宋］朱熹，《朱子語類》（台北：華世出版社，1987）。

［宋］佚名撰，《愛日齋叢抄》，收入《景印文淵閣四庫全書》，冊854，（台北：
　　　臺灣商務印書館，1983）。

［宋］李心傳，《建炎以來朝野雜記》（石家莊市：河北教育出版社，1995）。

［宋］李燾，《續資治通鑑長編》（北京：中華書局，1979-1995）。

［宋］汪藻，《浮溪集》，收入《景印文淵閣四庫全書》，冊1128（台北：臺灣商
　　　務印書館，1983）。

［宋］周煇，劉永翔校注，《清波雜志》（北京：中華書局，1994）。

［宋］孟元老撰，鄧之誠注，《東京夢華錄注》（北京：中華書局，1982）。

［宋］邵伯溫，《邵氏聞見錄》（北京：中華書局，1984）。

［宋］胡仔撰，《漁隱叢話前集》，收入《景印文淵閣四庫全書》，冊1480（台
　　　北：臺灣商務印書館，1983）。

［宋］葉適，《水心集》，四庫備要編輯委員會，《四庫備要》，集部，冊210（台
　　　北：臺灣中華書局，1965）。

［宋］謝深甫等纂修，《慶元條法事類》（北京：中國書店，1990）。

［宋］釋德洪，《冷齋夜話》（北京：中華書局，1985）。

［元］馬端臨，《文獻通考》（杭州：浙江古籍出版社，2000）。

［元］無名氏編、《居家必用事類全集》，收入續修四庫全書編纂委員會編《續修
　　　四庫全書》，子部，雜家類，冊1184（上海：上海古籍出版社，1997）。

［元］無名氏編、邱龐同注釋，《居家必用事類全集》（北京：中國商業出版社，
　　　1986）。

［元］韓奕，《易牙遺意》（北京：中國商業出版社，1984）。

［明］于慎行，《穀山筆塵》（北京：中華書局，1984）。

［明］文元發，《學圃齋隨筆》（台北：偉文圖書出版社，1976）。

［明］文震亨，《長物志》（上海：上海古籍出版社，1993）。

［明］文震亨著，海軍、田君注釋，《長物志圖說》（濟南：山東畫報出版社，
　　　2004）。

[明]毛堪，《臺中疏略》，四庫禁燬書叢刊編纂委員會編，《四庫禁燬書叢刊》，史部，冊57(北京：北京出版社，2000)。

[明]王士性，《廣志繹》(北京：中華書局，1981)。

[明]王世貞，《弇山堂別集》(北京：中華書局，1985)。

[明]王世貞，《觚不觚錄》，叢書集成初編編纂委員會編，《叢書集成初編》(上海：商務印書館，1937)。

[明]王圻，《三才圖會》(上海：上海古籍出版社據明萬曆王思義校正本影印，1988)。

[明]陳子龍編，《皇明經世文編》(北京：中華書局，1962)。

[明]王思任，《王季重雜著》(台北：偉文圖書公司，1977)。

[明]王錡，《寓圃雜記》(北京：中華書局，1984)。

[明]王臨亨，《粵劍編》(北京：中華書局，1987)。

[明]王穉登，《吳社編》，收入《筆記小說大觀》，4編6冊(台北：新興書局，1970)。

[明]史玄，《舊京遺事》，收入《筆記小說大觀》，9編8冊(台北：新興書局，1975)。

[明]田汝成，《西湖遊覽志》(上海：上海古籍出版社，1998)。

[明]田藝衡，《留青日札》(上海：上海古籍出版社，1992)。

[明]朱國楨，《湧幢小品》(台北：廣文書局，1991)。

[明]江盈科著，黃仁生輯校，《江盈科集》(長沙：岳麓書社，1997)。

[明]何良俊，《四友齋叢說》(北京：中華書局，1959)。

[明]何良俊，《何翰林集》(台北：國立中央圖書館據明嘉靖44年何氏香嚴精舍刊本影印，1971)。

[明]何孟春，《餘冬序錄》，收入《四庫全書存目叢書》，子部，雜家類，冊101-102(台南：莊嚴文化事業有限公司據明嘉靖7年郴州家塾刻本影印，1995)。

[明]何喬遠，《名山藏》，明清史料叢編委員會編纂，《明清史料叢編》(北京：北京大學據明崇禎刻本影印，1993)。

［明］何景明，《大復集》，收入《四庫全書珍本》，集7，冊243-247（台北：臺灣
　　　商務印書館據國立故宮博物院藏文淵閣四庫全書影印，1977）。

［明］余永麟，《北窗瑣語》，收入《叢書集成初編》，冊2923（上海：商務印書
　　　館據硯雲甲乙編本影印，1936）。

［明］佚名，《天水冰山錄》，收入中國歷史研究社編，《明武宗外記》（上海：
　　　上海書店，1982）。

［明］佚名，《墨娥小錄》，收入《續百子全書》，冊18（北京：北京圖書館出版
　　　社據明刻本影印，1988）。

［明］吳玄，《眾妙齋集》，據日本內閣文庫藏明天啓間序刊本影印，國家圖書館
　　　漢學研究中心藏。

［明］吳寬，《匏翁家藏集》，收入《四部叢刊初編》（台北：臺灣商務印書館據
　　　明正德刊本影印出版，1967）。

［明］宋詡，《宋氏養生部》（北京：中國商業出版社，1989）。

［明］李日華，《味水軒日記》（上海：上海遠東出版社，1996）。

［明］李東陽等奉敕撰，申時行等奉敕重修，《大明會典》（台北：東華書報社據
　　　萬曆15年司禮監刊本印行，1964）。

［明］李流芳，《檀園集》，收入《景印文淵閣四庫全書》，冊1295（台北：臺灣
　　　商務印書館，1983）。

［明］李詡，《戒庵老人漫筆》（北京：中華書局，1982）。

［明］李夢陽，《空同集》（蘭州：蘭州古籍書店，1990）。

［明］李漁，《閒情偶寄》（台北：長安出版社，1990）。

［明］李樂，《見聞雜記》（上海：上海古籍出版社，1986）。

［明］李濂，《李氏居室記》，收入《四庫全書存目叢書・補編》，冊95（濟南：
　　　齊魯出版社據臺灣漢學研究中心藏明嘉靖12年李氏家刻本影印，
　　　2001）。

［明］沈文，《聖君初政記》，收入《中國野史集成》，冊22（成都：巴蜀書社據
　　　廣百川學海甲集影印，1993）。

［明］沈愷著，《環溪集》，收入《四庫全書存目叢書》，集部，別集類，冊

　　　92(台南：莊嚴文化事業有限公司據明隆慶5年至萬曆2年沈紹祖刻本影印出版，1997)。

[明]沈德符，《萬曆野獲編》(北京：中華書局，1959)。

[明]來斯行，《槎菴小乘》，四庫禁燬書叢書編纂委員會編，《四庫禁燬書叢書》，子部，冊10(北京：北京出版社據明崇禎4年刻本刊印，2000)。

[明]周暉，《二續金陵瑣事》，收入《筆記小說大觀》，16編4冊(台北：新興書局，1977)。

[明]周暉，《金陵瑣事》，收入《筆記小說大觀》，16編3冊(台北：新興書局，1977)。

[明]周履靖，《群物奇制》(上海：上海古籍出版社，1993)。

[明]邵寶，《容春堂集》後集，收入《景印文淵閣四庫全書》，冊1258(台北：臺灣商務印書館，1983)。

[明]俞弁，《山樵暇語》，收入《四庫全書存目叢書》，子部，雜家類，冊152(台南：莊嚴文化事業有限公司據商務印書館影印明朱象玄鈔本影印，1995)。

[明]姚士麟，《見只編》，收入《叢書集成初編》，冊3964(上海：商務印書館據鹽邑志林本影印，1936)。

[明]姚旅，《露書》，收入《四庫全書存目叢書》，子部，冊111(台南：莊嚴文化事業有限公司據北京圖書館藏明天啓刻本影印，1996)。

[明]洪文科，《語窺今古》，收入《筆記小說大觀》，38編4冊(台北：新興書局，1985)。

[明]胡侍，《真珠船》，收入《叢書集成簡編》，冊136(台北：臺灣商務印書館，1966)。

[明]胡應麟，《少室山房集》，收入《景印文淵閣四庫全書》，冊1290(台北：臺灣商務印書館，1983)。

[明]范守己，《曲洧新聞》，收入《御龍子集》(台南：莊嚴圖書公司據重慶市圖書館藏明萬曆18年侯廷珮刻本印，1997)。

[明]范濂，《雲間據目抄》，收入《筆記小說大觀》，22編5冊(台北：新興書

局，1978）。

[明]郎瑛，《七修類稿》（台北：世界書局，1984）。

[明]唐錦，《龍江夢餘錄》，收入《續修四庫全書》，子部，雜家類，冊
　　　1122（上海：上海古籍出版社，1997）。

[明]孫旬編，《皇明疏鈔》，收入《中國史學叢書三編》（台北：臺灣學生書局
　　　據明萬曆12年兩浙都轉運鹽使司刊本影印，1986）。

[明]徐弘祖著，褚紹唐與吳應壽整理，《徐霞客遊記》（上海：上海古籍出版
　　　社，1980）。

[明]徐咸，《西園雜記》，收入《叢書集成初編》，冊2913（上海：商務印書館
　　　據鹽邑志林本影印，1935）。

[明]徐乾學等撰，《徐本明史列傳》（台北：明文書局，1991）。

[明]徐復祚，《花當閣談叢》（台北：廣文書局，1969）。

[明]徐樹丕，《識小錄》，收入《筆記小說大觀》，40編3冊（台北：新興書局據
　　　國立中央圖書館藏佛蘭草堂手鈔本影印，1985）。

[明]袁中道著，錢伯城點校，《珂雪齋集》（上海：上海古籍出版社，1989）。

[明]袁宏道著、錢伯城箋校，《袁宏道集箋校》（上海：上海古籍出版社，
　　　1981）。

[明]高濂，《飲饌服食牋》（北京：中國商業出版社，1985）。

[明]高濂，《遵生八箋》（成都：巴蜀書社，1988）。

[明]屠隆，《考槃餘事》，收入《叢書集成初編》，冊1559（上海：商務印書
　　　館，1937）。

[明]崔銑，《士翼》，收入《四庫全書珍本‧五集》，冊132（台北：臺灣商務印
　　　書館據國立故宮博物院藏文淵閣四庫全書影印，1974）。

[明]崔銑，《洹詞》，收入《景印文淵閣四庫全書》，冊1267（台北：臺灣商務
　　　印書館，1983）。

[明]張大復，《梅花草堂全集》，收入《續修四庫全書》，集部，別集類，冊
　　　1380（上海：上海古籍出版社據華東師範大學圖書館藏明崇禎刻本影
　　　印，1995）。

〔明〕張永明，《張莊僖文集》，收入《景印文淵閣四庫全書》，冊1277（台北：臺灣商務印書館，1983）。

〔明〕張岱，《琅嬛文集》（長沙：岳麓書社，1985）。

〔明〕張岱，《陶庵夢憶》（台北：漢京文化事業有限出版，1984）。

〔明〕張萱，《西園聞見錄》（台北：文海出版社據民國29年北平哈佛燕京學社排印本影印，1940）。

〔明〕張鳳翼，《譚輅》，收入《筆記小說大觀》，38編4冊（台北：新興書局，1985）。

〔明〕張應俞，《杜騙新書》（上海：上海古籍出版社，1990）。

〔明〕張瀚，《松窗夢語》（北京：中華書局，1982）。

〔明〕曹昭，《新增格古要論》（北京：中國書店，1987）。

〔明〕莫是龍，《筆塵》，收入《叢書集成初編》，冊2923（上海：商務印書館據百陵學山本影印，1936）。

〔明〕陳子龍編，《皇明經世文編》（北京：中華書局，1962）。

〔明〕陳洪謨，《繼世紀聞》（北京：中華書局，1985）。

〔明〕陳獻章撰，孫通海點校，《陳獻章集》（北京：中華書局，1987）。

〔明〕陳繼儒，《白石樵真稿》，收入叢書集成編纂委員會編，《叢書集成三編》，冊51（台北：新文豐，1997）。

〔明〕陳繼儒，《陳眉公集》，收入《續修四庫全書》，集部，別集類，冊1380（上海：上海古籍出版社據上海圖書館藏明萬曆43年史兆斗刻本影印，1995）。

〔明〕陳繼儒，《巖棲幽事》，收入《四庫全書存目叢書》，子部，雜家類，冊118（台南：莊嚴文化事業有限公司據清華大學圖書館藏明萬曆繡水沈氏刻寶顏堂祕笈本影印刊行，1995）。

〔明〕陸人龍編，《型世言》（台北：中央研究所中國文哲研究所，1992）。

〔明〕陸容，《澼藩文稿》，收入《式齋先生文集》，明弘治14年崑山陸氏家刻本，傅斯年圖書館視聽室縮影資料。

〔明〕陸容，《菽園雜記》（北京：中華書局，1985）。

[明]陸深，《儼山集》，收入《景印文淵閣四庫全書》，冊1268(台北：臺灣商務印書館，1983)。

[明]陸楫，《蒹葭堂稿》，收入《續修四庫全書》，集部，別集類，冊1354(上海：上海古籍出版社據清華大學圖書館藏明嘉靖45年陸郊刻本影印，1995)。

[明]陸楫，《蒹葭堂雜著摘鈔》，收入《中國野史集成》(成都：巴蜀書社，1993)。

[明]陸粲，《說聽》，收入《筆記小說大觀》，16編5冊(台北：新興書局，1978)。

[明]焦竑，《國朝獻徵錄》(台北：臺灣學生書局，1984)。

[明]費元祿，《甲秀園集》，收入《四庫禁燬書叢刊》，集部，冊62(北京：北京出版社據北京大學圖書館藏明萬曆刻本影印，2000)。

[明]費元祿，《鼉采館清課》，收入《筆記小說大觀》，14編4冊(台北：新興書局，1976)。

[明]馮夢楨，《快雪堂集》，收入《四庫全書存目叢書》，集部，別集類，冊165(台南：莊嚴文化事業有限公司據明萬曆44年黃汝亨朱之蕃等刻本影印，1997)。

[明]馮夢龍，《古今譚概》，收入《馮夢龍全集》(上海：江蘇古籍出版社，1993)。

[明]馮夢龍，《喻世明言》(台北：三民書局，1992)。

[明]馮夢龍，《醒世恒言》(台北：三民書局，1989)。

[明]黃汴，《一統路程圖記》，收入楊正泰，《明代驛站考》(上海：上海古籍出版社，1994)。

[明]黃省曾，《吳風錄》，收入《筆記小說大觀》，6編5冊(台北：新興書局，1989)。

[明]黃訓，《黃澤先生文集》，國家圖書館藏善本書。

[明]楊循吉，《燈窗末藝》，收入《四庫全書存目叢書》，集部，別集類，冊43(台南：莊嚴文化事業有限公司據明人文集叢刊影印明鈔本，1997)。

[明]楊慎，《升菴集》，收入《景印文淵閣四庫全書》，冊1270（台北：臺灣商
　　務印書館，1983）。

[明]葉春及，《石洞集》，收入《景印文淵閣四庫全書》，冊1286（台北：臺灣
　　商務印書館，1983）。

[明]葉盛，《水東日記》（北京：中華書局，1980）。

[明]葉權，《賢博編》（北京：中華書局，1987）。

[明]董應舉，《崇相集》，收入《四庫禁燬書叢刊》，集部，冊102-103（北京：
　　北京出版社據北京大學圖書館藏明崇禎刻本影印，2000）。

[明]鄒迪光，《始青閣稿》，收入《四庫全書禁燬書叢刊》，集部，冊103（北
　　京：北京出版社據明天啓刻本影印，2000）。

[明]鄒迪光，《鬱儀樓集》，收入《四庫全書存目叢書》，集部，別集類，冊
　　158（台南：莊嚴文化事業有限公司據北京大學圖書館藏明萬曆刻本影印
　　出版，1997）。

[明]劉基，《多能鄙事》，收入《續修四庫全書》，子部，雜家類，冊1185（上
　　海：上海古籍出版社據明嘉靖42年范惟一刻本影印，1997）。

[明]談遷，《棗林雜俎》，收入《四庫全書存目叢書》，子部，雜家類，冊
　　113（台南：莊嚴文化事業有限公司，1997）。

[明]鄭材，《悅偃齋文集》，日本京都大學人文科學研究所藏明刊本。

[明]鄭曉，《今言》（北京：中華書局，1997）。

[明]鄧士龍輯，《國朝典故》（北京：北京大學據北大善本書室藏明鄧氏刊本影
　　印，1993）。

[明]鄧球編，《皇明泳化類編》（北京：書目文獻出版社據明隆慶刻本影印，
　　1988）。

[明]蕭雍，《赤山會約》，收入《叢書集成初編》，冊733（上海：商務印書館據
　　涇川叢書本排印，1936）。

[明]錢希言，《戲瑕》，收入《松樞十九山》，據日本內閣文庫藏明萬曆28年序
　　刊本影印，國家圖書館漢學研究中心藏。

[明]錢琦，《錢子語測》，收入《叢書集成新編》，冊14（台北：新文豐出版社

據百陵叢書本排印，1985）。

[明]錢謙益，《牧齋初學集》（上海：上海古籍出版社，1985）。

[明]龍遵敘，《飲食紳言》（北京：中國商業出版社，1989）。

[明]薛岡，《天爵堂筆餘》，收入《明史研究論叢》，輯5（南京：江蘇古籍出版
　　　社，1991）。

[明]謝肇淛，《五雜俎》（台北：偉文圖書公司，1977）。

[明]歸有光，《震川先生集》（台北：源流文化事業有限公司，1983）。

[明]歸莊，《歸莊集》（北京：中華書局，1962）。

[明]羅洪先，《念菴文集》，收入《景印文淵閣四庫全書》，冊1275（台北：臺
　　　灣商務印書館，1983）。

[明]譚元春，《譚元春集》（上海：上海古籍出版社，1998）。

[明]蘭陵笑笑生，《繡像金瓶梅詞話》（台北：雪山圖書有限公司，出版年不
　　　詳）。

[明]顧炎武，《原抄本日知錄》（台北：文史哲出版社，1979）。

[明]顧炎武，《顧亭林詩文集》（北京：中華書局，1959）。

[明]顧起元，《客座贅語》（北京：中華書局，1987）。

[清]丁傳靖輯，《宋人軼事彙編》（北京：中華書局，1981）。

[清]王棠，《燕在閣知新錄》，收入《四庫全書存目叢書》，子部，冊100（台
　　　南：莊嚴出版社據清華大學圖書館藏清康熙56年刻本影印，1995）。

[清]王應奎，《柳南隨筆》（北京：中華書局，1983）。

[清]朱用純，《毋欺錄》（台北：藝文印書館據清同治13年虞山顧氏刊本影印，
　　　1972）。

[清]朱彝尊，《食憲鴻祕》（北京：中國商業出版社，1985）。

[清]余懷，《板橋雜記》，收入《艷史叢鈔》（台北：廣文書局據清光緒4年淞北
　　　玉鰮生刊行本印行，1976）。

[清]佚名，《松下雜抄》，收入《叢書集成續編》，子部，冊96（上海：上海書
　　　店據涵芬樓祕笈影印，1994）。

[清]佚名，《調鼎集》（北京：中國商業出版社，1986）。

［清］李化楠，《醒園錄》（北京：中國商業出版社，1984）。

［清］李光庭，《鄉言解頤》（北京：中華書局，1982）。

［清］李汝珍，《鏡花緣》（台北：世界書局，1974）。

［清］汪楫編，《崇禎長編》（台北：中央研究院歷史語言研究所，1967）。

［清］谷應泰編，《明史紀事本末》（北京：中華書局，1997）。

［清］屈大均，《廣東新語》（北京：中華書局，1985）。

［清］姚廷遴，《歷年記》，收入上海人民出版社編，《清代日記匯抄》（上海：
　　　　上海人民出版社，1982）。

［清］唐仲冕，《六如居士外集》，收入《叢書集成續編》，史地類，冊262（台
　　　　北：新文豐出版社據昭代叢書排印，1989）。

［清］孫承澤，《春明夢餘錄》（北京：北京古籍出版社，1992）。

［清］徐樹丕，《識小錄》，收入《筆記小說大觀》，40編3冊（台北：新興書局據
　　　　國立中央圖書館藏佛蘭草堂手鈔本影印，1990）。

［清］祝鳳喈，《與古齋琴譜》，收入《續修四庫全書》，子部，藝術類，冊
　　　　1094（上海：上海古籍出版社據清咸豐5年浦城祝氏刻本影印，1997）。

［清］袁枚，《隨園食單》（北京：中國商業出版社，1984）。

［清］袁景瀾，《吳郡歲華紀麗》（南京：江蘇古籍出版社，1998）。

［清］曹家駒，《說夢》，收入《筆記小說大觀》，4編8冊（台北：新興書局，
　　　　1974）。

［清］曹庭棟，《老老恒言》，收入《四庫全書存目叢書》，子部，雜家類，冊
　　　　119（台南：莊嚴文化事業有限公司據北京圖書館藏清乾隆38年自刻本影
　　　　印，1995）。

［清］梁章鉅，《浪跡叢談續談》（北京：中華書局，1981）。

［清］許奉恩，《里乘》（四川：重慶出版社，2000）。

［清］陳祖范，《陳司業文集》，清乾隆29年刊本，中研院傅斯年圖書館藏善本
　　　　書。

［清］陳夢雷，《古今圖書集成》（台北：鼎文書局據民國20年間上海中華書局影
　　　　印清聚珍本影印，1976）。

［清］陸隴其，《三魚堂文集》，收入《景印文淵閣四庫全書》，冊1325（台北：
　　臺灣商務印書館，1983）。

［清］黃宗羲編，《明文海》，收入《景印文淵閣四庫全書》，冊1454（台北：臺
　　灣商務印書館，1983）。

［清］葉夢珠，《閱世編》（台北：木鐸出版社，1982）。

［清］董含，《三岡識略》（瀋陽：遼寧教育出版社，2000）。

［清］董誥等編，《全唐文》（北京：中華書局，1983）。

［清］劉聲木，《萇楚齋隨筆續筆三筆》（北京：中華書局，1998）。

［清］黎士弘，《仁恕堂筆記》，收入《叢書集成續編》，文學類，冊215（台北：
　　新文豐出版社據昭代叢書排印，1989）。

［清］鄺璠編，《便民圖纂》，收入《中國古代版畫叢刊》，冊2（上海：上海古籍
　　出版社，1988）。

［清］顧仲，《養小錄》，收入《飲食起居編》（上海：上海古籍出版社，1993）。

［清］顧震濤，《吳門表隱》（南京：江蘇古籍出版社，1986）。

［清］龔煒，《巢林筆談》（北京：中華書局，1981）。

《吳氏分家簿》，清乾隆年間寫本，上海圖書館藏。

《吳尚賢分家簿》，明正德13年寫本，上海圖書館藏。

《明實錄》（台北：中央研究院歷史語言研究所，1962）。

《新校本元史》（北京：中華書局，1975）。

《新校本宋史》（北京：中華書局，1975）。

《新校本明史》（北京：中華書局，1975）。

《新校本後漢書》（北京：中華書局，1975）。

《新校本漢書》（北京：中華書局，1975）。

中國第一歷史檔案館編，《乾隆朝懲辦貪污檔案選編》（北京：中華書局，
　　1994）。

王鈺欣、周紹泉主編，《徽州千年契約文書・宋・元・明編》（石家莊：花山文
　　藝出版社，1991）。

勞亦安輯，《古今遊記叢鈔》（上海：中華書局，1924）。

蘇州博物館、江蘇師範學院歷史系、南京大學明清史研究室編，《明清蘇州工商業碑刻集》（南京：江蘇人民出版社，1981）。

(三)現代文獻

Braudel, Fernand著，顧良等譯，《十五世紀至十八世紀的物質文明》，（北京：三聯書店，1992）。

Jary, Julia Jary著，周業謙、周光淦譯，《社會學辭典》（台北：貓頭鷹出版社，1998）。

Pinto, Fernao Mendes著，王鎖英譯，《葡萄牙人在華見聞錄——十六世紀手稿》（澳門：澳門文化司署等，1998）。

Turner, Bryan Stanley著，慧民、王星譯，《地位》（台北：桂冠圖書公司，1991）。

于宗先等編，《中國經濟發展史論文選集》（台北：聯經，1980）。

大木康，《明末江南の出版文化》（東京：研文出版社，2004）。

小川陽一，《日用類書による明清小說の研究》（東京：研文，1995）。

牛建強，《明代中後期社會變遷研究》（台北：文津出版社，1997）。

王子今，《交通與古代社會》（長安：陝西人民教育出版社，1993）。

王天有，《明代國家機構研究》（北京：北京大學出版社，1992）。

王崇煥，《中國古代交通》（天津：天津教育出版社，1991）。

王崗，《浪漫情感與宗教精神——晚明文學與文化思潮》（香港：天地圖書有限公司，1999）。

伊永文，《明清飲食研究》（台北：洪葉文化，1997）。

江蘇省南京市公路管理處史志編審委員會編，《南京古代道路史》（南京：江蘇科學技術出版社，1989）。

何高濟等譯，《利瑪竇中國札記》（北京：中華書局，1983）。

余英時，《中國近世宗教倫理與商人精神》（台北：聯經出版公司，1987）。

吳承明，《中國的現代化：市場與社會》（北京：三聯書店，2001）。

巫仁恕，《奢侈的女人：明清時期江南婦女的消費文化》（台北：三民書局，

2005)。

李伯重,《江南的早期工業化(1550-1850年)》(北京:社會科學文獻出版社,2000)。

沈從文,《中國古代服飾研究》(香港:香港商務印書館,1992)。

周錫保,《中國古代服飾史》(北京:中國戲劇出版社,1984)。

段本洛、張圻福著,《蘇州手工業史》(上海:江蘇古籍出版社,1986)。

胡文彥、于淑岩,《中國家具文化》(石家莊:河北美術出版社,2002)。

范金民、金文,《江南絲綢史》(北京市:農業出版社,1993)。

宮崎市定,《宮崎市定全集》(東京:岩波書局,1993)。

徐海榮主編,《中國飲食史》(北京:華夏出版社,1999)。

徐新吾,《江南土布史》(上海:上海社會科學院出版社,1992)。

徐新吾主編,《近代江南絲織工業史》(上海:上海人民出版社,1991)。

馬洪路,《行路難》(台北:臺灣中華書局,1993)。

張立主編,《鎮江交通史》(北京:人民交通出版社,1989)。

張嘉昕,《明人的旅遊生活》(宜蘭羅東:明史研究小組,2004)。

張壽安,《以禮代理──凌廷堪與清代中葉儒學思想之轉變》(台北:中研院近史所,1994)。

曹樹基,《中國人口史:第五卷清時期》(上海:復旦大學出版社,2001)。

許滌新、吳承明主編,《中國資本主義發展史第一卷:中國資本主義的萌芽》(北京:人民出版社,1985)。

陳大康,《明代商賈與世風》(上海:上海文藝出版,1996)。

陳坤宏,《消費文化理論》(台北:揚智文化事業股分有限公司,1998)。

陳萬益,《晚明小品文與明季文人生活》(台北:大安出版社,1988)。

陳學文,《中國封建晚期的商品經濟》(長沙:湖南人民出版社,1989)。

陳學文,《明清時期商業書及商人書之研究》(台北:洪葉文化公司,1997)。

陳寶良,《飄搖的傳統:明代城市生活長卷》(長沙:湖南出版社,1996)。

傅衣凌,《明代江南市民經濟試探》(上海:上海人民出版社,1957)。

傅衣凌主編,楊國楨、陳支平著,《明史新編》(北京:人民出版社,1993)。

斯波義信，《宋代商業史研究》（東京：風間書房，1979）。

黃卓越輯，《閑雅小品集觀──明清文人小品五十家》（南昌：百花洲文藝出版社，1995）。

黃宗智，《中國研究的規範認識危機：論社會經濟史中的悖論現象》（香港：牛津大學出版社，1994）。

黃能馥、陳娟娟編，《中國服裝史》（北京：中國旅遊出版社，1995）。

葛承雍，《中國古代等級社會》（西安：陝西人民出版社，1992）。

趙岡，《中國棉業史》（台北：聯經出版事業公司，1977）。

趙榮光，《趙榮光食文化論集》（哈爾濱市：黑龍江人民出版社，1995）。

劉小楓選編、顧仁明譯，《金錢、性別、現代生活風格》（台北：聯經出版公司，2001）。

蔡國梁，《金瓶梅考證與研究》（西安：陝西人民出版社，1984）。

鄭焱，《中國旅遊發展史》（長沙：湖南教育出版社，2000）。

龍登高，《江南市場史：十一至十九世紀的變遷》（北京：清華大學出版社，2003）。

濮安國，《明清蘇式家具》（杭州：浙江攝影，1999）。

韓大成，《明代社會經濟初探》（北京：人民出版社，1986）。

羅鋼、王中忱主編，《消費文化讀本》（北京：中國社會科學出版社，2003）。

蘇同炳，《明代驛遞制度》（台北：中華叢書編審委員會，1969）。

（四）論文

于志嘉，〈日本明清史學界對「士大夫與民眾」問題之研究〉，《新史學》，卷4期4(1993)，頁141-175。

小山正明，〈中國社會の變容とその展開〉，《東洋史入門》（東京：有斐閣，1967），頁50-55。

小島毅著，張文朗譯，〈明代禮學的特點〉，收在林慶彰、蔣秋華主編之《明代經學國際研討會》（台北：中研院文哲所，1996），頁393-409。

毛文芳，〈閱讀與夢憶──晚明旅遊小品試論〉，《中正中文學報年刊》，期

3(2000年9月)，頁1-44。

王正華，〈乾隆朝蘇州城市圖像：政治權力、文化消費與地景塑造〉，《中央研究院院近代史研究所集刊》，期50(2005年12月)，頁115-184。

王正華，〈過眼繁華：晚明城市圖、城市觀與文化消費的研究〉，收在李孝悌編，《中國的城市生活》(台北：聯經出版公司，2005)，頁1-57。

王家範，〈明清江南消費風氣與消費結構描述──明清江南消費經濟探測之一〉，《華東師範大學學報(哲學社會科學版)》，1988年2期，頁32-42。

王衛平，〈明清時期太湖地區的奢侈風氣及其評價──吳地民風嬗變研究之四〉，《學術月刊》，1994年2期，頁56-61。

王鴻泰，〈流動與互動──由明清間城市生活的特性探測公眾場域的開展〉(台北：國立台灣大學歷史學研究所博士論文，1998)。

北村敬直，〈明末‧清初における地主についてて〉，《歷史學研究》，號140(1949)，頁13-25。

石守謙，〈雅俗的焦慮：文徵明、鍾馗與大眾文化〉，《美術史研究集刊》，期16(2004)，頁307-339。

石錦，〈中國資本主義萌芽──研究理論的評介〉，收在氏著《中國近代社會研究》(台北：李敖出版社，1990)，頁101-137。

石錦，〈明清時代桐鄉縣社會精華分子的社會組成和變化稿〉，《漢學研究》，卷3期20(1985)，頁739-767。

仲偉民，〈資本主義萌芽問題研究的學術史回顧與反思〉，《學術界》，2003年4期，頁223-240。

全漢昇，〈再論明清間美洲白銀的輸入中國〉，《陶希聖先生八秩榮慶論文集》(台北：食貨月刊社，1979)，頁164-173。

全漢昇，〈明清間美洲白銀的輸入中國〉，《中國文化研究所學報》，2卷1期(1969)，頁59-80。

全漢昇，〈明清間美洲白銀輸入中國的估計〉，《中央研究院歷史語言研究所集刊》，第66本第3分(1995)，頁679-693。

全漢昇，〈美洲白銀與明清間中國海外貿易的關係〉，《新亞學報》，16期
　　（1991），上冊，頁1-22。

安野省三，〈明末清初・揚子江中流域の大土地所有に關すの一考察〉，《東洋
　　學報》，卷44期3(1961)，頁61-88。

江潤祥、關培生，〈論高濂《遵生八箋》之養生思想與服食之修爲〉，《第二屆
　　中國飲食文化學術研討會論文集》（台北：財團法人中國飲食文化基金
　　會，1993），頁23-37。

何炳棣著、巫仁恕譯，〈揚州鹽商：十八世紀中國商業資本的研究〉，《中國社
　　會經濟史研究》，1999年第2期，頁59-76。

余英時，〈士商互動與儒學轉向──明清社會史與思想史之一面相〉，收入郝延
　　平、魏秀梅主編，《近世中國之傳統與蛻變：劉廣京院士七十五歲祝壽
　　論文集》（台北：中央研究院近代史研究所，1998），頁28-34。

吳金成，〈日本における中國明清時代紳士階層研究について〉，《明代史研
　　究》，號7(1979)，頁21-45。

吳美鳳，〈十世紀初期以前的人昇乘具略考〉，《歷史文物》，號82(2000年5
　　月)，頁60-71。

吳智和，〈明人山水休閒生活〉，《漢學研究》，卷20期1(2002年6月)，頁101-
　　128。

吳晗，〈明代的軍兵〉，收入《讀史劄記》（北京：三聯書店，1956），頁92-
　　141。

吳晗，〈明代新仕宦階級，社會的政治的文化的關係及其生活〉，《明史研究論
　　叢》第五輯(南京：江蘇古籍出版社，1991)，頁1-68。

巫仁恕，〈明清城市民變研究──傳統中國城市群眾集體行動之分析〉（台灣大
　　學歷史學研究所博士論文，1996）。

巫仁恕，〈明清湖南市鎮的社會與文化結構之變遷〉，《九州學刊》，4卷3期
　　（1991），頁39-80。

巫仁恕，〈晚明的旅遊活動與消費文化──以江南爲討論中心──〉，《中央研
　　究院近代史研究所集刊》，期41(2003年9月)，頁87-143。

巫仁恕，〈節慶、信仰與抗爭——明清城隍信仰與城市群眾的集體抗議行為〉，
　　　《中央研究院近代史研究所集刊》，期34(2000年12月)，頁145-210；

李伯重，〈『男耕女織』到『半邊天』——明清江南農家婦女勞動問題探討之
　　　二〉，《中國經濟史研究》，1997年3期，頁10-22。

李伯重，〈工業發展與城市變化：明中葉至清中葉的蘇州〉，《多視角看江南經
　　　濟史(1250-1850)》(北京：三聯書店，2003)，頁377-446。

李伯重，〈中國全國市場的形成，1500-1840年〉，《清華大學學報(哲學社會科
　　　學版)》，卷14期4(1999)，頁48-54。

李伯重，〈從『夫婦並作』到『男耕女織』——明清江南農家婦女勞動問題探討
　　　之一〉，《中國經濟史研究》，1996年3期，頁99-107。

周振鶴，〈從明人文集看晚明旅游風氣及其與地理學的關係〉，《復旦學報(社
　　　會科學版)》，2005年第1期，頁72-78。

周紹泉，〈明代服飾探論〉，《史學月刊》，1990年第4期，頁34-40。

岸本美緒，〈明清時の身分感覺〉，收入森正夫等編，《明清時代史の基本問
　　　題》(東京：汲古書院，1997)，頁403-427。

林皎宏，〈晚明黃山旅遊的興起〉，《史原》，期19(1993年10月)，頁131-
　　　171。

林麗月，〈《蒹葭堂稿》與陸楫「反禁奢」思想之傳衍〉，《明人文集與明代研
　　　究》(台北：中國明代研究學會，2001)，頁121-134。

林麗月，〈大雅將還：從「蘇樣」服飾看晚明的消費文化〉，《明史研究論叢》
　　　(合肥：黃山書社，2004)，輯6，頁194-208。

林麗月，〈世變與秩序——明代社會風尚相關研究評述〉，《明代研究通訊》，
　　　期4(2001年12月)，頁9-19。

林麗月，〈科場競爭與天下之「公」：明代科舉區域配額問題的一些考察〉，
　　　《國立台灣師範大學歷史學報》，期20(1992)，頁8-18。

林麗月，〈晚明「崇奢」思想隅論〉，《台灣師大歷史學報》，期19(1991)，頁
　　　215-234。

邱仲麟，〈明代北京的社會風氣變遷——禮制與價值觀的改變〉，《大陸雜

誌》，卷88期3（1994），頁28-42。

邱仲麟，〈從禁例屢申看明代北京社會風氣的變遷過程〉，《淡江史學》，期
　　　4（1992），頁67-88。

則松彰文，〈清代中期における奢侈・流行・消費——江南地方を中心
　　　として〉，《東洋學報》，卷80期2（1998），頁31-58。

胡衍南，〈文人化的《隨園食單》——根據中國飲膳文獻史作的考察〉，《中國
　　　飲食文化》，卷1期2（2005），頁97-122。

倪來恩、夏維中，〈外白銀與明帝國的崩潰——關於明末外來白銀的輸入及其作
　　　用的重新檢討〉，《中國社會經濟史研究》，1990年第3期，頁46-56。

孫順霖，〈從「車」到「轎」〉，《尋根》，1998年第3期，頁27-29。

宮崎市定，〈明清蘇松地方の士大夫と民眾〉，收入氏著之《アジア史研究》輯
　　　4（東京：岩波書店，1964），頁321-360。

徐泓，〈明代社會風氣的變遷——以江浙地區爲例——〉，《第二屆國際漢學會
　　　議論文集・明清與近代史組》（台北：中央研究院，1989），頁137-
　　　159。

徐泓，〈明代後期華北商品經濟的發展與社會風氣的變遷〉，《第二次中國近代
　　　經濟史研討會論文集》（台北：中央研究院經濟研究所，1989），頁107-
　　　174。

高彥頤，〈「空間」與「家」——論明末清初婦女的生活空間〉，《近代中國婦
　　　女史研究》，期3（1995年8月），頁30-41。

常建華，〈論明代社會生活性消費風俗的變遷〉，《南開學報》，1994年第4
　　　期，頁53-63。

張彬村，〈明清兩朝的海外貿易政策：閉關自守？〉，收在吳健雄主編，《中國
　　　海洋發展史論文集》第4輯（台北：中央研究院中山人文社會科學研究
　　　所，1991），頁45-59。

張維屏，〈滿室生香：東南亞輸入之香品與明代士人的生活文化〉，《政大史
　　　粹》，期5（2003），頁69-93。

陳建勤，〈明清時期的旅遊消費及其支出——以長江三角洲爲例〉，《消費經

濟》，期4(2000)，頁63-65。

陳建勤，〈論「游道」——明清文士旅遊觀研究之一〉，《旅遊月刊》，期
　　4(2000年8月)，頁64-68。

陳國棟，〈有關陸楫「禁奢辨」之研究所涉及的學理問題——跨學門的意見〉，
　　《新史學》，卷5期2(1994)，頁159-179。

陳國棟，〈經濟發展、奢侈風氣與傳統手工藝的發展〉，收入曹添旺等主編，
　　《經濟成長、所得分配與制度演化》(台北：中央研究院中山人文社會
　　科學研究所，1999)，頁57-69。

陳國燦，〈宋代江南城鎮的物資供應與消費〉，《中國社會經濟史研究》，2003
　　年1期，頁36-43。

陳學文，〈明代中葉民情風尚習俗及一些社會意識的變化〉，《中國封建晚期的
　　商品經濟》(長沙：湖南人民出版社，1989)。

陳學文，〈明代中葉民情時尚習俗及一些社會意識的變化〉，《山根幸夫教授退
　　休記念明代史論叢》(東京：汲古書院，1990)，頁1207-1231。

傅立萃，〈謝時臣的名勝四景圖——兼談明代中期的壯遊〉，《美術史研究集
　　刊》，期4(1997)，頁185-222。

勝山稔，〈北宋代に於ける奢侈禁令實施とその構造について：仁宗代の各種禁
　　令施行の要素とその變化〉，《社會文化史學》，號36(1996)，頁90-
　　104。

勝山稔，〈宋代の翠羽飾について奢侈令の構造考察——五行災異說において服
　　飾を中心として〉，《中央大學大學院研究年報》，號25(1996)，頁
　　47-59。

彭慕蘭，〈世界經濟史中的近世江南：比較與綜合觀察——回應黃宗智先生〉，
　　《歷史研究》，2003年4期，頁149-176。

森正夫，〈明末における秩序變動再考〉，《中國—社會と文化》，卷
　　10(1995)，頁3-25。

森正夫，〈明末の社會關係における秩序の變動について〉，《名古屋大學文學
　　部三十周年記念論文集》(1978)，頁135-159

鈔曉鴻，〈近二十年來有關明清「奢靡」之風研究評述〉，《中國史研究動態》，號10(2001年11月)，頁9-20。

黃宗智，〈再論18世紀的英國與中國——答彭慕蘭之反駁〉，《中國經濟史研究》，2004年2期，頁13-21。

黃宗智，〈發展還是內捲？十八世紀英國與中國——評彭慕蘭《大分岔：歐洲，中國及現代世界經濟的發展》〉，《歷史研究》，2002年4期，頁3-48；

黃應貴，〈導論：物與物質文化〉，收入黃應貴編，《物與物質文化》(台北：中央研究院民族學研究所，2004)，頁1-26。

楊新，〈明人圖繪的好古之風與古物市場〉，《文物》，1997年第4期，頁53-61。

鈴末博之，〈明末包攬之一考察〉，《集刊東洋學》，號41(1979)，頁67-81。

趙岡，〈論中國歷史上的市鎮〉，《中國社會經濟史》，1992年2期，頁5-18。

趙岡、陳鍾毅，〈中國歷史上的城市人口〉，《食貨復刊》，卷13期3~4(1983)，頁9-31。

劉石吉，〈明清時代江南市鎮之數量分析〉，《思與言》，卷16期2(1978)，頁26-47。

劉志琴，〈商業資本與晚明社會〉，《中國史研究》，1983年2期，頁71-87。

劉志琴，〈晚明城市風尚初探〉，《中國文化研究集刊》(上海：復旦大學出版社，1984)，第1輯，頁190-208。

劉志琴，〈晚明時尚與社會變革的曙光〉，《文史知識》，1987年1期，頁50-55。

劉和惠，〈論晚明社會風尚〉，《安徽史學》，1990年3期，頁23-29。

劉復生，〈宋代「衣服復古」及其時代特徵——兼論「服妖」現象的社會意義——〉，《中國史研究》，1998年第2期，頁85-93。

劉增貴，〈漢隋之間的車駕制度〉，《中央研究院歷史語言研究所集刊》，第63本第2分(1993)，頁371-449。

賴惠敏，〈乾隆朝內務府的皮貨買賣與京城時尚〉，《故宮學術季刊》，卷21期

1(2003)，頁101-134。

賴惠敏，〈寡人好貨：乾隆帝與姑蘇繁華〉，《中央研究院近代史研究所集
　　刊》，號50(2005,12)，頁185-234。

檀上寬，〈明清鄉紳論〉，收入《日本學者研究中國史論著選譯》「第二卷 明
　　清」(北京：中華書局，1993)，頁453-483。

濱島敦俊，〈明清江南城隍考〉，收入唐代史研究会編，《中国都市の歴史的研
　　究》(東京：刀水書房，1988)，頁226-229。

濱島敦俊，〈明清時代、江南農村の「社」と土地廟〉，收入《山根幸夫教授退
　　休記念明代史論叢》(東京：汲古書院，1990)，頁1343-1351。

藤井宏，〈新安商人の研究(一)〉，《東洋學報》，卷36期1(1953)，頁1-44。

二、英文文獻

(一)書籍

Adshead, S. A. M. *Material Culture in Europe and China, 1400-1800: The Rise of
　　Consumerism* (Houndmills, Basingstoke: Macmillan Press, 1997).

Appadurai, Arjun, ed. *The Social Life of Things: Commodities in Cultural Perspective*
　　(Cambridge: Cambridge University Press, 1986).

Berliner, Nancy, ed. *Beyond the Screen: Chinese Furniture of the 16th and 17th
　　Centuries* (Boston: Museum of Fine Arts, 1996).

Bermingham, Ann and John Brewer, eds. *The Consumption of Culture, 1600-1800:
　　Image, Object, Text* (London and New York: Routledge, 1995).

Berry, Christopher J. *The Idea of Luxury: A Conceptual and Historical Investigation*
　　(Cambridge: Cambridge University Press, 1994).

Bourdieu, Pierre. *Distinction: A Social Critique of the Judgement of Taste* (Richard
　　Nice trans. London: Routledge & Kegan Paul, 1984).

Bray, Francesca. *Technology and Gender: Fabrics of Power in Late Imperial China*
　　(Berkeley: University of California Press, 1997).

Brewer, John and Roy Porter, eds. *Consumption and the World of Goods* (London and New York: Routledge, 1993).

Brewer, John and Susan Staves, eds. *Early Modern Conceptions of Property* (London and New York: Routledge, 1995).

Brook, Timothy. *The Confusions of Pleasure: Commerce and Culture in Ming China* (Berkeley: University of California Press, 1998).

Campbell, Colin. *The Romantic Ethic and the Spirit of Modern Consumerism* (Oxford: Basil Blackwell, 1987).

Chang, K. C.(張光直)*Food in Chinese Culture: Anthropological and Historical Perspectives* (New Haven: Yale University Press, 1977).

Chow, Kai-wing(周啓榮)*The Rise of Confucian Ritualism in Late Imperial China: Ethics, Classics, and Lineage Discourse* (Stanford, Calif.: Stanford University Press, 1994).

Clunas, Craig. *Superfluous Things: Material Culture and Social Status in Early Modern China* (Urbana, Ill.: University of Illinois Press, 1991).

Ellsworth, Robert Hatfield. *Chinese Furniture: Hardwood Examples of the Ming and Early Ch'ing Dynasties* (Hong Kong: Magnum [Offset] Printing Company, 1997).

Frank, Andre Gunder. *Reorient: Global Economy in the Asian Age* (Berkeley, Calif.: University of California Press, 1998).

Friedman, Jonathan, ed. *Consumption and Identity* (Chur, Switzerland: Harwood Academic Publishers, 1994).

Goldthwaite, Richard A. *Wealth and the Demand for Art in Italy, 1300-1600* (Baltimore: Johns Hopkins University Press, 1993).

Ho, Ping-ti(何炳棣)*The Ladder of Success in Imperial China: Aspects of Social Mobility, 1368-1911* (New York: Columbia Univ. Press, 1962).

Huang, Ray(黃仁宇)*Taxation and Governmental Finance in Sixteenth-Century Ming China* (London and New York: Cambridge University Press, 1974).

Jardine, Lisa. *Worldly Goods: A New History of the Renaissance*(New York: Nan A. Talese, 1996).

Jones, E. J. and E. E. Mingay, eds. *Land, Labour and Population in the Industrial Revolution*(London: Edward Arnold, 1967).

McKendrick, Neil, John Brewer, and J. H. Plumb, eds. *Historical Perspectives: Studies in English Thought and Society, in Honour of J. H. Plumb*(London: Europa Publications, 1974).

Miller, Daniel, ed. *Acknowledging Consumption: A Review of New Studies* (London and New York: Routledge, 1995).

Miller, Daniel. *Material Culture and Mass Consumption* (Oxford: Basil Blackwell, 1987).

Mukerji, Chandra. *From Graven Images: Patterns of Modern Materialism* (New York: Columbia University Press, 1983).

Naquin, Susan and Chün-fang Yü, eds. *Pilgrims and Sacred Sites in China* (Berkeley: University of California Press, 1992.).

Naquin, Susan. *Peking: Temples and City Life, 1400-1900* (Berkeley: University of California Press, 2000).

Parker, William N. and Eric L. Jones. *European Peasants and Their Markets: Essays in Agrarian Economic History* (Princeton, N.J.: Princeton University Press, 1975).

Pomeranz, Kenneth. *The Great Divergence: China, Europe, and the Making of the Modern World Economy* (Princeton: Princeton University Press, 2000).

Skinner, G. William, ed. *The City in Late Imperial China* (Stanford: Stanford University Press, 1977).

Su, Heng-an. *Culinary Arts in Late Ming China: Refinement, Secularization and Nourishment: A Study on Gao Lian's Discourse on Food and Drink* (Taipei: SMC Publishing Inc., 2004).

Thirsk, Joan. *Economic Policy and Projects: The Development of a Consumer Society in Early Modern England*（Oxford: Clarendon Press, 1978）.

Twitchett, Denis, and Frederick W. Mote, eds. *The Cambridge history of China, Volume 8, The Ming Dynasty, 1368-1644,* Part 2（Cambridge: Cambridge University Press, 1998）.

Veblen, Thorstein. *The Theory of the Leisure Class: An Economic Study of Institutions*（London: George Allen & Unwin, 1970）.

Wang, David Der-wei（王德威）, and Shang Wei, eds. *Dynastic Crisis and Cultural Innovation: From the Late Ming to the Late Qing and Beyond*（Cambridge, Mass.: Harvard University Asia Center, 2005）.

Weatherill, Lorna. *Consumer Behaviour and Material Culture in Britain, 1660-1760*（London and New York: Routledge, 1988）.

Yang, Lien-sheng（楊聯陞）. *Studies in Chinese Institutional History*（Cambridge, MA: Harvard University Press, 1961）.

（二）論文

Atwel, William S. "International Bullion Flows and the Chinese Economy circa 1530-1650." *Past and Present* 95（May 1982）: 68-90.

Atwell, William S. "A Seventeenth-Century 'General Crisis' in East Asia?" *Modern Asian Studies* 24, no.4（Oct. 1990）: 661-682.

Atwell, William S. "Note on Silver, Foreign Trade, and the Late Ming Economy." *Ch'ing-shih Wen-t'i* 3, no.8（Dec. 1977）: 1-33.

Atwell, William S. "Some Observations on the 'Seventeenth-Century Crisis' in China and Japan." *The Journal of Asian Studies* 45, no.2（Feb. 1986）: 223-244.

de Vries, Jan. "The Industrial Revolution and the Industrious Revolution." *The Journal of Economic History* 54, no.2（June 1994）: 249-270.

Fine, Ben and Ellen Leopold. "Consumerism and the Industrial Revolution." *Social History* 15, no.2（1990）: 151-179.

Goldstone, Jack A. "East and West in the Seventeenth Century: Political Crises in

Stuart England, Ottoman Turkey, and Ming China." *Comparative Studies in Society and History* 30, no.1 (Jan. 1988): 103-142.

Ho, Ping-ti(何炳棣)."The Salt Merchant of Yang-chou: A Study of Commercial Capitalism in Eighteenth-Century China." *Harvard Journal of Asiatic Studies* 17 (1954): 130-168.

Lu, Hanchao. "Arrested Development: Cotton and Cotton Market in Shanghai, 1350-1843." *Modern China* 18, no.4 (Oct. 1992): 482-483.

Mote, F. W. "A Millenium of Chinese Urban History: Form, Time and Space Concepts in Soochow." *Rice University Studies* 58, no.4 (Winter 1973):101-154.

Pan, Ming-te(潘敏德)."Rural Credit Market and the Peasant Economy (1600-1949)— The State, Elite, Peasant, and 'Usury'." Ph.D. diss. (University of California, Irvine, 1994).

Perkin, Harold J. "The Social Causes of the British Industrial Revolution." *Transactions of the Royal Historical Society* 5, no.18 (1968): 123-143.

Tiersten, Lisa. "Redefining Consumer Culture: Recent Literature on Consumption and the Bourgeoisie in Western Europe." *Radical History Review* 57 (1993): 116-159.

Von Glahn, Richard. "Myth and Reality of China's Seventeenth-century Monetary Crisis." *The Journal of Economic History* 56, no.2 (June 1996): 429-454.

Wakeman, Frederic. "China and the Seventeenth-Century Crisis." *Late Imperial China* 7, no.1 (1986): 1-26.

Yang, Lien-sheng(楊聯陞). "Economic Justification for Spending—An Uncommon Idea in Traditional China." *Harvard Journal of Asiatic Studies* 20, no.1/2 (June 1957): 36-52.

索引

英文索引

中文索引

中央研究院叢書

品味奢華：晚明的消費社會與士大夫

2007年5月初版　　　　　　　　　　　　　　定價：新臺幣550元
2012年7月初版第三刷
2019年4月二版
有著作權・翻印必究
Printed in Taiwan.

著　　　者	巫	仁	恕
叢書主編	沙	淑	芬
校　　　對	陳	龍	貴
封面設計	翁	國	鈞

出　版　者	中　央　研　究　院	總　編　輯　胡　金　倫
	聯經出版事業股份有限公司	總　經　理　陳　芝　宇
地　　　址	新北市汐止區大同路一段369號1樓	社　　　長　羅　國　俊
編輯部地址	新北市汐止區大同路一段369號1樓	發　行　人　林　載　爵
叢書主編電話	(02)86925588轉5310	
台北聯經書房	台 北 市 新 生 南 路 三 段 9 4 號	
電　　　話	(0 2) 2 3 6 2 0 3 0 8	
台 中 分 公 司	台 中 市 北 區 崇 德 路 一 段 1 9 8 號	
暨 門 市 電 話	(0 4) 2 2 3 1 2 0 2 3	
郵 政 劃 撥 帳 戶	第 0 1 0 0 5 5 9 - 3 號	
郵 撥 電 話	(0 2) 2 3 6 2 0 3 0 8	
印　刷　者	世 和 印 製 企 業 有 限 公 司	
總　經　銷	聯 合 發 行 股 份 有 限 公 司	
發　行　所	新北市新店區寶橋路235巷6弄6號2F	
電　　　話	(0 2) 2 9 1 7 8 0 2 2	

行政院新聞局出版事業登記證局版臺業字第0130號

本書如有缺頁，破損，倒裝請寄回台北聯經書房更換。　　ISBN　978-957-08-5295-0 (精裝)
聯經網址 http://www.linkingbooks.com.tw
電子信箱 e-mail:linking@udngroup.com

國家圖書館出版品預行編目資料

品味奢華：晚明的消費社會與士大夫/
巫仁恕著 . 二版 . 新北市 . 中央研究院 . 聯經 .
2019.04 . 368面 . 17×23公分 . （中央研究院叢書）
ISBN　978-957-08-5295-0（精裝）
[2019年4月二版]

1.經濟史　2.文化研究　2.明代

552.296　　　　　　　　　　　　　　108004280